安徽大学2015年校级规划教材项目
教育部首批“卓越法律人才教育培养基地(应用型复合型)”系列成果
安徽省振兴计划项目高水平大学重点建设专业系列成果
安徽省经济法学教学团队系列成果

经济法学

Economic Law

(第二版)

主　编　华国庆

副主编　李胜利

撰稿人　焦海涛　李胜利　汪　莉
(以撰写章节先后为序)　吕清正　华国庆　毕金平
张宇润

法律出版社
www.lawpress.com.cn

法律门
Access To Law
www.falvm.com.cn

主编简介

华国庆　男，汉族，1964年10月生，安徽桐城人。安徽大学法学院教授，经济法学专业硕士研究生导师、博士研究生导师。安徽大学经济法制研究中心主任、安徽省经济法重点学科负责人、中国经济法学研究会常务理事、中国财税法学研究会常务理事、安徽省法学会经济法研究会会长。主要研究方向为财税法、金融法。

副主编简介

李胜利 男,汉族,1972年3月生,安徽颍上人。安徽大学法学院副院长,教授,经济法学专业硕士研究生导师、博士研究生导师,法学博士。安徽大学经济法制研究中心副主任,安徽省经济法重点学科、安徽大学经济法教学团队研究人员,中国经济法学研究会理事,安徽省法学会经济法研究会副会长。主要研究方向为竞争法。

作 者 简 介

（以撰写章节先后为序）

焦海涛　男，汉族，1982 年 3 月生，安徽无为人。安徽大学法学院副教授，法学博士。安徽大学经济法制研究中心、安徽省经济法重点学科、安徽省经济法教学团队研究人员。主要研究方向为经济法基础理论、竞争法。

汪　莉　女，汉族，1966 年 3 月生，安徽合肥人。安徽大学法学院教授，经济法学专业硕士研究生导师、博士研究生导师，法学博士。安徽大学经济法制研究中心、安徽省经济法重点学科、安徽省经济法教学团队研究人员。主要研究方向为经济法主体制度。

吕清正　男，汉族，1979 年 10 月生，安徽寿县人。安徽大学法学院讲师，法学博士。安徽省经济法重点学科、安徽省经济法教学团队研究人员。主要研究方向为竞争法、价格法。

毕金平　男，1975 年 9 月生，安徽肥东人。安徽大学法学院副院长，副教授，经济法学专业硕士研究生导师、博士研究生导师，法学博士。安徽大学经济法制研究中心、安徽省经济法重点学科、安徽省经济法教学团队研究人员。主要研究方向为财税法、竞争法。

张宇润　男，汉族，1965 年 2 月生，安徽霍山人。安徽大学法学院教授，经济法学专业硕士研究生导师、博士研究生导师，法学博士。安徽大学经济法制研究中心、安徽省经济法重点学科、安徽省经济法教学团队研究人员。主要研究方向为金融法、证券法。

编写说明

改革开放30多年来，我国经济法学的理论研究成果丰硕、方兴未艾，经济法学的教学更是日新月异、成就斐然。但与法学其他学科相比，经济法学无疑是一个年轻的学科，经济法学的理论研究尚处于不断发展和完善中，经济法学的教学在理念、方式等诸多方面也有待进一步创新。而作为高等学校法学专业核心课程教材之一的经济法学，当然也需要及时作出相应修订、充实和完善，使法学专业学生能及时了解和掌握国内外经济法律规范的最新变化和经济法学界最新的研究成果，培养他们运用经济法理论解决社会经济实际问题的能力。

安徽大学法学院法学本科专业于2007年获教育部批准建设国家特色专业。作为法学院的优势学科，经济法学于2001年被评为安徽省省级重点学科。2003年，以该学科教师为主体申报的安徽大学经济法制研究中心被批准为首批安徽省高等学校人文社会科学14个重点研究基地之一。2005年，校级创新团队——"经济法前沿问题研究"获得批准。2006年，以本学科主要成员为梯队申报的经济法学博士点申报成功并于2007年开始招生。2009年，经济法学教学团队被确定为安徽大学校级教学团队，2010年获批成为省级教学团队。经过多年建设和发展，安徽大学经济法学专业目前在全国高校同行中具有一定影响。为促进安徽大学经济法学学科建设，我们于2012年1月组织本院从事经济法学教学与研究的中青年学者编写并出版了《经济法学》教材（第1版）。

自《经济法学》教材出版后，党的十八届三中全会《关于全面深化改革若干重大问题的决定》对市场与政府的定位作了重新界定，十八届四中全会《全面推进依法治国若干重大问题决定》就法治体系也作了新的阐释，一些法律法规如《预算法》、《消费者权益保护法》等也作了重新修改，不少领域的改革如价格、财税、金融等也在深入推进。在此背景下，我们组织了原参加教材编写的大部分教师对原教材在内容上进行了修改，在结构上进行了调整。修改后的教材共三篇十四章，由七位作者共同撰写而成。按照撰写先后顺序，具体分工为：焦海涛：第一章、第二章、第三章、第四章、第六章；李胜利：第五章、第七章；汪莉：第九章；吕清正：第八章、第十章；华国庆：第十一章、第十二章；华国庆、毕金平：第十三章；张宇润：第十四章。

作为安徽大学2015年校级规划教材项目以及教育部首批"卓越法律人才教育培养基地（应用型复合型）"、安徽省振兴计划项目高水平大学重点建设专业、安徽省经济法学教学团队系列成果之一，本教材的修改出版凝聚了上述作者的辛勤劳动和心血，也离不开法律出版社编辑的精心工作，在此一并表示衷心感谢！此外，本教材的出版也得到了安徽大学、安徽大学法学院的资助。由于能力、资料和时间有限，尽管我们在写作过程中尽了最大努力，但错漏与不妥之处仍在所难免，敬请学界同人与广大读者批评指正。

华国庆

2016 年 1 月

目　录

第一篇　经济法总论

第二篇 市场规制法

第三篇　宏观调控法

第一篇　经济法总论

第一章　经济法的历史

第一节　经济法的产生条件

一、经济发展与法律发展的关系

作为一种上层建筑，法律的产生与发展最终决定于一定的经济关系。经济发展不同的阶段，需要不同的法律制度提供保障。特定的法只会在特定的历史阶段出现。经济发展与法律发展之间呈现出大致的对应关系。

在自然经济时期，商品交换基本不会存在，经济形态以自给自足为主，虽偶尔也会发生“物物交换”，但因频率、地域极其有限而无须依赖正式的法律制度来调整。这时，法律的主要功能是维护政治统治，表现在结构上，刑法占据绝对主导地位。即便存在零星的调整交易关系的法律规范，也是附着于刑事规范上，所谓“诸法合体”、“重刑轻民”、“严刑峻法”便是这一时期法律的典型特点。

随着商品交换日趋频繁，市场经济应运而生。市场经济下大量存在的商品交换关系亟须法律调整，传统的“诸法合体”模式已不合时宜，法律结构由此发生了变动——调整经济关系的法律规范逐渐增多，并逐渐从刑事规范中分离出来，成了与刑事规范相互独立的全新法律类型。但同时，在市场经济不同发展阶段，法律结构的变动情况也会有所差异。

在早期市场经济阶段，商品交换虽较频繁，但交换双方的能力、地位相差不大，人们总是希望能在一种较为自由、安全的环境下自主从事交易行为，可以充分地进行“讨价还价”而不必受到国家干涉。商品交换带来自由主义观念盛行，私有财产神圣不可侵犯、契约自由等规则被奉为圭臬；在国家职能层面，人们也倾向于认为，管得越少的政府越是好政府，政治国家与市民社会应当并行不悖，这时的国家也因此被称为“夜警国家”。呈现在法律制度上，经济关系固然需要法律的特别调整，但法律不宜伤害交易自由，不宜干涉市民社会的经济自治，故在这个阶段，以维护交易自由为基本内容的民商法极为发达。

市场经济发展到19世纪末20世纪初，进入垄断和社会化阶段。社会分工的精细化、不加限制的自由竞争，使各类经济主体之间的能力出现差异，交易中的依赖关系较为普遍，甚至出现了垄断组织，自由经济赖以发挥作用的基础——主体间地位平等，在很多领域或很多时候已不复存在。过于追求交易自由会丧失真正的自由，进而会影响交易公正。市场机制的唯利性、滞后性和事后性等固有缺陷，频频导致市场机制的失灵。传统民商法以维护自由市场为目的，抵制国家的干预，基本无法解决“市场失灵”问题。“市场失灵”是一个全新的问题，需要法律具备新的功能，进而需要法律进行新一轮的结构变动。经济法正是产生于这一特殊历史阶段。

二、经济法的产生条件

经济法的产生是多种条件共同作用的结果，包括经济条件、社会条件、国家条件和法律条件等。其中，最基础的、起决定性作用的条件是经济条件，其他条件最终也是由经济条件决定的。关于经济法产生的经济条件，学界存在不同观点，[①]但基本认为经济法的产生离不开“市场失灵”，“市场失灵”引起国家职能变化，进而引起法律结构变动，并最终导致经济法的产生。

（一）“市场失灵”及其表现

“市场失灵”是自由市场经济发展到一定阶段的产物，意为市场机制无效率，表现为市场机制难以发挥作用，或者市场机制虽然能够发挥作用，但成本过高。市场机制具有唯利性、滞后性和事后性等固有缺陷，这种缺陷在商品交往不太频繁时还不会导致“市场失灵”，而一旦商品交换大规模化，因主体间能力、信息巨大差异等因素，市场机制可能无法进行商品和劳务的有效分配，即无法有效配置资源，则会引发“市场失灵”。市场失效在任何时候都会出现，对于不太严重的市场失效，可以通过市场机制的自我调节及已有法律制度的适度修正来解决，不会导致法律的结构性变动。“市场失灵”主要是指发生于19世纪末20世纪初的大规模市场失效情况，主要表现为以下四个方面：

1. 公共物品缺失

公共物品是满足人们公共需求的物品，它具有非排他性与非竞争性。[②] 非排他性是指该物品一旦供给就无法排除他人来消费或享用；非竞争性是指不论多少人来消费或享用该物品，均不会对他人的消费或享用产生效用上的影响。消费上的非排他性与非竞争性使提供公共物品无利可图，因而，以利润最大化为目标的市场主体都不愿意提供公共物品，公共物品无法通过市场交易而获取。公共物品对应的是人们的公共需求，即不具有排他性的集体需求，人们都需要公共物品，但私人主体又不愿意提供公共物品。这就是公共物品缺失问题，是“市场失灵”的典型体现。

在自然经济时期，人们也有公共需求，但基本上不是经济领域的公共需求，国家通过履行其政治职能基本能满足人们非经济性的公共需求。在市场经济早期，经济性的公共需求已较为普遍，但由于自由主义理念深入人心，政治国家与市民社会相互分离的观念备受推崇，使经济领域的公共需求基本通过市场主体的个体行动来满足。随着社

---

① 许明月、张世民：“现代经济的社会性与经济法——关于经济法产生原因与性质的思考”，载《现代法学》2003年第6期。

② 以排他性（excludability）和竞争性（rivalry）为标准，物品可分为四类：既具有排他性又具有竞争性的物品为私人物品；具有排他性但不具有竞争性的物品主要是自然垄断物品，如有线电视服务；不具有排他性但具有竞争性的物品主要是公共资源，如公海里的鱼；既不具有排他性又不具有竞争性的物品为公共物品，如国防。

会分工越来越细，商品种类越发多样、专业，经济交往的地域、方式也不断扩展，诸如交易环境、交易平台、交易安全、交易公正这类公共需求，已无法通过个体行动来满足。在垄断和社会化阶段，市场机制在满足公共需求上基本处于无效率状态，提供公共物品的重任只能转而诉诸国家，进而需要一套新的法律制度来确认政府提供公共物品的职能并保证供给效率。

2. 外部性

外部性即个体行为对他人或社会的附加效应和外部影响。外部性不是通过交易而实现，而是在未与他人协商的情况下对他人造成的影响。外部性问题随着人们现实或潜在交往的频繁而不断加剧，每一个个体行为都可能与他人发生关联，每一次交易行为都可能对交易外主体产生影响。根据影响是有利还是有害，外部性有正负之分，不论正外部性还是负外部性，市场机制都难以有效解决。

正外部性具有消费上的非排他性，类似于公共物品，市场主体无法通过向受益方收费的方式来实现外部性的转化，长此以往，人们会因为缺乏从事正外部性行为的充分激励而丧失动力，而正外部性行为基本上属于国家鼓励的行为，如节约资源、保护环境。

对负外部性行为，市场机制的解决方式主要是谈判，即受害方与行为人通过协商订立合同，行为人给受害人补偿，从而使外部性内化。当不存在谈判费用时，谈判总能解决负外部性问题，[①]但交易费用为零的情况在现实中基本不存在，故另一种可行的方法是进行权利界定与分配，即赋予受损方一种权利，要求负外部性行为人承担一定义务。民商法在解决负外部性问题时，基本采用权利分配法。但这种方法也可能存在问题：其一，受害人的什么权利受到损害，有时在法律上很难确定，如存在所谓的“不受噪声侵害权”、“不受汽车尾气污染权”等权利类型吗？其二，法律规范的调整对象是人的行为，当负外部性行为对其他对象如动物、河流等产生不利影响时，如何通过法律的权利义务分配来解决？其三，权利义务分配法的保障机制是损害赔偿诉讼，这是一种事后机制，难免存在各种不足。其四，即便提起损害赔偿诉讼，受偿主体的选择、赔偿标准的确定等也是难题。

市场机制解决外部性问题只会在局部范围内有效，外部性的内化最终必须依赖于国家。国家需要建立一种新的法律类型来激励正外部性行为、抑制负外部性行为。

3. 信息偏在

信息偏在即信息不对称，任何交易中都可能出现信息不对称，但在垄断和社会化阶段，不仅交易标的、交易方式更加专业，交易主体间地位差异也是常态，交易中的信息不对称由此变得更加广泛，程度也更为严重。信息不对称一方面可能危及交易安全，如交易一方可能因对交易标的不够了解而面临自身财产甚至人身的损害风险；另一方面信息不对称也可能危及交易公平，因为拥有优势信息的一方很容易就能通过隐匿信息而

---

① 这正是科斯第一定理的基本内容。参见[美]曼昆著：《经济学原理》（第2版），梁小民译，生活·读书·新知三联书店、北京大学出版社2001年版，第217页。

获得交易中的优势地位。故而,在强调契约自由的情况下,处于信息弱势地位的交易主体的权益很难得到保护,尤其是消费者利益保护,逐渐成为一个亟待解决的社会问题。

在民商法律制度中,解决信息偏在的主要途径是可撤销合同制度,即一方利用其信息优势损害另一方利益而订立的合同,可被认定因存在欺诈而属可撤销或可变更合同。可撤销合同制度一定程度上能给信息偏在提供一个事后矫正机会,但是否所有的信息偏在都可被认定为欺诈,或者因信息偏在而导致的欺诈是否都可在事后被发现,具有较大的不确定性。当然,最好的方法是订立完备合同,对可能出现的各种信息偏在问题都作出全面规定,但任何主体的预见能力都是有限的,完备合同仅在理论上存在,现实中的所有合同都是不完备合同。所以总体来说,民商法制度解决信息偏在问题的能力较为有限。

信息偏在问题的最终解决,一方面需要强化各种信息披露制度,另一方面也需要法律对长期以来处于信息弱势地位的主体予以特别保护。也就是说,法律既要赋予信息强势方特定义务,限制其交易自由,也要区别对待,扶持信息弱势方。这种全新的功能是传统法所不具备的,只能建立一种新型的法律制度来担负此使命。

4. 竞争失效

不加限制的自由竞争必然带来垄断与不正当竞争。19 世纪末 20 世纪初,西方国家由自由竞争市场经济转向垄断市场经济,这一时期,经济运行中产生了大量的垄断与不正当竞争现象。垄断与不正当竞争不仅侵蚀了竞争自由,也伤害了竞争公平。竞争机制是市场机制的灵魂,竞争机制的失效导致市场机制失灵。在一定程度上说,竞争失效正是过度自由的经济体制及与之相适应的传统民商法的产物,恢复竞争机制无法依赖市场机制及传统法律制度。为解决垄断与不正当竞争问题,各国纷纷颁布新的法律规范,这些法律规范正是经济法的最初渊源。现代经济法的产生,正以反垄断法与反不正当竞争法为标志。

(二)其他条件

"市场失灵"是西方国家 19 世纪末 20 世纪初经济运行中的最突出问题,但无法依靠市场机制自身来解决。"市场失灵"问题要求国家承担新的经济管理职能,也要求用新的法律制度来克服"市场失灵"及保障国家经济管理职能的有效行使。这就是经济法产生的国家条件及法律条件。

在自由经济时期,国家对经济运行基本不干预,即便存在诸如税收、市场管理等经济职能,也不以调整市场主体行为为目的,不构成国家职能的主要方面。"市场失灵"问题的出现,引起了国家职能的变化。解决"市场失灵"不能依靠市场,只能依靠政府,政府必须主动对经济运行进行适度干预。也就是说,随着市场机制的失灵,国家的经济职能从政治职能中分化出来,成为一项独立的、日益重要的全新职能。随着经济的不断发展,国家对经济运行的干预不仅成了政府的常规活动之一,而且政府调整经济的方式也逐渐多样化,既有针对竞争问题、信息偏在等问题的直接规制,也有针对公共物品及外部性等问题的间接调控。

在法律层面，不论是经济运行还是政府的经济管理，都应依法而为。与经济运行有关的传统法律制度，基本都为维护经济自由为目的，解决不了“市场失灵”问题，而政府的经济管理职权必须在法律上得到确认，这就需要建立新的法律制度来赋予并保障政府的经济管理权。同时，政府也不是万能的，也是有限理性的主体，政府管理同样可能出现失灵，如达不到预期目标、达到目标但成本昂贵或达到目标但引发其他负面效应等，这就需要法律在保障政府经济管理职权的同时，约束政府的经济管理行为，以防止为救治“市场失灵”而引起新的“政府失灵”。换言之，市场调节与政府管理各具优势，也各有不足，法律应当在市场调节与政府管理之间确立一个合理的“度”，以保证两种调节机制共同发挥作用、相互补充。而传统法律制度不仅无法解决“市场失灵”问题，对“政府失灵”问题更是从未涉及。

综上可知，经济法产生的最基础条件是经济领域的“市场失灵”，解决“市场失灵”问题要求政府承担全新的经济管理职能，而不论是救治“市场失灵”，还是保障并约束政府的经济管理活动，传统法律制度都无能为力，这必然要求国家建立一种新型的法律制度来解决“市场失灵”问题，并平衡市场调节与政府管理之间的关系。这种新型法律制度就是经济法。据此，经济法的产生条件，可概括如下：新问题产生（“市场失灵”）—政府经济管理—“政府失灵”—需要法律具备新的功能（解决“市场失灵”及“政府失灵”问题）—传统法不具备该功能—新型法产生（经济法）。

第二节　经济法的历史脉络

一、经济法的语源

“经济法”的概念出现较早。法国空想共产主义者摩莱里（Morelly）在其《自然法典》（1755 年）中首次提到“经济法”。法国另一空想共产主义者德萨米（Dezamy）在其《公有法典》（1843 年）中也提到“经济法”。他们都认为经济法是一种自然产品或人工产品的“分配法”，故一般认为，他们所提出的“经济法”仅具有词源意义，与现在所理解的经济法含义相差较大。①

1865 年，法国学者蒲鲁东（Proudhon）在其出版的《论工人阶级的政治能力》一书中，再次提到“经济法”的概念。他认为，政治法因其易于导致过多限制经济自由的危险，私法因其无法影响经济活动的全部结构，都无助于实现法的目的；社会组织应建立在“作为政治法和民法之补充和必然结果的经济法”基础之上。② 蒲鲁东将经济法与传

---

① 对此也有不同意见，有学者认为，摩莱里的经济法观念与现代经济法观念是相契合的，现代经济法的开端应追溯到摩莱里。参见刘水林：“经济法观念史解释——为什么是摩莱里”，载《华东政法大学学报》2008 年第 5 期。

② ［法］阿莱克西·雅克曼、居伊·施朗斯著：《经济法》，宇泉译，商务印书馆 1997 年版，第 2～3 页。

统公法、私法相比较，得出经济法与传统法不同的结论，比较接近目前主流观点对经济法属性的界定，故有人认为，蒲鲁东应为当之无愧的现代经济法之父。①

事实上，摩莱里、德萨米、蒲鲁东三位学者所提出的"经济法"概念，都从不同角度、不同层面反映了经济法的某些基本属性。例如，"经济法是分配法"的思想就为后来许多经济法学者所继受。至于谁的"经济法"思想与现代经济法相近，学者的观点则不尽相同。

二、经济法的产生

一般认为，现代意义的经济法应当是作为一种全新法律现象或法律部门的经济法，而不是语源层面上的"经济法"或"有关经济的法"。现代经济法产生于西方国家从自由市场经济向垄断阶段过渡时期，集中体现为19世纪末20世纪初在美国、德国等国制定的有关规范市场竞争行为的法律文件。

19世纪末，美国的铁路、石油、钢铁等行业出现了托拉斯组织，生产同类商品或在生产上具有密切联系企业从生产到销售实行全面联合，受托企业借助托斯拉参与合并其他企业，形成垄断经营。托拉斯组织实力强大，非托斯拉成员企业无力与之竞争，中小企业处境堪忧。托拉斯不仅带来了经济问题，也因此导致中小企业纷纷破产、失业人数增加以及人们的强烈抵触等，进而成为一个严重的社会问题。托拉斯问题需要法律规制，1890年，参议员谢尔曼提出的《保护贸易和商业免受非法限制和垄断侵害的法案》得以通过，这就是著名的《谢尔曼法》，该法以托拉斯为规制对象，在美国反托拉斯法乃至世界经济法领域都具有极其重要的里程碑意义。《谢尔曼法》之后，针对不同的垄断问题，美国在1914年还通过了《联邦贸易委员会法》、《克莱顿法》等反垄断法领域的重要法律。

与美国情况类似，19世纪末的德国，经济领域中也出现了垄断现象，只不过其主要形式是卡特尔而非托拉斯。德国对待卡特尔的态度在国内产生了分歧，引发了卡特尔之友和卡特尔之敌的争论。最终，主张卡特尔利大于弊的观点占据上风，德国开始以国家权力扶持卡特尔的发展。1910年，德国制定了《钾矿业法》，以法律手段抑制新设企业进入钾矿业。这被认为是德国经济法的标志之一。另外，与对垄断行为的态度不同，针对经济生活中的不正当竞争行为，德国学者的观点较为一致。1896年，德国制定了世界上最早的《反不正当竞争法》，以专门立法的方式对商业竞争中违反诚实信用原则的不正当竞争行为进行限制。

可见，虽然当时市场经济发展最快的两个大国都开始了市场规制立法，但立法重点及对待两种危害市场竞争行为的态度则不尽相同。这是初期经济立法的重要特点。

由于德国《反不正当竞争法》出现较早，且德国属大陆法系国家，重视成文法制定，故一般将德国视为现代经济法的产生地，称为"经济法的母国"。但从实质意义上来看，美国无疑也是经济法的重要发源地之一。只不过，因法律传统不同，美国学者并没

---

① 史际春、邓峰著：《经济法总论》，法律出版社1998年版，第69~70页。

有对这种全新的法律现象进行总结，而德国学者则将其总结为“经济法”并得到官方承认。1906年，德国在《世界经济年鉴》中正式使用“经济法”（Wirtschaftsrecht）一词。第一次世界大战之后，德国学界普遍接受了该术语，并出版了经济法学教科书，如赫德曼（Hedemann）的《经济法基础》（1922年）。

三、市场经济国家经济法的发展

（一）市场经济国家经济法的发展阶段

现代经济法因顺应了国家管理经济的需要，故自其问世以来便获得了迅速发展。市场经济国家经济法的发展历程，可概括为如下几个阶段：

1. 第一次世界大战期间经济法

在战争时期，经济统制即国家对经济生活的统一管理十分重要，这时的经济法必然为战争服务，因而具有强烈的国家干预色彩。例如，第一次世界大战期间，德国颁布了《确保战时国民粮食措施令》（1916年）、《煤炭经济法》（1919年）等战时法规；日本颁布了《战时工业原料出口规制法》（1914年）、《对敌交易禁止令》（1917年）、《战时船舶管理令》（1917年）、《军需工业动员法》（1918年）等服务于战争的法规。

战时经济法又称“战时统制法”，主要用以服务于战争需要，而不是对经济规律的尊重，故被认为是一种初级经济法、被扭曲的经济法，而非真正意义上的经济法。

2. 大危机期间经济法

1929～1933年，市场经济国家爆发了严重的经济危机。为应付危机，各国纷纷通过立法来强化政府的经济管理职权。这时的经济法被称为“危机对策法”。例如，美国在罗斯福“新政”时期，颁布了《罗宾逊—帕特曼反价格歧视法》（1930年）、《国家产业复兴法》（1933年）、《证券法》（1933年）、《证券交易法》（1933年）等；德国颁布了《附赠法》（1932年）、《回扣法》（1933年），并对《反不正当竞争法》进行了多次修订；日本颁布了《重要产业统制法》（1931年）、《工业组合法》（1932年）、《商业组合法》（1932年）、《外汇管理法》（1933年）、《汽车制造业法》（1936年）、《贸易组合法》（1937年）等。

如同战时经济法一样，危机对策法也是一种紧急状态下的被动立法，它可能在特定时期有助于解决经济危机，却因潜伏着盲目性、过渡性等弊端，可能会带来很多消极后果，因而也是较为初级的经济法，急需在日后随着经济发展而不断完善。

3. 第二次世界大战期间经济法

市场经济国家刚从经济危机中恢复，又进入了第二次世界大战时期。这时的经济法虽然也有正常的经济管理内容，如美国的《惠勒—李法》（1938年）、《联邦食品、药品和化妆品法》（1938年），但很多方面仍与第一次世界大战时期相同，带有强烈的国家干预甚至军事主义色彩，德国和日本尤其如此。例如，德国法西斯政权建立以后，就一直通过法律手段强化经济垄断，仅在1934年就颁布了三个强化垄断经济的法律，即《卡特尔变更法》、《强化卡特尔法》和《德国经济有机建设法律》；日本也制定了以《国家总动员法》（1938年）、《军需公司法》（1943年）为代表的战时经济法。

4. 第二次世界大战以后经济法

第二次世界大战以后，世界逐渐进入和平与发展时代，市场经济国家也迎来了其经济高速发展的黄金时期。随着各国经济发展逐渐平稳，国家对经济的管理也开始常规化。这时，政府的经济管理职能集中体现在两个方面：一是创造充分、公平的竞争环境；二是对市场经济进行宏观调控，以间接的促进、引导代替之前的直接统制。这两个部分分别是市场规制法与宏观调控法。

在市场规制法方面，较为典型的立法如美国的《反托拉斯民事诉讼法》（1962 年）、《反托拉斯诉讼程序和惩罚法》（1974 年）、《反垄断刑事制裁强化和改革法》（2004 年）；德国的《反对限制竞争法》（1957 年颁布，其后多次修订），此外还多次修订《反不正当竞争法》；英国的《垄断与限制竞争法》（1948 年）、《公平贸易法》（1973 年）、《价格法》（1974 年）、《限制性贸易行为法》（1976 年）、《竞争法》（1998 年）、《企业法》（2002 年，其中涉及较多竞争法律制度的内容）；日本的《禁止私人垄断及确保公正交易的法律》（习惯所称的日本《禁止垄断法》，1947 年颁布，其后多次修订）；等等。

在宏观调控法方面，较为典型的立法如美国的《充分就业与平衡增长法》（1978 年）、《税制改革法》（1986 年）、《金融现代化服务法》（1999 年）、《紧急经济稳定法》（2008 年）；德国的《德意志联邦银行法》（1957 年颁布，其后多次修订）、《经济稳定增长促进法》（1967 年）、《联邦预算法典》（1969 年）；日本修订并重新颁布的《日本银行法》（1998 年）；英国的《英格兰银行法》（1946 年颁布，1998 年重新颁布）、《金融市场与服务法案》（2000 年）；等等。

（二）市场经济国家经济法产生与发展的特点

从前述市场经济国家经济法产生的历史不难发现，经济法在这些国家的产生与发展具有如下特点：第一，经济法从自由市场经济发展而来，其解决的最基本问题是“市场失灵”，经济法的产生与发展是一个自然演进的过程；第二，经济法的产生与发展以民商法为基础，是对民商法的补充，换言之，经济法调整的经济关系正是民商法无能为力的领域，而在民商法可有效调整的场合，经济法一般不发挥作用；第三，市场规制法在市场经济国家最先产生，经济法的产生即以最初的反垄断法与反不正当竞争法为标志，而宏观调控法则主要在经济大危机之后逐渐产生；第四，英美法系国家虽不存在经济法的概念，对经济法现象也不以经济法命名，但确有实质意义上的经济法，而且美国的经济法还尤其发达；第五，经济法的内容在不同国家、不同时期各有侧重，但第二次世界大战以后主要内容逐渐趋同，集中体现在市场规制法与宏观调控法两大领域。

四、苏联和东欧国家经济法的历史

（一）计划经济法时期

苏联和东欧国家在取得社会主义革命胜利后，纷纷开始了对旧国民经济的改造，目的是建立社会主义公有制。改造阶段及公有制时期的经济法，一般被称为“计划经济法”。

俄国十月革命之后，在 1919 ~ 1920 年国内战争时期实行“战时共产主义”政策，开始了对经济生活的高度集中管理。为配合这一政策施行，苏联颁布了一些强化国家经济管理的法令，内容涉及工业国有、垄断供应、产品分配、余粮收集等经济生活的各个方面，如《关于银行国有化的法令》(1917年)、《关于大型工业企业、铁路运输企业和公用企业收归国有的法令》(1918年)、《关于商船国有化的法令》、《关于组织一切产品、个人消费品及日用品的居民供应的法令》(1918年)、《粮食专卖法令》(1918年)、《余粮收集法》(1919年)等。

1921年之后，苏联实行"新经济政策"，以粮食税取代了余粮收集制。1921年，通过了关于交换的法令，宣布实行产品交换，并于1922年颁布了《苏俄民法典》。1922年，《土地法令大纲》通过，农民被允许自由使用土地和在苏维埃监督下出租土地和雇用工人。为加强企业改组、联合，1923年，制定了《国家工业托拉斯条例》；1927年，《国家工业托拉斯新规程》又得以颁布。

20世纪30年代之后，苏联正式确立了传统的计划经济体制，国家经济管理渗透经济生活的每一个领域，且具有明显的中央集权色彩，这时的经济立法计划色彩极其浓厚。

东欧国家在第二次世界大战后借助苏联的帮助走上了社会主义道路，其经济发展模式直接借鉴了苏联经验，一开始便强化中央集权，实行计划经济体制。立法方面，捷克斯洛伐克于1958年颁布《社会主义组织间经济关系法》，1964年还制定了世界上第一部经济法典——《捷克斯洛伐克社会主义共和国经济法典》，认为经济法"调整在国民经济管理和社会主义组织的经济活动中所发生的关系"；罗马尼亚在20世纪50年代就制定了《经济合同法》，后又制定了《国民经济发展计划法》。①

南斯拉夫是独立走上社会主义道路的国家，其计划经济法主要有1946年的《私营企业国有化法令》、《国营经济企业基本法》、《计划法令》以及1950年的《劳动集体管理国家经济企业和高级经济联合组织基本法令》等。

计划经济法是适应计划经济体制的需要而产生并发展的，国家通过计划经济法将国民经济纳入经济计划轨道，其核心内容是强化中央集权。在计划经济法中，企业缺少独立地位，而沦为政府的附属物，合同等市场主体间交易的最基本手段也被视为落实计划的工具。从理性角度来看，计划经济法并非真正的经济法，而是一种被扭曲的经济法。

（二）经济改革时期

20世纪60年代开始，苏联和东欧各国开始进行经济改革，改革的实质是否定计划经济体制。在经济改革阶段，苏联和东欧各国颁布了许多不同于以前的经济法规。

1956年，苏联推行"计划工作和经济刺激的新体制"（"新经济体制"），主要内容是扩大企业生产经营上的自主权，并采取经济与行政相结合的方法且以经济方法为主来管理经济。为此，苏联先后通过了《社会主义国营生产企业条例》(1965年)以及在计

---

① 刘瑞复著：《经济法学原理》，北京大学出版社2000年版，第73页。

划、经济合同、银行、信贷等方面的一系列立法。1970年,颁布了《关于改进国民经济中法律工作的决议》,1975年颁布了《关于进一步完善经济立法的措施的决议》,使经济改革更为深入。

东欧各国在20世纪60年代开始也进入经济改革阶段,主要内容都是扩大企业自主权,减少行政控制,为此在财税、内贸、投资等方面颁布了一系列经济法规。

南斯拉夫从1963年开始进入"社会自治"阶段,"社会自治"的内容涉及多个方面,如实行生产资料社会所有制而非国家所有制、实行自治计划体制而非指令性计划体制、赋予企业扩大再生产的决策权、收入分配权和定价权、实行一定程度的外贸自由化等。为配合"社会自治",南斯拉夫于1963年通过修改原宪法颁布了其第二部宪法,"社会自治"入宪;1974年第三部宪法颁布,"社会自治"进入以联合劳动制度为基础的新阶段,《联合劳动法》也于1976年颁布。

经济改革时期,苏联和东欧国家经济立法的最大特征是为经济改革服务,往往是立法在先、改革在后,改革取得成果后又以法律形式固定。经济改革是对计划经济体制的变革,但在苏联解体、东欧剧变之前,计划经济体制仍未根本改变。20世纪80年代末90年代初,随着政治体制的根本改变,苏联和东欧各国最终都走向了西方式的市场经济道路。此后,这些国家的经济立法基本向西方靠拢,甚至直接接受了西方市场经济立法的现成成果。

五、我国经济法的历史

(一)我国经济法立法概况

在高度集中的计划经济体制下,我国基本无经济法可言。我国经济法与20世纪70年代末的经济改革相伴而生。从最初的"以市场调节为辅的计划经济"到"有计划的商品经济",再到市场经济体制目标的最终确立,我国经历了1978~1992年共14年时间。这可看作我国经济法发展的第一阶段。1992年之后,我国正式实行市场经济体制,尤其是1993年宪法修正案明确规定"国家实行社会主义市场经济"、"国家加强经济立法,完善宏观调控"之后,我国的经济法立法非常迅速。这可看作我国经济法发展的第二个阶段。

目前,我国已初步建立起与市场经济要求相适应的经济法律体系。在财税法方面,重要的法律有《个人所得税法》(1980年颁布,其后数次修订)、《预算法》(1994年颁布,2014年修订)、《税收征收管理法》(1995年颁布,其后数次修订)、《政府采购法》(2002年)、《企业所得税法》(2005年)等;在金融法方面,重要的法律有《中国人民银行法》(1995年颁布,其后于2003年修订)、《商业银行法》(1995年颁布,其后于2003年、2015年修订)等;在市场规制法方面,主要法律有《产品质量法》(1993年颁布,其后于2000年、2009年修订)、《消费者权益保护法》(1993年颁布,其后于2009年、2013年修订)、《反不正当竞争法》(1993年)、《广告法》(1994年,其后于2015年修订)、《价格法》(1997年)、《反垄断法》(2007年)等;此外,我国还制定了《土地管理法》(1986年颁布,其后数次修订)、《城市房地产管理法》(1994年颁布,2007年修订)、《铁路法》(1990年颁布,其后于2009年、2015年修订)、《烟草专卖法》(1991年颁布,其后于2009年修订)、《中小企业促进法》(2002年)等一批重要的经济法文件。

值得一提的是,2013年党的十八届三中全会通过的中共中央《关于全面深化改革若干重大问题的决定》明确提出:"经济体制改革是全面深化改革的重点,核心问题是处理好政府和市场的关系,使市场在资源配置中起决定性作用和更好发挥政府作用。市场决定资源配置是市场经济的一般规律,健全社会主义市场经济体制必须遵循这条规律,着力解决市场体系不完善、政府干预过多和监管不到位问题。"2014年党的十八届四中全会通过的中共中央《关于全面推进依法治国若干重大问题的决定》明确指出:"全面推进依法治国,总目标是建设中国特色社会主义法治体系,建设社会主义法治国家。这就是,在中国共产党领导下,坚持中国特色社会主义制度,贯彻中国特色社会主义法治理论,形成完备的法律规范体系、高效的法治实施体系、严密的法治监督体系、有力的法治保障体系,形成完善的党内法规体系,坚持依法治国、依法执政、依法行政共同推进,坚持法治国家、法治政府、法治社会一体建设,实现科学立法、严格执法、公正司法、全民守法,促进国家治理体系和治理能力现代化。"我们深信,随着全面深化改革以及全面推进依法治国,未来我国经济立法将不断得到完善。

(二)我国经济法产生与发展的特点

根源于经济发展阶段的特殊性,我国经济法的产生与发展历程和西方市场经济国家相比具有较大不同。

具体来说,表现为以下几个方面:第一,我国经济法产生较晚,迄今只有30多年时间。第二,我国经济法直接从计划经济发展而来,没有经历自由市场经济阶段,自然不是通过对"市场失灵"的克服而产生,也就是说,我国经济法的产生不是一种自然演进的过程,而是国家推动的结果。第三,不仅经济法,我国其他法律基本也是自20世纪70年代末才产生,这使经济法与其他法律尤其是民商法在我国几乎同步发展。在市场经济国家,民商法产生较早,经济关系一直由民商法调整,只有在"市场失灵"问题出现后,民商法无能为力,才导致经济法的产生。因而,经济法自其产生开始,与民商法之间的关系就十分明确,基本是为了弥补民商法的不足,二者的分界非常明显。但我国经济法产生之后,与民商法之间的关系纠缠不清,学界争论非常激烈,这在一定程度上与两法同时发展、经济法对民商法的弥补作用在现实中表现不太明显有关。第四,在经济法内部,西方国家是市场规制法最先产生,宏观调控法产生相对较晚,我国则是两大领域法律同时发展,甚至我国的《个人所得税法》早在1980年就已通过,而狭义法律形式存在的如《反不正当竞争法》等市场规制法则在1993年才制定。第五,实行市场经济体制之后,我国经济法的发展异常迅速,这说明了经济法存在的经济基础是市场经济,只有与市场经济相联系的经济法,才是真正意义上的经济法。

第二章　经济法的界定

第一节　经济法的概念与体系

一、经济法概念的界定

（一）界定方法

相对于上位概念或属概念“法”而言，经济法是下位概念或种概念。界定经济法时，必须遵循界定“法”概念的一般要求，并在遵循法一般属性的基础上，概括出经济法的特殊属性。这种界定方法可总结为“种+属”的定义模式。

我国现行法学界对部门法的界定，基本都遵循这一模式，表现为某部门法即为调整某一类社会关系的法律规范的总称。其中，“法律规范的总称”反映的便是被定义对象的一般属性，即“属”，而具体的调整对象便是作为特殊属性的“种”，这是各个部门法的最本质区分。之所以将调整对象作为部门法概念中的“种”也即特殊属性，主要受我国继受大陆法系的部门法理论影响。

在上述定义模式下，经济法的界定，主要取决于调整对象的确立。尽管以调整对象作为部门法划分的理论，现已遭受多种批评，但我国经济法学界各种学说的最大分歧，仍表现为对经济法调整对象的不同认识上，也即在经济法概念界定上，以调整对象作为“种”的思路仍是主导性的。

对于“属”，也即将部门法看作“法律规范”的总称，也有人提出异议，认为不宜将部门法机械地理解为用法律规范来“搭积木”，其主要理由是，一个部门法对应一个法典的拿破仑时代早已过去，某个具体法规未必只属于一个法律部门。[①] 应当说，该观点的理由是成立的，但据此得出部门法不能界定为法律规范总称的结论，显然混淆了法律规范与规范性法律文件（上述观点中“法规”）之间的关系。

一般认为，法律规范是指由国家制定或认可，并由国家强制力保证实施的行为规则；规范性法律文件是指在一般情况下，针对一般对象发布的能够反复适用和普遍适用的抽象的法律文件，即通常所说的形式意义上的法律，具体包括宪法、法律、法规和规章等表现形式。据此，某一规范性法律文件应由众多具体的法律规范构成，也即法律规范是规范性法律文件的构成要素，而非规范性法律文件本身。

我们所说的民商法、经济法等部门法，其构成要素又是什么呢？应当明确的是，部

---

① 刘文华、潘静成主编：《经济法》（第3版），中国人民大学出版社2008年版，第50页。

门法划分是学者为进行法学研究所做的总结性工作,是对数量众多的法律规范依其性质而进行分析,然后将性质相同的法律规范归于一类并以特定部门法予以命名的结果。因此,在成文法国家,部门法的构成要素也主要是法律规范,且必须是性质相同(同一“种”)的法律规范。另外,在现代国家,为了发挥立法对法实施的直接指导作用,以及综合调整复杂性问题的需要,立法机关制定的某一规范性法律文件中可能包含了众多性质不同的法律规范,只不过,其性质可能更偏向于某一方面而已。换言之,某一规范性法律文件与特定部门法之间的对应关系,现在已不复存在。这就要求,在分析某一规范性法律文件的部门法属性时,不能简单说它属于哪个法律部门,而应对其包含的众多法律规范进行具体分析,以确定其归属。例如,很多法律文件都有“情节严重,构成犯罪的,依法追究刑事责任”的规定,显然,涉及犯罪与刑事责任的,当属刑法的调整范围,但这种规定却可能在很多规范性法律文件中存在。再如,我国《商业银行法》既有商业银行设立和组织机构等组织性规定,也有商业银行业务规则规定,还涉及对存款人保护及金融监管等内容,这些法律规范的性质显然各不相同。

鉴于上述分析,我们认为,将经济法的一般属性界定为规范性法律文件的总称,实际上是一种“法规经济法说”,明显存在不妥之处。但将经济法界定为“法律规范的总称”,并不存在问题,因为“法律规范的总称”明显不同于“规范性法律文件的总称”。

(二)经济法的概念

在“种+属”的定义模式下,界定经济法概念的关键是确定调整对象。在确定法的调整对象时,一个基本思路是“问题定位”。按照这一思路,经济法的调整对象取决于其要解决的新问题,即“市场失灵”问题。“市场失灵”由自由交易引起,在19世纪末表现得尤为突出,已成为影响公共利益的社会问题,对这些问题的解决促使了经济法的产生。

“市场失灵”有多种表现,如前所述,主要体现在信息偏在、竞争失序、公共物品缺失及外部性突出四个方面。这些问题对经济发展带来的负面影响,既有微观层面,也有宏观层面。

从微观角度来看,信息偏在与竞争失序往往使特定的市场主体权益受损,消费者及部分企业的积极性严重受挫。信息偏在主要发生在消费者与经营者之间,消费者的信息弱势地位,使其利益经常受到经营者的侵犯,尤其随着垄断组织的形成、现代营销技术的发展以及企业对契约自由的滥用,消费者的弱势地位更加明显。这使消费者自发或有组织地开展了各种维权运动,国家也开始重视消费者权益保护立法,如美国在罗斯福期间通过了《肉制品检查法》和《纯净食品与药物法》。竞争失序,主要表现为垄断与不正当竞争行为,尤其是19世纪末20世纪初的垄断行为,已对自由经济造成强烈冲击,中小企业及消费者十分不满垄断者的经济行为,这促使国家通过法案遏制反竞争行为,如美国的《谢尔曼法》及德国的《反不正当竞争法》。不论消费者保护法还是竞争法,其主要特点都是赋予国家对市场主体的某些行为予以直接限制或禁止的权力。这种经济管理行为及法律现象,是一直奉行自由市场经济体制的国家所不曾有的,后来人们将国家的这类行为称为"管制"或规制，将这类直接干预经济之法称为市场规制法或市场监管法。

从宏观角度来看，影响一国宏观经济均衡发展的新问题，主要公共物品缺失及外部性问题。随着经济交往的频率逐渐加大、地域范围不断扩展，人们对公共物品的需求不断增加且尤为迫切，但因公共物品具有消费上的非排他性，以利润最大化为目标的企业不愿提供公共物品，这使人们普遍性的公共需求得不到满足。解决这一问题必须依赖国家，国家以公共资财进行公共物品供给及调节，成了财政的重要职能。外部性问题有正负之分。正外部性类似于公共物品，具有消费的非排他性，无法由市场主体自身解决；负外部性因交易成本存在、权利类型化困难及权利主体范围受限等问题，也难以通过合同或侵权责任承担等方式予以解决。① 解决外部性问题，同样只能依靠国家通过税收或金融等将外部性内部化。同时，公共物品与外部性问题还可能带来产业失衡等结构性问题，即有些领域无人进入，而有些领域过多进入，为此，也需要国家从宏观层面进行总量调节。政府的这类经济调节行为，被人们称为宏观调控，宏观调控行为的法制化，便成为宏观调控法。

由上可知，"市场失灵"带来的微观与宏观领域的两大问题，都属于传统法律制度难以有效解决的全新问题，需要借助于政府的两种手段，而政府也是有限理性的主体，甚至也有自身的利益追求，因而在规制与调控过程中也可能产生"政府失灵"问题，为此，必须强调依法管理，即政府经济管理行为的法治化。显然，这种法律制度，一方面要赋予政府经济管理权，以解决"市场失灵"问题；另一方面也要约束政府的经济管理权，以解决"政府失灵"问题。这两大功能是传统法律制度所不具备的，只能通过对一国法律体系的结构性调整，主要是重新立法，来满足现实的迫切需要。于是，经济法在很多国家纷纷确立。

可见，在问题定位的思路之下，经济法所要规范的行为主要包括两个部分：一是市场规制；二是宏观调控。这两大行为都是政府的经济管理行为，故可将经济法界定为"保障与约束政府的经济管理行为之法"。具体而言，经济法主要是指调整市场规制关系与宏观调控关系的法律规范的总称，或者说，经济法是指调整市场规制行为与宏观调控行为的法律规范的总称。

二、经济法的体系构成

经济法体系的基本构成要素是法律规范，这些法律规范具有一个共同特征，体现着国家对经济的直接或间接管理。对这些法律规范，可以依据一定标准，进行进一步的归

---

① 根据前面在介绍经济法历史时的论述，在公权机关不介入的情况，解决外部性的可行方法主要是谈判（合同）或损害赔偿（侵权）。如果不存在交易成本（谈判成本），谈判总能解决外部性问题。这是科斯定理的重要内容之一。但现实是，交易成本为零的情况几乎不存在，交易成本总会抵销甚至超过谈判收益。如果寻求损害赔偿，则一方面，应向法院证明何种权利受损，但这有时是困难的；另一方面，当受损主体为非法律上的主体如动物、自然界时，诉讼主体资格也会成为难以解决的问题。

纳、总结,从而形成经济法的各子部门法。通常,法的体系由调整对象决定。经济法调整对象主要是市场规制关系与宏观调控关系,由此,经济法的体系便可分为市场规制法与宏观调控法。

市场规制法主要是保障与约束国家的市场规制行为,即调整市场规制关系的法律规范的总称。在市场规制法中,一部分法律规范是解决信息偏在问题的,主要体现为两个方面:一是直接从消费者角度,确认消费者权利的消费者权益保护法;二是从经营者角度,规定经营者产品质量义务的产品质量法。其本质都是平衡消费者与经营者之间的信息偏在,保护消费者权益,因此可统称为消费者法。在市场规制法中,还有一部分法律规范是解决竞争失序问题的,被称为竞争法,具体又包括反不正当竞争法与反垄断法。

消费者法与竞争法是从行为角度对一般市场主体提出普遍性要求,也即几乎所有的市场主体都不得侵害消费者权益,不得从事反竞争行为。这是市场规制法中的一般性规定、普遍性要求,可称为一般市场规制法。在市场经济中,还有很多行业比较特殊,这些行业要么不能完全按照一般市场规制法的要求从事经营活动,如自然垄断行业,要么仅遵守一般市场规制法是不够的,如银行业,这时,就要对这些行业进行特别规制或者特别监管,这就是特别市场规制法。

宏观调控法即调整宏观调控关系的法律规范的总称。对宏观调控法,可以从内容与手段两方面划分。从内容来看,一方面可根据宏观调控的四大目标将宏观调控法分为经济增长调控法、物价稳定调控法、充分就业调控法、国际收支平衡调控法;另一方面也可根据宏观调控作用的领域,将宏观调控法分为产业调控法、固定资产投资调控法、战略物资储备调控法等。从手段来看,宏观调控的手段在各国主要有计划、财税、金融三种,相应地,宏观调控法就可分为计划调控法、财税调控法及金融调控法。其中,财税调控法包括财政调控法与税收调控法。当然,对每一种调控法,还可进一步划分,如划分为体制法、行为法等。

一般而言,从手段角度划分宏观调控法的内部体系,是更科学、更通行的做法。因为从内容角度划分,可能各部分之间存在交叉,甚至也可能是难以穷尽的。同时,宏观调控需要解决的主要问题(内容),在不同国家、不同时期都有差异,而每一问题的解决,基本上都会综合运用计划、财税、金融三大手段。

关于宏观调控法,需要注意的一个问题是,严格来说,只有那些具有宏观调控性质的法律规范,才能被称为宏观调控法。因此,财税调控法不同于财税法,金融调控法也不同于金融法。我们习惯上所说的财税法,是调整财政关系的法律规范的总称,其内容非常广泛,其中很多法律规范不具有宏观调控性质,因此严格来说不属于宏观调控法。只不过在现代国家,财税活动是一种公共活动,因此其直接或间接地都与国家的经济管理职能相关,因而对财税法,我们也不再区分哪些属于调控法,哪些不属于调控法。同样,我们习惯上所说的金融法,也是调整一切金融行为的法律规范的总称,这其中就包括金融调控法、金融监管法及金融业务法。对此,我们应当予以区分。金融监管法是金融监管机构对金融业的特别监管,属于特别市场规制法的范围。至于商业金融机构的业务活动,主要发生在金融机构与消费者或金融机构之间,主要应由民商事法调整。当然,如果这些金融机构侵害消费者权益或从事反竞争行为,也会进入一般市场规制法的调整范围。

由上可知,经济法的体系主要由市场规制法与宏观调控法两部分构成。市场规制法又可分为一般市场规制法与特别市场规制法两块,一般市场规制法主要是消费者法与竞争法,特别市场规制法则难以穷尽。宏观调控法主要包括计划调控法、财税调控法及金融调控法三个部分。

第二节 经济法的特征与地位

一、经济法的特征

特征是反映事物特有之处的征象、标志,是某一事物与其他事物相区别的基本标志。特征是相比较的结果,选取的参照物种类、范围不同,特征会呈现较大区别。在概括经济法特征时,可以将其与某一特定部门法相比,可以与所有部门法相比,甚至也可以与法律之外的其他行为规范相比,这样,得出来的结论必然具有较大差异,但在明确参照对象时,实际上都能作为经济法的特征。但同时,特征应尽量反映事物的特有之处,应能将该事物与相关事物尤其是最相近事物区别,故在经济法特征上,关键要将经济法与之联系紧密的某个或某些特定部门法相比。按照这一定位,经济法的特征主要体现在以下几个方面:

(一)经济性

经济性是经济法的首要特征,表现在经济法的作用领域、形成方式、调整手段、基本目标等方面。例如,经济法作用于市场经济领域,缺少这一基础,经济法便难以存在,如我国在封建经济、计划经济体制下,不可能存在真正意义上的经济法,这从经济法产生与发展的一般历史即可得出结论;从世界范围来看,经济法的形成,主要用以解决“市场失灵”问题,正是市场机制的失灵迫使国家主动或被动地以“有形之手”干预经济运行,进而导致以保障与约束政府经济管理行为为主要内容的经济法的产生;经济法产生之后,作为对政府约束的一个方面,要求政府必须在尊重经济规律的基础上,运用各种法律化的经济杠杆,在必要的范围内,采取适当的手段来调节经济运行,而不能以否定市场机制的纯行政方式来干预经济;不论是适度矫正了的“无形之手”,还是法律限度内的“有形之手”,基本目标都是一致的,都致力于追求经济的良性运行与协调发展。

(二)专业性

经济性特征还决定了经济法是一个专业性非常明显的法律部门。主要表现就是,经济法需要解决的“市场失灵”问题具有较强的专业性,它是随着商品交换日益频繁、交易对象及交易方式逐渐复杂化所产生的结果。在早期简单商品经济及近代市场经济下，人们对交易对象的认识水平相仿，不存在严重的信息不对称，交易双方的实力也不甚悬殊，垄断还不是一个问题，当然，因交易相对简单，人们对大部分公共物品的公共需求也还未普遍产生，这时，传统的民商法就能解决交易问题，故不需要国家干预，进而也不需要经济法。但在现代市场经济下，不仅交易对象及交易方式日趋复杂，交易主体之间的实力悬殊也越来越大，这时，拥有信息优势及能力优势的交易一方就很容易利用该优势损害交易相对方利益，甚至侵害不特定主体利益，乃至危害社会公共利益。在这种情况下，就需要一种全新的法律制度来对这些复杂行为予以定性，如什么是信息优势，哪些信息应当披露，什么是垄断，哪些行为构成证券欺诈，等等，都是专业性极强的法律问题。

解决问题的专业性还对经济法立法与执法的专业化提出要求。在立法上，为尽可能地使规范层面的法律制度具有契合经济现实的可操作性，一方面，经济法上的很多制度往往直接借鉴技术性极强的行业规范，甚至赋予行业规范以法律效力，如各种会计准则就是各国会计法的主要内容；另一方面，经济法立法对开放性的要求更为强烈，往往需要吸纳各行业专家的意见，并照顾到法律规范所涉及的各类群体的利益诉求。在执法上，基于更妥当解决专业问题的考虑，经济法上的执法主体及其执法程序，也具有较其他部门法更为明显的专业性。经济法的执法主体，在很多国家都是由来自相关行业的专业人士所组成的专业化主体，而作为专业性保障的，则是法律赋予其至高无上的独立性与权威性，甚至包括特别的执法程序，以及与法院判决无异的行政裁决效力。例如，很多国家的反垄断执法主体都具有较高的权威性，有些还集立法权、行政权与准司法权于一身；在执法程序上，有些主体采取行政模式，有些则直接依赖司法程序，即便在行政程序中，执法主体也可能会采取类似法院审判的行政审判程序，①其裁决效力往往与法院的一审判决相同。

（三）管理性

经济法的调整对象是经济关系，但不是所有的经济关系都由经济法调整，相反，经济法调整的仅仅是具有管理属性的经济关系。不论是市场规制行为，还是宏观调控行为，都是由政府自身或代表其意志的主体实施的管理行为：其一方主体都是政府；另一方主体必须接受政府的管理。如果某一经济行为调节，无须政府干预，则不属于经济法的调整范围。

根据前述对经济法调整对象的界定，消费行为、竞争行为也需经济法调整，而这些行为发生在普通市场主体之间，其管理性如何理解呢？事实上，经济法调整的消费行为与竞争行为，并不是普通的交易或经营行为，而是已经或有可能损害消费者权益或竞争

---

① 例如，根据日本《关于禁止私人垄断和确保公正交易的法律》之规定，公正交易委员会对垄断行为的处置程序即为“行政审判程序”，也可直接称为“审判程序”，指的是公正交易委员会在进行行政处分时，听取受处分方答辩的同时，为发现事实而进行的事前听取的一种方式，其与法院的审判模式基本相同。可参见李国海著：《反垄断法实施机制研究》，中国方正出版社2006年版，第271页。

秩序的行为，而消费者权益及竞争秩序维护具有明显的社会公共性，而传统民商法对此显然无力解决，只能依靠代表公共利益的政府，依靠市场规制。换言之，经济法所规范的市场规制，实际上并非市场交易行为本身，而是政府对市场交易行为予以规制的行为。因而，判断某一交易或经营行为是否需要经济法调整，关键是看这一行为是否需要政府规制，也即是否已经或可能产生超越民商法能力范围的损害公共利益的情况。

（四）法定性

与管理性特征相关的，是经济法的法定性。政府经济管理固然是解决“市场失灵”的必然路径，但公权天然具有侵犯私权的倾向，如果不加制约，结果必然导致权力滥用。制约公权的主要方式是强调权力法定，即公权必须在法律明确规定的范围内存在及行使。法定性体现在主体、权源、内容及程序各个方面，也即只有法律明确规定的主体，才能享有市场规制权或宏观调控权，这些主体在行使权力时，必循遵守法律设定的边界，不得私相授权，不得越权、怠职、滥用权力，也不得违背法定程序行使权力。

作为法定性的主要表现，一些“法律保留”原则在各国经济法中都普遍存在且十分重要，其本质是，在涉及国民基本权利的场合，应坚持“国民同意”或“议会保留”，如税收法定原则。很显然，“法律保留”原则最能体现经济法为何要坚持法定性，但“法律保留”原则之“法”，指的是国家最高立法机关制定之法，在我国即为全国人民代表大会或其常委会制定的法律，而经济法法定性之“法”，显然不限于此，构成对政府经济管理行为限制的法律，应包括所有已制定的正式法律。在我国经济法领域狭义法律还较少的情况下，更应如此。

此外，需要注意的是，对经济法的法定性也不能僵化理解。一方面，法定意在约束公权、防卫私权，因而，如果不强调法定不会造成私权损害，则法定性就可以要求弱一些。例如，经济法执行中会涉及大量的技术性、手续性程序，这类程序就没有必要完全法定，否则只会增加法律执行成本；相反，允许执法机关根据客观现实及自身特点，采用切合需要的灵活性程序，反而能提高效率，更利于保护相对人权益。[①] 另一方面，防卫私权并不是经济法的主要目标，而只是在解决“市场失灵”时的一个次要目标，因此，如果法定性无助于或阻碍主要目标的实现，则法定性就应弱化理解，甚至不应固守。这体现在以下几个方面：

第一，法定要求在经济法各子部门法中并不相同。市场规制行为属直接行为，对市场主体权益及行为影响较为明显，故一般法定要求较高；且市场规制是具体行为，对其实行法定，也不会对经济发展造成较大影响。宏观调控行为则不同，它着眼于变化频繁且极难把握的宏观经济形势，相机抉择是保证调控实效的关键，过于强调法定必然会对宏观决策及执行造成束缚，这意味着，宏观调控法的法定性相比市场规制法要弱得多，

---

① 以税收征管活动中的税务检查为例，为查明纳税人的违法行为，提取相关证据，税务机关在调查税务违法案件时，对与案件有关的情况和资料，可依法进行保存，但具体采用何种方式，记录、录音、录像、照相还是复制，法律就无须加以限制。

宏观调控行为的法定性,是一种允许较大自由裁量权存在的弱法定。

第二,法定性要求权力来源合法,但不一概反对授权。法定性要求相关主体的经济管理权应来自法律的明确规定,但经济现实的复杂多变性决定了,任何管理行为都要通过立法规定,不仅没有必要也不现实,故在特定领域完全可以由立法机关向行政机关授权。例如,我国很多税收法律都由国务院制定,虽然严格来说不尽妥当,但只要有立法机关授权,则不违反法定要求。再如,我国《反垄断法》多处规定,在垄断行为认定及执法程序等方面,均可由国务院及其部委另立细化规范,到目前为止,国务院及具体反垄断执法机关已制定了很多行政法规及规章。当然,需要明确的是,虽然可以授权立法,但授权应尽可能明确、具体,一般不能“概括授权”,也应限制转授权。2015 年修改后的《立法法》对授权进行了严格规范,第 10 条规定:“授权决定应当明确授权的目的、事项、范围、期限以及被授权机关实施授权决定应当遵循的原则等。授权的期限不得超过五年,被授权机关应在授权期满前六个月,向授权机关报告授权实施情况。”第 11 条规定:“授权立法事项,经过实践检验,制定法律的条件成熟时,由全国人民代表大会及其常务委员会及时制定法律。法律制定后,相应立法事项的授权终止。”第 12 条规定:“被授权机关应当严格按照授权决定行使被授予的权力。被授权机关不得将被授予的权力转授给其他机关。”

第三,法定性不是排斥所有情况下的约定。经济法运作涉及公共利益,一般情况下,执法机关不得处置执法利益,故以约定方式结案应受到限制。但在现代经济法中,基于节约执法资源,注重执法持续收效等考虑,执法机关与相对人以和解方式结案,在很多国家已发挥越来越重要的作用。从其他国家立法或执法来看,反垄断法、税法、证券法中均可存在执法和解程序。① 如我国反垄断法中就涉及这一程序,主要体现在《反垄断法》第 45 条规定的经营者承诺程序,②且该条规定还十分不完善。

第四,法定性也不能排斥情势变更。情势变更原为合同法中的一项规则,但在所有法律制度执行中,都可能发生情势变更。在经济法中,如果执法时出现了立法时难以预计的客观的、紧急的情况变化,致使固守立法所确立的法定性要求无法满足客观需要时,可基于立法目的等正当性的考虑,暂时放弃法定性限制,以便及时、有效地解决现实问题。例如,一旦发生自然灾害或经济危机等情况,强调动用国家财政救灾救市,有时就不能过分强调法定。

---

① 相关论述可参见熊伟著:《美国联邦税收程序》,北京大学出版社 2006 年版,第 60 ~ 61 页、第 158 ~ 159 页;郭雳:“美国证券监管执法中的调查与和解制度”、焦海涛:“反垄断执法中的和解制度”,载杨紫烜主编:《经济法研究》(第 5 卷),北京大学出版社 2007 年版。

② 《反垄断法》第 45 条第 1 ~ 2 款规定:“对反垄断执法机构调查的涉嫌垄断行为,被调查的经营者承诺在反垄断执法机构认可的期限内采取具体措施消除该行为后果的,反垄断执法机构可以决定中止调查。中止调查的决定应当载明被调查的经营者承诺的具体内容。反垄断执法机构决定中止调查的,应当对经营者履行承诺的情况进行监督。经营者履行承诺的,反垄断执法机构可以决定终止调查。”

（五）政策性

在现代国家，政府管理经济除了依据法律之外，还依靠数量众多的政策，尤其是其中的经济政策。经济法与经济政策在制定主体、实施主体、主要目标及基本手段等方面，都存在诸多的同一性、共通性。[①] 很多时候，经济法与经济政策之间的界限十分模糊，二者发挥作用也可能是互为前提、互相照应，这使很多经济政策不断法律化，经济法的政策性也由此变得非常明显。政策性是经济法作为现代法的一个重要特点，[②]主要表现在以下几个方面：

第一，经济政策是经济立法的基础。经济现实具有极大的变动性，而法律具有稳定性要求，故很多情况下，政府对经济生活进行干预，往往以政策先行。政策具有灵活多变的优势，能够根据经济变化及时作出调整，但政策的多变性不易使人们形成稳定预期，故行之有效并趋于稳定的经济政策就应被逐步上升为法律。经济政策的法律化即表现为经济法。

第二，经济政策构成对经济法执法的限制。经济现实的复杂性决定了经济法立法无法像民商法那样规定得过细，很多时候只能宣布一般规则，更多问题留给执法者去解决。相对更为具体、灵活的经济政策，由此可能对经济法执法产生重要的限制性影响，尤其体现在执法力度的选择上。一般而言，经济法执法在某一时期内是较为严厉还是趋于缓和，与这一时期的相关经济政策往往存在极大关联。例如，在反垄断上，执法活动总是受到相关产业政策的影响，如果保护中小企业的经济政策受到重视，则垄断执法力度必然强化。

第三，经济政策变化是导致经济法变易的重要因素。正常情况下，经济法制度与相关经济政策之间应当是协调一致的，经济政策制定应考虑已有经济立法，经济法立法也应考虑相关经济政策。如果某些经济政策已随客观经济形势变动而作出调整甚至终止，则与此相对应的经济法制度也应适时作出调整，以防二者出现矛盾，政策抵销法律执行实效，或使法律制度不具有实质上的合理性。

第四，经济政策对经济法具有重要的补充作用。政策与法律在经济现实中都特别重要，以致很多时候严格区分二者并没有现实意义。很多国家往往倾向于把经济法与经济政策混为一体，经济政策也被作为广义的经济法，例如，竞争法有时也被称作“竞争法律与政策”，甚至“竞争政策”就包含了竞争法的内容。此外，现代市场经济是一种法治经济，但在相关法律制度还未及时出台或修正时，经济政策往往具有特别重要的补充作用。这在经济立法不太发达、政策管理却具有丰富经验的我国，表现尤为明显。我国很多经济领域，虽不存在严格意义上的法律，却存在大量行之有效的经济政策，这些政策实际上就构成了人们必须遵守的行为规范，起着法律的作用。

① 张守文：“经济法的政策分析初探”，载《法商研究》2003 年第 5 期。

② 张守文：“论经济法的现代性”，载《中国法学》2000 年第 5 期。

二、经济法的部门法地位

经济法的部门法地位,主要是指在一国法律体系中,经济法能否作为一个独立的法律部门而存在。对此,我国经济法学界目前基本已达成共识,但在历史上,经济法的独立性曾一度存在较大争议。

之所以说经济法是一个独立的法律部门,主要理由是存在需要经济法解决的新问题,也即经济法有其独特的调整对象。调整对象理论是部门法理论的基础与核心。支持或反对经济法独立性的争议,也主要围绕经济法的调整对象展开。反对者认为,经济法没有自己独特的调整对象,其调整的行为已经并继续由民商法、行政法等法律部门调整。这涉及经济法与民商法及行政法的关系,对此我们将在后文论述。这里需要指出的一个问题是,调整对象与部门法之间到底是什么关系,它们之间是否存在一一对应性？这个问题实际上包括两个方面:一是一个部门法是否只能调整一类行为？二是某一种行为是否只能由一个部门法调整？

对第一个方面,我们认为,部门法是性质相同的法律规范的总称,既然性质相同,则其所调整的行为必然属于同一类,也即一个部门法只能调整性质相同的同一类行为。这是没有争议的,否则部门法就是一个没有意义的概念。例如,民商法调整的行为必然是发生在平等主体之间的行为,这里的平等主体之间的行为,就是性质相同的一类行为;由这一相同性质,会推导出民商法上很多共通性的原理,如平等、协商、自由等。

当然,何为"性质相同",也可能存在不同看法,例如,人身关系与财产关系能说是性质相同吗？这涉及部门法界定时的标准问题,也即将"性质相同"的认定具体到哪一层次。因为严格来说,只要是两种行为,其性质必然有不同的一面。划分部门法时,学界惯常思路是由粗及细地依层次进行,先进行第一层次的大部门法划分,再在某一大部门法内部进行二次、三次乃至四次划分,例如,民商法是一个独立法律部门,民商法可再分为民法与商法两大分支法,民法分支又可分为物权法、债权法、家庭法等更细分支,这些分支有些还可往下再分,如债权法可再分为合同法、侵权法、不当得利法和无因管理法等。但在作第一个层次划分时,一般不能具体到十分细微的层次,否则就会存在无数个大的部门法了,部门法也将因此失去意义。通常,我们在划分第一层次的部门法时,会根据某类行为所涉主体间关系及行为内容来决定其归属,例如,平等主体之间的关系由民商法调整,非平等主体之间的关系,则再根据其内容,分别归由行政法、刑法等部门法调整。

我们说经济法是一个独立的法律部门,也意味着经济法所调整的行为具有同一性质,即都属于国家对经济的管理。如果某一活动或领域不需要国家的经济管理,就不会进入经济法的调整范围,例如,环境法、劳动法就不应归入经济法的范围,民事主体间的大部分合同行为,也不需要经济法调整。从这个角度来看,经济法调整的行为都是一种纵向行为,无论是市场规制还是宏观调控,都离不开作为管理方的政府。如果某种经济行为离开政府管理,仍能运行有序,则不属于经济法的调整范围。换言之,经济法的调整范围不涉及单纯的横向行为。

调整对象与部门法关系问题的第二个方面是,某一种行为是否只能由一个部门法调整?反对经济法独立性的主要理由就在于,经济法所调整的行为实际上已由其他部门法调整。这是对调整对象与部门法关系的机械理解,将某一行为与某一部门法严格对应,也即认为一种行为只能由一个部门法进行调整。

任何法都是为了解决一定问题即调整特定行为的,根据法与其所调整行为之间的关系,我们可以把法的发展分为三个阶段。第一个阶段是诸法合体阶段。这时人们的行为虽也多样,但都十分简单,国家只需通过一部或一种法律,就能解决所有问题,故调整对象与法之间是多对一的关系。第二个阶段是法的分化阶段。在这个阶段,人们的交往已较为频繁,行为之间的性质区分也越来越明显,通过一部或一种法律已难解决所有问题,故一些性质相同的法律规范逐渐从以往的合体法中分化,专门用来调整某一类行为,且各种法之间的界限基本上是泾渭分明的,从而使得调整对象与法之间存在大致一一对应的关系。第三个阶段是法的整合阶段。这时,人们的交往行为更加频繁,也日趋复杂,行为的性质也可能不再具有单一性,对这些行为进行调整,单纯依靠先前分化了的任一种法,都可能是不足的,因此需要法的整合,需要多种法来调整同一种行为。这种情况下,调整对象与法之间的关系就表现出一对多的特点。

在当前阶段,法已处于高度整合化的发展时期,一种行为只需要一个部门法来调整的时代已经不复存在。越是复杂的行为,就越可能需要多个部门法来调整。这是法律发展的必然结果。因此,调整对象与部门法之间的关系,已不再具有一一对应性,一种行为完全可以同时成为几个部门法的调整对象。例如,侵犯商业秘密行为、假冒他人注册商标行为,既属普通侵权行为,也属不正当竞争行为,情节严重的还会构成犯罪行为。

在市场规制法中,赋予政府市场规制权的前提在于,某一交易行为或经营行为具有严重损害公共利益(如消费者利益或竞争秩序)的现实性或可能性。损害公共利益的行为主要有两类:一是没有确定的侵害对象,如对自己商品的质量作虚假宣传;二是具有特定的侵害对象,如侵犯商业秘密行为。第二种损害公共利益的行为,不仅需要政府规制,因其损害某一特定主体利益,也就构成普通侵权。可见,市场规制法所确立的应予规制的很多行为,可能同属于民商法调整范围。这实际上属于法条竞合,也是多种部门法调整同一种行为的表现,在现代法中是比较常见的现象。

由上可知,将调整对象与部门法之间一一对应,并据此来否认经济法独立性的观点,不仅是对部门法理论的僵化理解,也无视当前法律发展所处的整合现状。经济法与其他部门法之间的区别,固然主要在于调整对象不同,但调整对象不同,并不是指所调整的行为种类完全不同,而是指不同部门法所关注的行为性质不同。如果同一种行为具有多种性质,则完全可以由不同部门法同时调整,这时,不同部门法关注的行为性质不同,由此决定所运用的调整方法也不同。例如,对侵犯他人商业秘密行为,民法关注的是行为人对商业秘密所有人专用权的侵害;经济法关注的是行为人对正当竞争秩序的破坏;而刑法关注的则是这种行为的社会危害性。与之相对应的,民法主要通过损害赔偿方式弥补受害者;经济法通过罚款方式来维护公共利益;刑法则通过罚金乃至监禁方式来隔离社会危害。

三、经济法与民商法的关系

(一)经济法与民商法的联系

经济法调整特定的经济关系,民商法中的物权法、债法等也与经济行为密切相关,这使经济法和民商法在调整领域上具有较大的共通性。人们一度认为经济法和民商法之间的界限很难划分,甚至我国经济法学界存在过"大经济法"观念,将本属民商法调整范围的平等主体之间的财产关系也作为经济法调整范围。随着经济法观念逐步深入,人们对经济法的认识发生了变化,经济法和民商法之间的关系也日渐清晰起来。就联系来说,在调整范围、功能定位及发展趋势等方面,二者存在互补、配合、交叉及转化等内在关联。

互补是指就调整经济关系而言,经济法与民商法在范围及功能方面是互相补充的关系。一方面,经济法产生的重要原因,就是为了弥补传统民商法的不足。传统民商法所信奉的私权神圣、契约自由及过错责任等原则,在高度社会化的市场经济下已呈现诸多与经济发展不相适应的弊端,尤其容易被具有交易中优势地位的市场主体所滥用,用以损害弱势市场主体利益甚至是公共利益。"市场失灵"一定程度上正是传统民商法所信奉的自由理念所导致。经济法因解决"市场失灵"问题而产生,赋予了国家对经济活动的规制权与调控权,实质上是允许国家对市场主体之间的交易行为或经营行为予以适度干涉,干预的目的就是纠正传统民商法过于侧重保护私权而对公共利益维护不足的弊端。另一方面,调整经济行为依赖经济法与民商法的共同作用。经济法重视"有形之手"的作用,但也看到政府行为的局限性,因而并不否认"无形之手",而是强调"双手并用",且认可市场机制的基础性作用,只有市场机制运行中出现问题,才允许国家干预。与此相对应的,经济法的调整范围,仅在于民商法失效的场合,如果通过物权与债权等行为规则,可以实现市场机制良好运行,经济法就不会介入。也就是说,实现经济的良好运行与协调发展,需要经济法与民商法的共同作用,离开任何一个法律部门,都会带来严重问题。

配合主要是指经济法制度要想更好地发挥作用,往往需要民商法的支持。一般来说,民商法在一国法律体系中处于基础性层次,属于基础性法律部门,很多其他法律部门要想发挥作用,必须以民商法为基础。经济法也不例外。相比于民商法的基础性地位,经济法所要解决的问题是由基础性问题所引发的复杂性问题,对复杂性问题的解决,很多时候必须以先解决基础性问题为基础。民商法的基础性以及经济法相对而言的复杂性,主要体现在两个方面:一是经济法的产生要远晚于民商法,是为弥补民商法不足而出现的,从这个角度来看,如果没有民商法在很长一段时期内发挥作用,经济法就无从产生;二是指经济法上的很多制度,其设立和运作都离不开民商法中的相关基础性制度。经济法中的主体制度、行为制度、责任制度,往往都以民商法中的相关制度为基础,甚至直接援引民商法的相关规定。例如,经济法中的被管理主体主要是经营者,而经营者基本上就是民商法中的个体工商户及各类企业,经济法没有必要再对经营者的主体资格作特别规定;再如,经济法对消费行为、产品质量行为、竞争行为的规制,很多时候都是通过对合同行为的调整来实现的,没有合同法律制度,市场规制行为将难以开展。

调整范围上的交叉是经济法与民商法联系的另一表现。一般而言,经济法与民商法调整不同性质的经济关系,但如前所述,不同性质的经济关系可能表现为同一种行为,这时,经济法与民商法之间就存在交叉关系。只不过,在经济法与民商法都调整同一种行为时,双方关注的重点、采取的方法并不相同。此外,因民商法调整平等主体之间行为,而经济法调整的经济管理关系,既包括直接针对具体交易行为或经营行为的市场规制,也包括针对整个市场的宏观调控,故只有在市场规制法领域,才可能存在经济法与民商法的交叉。

转化是指原属民商法调整范围的某些行为,如果其行为效果已外化至损害公共利益的程度,则可能会被视为性质变异,进而主要转由经济法来调整。经济法所调整的经济管理行为,传统法并非完全没有介入,尤其是市场规制法,其调整的很多行为,如消费行为、竞争行为,原本是由民商法调整的。但在市场经济高度社会化的阶段,主体之间的能力差异越来越明显,这时民商法不仅难以在交易双方之间寻求平衡,更不足以维护整个弱势群体的利益,久而久之,当人们认识到平等主体之间的交易行为或经营行为总会使得众多不特定主体的利益受损时,就会基于公共利益的考虑而重新立法,并以适当扶持某一方主体的方式来重新平衡相关主体间关系,这种法律制度主要为经济法。换言之,有些经济法制度是通过对相关民商法制度的扬弃发展而来的。这是一个必然趋势,在民商法的未来发展中仍然适用。因此,现属民商法调整范围的很多行为,在未来仍有可能成为经济法的调整对象。例如,保险行为到底应由民商法调整还是经济法调整,就存在不同意见,主要原因是,保险行为中存在严重的信息不对称,信息弱势一方很容易受到对方的欺诈,这已成为普遍现象,故很可能被认为涉及公共利益,进而进入经济法的调整范围。

(二)经济法与民商法的区分

1. 经济法与民商法的分界

经济法与民商法都可能作用于市场领域、调整经济关系,但二者是有明确分界的。一般来说,所调整对象是否公共性,是经济法与民商法的分界点,也即二者分别对应公共经济与私人经济。民商法调整私人间行为,以私人意志自由为核心,是私人经济之法;经济法调整政府经济管理行为,以公共性为核心,是公共经济之法。所谓公共经济,是指以政府及相关组织为核心的公共部门,为矫正市场失灵而采取各项措施对市场进行调节的经济。

公共性是一个抽象的概念,在认定某一行为是否具有公共性时,不应过分关注行为主体、行为形式等外在因素,而应关注行为目的及行为效果等内在因素。因为主体及形式不是区分部门法调整范围的标准,行为性质才是各部门法调整范围的本质差异。按照这一思路,私人主体的行为未必不属于经济法的调整范围,而公共主体的行为也未必都属于经济法的调整范围。第一,私人主体行为的公共性增强时,其就进入经济法调整范围。据此,消费行为、反竞争行为等,虽属私人主体行为,但要么滥用信息优势,要么具有明显的负外部性,从而涉及不特定主体利益保护,具有了公共利益性质,因而不能完全再由民商法调整,而应作为政府规制的对象并进入经济法视野。第二,公共主体从事市场行为时,应具体判断。如果行为具有公共目的,不论是专为公共目的,如公开市场操作行为,还是兼有公共目的,如政府采购及公共财产的运营和管理行为,在遵守一般的民商法规则之外,经济法也应进行适当的调整,甚至必要时经济法规则会否定普通民商法规则的作用,例如,政府采购合同与一般买卖合同的规则就不尽相同。如果公共主体的市场行为仅为私人目的,则应与其他所有市场主体具有平等地位,只需接受民商法的调整即可,例如,公权机关为私人消费而在市场上购置物品。

2. 经济法与民商法的区别

在明确上述分界的基础上,经济法与民商法的区别比较明显。二者的最基本区别是调整对象不同,民商法调整平等主体之间的人身关系与财产关系,经济法调整具有管理属性及经济内容的市场规制与宏观调控关系。根据调整对象的不同,我们还可推导出二者在以下方面存在具体区分:一是调整方法不同。民商法以意思自治为核心;经济法则以意思强制为原则。二是法律主体不同。民商法中不存在特权主体,即便是国家机关,也被视为机关法人而与普通私人主体无异;经济法中的公权主体,则具有绝对的主导地位。三是法律属性不同。民商法是典型的私法;经济法的公法色彩明显。四是稳定性不同。民商法调整的行为古已有之且类型化程度较高,故法律制度较为稳定;经济法因与变动不居的经济现实关系紧密,从而变易性明显。

上述区分是比较具体的区别,还可以在相对抽象的层面来把握经济法与民商法的不同,这主要体现在二者的价值目标或价值追求不同。关于法的价值目标,尽管人们有多种界定,但法最基本的价值目标主要是秩序、效率及公平。在这三个价值目标的追求上,经济法与民商法呈现出不同模式。

秩序是法的最基础性价值,法本身就是为建立和维护某种秩序而建立起来的,但在追求秩序过程中,不同的法所持有的秩序观是不同的。民商法也追求秩序,但自由一直是传统民商法的基本精神,民商法所追求的秩序带有浓烈的自由主义色彩,它强调在个体自由行动、市场机制自发作用的前提下实现经济运行有序,认为在每个个体“理性”行为的作用下,必然会施惠于他人,从而带来整个经济体系运行有序。因而总体上,民商法所持有的是一种以自由推动秩序的“演进秩序观”。经济法则不同,它产生于自由主义经济秩序遭受垄断企业和资本集中的强大挑战和冲击时。如果说自发演进可以形成一种有序、合理的经济运行状态,经济法就不会产生。因此,经济法一产生就认为,市场经济所需要的合理的经济秩序,离不开政府的积极建构。这是一种“建构的秩序观”,是对个体自由的一种修正,强调自由与秩序的统一,甚至有时以牺牲个体自由去争取经济秩序,典型表现就是通过消费者法与竞争法建立各种对市场主体行为的约束制度。从总体上来看,一国经济运行所依赖的秩序,既有演进的秩序,也有建构的秩序。

前者主要由民商法保障;后者则主要由经济法保障。

在效率价值上,民商法坚持的是一种个体效率价值观,也即个体利益最大化,而经济法则侧重对社会利益的维护,更强调社会利益的最大化。个体追求自身利益最大化无可厚非,但在这一过程中,如果损害他人利益,甚至危及社会公共利益,则应当受到法律的限制。"市场失灵"问题本质上就是市场主体追求个体利益最大化的结果,以解决"市场失灵"问题为主要目标的经济法,其很多制度就是对个体利益最大化追求的限制,以在个体利益与社会利益之间寻求平衡。例如,《消费者权益保护法》之所以对消费者予以特别保护,就是因为经营者相比于消费者而言具有明显的信息优势,在利润最大化的动机之下,经营者很可能利用其信息优势损害消费者利益,这是一种普遍现象,因而必须通过专门立法来规范经营者滥用信息优势的行为。

在公平价值上,民商法与经济法所持有的公平观也是不同的。民商法所追求的公平,主要是一种静态公平、形式公平,它以抽象的人格平等为基础,给每个主体以平等的权利,赋予他们以获取收入或积累财富机会的平等,即机会均等、起点公平;并认为在市场竞争中,只要大家处于同一起跑线上,全都按自己的能力和努力来进行竞争,尽管结果有差异,起点相同就是公平的。所谓"商品是天生的平等派"、"交换的正义"指的就是民商法中的形式公平。这种形式公平观在高度社会化的市场经济体下,遭遇了难以克服的难题:一是个体差异不可避免,尤其是在竞争中出现群体分化及"依赖性经济"形态时,起点公平如何还能保证?二是形式公平以个体权利、个体自由为核心,对结果不公如果视而不见,这就可能导致两极分化、分配不公等社会性问题。与民商法的形式公平观不同,经济法所追求的公平,主要是一种实质公平,即以结果为导向的动态公平,强调的是利益分配合理,是"分配的正义"而非"交换的正义"。具体来说,经济法的实质公平观至少表现在以下两个方面:一是差异假设,即以承认并尊重个体间、地区间差异为基础,强调不同情况不同对待。经济法上的很多制度,都以差异性为基础而建立起来的,例如,中小企业、消费者、低收入群体、欠发达地区在经济法上往往受到特别优待。二是具体人格,即将法律主体根据其能力差异等个别因素划分为不同种类。在经济法看来,民商法所坚持的抽象人格平等没有意义,它实际上无法解决公平问题。为了实质公平,必须区别对待,而区别对待的前提是具体人格。为此,交易双方被区分为经营者和消费者、银行与储户,竞争主体也被区分为大企业与小企业、特殊企业与普通企业等。

在理解经济法实质公平观时,有两个问题需要注意:第一,实质公平虽强调结果公平,但并非一概否认起点公平。只有起点公平会导致结果不公平时,经济法才予以矫正;如果起点公平无伤结果公平,经济法自然不加干涉。例如,反垄断法在防范大企业侵害小企业的同时,也承认优胜劣汰,只要大企业不滥用其支配性地位,则该"垄断状态"也是被允许的。第二,通常情况下,在承认差异并关照具体人格之下,结果有一定差距也应被认为是合理的,也即经济法实际上也承认合理的差距。但如果出现差距过大等严重不公情况,经济法也会主动予以干涉,例如,有些国家开征遗产税就具有这种性质。

四、经济法与行政法的关系

经济法与行政法之间的关系比较复杂，二者都调整纵向的管理关系，而且从形式上看，经济法的执法主体主要都是行政机关。这些联系使人们对经济法与行政法之间的界限形成了不同看法，甚至否认二者的区分，例如，在行政法学界和经济法学界，都有将经济法看作行政法分支的“经济行政法”观点，即认为行政法调整经济行政关系所形成的子部门即为经济法。

对经济法与行政法之间关系的界定，取决于对行政法的认识。具体而言，主要取决于对以下两个基本问题的认识：一是行政法的调整范围有哪些？二是行政机关执行的法都是行政法吗？

关于行政法的调整范围，有广义说与狭义说两种。广义说认为，行政法是规范国家各个方面行政管理的法，其调整的范围包括经济行政、政治行政、社会行政、文化行政等各个方面。在广义行政法学看来，经济法所调整的经济管理关系，就是现代国家的经济行政关系，因而经济法就是经济行政法，是行政法的分支之一。广义说将行政法的调整范围概括得过大，按照这一观点，属于现代法的很多法律部门如环境法、劳动法，也都属于行政法的范围。这样看来，行政法就类似于一个“口袋”，里面的内容千差万别。换言之，广义说无法解释为何众多性质不同的行为都能作为行政法的调整对象，而行政法又能作为一个独立的法律部门。广义行政法说的缺陷比较明显，行政法学界也很少有人坚持这种观点。狭义行政法说认为，行政的具体经济、政治、社会等内容，行政法不可能也无必要一并包括，行政法应充分关注的主要是行政组织及其权力设置、行使、制约和监督，因此，行政法的核心内容是“行政权”的控制，几乎行政法的所有内容，都应围绕“行政权”来展开。狭义说在行政法学界居于主流地位，按照这一观点，经济法与行政法之间的界限，就是比较清晰的。

关于行政机关执行的法是否都是行政法，原本是个很明确的问题，但在界定经济法与行政法之间关系时，有人基于行政机关作为经济法执法机关这一现实，认为经济法包含在行政法之内，这实际上就是将行政机关执行的法都作为行政法看待。这是一个常识性错误。如果我们将行政机关执行的法都看作行政法，那么现代国家的法律，实际上就三类：一是基本无须公权机关执行的民商法；二是依赖法院或仲裁机构执行的诉讼与非诉讼程序法；三是剩下的都是行政法。事实上，行政机关作为国家公权机关，是行使行政权的主体，任何法律部门，只要依赖于公权机关的执行，都离不开行政机关。除行政法外，经济法、劳动法、环境法甚至婚姻法、刑法等法律部门的执法活动，都直接或间接由行政机关来完成。即便是合同法，有时也需要公权机关的介入，如我国《合同法》明确规定，工商行政管理部门和其他有关行政主管部门在各自的职权范围内，依照法律、行政法规的规定，对利用合同危害国家利益、社会公共利益的违法行为，负责监督处理。很显然，行政机关执行的法远不限于行政法。

按照狭义行政法说的观点，行政法不应关注行政的具体内容，而应围绕行政权控制而展开，至于行政的具体内容到底有哪些以及如何管理，应交由其他部门法解决。经济法、劳动法、环境法都涉及行政的具体内容,但都不属于行政法的组成部分。按照这一观点,经济法与行政法之间的关系非常明确。经济法与行政法的调整范围并不相同:一个重内容;另一个重形式。行政法可以看作“管理管理者之法”;经济法则主要是“管理者管理之法”。

在政府对经济的规制与调控关系中,什么时候应当规制或调控,以及采取哪些手段进行规制或调控,这属于具体内容,应当由经济法来规定;政府在规制与调控过程中,可采用哪些方式,应遵循哪些程序,这属外在形式,除适用经济法的特别规定之外,也应适用行政法关于行政行为及行政程序的规定。这些内在联系使得经济法的执法活动,形式上看来往往就是一个个抽象的或具体的行政行为。这是正常现象,正说明了经济法与行政法之间一个重内容另一个重形式的分工。也就是说,我们不能因为经济法的外在形式与行政法类似,就认为经济法是行政法的分支,我们更应看到的是外在形式背后的具体内容。

第三节 经济法的归属与本质

一、经济法的法域归属

(一)两种代表性观点

在部门法理论的基础上,大陆法系学者又把一国部门法划分为公法与私法两大法域。经济法的法域属性,主要就是指经济法属于公法还是私法。经济法学界对这一问题同样存在较多争论。在各种观点中,较为典型的有两种:一是将经济法看作既包含公法也包含私法的公私混合法或公私交叉法,也有人在此基础上认为经济法是以公为主、公私兼顾的法;①二是将经济法看作“法的社会化”或“公法的私法化”及“私法的公法化”的产物,进而提出了“社会法”法域,并认为经济法是社会法的一种。②

上述两种观点的主要区别体现在是否坚持公私两大法域的划分。公私混合法的观点,仍然认为法包括公法和私法两大法域,只不过经济法既不能完全归入公法,也不能完全归入私法,而是既有公法内容,也有私法内容,且以公法内容为主。认为经济法属社会法的观点,已经打破了公私法域的划分,认为公私法划分已不能满足现实需要,不

---

① 参见史际春:“社会主义市场经济与我国的经济法——兼论市场经济条件下经济法与民商法的关系问题”,载《中国法学》1995 年第 3 期;史际春、陈岳琴:“论从市民社会和民商法到经济国家和经济法的时代跨越”,载《首都师范大学学报》(哲学社会科学版)2001 年第 5 期。此外还可参见叶姗:“论经济法的公私融合性”,载《华南师范大学学报》(社会科学版)2008 年第 3 期;王利军:“经济法的公私融合性解析”,载《甘肃社会科学》2004 年第 6 期。

② 相关论述可参见王保树、邱本:“经济法与社会公共性论纲”,载《法律科学》2000 年第 3 期;郑少华:“社会经济法散论”,载《法商研究》2001 年第 4 期;王全兴、管斌:“经济法与社会法关系初探”,载《现代法学》2003 年第 2 期。

能包含现实中的所有法律现象,在公法私法之外,还存在一个第三法域即社会法;经济法既非公法,也非私法,而是属于第三法域即社会法的组成部分。

(二)经济法的法域归属

公私混合法说承认经济法的内容以公法性质为主,但包含少量的私法内容,之所以认为经济法中含有私法内容,其主要理由:一是经济法所调整的社会关系中,除了纵向的管理关系之外,还包括消费关系与竞争关系等横向关系,调整这部分横向关系的法律规范,如消费者法、竞争法,具有很强的私法性质;二是经济法既不是只维护体现国家意志的国家利益,也不是只维护体现个体意志的个体利益,而是介于二者之间,强调国家利益与个体利益的平衡协调,其中,维护国家利益的部分主要是公法,而维护私人利益的部分则主要为私法。

经济法中是否包含私法内容?通常,公法私法的划分标准不外乎三个:一是法律主体及主体间关系,调整具有管理属性的主体间关系的法为公法,调整平等主体之间关系的法为私法;二是法所维护的利益性质,维护公益的为公法,维护私益的为私法;三是法律的内容,作为法主要内容的权利义务具有法定性、不可协商性的法为公法,权利义务基本可由主体协商的法为私法。从上述任一标准来看,经济法实际上都应归入公法。经济法是国家对市场经济进行规制与调控之法,不论是规制还是调控,都致力于在解决“市场失灵”问题的基础上,维护经济的良性运行与协调发展,其目的具有明显的公共性;且规制与调控都是政府的行为,政府在这一法律关系中具有绝对的主导地位,一般是不允许市场主体就其权利义务内容与政府进行协商的。

将经济法归入公法,可能存在一个问题,即如何理解消费者法、竞争法等市场规制法的公法性质?这些法所调整的行为好像发生在平等主体之间,是一种横向行为。事实上,平等主体之间的普通交易行为或经营行为是不会进入经济法调整范围的,经济法一旦介入,必然意味着该交易行为或经营行为已经具有了某些公共性,如损害不特定主体利益或危害竞争秩序,也即需要政府予以限制或禁止。换言之,经济法对消费行为或竞争行为设立规范,目的是确立政府规制的边界,以明确哪些情况下需要政府规制以及如何规制,故其本质是规范市场规制行为,而非对交易行为或经营行为的调整。只不过确立市场规制边界时,不可避免地要对某些交易行为或经营行为设立规范。因为一方面,只有市场主体的交易行为或经营行为违法了,政府才能予以规制;另一方面,政府进行市场规制的目的,也是让市场主体的交易行为或经营行为恢复到法律允许的框架之内。这种情况下,离开了交易行为或经营行为的规范设置,政府的市场规制行为便无从展开。

至于前述第二个理由,即从利益维护角度来判断经济法的公私法性质,该理由与第一个理由本质类似,都只看到了经济法维护私益、调整横向行为的表象,而忽视了这种调整行为背后的公益性质。经济法之所以认为消费行为、竞争行为需要政府规制,并非将交易或竞争中某一方主体的利益作为私益来维护,而是为了维护社会公共利益。为什么只有消费行为而非所有的交易行为会进入经济法视野?主要是因为随着消费行为的普遍化,消费者权益受经营者侵害已不再是个别现象,消费者群体已逐渐从交易主体中分化出来,成为一个需要特别关注的弱势群体,也即消费者利益不再是一个个的个体利益,而是一种群体利益,这就具有了公共利益的性质,必须由政府来维护。至于经济法对竞争行为的调整,很明确的是,竞争法从来不是维护单个竞争者的利益,而是维护竞争机制。换言之,如果某种竞争行为只会损害特定竞争者利益,而不会损害竞争机制,则经济法不会予以关注。可见,经济法从来都不是以私益维护为目标,只不过作为维护公益的当然结果,私益在某种程度上也得到维护,但这只是结果而非目标。

(三)如何看待"社会法"

"社会法"的概念目前主要在两种意义上使用:狭义的社会法是从部门法角度来理解的,主要是指以社会福利、社会保障和社会安全为主要内容的法,具体有劳动与社会保障法、弱势群体保护法、劳动安全法等;广义上的社会法被认为是独立于公法、私法的第三法域,是"法的社会化"或"公法的私法化"及"私法的公法化"的产物,具体包括经济法、环境法以及部门法意义上的劳动法等。

从法域角度来理解社会法,是人们对一类法律现象予以总结,并将那些与社会本位、社会利益、社会责任等理念相关的法作为一个独立法域看待的结果。但将社会法作为一个法域而非一个部门法,会面临很多理论上的难题:

第一,社会法域与公私法域之间是什么关系?提倡社会法域的学者一般认为,社会法是与公法、私法相并列的第三法域,但社会法与公私法尤其是公法的界限在哪,实际上很难确定,也即社会法与公法之间的关系,在理论上很难说清。这种观点主要受日本经济法学者金泽良雄的影响,[①]但金泽良雄所提出的社会法,是否为我国学者所称的第三法域,理论界存有不同意见。例如,有人提出,金泽良雄提出社会法概念,并未破坏公私法的二元结构基础,而认为社会法是位于公私法之上的一个层次,它们之间不是并列关系,而是立体关系。[②]

第二,"化"能否改变事物的本质属性?不论是"法的社会化"还是"公法的私法化"、"私法的公法化",反映的应当是公私法制度在某些方面的共通性,而并非指"化"到一定程度即改变公法或私法的自身属性。也就是说,"化"只是相互借鉴的通俗说法,仅代表一种趋势,并不指代事物性质因"化"而改变。例如,我们说民法的社会化,通常是指民法对制度缺陷的自我修正或在一定程度上接受公权的限制,但修正或限制能让民法的性质发生改变吗?即便承认"化"能改变事物的本质属性,则"化"到何种程度会产生这种效果,也无法认定。

第三,如果承认社会法作为第三法域存在,这个法域的特殊性何在?[③] 例如,是否要求以社会团体作为独立的主体?是否要求以社会权利作为独立的权利形式?是否要

① [日]金泽良雄著:《经济法概论》,满达人译,甘肃人民出版社1985年版,第32~33页。

② 张世明著:《经济法学理论演变研究》,中国民主法制出版社2002年版,第51~53页。

③ 张守文著:《经济法理论的重构》,人民出版社2004年版,第254页。

求以社会利益作为独立的法益？是否要求以社会责任作为独立的责任形态？此外，如何理解社会法与传统公法在主体、内容、调整方式等方面的相似性？等等。这些问题不仅在理论上难以回答，即便认可并建立一套理论体系，在实践中也难以体现出与传统公法的不同之处。

事实上，公私法划分的理论，在当前仍能解释现行法律现象。只不过，我们将法律部门划分为公法私法两大类时，不能将二者严格对立起来，公私法的很多制度以及调整方法，都可被对方借鉴，进而使得两大法域之间的共通性越来越多。总体上，社会法域的概念，目前还存在诸多理论难题。被认为属于社会法域的经济法、环境法及劳动法等法，从主体、利益及内容等标准来看，大多具有“公”的性质，本质上仍属于公法。

当然，我们说社会法的概念还不成熟，仅指社会法的概念不宜在与公私法相并列的角度使用，但不排除可以在其他角度使用。例如，完全可以在部门法角度使用社会法的概念；也可以将社会法看作一类法，这些法的典型特征是社会性，如社会本位、社会利益、社会责任等，这些法产生较晚，都属于现代法，但本质上这些法仍然属于公法体系。

二、经济法的本质属性

(一)法本质的含义

法的本质通常有两层含义：一是在一般意义上，指法与其他社会规范相比，其本质属性是什么；二是在比较意义上，某一法的本质，指在一国法体系内部，该法与其他法之间的本质区别。我们通常将一般意义上的法本质界定为阶级性，即法本质上是统治阶级意志的反映；同时，一般也承认法具有一定的社会性，即法也反映整个社会共同体的意志，法是阶级性与社会性的统一。从这个角度看法的本质，不同部门法的本质是没有区别的。我们这里所称的经济法本质，主要是从第二个层面，指经济法与其他法的本质区别。

在承认部门法划分理论时，法之间的本质区别应是调整对象不同，其他区别都可从调整对象中推导而来。有学者正是从这一角度界定经济法的特殊本质。[①] 但在习惯上，我们常从法所维护的利益的种类和性质来界定法与法之间的本质区别。这主要是因为，法所体现的意志背后就是利益，利益的种类是多样的，难以由一种法来维护所有的利益，故需不同的法，通过设置不同的权利、义务及责任来维护不同的利益。由此，法被认为是利益分配的工具，利益也就成了法与法之间较为本质的一个区别。另一个原因是，在法律发展早期，法所维护的利益种类非常有限，一般只包括私人利益与国家利益两种，进而法的体系也比较单一，以利益作为法的本质属性，能揭示各种法之间的本质区别。尽管法的利益目标在日后不断丰富，但从利益角度揭示法的本质这一习惯基本被保留下来。

(二)经济法的本质属性

按照上述理解，经济法的本质属性反映的就是经济法不同于其他法的最核心的利

---

① 刘瑞复著：《经济法学原理》，北京大学出版社2000年版，第39～43页。

益追求是什么。一般认为,传统私法以维护个体利益为主,传统公法以维护国家利益为主,经济法既不着重维护个体利益,也不着重维护国家利益,而是介于二者之间,立足社会整体,以不特定多数者利益为重。基于这种认识,我们可以把经济法的本质属性概括为社会利益维护之法,即社会本位法。

1. 利益的种类

学界基本认同经济法为社会本位法,但对何为社会利益,还存在不同看法。在理论上,能够作为利益种类使用的词主要有个体利益、集体利益、团体利益、社会利益、国家利益、公共利益等,这些利益之间的关系如何,学界至今尚未达成共识。

在法学中,我们习惯将利益依据其性质分为私益和公益两种,私益即私人利益、个体利益;公益则为公共利益。公共利益是一个极难给出定义的概念,人们似乎自然地认为,公共利益在某种意义上讲必定是私人利益聚合而成的利益,但如何将所有的私人利益聚合起来,似乎是一个无法解决的难题。① 依字面解释,公共利益当为具有公共性的利益,而公共性是一个在不同时期具有不同内涵的概念。在市民社会与政治国家严格分立的时期,国家事务具有公共性。国家并不必然代表社会公众,社会整体也应有其独立利益追求时,代表整个社会公众的事务也具有了公共性。这时,公共利益的内涵应包括两个方面:一是政治国家的国家利益;二是代表社会公众的社会利益。据此,社会利益应是公共利益的一种,可称社会公共利益;除社会利益外,公共利益还包括国家利益。国家利益与社会利益是两种不同的利益,但都具有公共性,都属公共利益。国家利益是所有国民的利益,社会利益则非所有国民利益,而是社会层面主要是部分社会群体的利益,是不特定多数人的利益,如消费者利益。至于集体利益、团体利益等概念,并非依据利益性质而是依据主体数量对利益所作的分类,私益与公益的划分,与主体数量无关。所谓的集体利益、团体利益,在法律上是一个并不存在也没多大意义的概念,既然是一个集体、团体,其人员数量是特定的,故集体利益、团体利益在性质上基本都是私益。

2. 社会利益的含义

具体何为社会利益,学界同样存在争论。一般认为,社会利益是相对于个人利益及国家利益而言的,即某一时期、某一特定区域内不特定多数人的利益。在这里,社会利益的主体被界定为不特定多数人,这是社会利益含义的最核心要件。如果主体是特定人,哪怕是多数人,也不构成社会利益。通常,个体利益的主体是特定人,可能是特定某一人,如合同一方当事人,也可能是特定多数人,如大规模侵权中的受害人。国家利益的主体是抽象意义上的国家,如果具体化,理论上应当被假定为所有国民。所有国民实际上也是特定多数人,只不过它是一个国家数量最大化的群体。

按照上述界定,社会利益本质上是一种"群体利益",与群体分化密切相联。在社会发展过程中,如果相对于其他社会成员,某一群体的利益总是受到侵犯,久而久之,该

---

① [英]弗里德利希·冯·哈耶克著:《法律、立法与自由》(第2卷),邓正来、张守东、李静冰译,中国大百科全书出版社2000年版,第2页。

群体就会从社会中分化出来,其所代表的群体利益,就可被视为社会公共利益,如消费者群体、中小企业群体、低收入群体等。

作为一种群体利益,社会公共利益具有三个重要特征:

第一,社会利益具有相对性。社会利益是一种相对于特定社会成员利益而言的相对利益。一方面,有社会利益,必然有据以判断其构成社会利益标准的相对方,例如,消费者利益为社会利益,则必然有与消费者相对的一方即经营者;另一方面,选择不同的相对方时,某一主体所代表的利益能否作为社会利益也会有所不同。例如,经营者相对于消费者而言属强势方,但经营者也有大小之分,中小企业经营者相对大经营者来说,其所代表的利益也会构成社会利益。同样,消费者相对于经营者而言为弱势方,消费者利益属社会利益,但消费者也有高收入群体与低收入群体之分,以低收入群体作为相对方,高收入群体所代表的利益又不能构成社会利益。也就是说,具体哪些利益属于社会利益,不能一概而论,只有在具体情境下,结合需要对比的对象,才能作出合理的认定。从这个角度来看,经济法维护社会利益,并不是只维护某一群体利益,因为群体利益是相对的,结果是很多主体都可能在特定情况下作为社会利益的代表而受到经济法保护。

第二,社会利益具有区域性。一方面,社会利益既然是一种群体利益,而有些需要法律特别保护的群体,可能只会在特定区域内才会存在,故在其他区域内,就不存在这类社会利益,如农民工只会在城市中存在。另一方面,在不同的区域内,按照既定标准确立的某一群体所代表的利益能否构成社会利益也会有所不同,例如,在经济发达地区,某一企业可能被作为中小企业,某一自然人可能被视为低收入群体,从而受到优待,但当其进入经济法欠发达以及不发达地区,其弱势地位可能就不复存在了。

第三,社会利益具有历史性。社会利益是群体分化的产物,而群体分化总在特定历史阶段才会发生,故某一群体所代表的利益,也只有在特定阶段才构成社会利益。例如,消费者、消费行为实际上早已存在,但直到 19 世纪中下叶,随着消费者权益受损普遍化,消费者运动此起彼伏,国家才将消费者利益作为特殊利益在立法上予以保护。同时,随着经济与社会发展,某些弱势群体在未来可能不再处于弱势地位,则其所代表的利益届时也就不会再被视为社会利益。

第三章　经济法主体制度

第一节　经济法主体概述

一、经济法主体的含义

某一部门法主体，总是与该部门法上的权利义务相联，经济法主体必然是享有经济法上权力（或权利）、承担经济法上义务的主体。权利义务主要体现在法律关系之中，因此，经济法主体也可理解为参与经济法律关系的主体。法律关系通常因主体行为而产生，故更准确地说，经济法主体是指从事经济法上行为，从而享有经济法上权力（或权利）、承担经济法上义务的主体。

经济法的调整对象是经济管理行为，但经济法主体不等同于经济管理主体。如同行政法调整行政关系，行政法主体不限于行政主体一样。在调整对象具有管理属性的法律部门中，被管理对象也是个体或组织时，一般也被视为该部门法的主体。这与物权法调整人与物关系，物只能被看作客体不同，现代法走向文明的标志之一，就是将作为被管理对象的"人"也从客体上升为主体看待。因此，在经济法上，经济管理行为的相对人即市场主体，也是经济法主体之一。

经济法主体与依经济法规范而成立的主体不同。不同部门法主体区分的标志，是享有的权利义务或参与的法律关系不同，而不是资格取得方式的不同。经济法主体并非都是依据经济法规范而成立，而仅仅是指该主体因行为与经济法发生关联，从而享有某些经济法权力（或权利）或承担某些经济法义务，至于该主体的资格取得依据，则在所不同。例如，企业参与市场竞争即可享有竞争法权利并承担竞争法上义务，从而成为竞争法主体，但企业如何取得经营资格从而作为一个经营者，则无须竞争法来规定。

二、经济法主体的独立性

在经济法主体制度研究上，长期以来都存在一个被视为理所当然的理论预设，即"独立的法律部门必然有独特的法律主体"。①换句话说，缺少独特的法律主体制度，法律部门的地位就不能成立。学界一度视此理论为经济法主体制度研究的圭臬。即便有经济法学者从形式上的规范性法律文件中提取或提炼出了经济法主体的独特类别或特殊属性，但大多还是认为，这些经济法规范中的主体无非是抽象的或具体的国家机关、第三部门和市场主体，而这些主体行为资格的获得通常都依据相关的组织法或民商法，

---

① 李友根："论经济法主体"，载《当代法学》2004年第1期。

与经济法并无必然关联，它们实际上还是行政主体或民事主体。

在现行制度框架内，经济法主体的确并非都是依据经济法规范而成立的主体，那么在理论上，是否需要由经济法来专门规定其主体资格的取得方式，也即有没有必要建立经济法上独有的主体制度？这一问题的实质是经济法主体的独立性。

我们先看看其他部门法的主体是否独立。一般来说，民商法上的主体主要是自然人、法人和非法人组织；行政法上的主体主要是行政主体、行政相对人及行政监督主体；刑法上的主体主要有犯罪嫌疑人、被害人、公诉机关；等等。从形式上来看，这些主体的称谓，在各个部门法中的确不同，但细究起来就会发现，这些不同称谓所指向的对象，往往都是一致的。比如说，行政主体一般都是机关法人，行政相对人则主要是自然人、企业法人或非法人组织；犯罪嫌疑人也可能是自然人、法人或非法人组织。可见，从主体形态角度来看，民商法中关于民事主体的分类，几乎穷尽了所有其他部门法上的主体。但很显然，在不同部门法上，我们给各种主体的称谓不同，并不意味着这些主体的形态与其他部门法不同，也不意味着某部门法主体的资格必须由该部门法来专门规定。

主体资格在一国法的体系中属于基础性问题，往往由一些基础性法律部门予以规定，其他部门法承认这种规定即可，而无须再专门规定。例如，自然人的主体资格由民商法中的权利能力与行为能力制度规定，在民商法上被认为具有完全行为能力的主体，其他法上一般不会作出相反认定；企业的主体资格除适用一般性的民事主体规定外，还有专门的企业法；国家机关的组织机构由具有宪法性质的组织法加以规定。这些法中关于主体资格的规定，在各部门法中都是适用的，也是各部门法发挥调整作用的基础。

从以上分析可知，各部门法主体之间并非泾渭分明的并列关系。同一个主体，因参与的法律关系不同，会享有不同的权利义务，从而成为不同部门法的主体。作为外在形式，该主体也可能会获得一个独特的称谓，但称谓与主体资格之间没有必然联系。因此，部门法主体的独立性，基本是不存在的。不同部门法主体之间的不同，主要是指其享有的权利义务不同。在这个角度上，我们也可以说每个部门法都有其独立主体，但这里的独立性，不体现在主体形态上，而是体现在其所享有的具体权利义务中。我们之所以说某个主体是经济法主体，意味着该主体在特定的法律关系中，享有了经济法上的权力(利)、承担了经济法上的义务，而非意味着该主体本身是经济法所独有的。

当然，每个部门法都其自身特殊性，而基础性法中关于法律主体的规定，只能是一般主体，一般主体的规定有时可能无法满足特殊需要，故有些部门法上，也可能存在一些独特主体。换言之，有些主体可能依据特定部门法的法律规范而成立，这些主体就构成该部门法上的独特主体。在经济法上，有些学者将这类主体称为狭义的经济法主体，将规范这类主体设立的制度称为“经济法主体制度”。[①]当然，承认某些部门法上有其独特主体，也不意味着该主体具有专属于该部门法的独立性。特殊主体只是某部门法基于特殊需要而设立，该主体成立之后，在其生命周期内也可能会参与到其他部门法的法

---

① 刘文华、潘静成主编:《经济法》(第3版),中国人民大学出版社2008年版,第100～103页。

律关系之中，从而成为其他部门法的主体。例如，我国的中国人民银行在履行中央银行职能之外，也要参与众多的民事、行政等法律关系，进而也可能会成为民事主体、行政主体。

总之，“各部门法主体的特殊性，并非在于其创造一种新的主体，而是基于本身调整任务、调整对象的特殊性，而从各个不同的层面赋予主体以特殊的权利义务，从而形成一种不同于其他部门法的法律主体制度”。①

三、经济法主体的特征

经济法是作为传统民法的补充而出现的，经济法主体同样是对民事主体制度的扬弃。民事主体制度的典型特征是自足性与抽象性，即在确立了相当完备的主体制度同时，又将现实中各不相同的主体在法律上设定为一律平等的抽象人格。经济法在这方面明显不同于传统民法，它一方面对主体资格不作过多要求；另一方面又充分关注不同主体之间的经济地位差异。就与民事主体相比较的角度而言，经济法主体主要呈现以下特征：

（一）经济法主体是一种角色主体

某一主体成为经济法主体，仅意味着其参与了经济法律关系，并不是指该主体本身为经济法所独有。经济法主体只是该主体因从事特定行为而呈现的一种角色而已，大部分经济法主体都同时或先后参加民事、行政等其他法律关系。尽管经济法也有其独特主体，但总体上非常少，且这些主体也可能参与到其他法律关系之中，经济法主体也不过为其一种角色而已。事实上，在法律高度整合化的现今，任何部门法的主体都不是一种专有主体，故角色主体可看作所有部门法主体的共性。但在新兴部门法上，主体的角色属性显得更为明显。传统法在其产生与发展过程中，主体制度及主体理论往往是非常丰富的，因而至少在较长一段时期内，其主体的角色属性并不明显。只不过，新兴部门法产生之后，依传统部门法中主体制度而成立的主体，也会参与新兴部门法的法律关系之中，从而使传统部门法的主体也逐渐角色化。

（二）经济法主体是一种以差异化为基础的具体主体

如前所述，经济法是一种追求实质公平的社会本位法，实质公平与社会本位必然要求，应发现并尊重主体间的区别，以便不同情况不同对待，为此，在主体方面，经济法必然超越民商法的抽象人格，设定一个个的具体人格。消费者与经营者的区分、中小企业与大企业的区分、低收入群体与高收入群体的区分等，都是经济法主体具体化的表现。设定具体人格的目的，是发现主体间的差异，因为只有是具体的，才可能是差异化的。在差异化的具体人格之上，经济法才能在制度上做到控扶结合、区别对待。通过分析经济法中的很多具体制度，我们会发现，那些在经济领域处于弱势地位的主体，往往会受到制度上的特别优待，这样做并不是在保护劣汰、惩罚优胜，而是在维护某一特定群体

---

① 李友根：“论经济法主体”，载《当代法学》2004 年第 1 期。

的利益,在追求实质上的公平。这一目的的实现,离开主体制度上具体人格的设定,是无法完成的。

(三)经济法主体之间权利义务具有明显的非均衡性

在民法制度中,民事主体之间的权利义务具有相一致性,很少有哪一主体的权利或义务压倒性地超过另一方。但在经济法上,主体间权利义务一致性的情况不复存在。总体来说,经济法上管理主体与市场主体之间的权利义务分布是非均衡的。经济法中的权力(利)规范,明显向管理主体倾斜,而义务规范则主要是约束市场主体的。也就是说,经济法中管理主体的权力(利)较多,而市场主体的义务较多;经济法对管理主体来说主要是授权法,而对市场主体来说则限制效果更为明显。权利义务的非均衡性也会影响到责任分布。总体而言,经济法对市场主体的责任规定偏多,对管理主体的责任规定较少,甚至很多领域根本就没有管理主体实体责任的规定。

对权利义务的非均衡性,需要特别说明的是,这并非经济法的缺陷,而是经济法实现其调节经济目标时的必然选择。因为"市场失灵"本身就是市场主体滥用私权的结果,作为一种纠正机制,经济法必然会对市场主体的行为予以较多限制,从而在结果上,市场主体的经济法义务与责任自然较多。另外,经济管理主体无论进行规制还是调控,都旨在解决"市场失灵"问题,对其赋予较多义务可能会妨碍其能动作用的发挥。同时,再专业的经济管理主体也无法对客观经济形势作出完全准确的预测,故规制或调控是否适当、有效,很多时候经济管理主体自身也无法控制,或者说,经济管理的失效或失败有时因能力不足,而非主观过错。通常情况下,我们既不应要求一个主体从事超出其能力范围的事,也不应在其因能力不足而失败时要求其承担法律责任。

(四)经济法主体资格是对民商事主体资格的继受与变通

由于部门法主体之间是交叉且相通的,在经济法上,主体资格的取得通常遵循作为基础法的民商法的一般规定。民法中的法人、非法人组织以及具有相应行为能力的自然人,在经济法上也具有从事相应行为的资格,如可参与竞争,或可成为消费者。

当然,上述情况也不是绝对的,有时候,经济法基于社会公共利益的考虑,也会对某些主体在资格上提出特别要求。总体上,经济法的特别要求,可能在以下几种情况下与民商法不同:

第一,比民商法要求严格。如前所述,经济法上也会有一些独特主体存在,这些主体的资格取得会由经济法专门规定。这时,这些主体固然也属于普通的民事主体,如可能是法人或非法人组织,但又是基于经济法的规范而产生。通常,经济法之所以要作出特别规定,主要是因为对这些主体有着特别要求,如需要承担特别职能或需要特别规制,故法律对这些主体的资格取得往往限制较严,如商业银行、政策性银行或自然垄断企业的设立。

第二,比民商法要求宽松。某些主体在民商法上可能不被视为独立主体,但如果经济法上也作相同认定,就可能损害公益时,经济法可能会将其作为一个独立主体看待。例如,对机关、高校、部队等非营利性组织的后勤部门,国家税务部门就曾下发通知,规定对该“内部市场”适用税法相关规定。[①]

第三，对民商法的规定作出变通。在民商法上被视为相互独立的两个主体，如果其行为具有关联，为实现有效规制或节约资源之目的，经济法上可能将这两个主体视为一体。例如，在1972年染料案中，欧洲法院提出了母公司及受其控制的子公司在竞争法上应被视为一体的观点。这就是所谓的单一经济实体原则，各国竞争法理论或实践一般认可该原则。基于此，一般认为，在竞争法上，判断一个主体是否具有独立性，不能仅看其法律地位，还要分析其经济地位，只有能够独立决策的经济实体才有被视为竞争法上独立主体的意义，因为一旦其被他人控制，其行为对竞争的影响就可以忽略不计。[②]我国反垄断法中也有相关规定：一项达到申报标准的经营者集中行为必须事前申报，但如果参与集中的两个经营者之间具有绝对控股关系或同被另一未参与集中的经营者绝对控股，则申报就没有意义，法律规定这时即便达到申报条件也可以不用申报。[③]

四、经济法主体的种类

关于经济法主体的种类，学界认识并不一致，产生分歧的主要原因是界定标准不同。例如，有人将经济法主体分为国家、国家机关、经营者、社会团体、消费者等。[④] 这种分类着眼于主体的具体形态，采取的是列举方式，未能揭示各主体之间的相互关系。在列举方式下，各部门法主体之间的差异也不明显，如前所述各部门法主体在形态上几乎是没有差异的。在此基础上，有人从主体职能及主体间关系的角度出发，将经济法主体作相对抽象的分类，如分为经济行政主体、市场主体与社会中间层主体，[⑤]或经济决策主体、经济管理主体与经济实施主体，[⑥]或经济管理主体与经济活动主体，[⑦]或经济管理主体与被管理主体，[⑧]或调制（宏观调控与市场规制）主体与调制受体。[⑨]

我们认为，第二种分类方法更能揭示经济法的基本内容及基本属性，相对较为科学。上述各种观点虽使用的具体称谓并不相同，但没有本质上的区别，如市场主体、经济活动主体一般就是指被管理主体、调制受体。只不过，社会中间层主体（或称社会团体、第三部门）能否与经济管理主体及被管理主体（或市场主体）并列，还存在一定问

---

① 如财政部、国家税务总局《关于国务院各部门机关服务中心有关税收政策问题的通知》及《关于中央各部门机关服务中心有关税收政策问题的通知》，以及国家税务总局《关于国务院各部门机关后勤体制改革有关税收政策具体问题的通知》、《关于中央各部门机关后勤体制改革有关税收政策具体问题的通知》及《关于中央和国务院各部门机关服务中心恢复征税的通知》等。相关论文亦可参见张守文：“‘内部市场’及其税法规制”，载《现代法学》2001年第1期。

② 相关论述可参见焦海涛：“论《反垄断法》上经营者的认定标准”，载《东方法学》2008年第5期。

③ 参见我国《反垄断法》第22条。

④ 程宝山著：《经济法基本理论研究》，郑州大学出版社2003年版，第133～136页。

⑤ 王全兴著：《经济法基础理论专题研究》，中国检察出版社2002年版，第409～577页。

⑥ 李昌麒著：《经济法——国家干预经济的基本形式》，四川人民出版社1995年版，第441～442页。

⑦ 史际春、邓峰著：《经济法总论》，法律出版社1998年版，第186～187页。

⑧ 漆多俊著：《经济法基础理论》（第3版），武汉大学出版社2000年版，第204页。

⑨ 张守文著：《经济法理论的重构》，人民出版社2004年版，第349～350页。

题。因为在具体某一行为中，社会中间层主体可能不是经济法主体，也可能是经济管理主体或被管理主体。

一般来说，经济法主体可按经济法的调整对象或体系予以分类。经济法主要调整经济管理关系，总的来说，经济法主体可分为经济管理主体与被管理主体两类。同时，经济管理关系又包括市场规制关系与宏观调控关系，故经济管理主体就包括市场规制主体与宏观调控主体两类，被管理主体包括被规制主体与被调控主体两类，后两类主体主要是市场主体。作为被管理者的市场主体，在经济法上主要是企业和消费者。消费者是市场规制法中的主体，而企业在市场规制法与宏观调控法中都是重要主体。

在经济管理主体与被管理主体这对主体结构中，管理主体处于主导地位，被管理主体应接受管理主体的管理，但这不是说作为被管理者只能受制于人、被动行事。事实上，在现代市场经济下，市场主体很多时候是不需要政府管理的，即使作为被管理者，市场主体也不是总处于无权地位。首先，经济管理属于法定行为，尤其是市场规制，法定性要求极高，故只有市场主体的行为明确满足法定的规制或调控要求时（如从事垄断行为、应税行为），才可能产生相应的义务或承担相应的责任。在法定情形之外，市场主体实际上只是潜在的规制或调控对象，故其行为完全是自由的。其次，所谓经济管理，既有规制也有调控，在面对直接的市场规制时，市场主体的实体权利较少，但宏观调控是一种间接管理，并不针对具体某一市场主体，故在宏观调控关系中，市场主体的行为具有极大的灵活空间（如税收筹划）。再次，作为被管理者的市场主体，除经营者之外还包括消费者，而消费者显然是被保护的对象，其享有的权利十分广泛。最后，在市场规制法中，市场规制行为虽主要表现为对违法行为的限制、禁止，但实际上也是对合法行为的鼓励、促进。从这个角度来看，如果某些经营者从事了不正当竞争行为、垄断行为，其他经营者完全可以主张权利受侵害，这种权利有人称为“竞争权”，包括针对不正当竞争行为的公平竞争权和针对垄断行为的自由竞争权。

第二节　经济管理主体

一、经济管理主体的含义

经济管理主体，就是行使国家经济管理职能的主体。我们通常将经济管理主体界定为政府，但这里的政府，只是在模糊意义上使用的，泛指与市场主体相对的，能够代表国家意志或政府意志的那部分主体。经济法中的管理主体，并非都是以行政权为核心的政府，也非所有的政府部门都有经济管理权。故严格来说，不宜将经济管理主体模糊地界定为政府。

经济管理主体与行政主体也不同。行政主体是指具有行政权的主体，除作为行政机关的政府及其所属部门之外，通常还包括法律、法规授权的组织及行政机关委托的组织。行政主体的范围较广，很多行政主体并不具有经济管理权。具有经济管理权的行政主体，基本上都是经济管理主体，但经济管理主体除了这些行政主体之外，还有其他主体，如立法主体。[①] 所以，经济管理主体与行政主体基本上是交叉关系。在重合部分，履行经济管理职能的主体实际上就是行政主体，只不过其角色已由一般行政主体转化为经济管理主体。这与我们前面所讲的经济法主体是一种角色主体，内在原理是一致的。

随之而来的一个问题是，这些行政主体在从事经济管理行为时，其行为性质还是不是行政行为？这些主体原本就是行政主体，其从事经济管理行为，正是其行政职责之一，故行为性质当然可看作行政行为。经济管理行为表现为行政行为，是很正常的。如前所述，行政行为的具体内容，行政法并不关注，而是由其他法律部门调整。故这时，内容和形式分属经济法与行政法调整。行政行为的一般要求，经济管理主体当然也要遵守；至于是否应当管理、如何管理，则应由经济法的相关规范来界定。当然，任何形式都无法脱离内容而独立存在，故基于内容的特殊性，形式可能也有一些特殊要求，如果经济法对经济管理形式有特别要求，也会对该形式予以调整。例如，政府采购行为、公开市场操作行为，可能与普通行政行为就有不同，其要求可能很特殊，这时经济法必然会作出规定。

二、经济管理主体的种类

（一）国家机关

1. 经济管理机关的横向范围

基于克服“市场失灵”的需要，经济法承认国家对经济的适度干预，故经济法上的管理主体主要是国家机关。同时，国家机关的范围较广，并非所有的国家机关都具有经济管理权。

首先，司法机关一般不是经济管理主体。[②] 这是由司法机关的性质决定的。司法机关的主要职责是以诉讼程序解决纠纷，司法权不具有行政属性，且只能被动行使，故无法对经济生活进行规制或调控。

其次，立法机关能否作为经济管理主体需要具体分析。立法机关的行为具有抽象性，不与某一具体主体发生联系，故立法机关不能是市场规制主体。宏观调控行为针对整个市场，也具有抽象性，立法机关通过制定规范性文件的方式进行宏观调控，可以认为是宏观调控主体。不过，对于宏观调控行为的内容，人们观点不一致。例如，有人认为，宏观调控行为就是决策行为，而不包括执行行为，[③]按照这种观点，宏观调控主体就

---

① 从这个角度来看，有人将经济法中的管理主体称为经济行政主体。参见王全兴著：《经济法基础理论专题研究》，中国检察出版社 2002 年版，第 472 ~ 498 页。这实际上也是不准确的，因为经济管理主体除了部分行政主体之外，还有其他非行政主体。

② 也有学者认为法院具有一定的规制或调控经济的功能，可参见鲁篱：“论最高法院在宏观调控中的角色定位”，载《现代法学》2006 年第 6 期；侯猛：“最高法院规制经济的功能——再评‘中福实业公司担保案’”，载《法学》2004 年第 12 期。

③ 邢会强著：《宏观调控权运行的法律问题》，北京大学出版社 2004 年版，第 17 页。

是决策主体,立法机关就是主要的宏观调控主体。不过一般认为,宏观调控决策完成之后,就会转为执行阶段,离开执行行为,宏观调控是没有现实意义的,所以宏观调控行为是决策行为与执行行为的统一。理论上,决策权与执行权应由不同的主体行使。按照这种定位,说立法机关是宏观调控主体,应指其可作为宏观调控的决策主体,而非执行主体。但事实上,立法机关行使宏观调控决策权,更多的是在理论意义上而言的。一方面,我们很难说立法机关的哪一次立法是在行使宏观调控权,形式意义上的法律都是综合的,几乎没有哪一部法律就是纯粹的宏观调控法;另一方面,宏观调控行为具有灵活性,很难一一法律化,现实中往往是政策先行,而政策的制定主体多样,更多情况下是行政机关,行政机关通过制定法规、规章或发布通知等方式,实际上在行使着宏观调控决策权。行政机关的这种行为,如果基于立法机关的授权,或需要通过立法程序表决,则实质上是立法机关在行使宏观调控决策权,但我国现实显然并非如此。所以,就我国行政权高度膨胀的现实而言,宏观调控执行者、宏观调控决策者,一般也都是政府。

最后,就行政机关而言,也非所有的行政机关都是经济管理主体。因为行政机关的职能多样,有经济的、政治的、社会的、文化的等多方面,只有依法承担宏观调控职能或市场规制职能的行政机关才是经济管理主体。在我国,常见的作为经济管理主体的行政机关主要有作为整体的国务院、财政部、商务部、工商局、税务局等,而文化部、民政部等显然是不能进行宏观调控和市场规制的。

综上可知,在具体种类上,能够行使经济管理职能的国家机关主要是部分的行政机关,有时候立法机关也行使着宏观调控决策权。

2. 经济管理机关的纵向层级

国家机关作为经济管理主体时,还存在一个层级问题,即是否所有中央及地方各级的国家机关都可能成为经济管理主体。总体上,应认为具有经济管理权的所有国家机关,不论中央还是地方,都属于经济法上的管理主体。但事实上,市场规制主体的层级与宏观调控主体的层级,还是有所区别的。

相对于宏观调控的宏观性和抽象性,市场规制是一种具体的、特定的行为,对经济总量影响较小,其主体层级一般不需要限制。而且既然是针对特定市场行为的规制,仅靠哪一级政府显然是不够的。所以,不论是中央政府还是地方政府,都可以进行市场规制。

关于宏观调控主体的层级,存在一元说与二元说之分。一元说认为,可以进行宏观调控的主体只能是中央层级的国家机关,而不包括地方国家机关。其主要理由是,宏观调控是一种总量调控,这个总量应当是一个国家的经济总量,而不是国家内部一个地方或一个行业的经济总量,只有中央层级的国家机关才能进行总量调控;而且,宏观调控的目的是实现国民经济整体运行的健康、协调,这个任务无法由地方来完成。二元说则认为,宏观调控主体除中央国家机关外,还应包括省一级的地方国家机关。其主要理由是,我国幅员辽阔,进行经济调控时必须考虑地方情况,以便因地制宜,中央层级的国家机关是没有办法掌握每个地方具体情况的,这时必须将宏观调控权下放到省级;同时,将宏观调控权适度下放,不会对中央的经济调控权造成多大影响,因为下放不是没有限制的,而是仅下放到省级,这样做反而能够克服我国一度存在的中央集权弊端,更重要的是,能充分调动地方发展经济的积极性。

我国目前现实是,宏观调控权基本集中在中央,地方政府只在有限的范围内获得了较小的宏观调控权。尽管为调动地方政府积极性,中央政府近年来做了多方面努力,包括对宏观调控权的变相划分,但这种努力尚未改变现行的集权式权力配置格局。以地方债为例,在1998年和2008年两次金融危机时,我国中央政府都让地方政府享受到了"地方债"的好处,但两次都不是直接让地方政府发债,而是一次"转贷",一次"代发","转贷"也好,"代发"也好,本质是一样的,都是中央政府发债。不过,2014年8月修订的新《预算法》已经赋予了地方政府以有限发债权,地方债"自发自还"制度也开始试点探索,这是部分宏观调控权下放的良好开始。另一方面,从理论上来看,在我国目前的单一制国家体制下,宏观调控不由地方国家机关行使,实际上也不会造成多大问题。一方面,宏观调控不是国家经济管理的全部内容,而仅仅是总量和结构上的调控,目的在于追求经济总体的健康、均衡发展,因而地方没有宏观调控权不会对本地经济发展带来多大影响;另一方面,国家进行宏观调控时,也不会采取"一刀切"的模式,而是会结合不同地方采取具有针对性的政策,例如,西部大开发、振兴东北老工业基地、中部崛起等重大经济决策,都可看作中央的宏观调控政策,而这些政策恰恰针对某些地方。此外,从一国整体看,要想经济协调发展,就必须站在全局高度予以调控,这也是宏观调控的本意。在我国目前地方经济发展极不平衡的情况下,赋予地方宏观调控权,强调地方"因地制宜",很可能会带来更严重的地方保护主义。

当然,这里需要说明的是,宏观调控是决策与执行的统一,所谓宏观调控主体必须是中央层级的国家机关,主要是指宏观调控决策权必须集中在中央。一旦决策完成,执行决策就需要中央与地方"双管齐下"。也就是说,地方国家机关可以而且应当执行中央的宏观调控政策,但本身不可以进行宏观调控决策。

(二)特殊企业

特殊企业承担的职能具有公共性,其公共性有时会表现为经济管理属性,这时,特殊企业实质上就是经济管理者。在我国,很多国企一度都承担着部分政策性职能,随着国企改革逐渐深入,大部分国企现已成为普通市场主体。就我国目前来说,经济管理职能比较明显的特殊企业,主要是政策性银行及各类国有资产投资或管理公司。①

政策性银行由政府创办,不以营利为目的,专门配合政府在相关领域的经济政策的执行,在调整产业结构、促进经济发展等宏观经济管理上发挥重要作用。我国目前有三大政策性银行:国家开发银行、中国进出口银行和中国农业发展银行。国家开发银行的服务对象主要为"两基一支"领域,即重点支持关系国家经济发展命脉的基础设施、基础产业和支柱产业重大项目及配套工程建设;中国进出口银行主要为推动我国产品出

① 刘文华、潘静成主编:《经济法》(第3版),中国人民大学出版社2008年版,第110页。

口及我国企业外出提供政策性金融支持;农业发展银行则致力于以信贷政策促进农业及农村经济发展。三家政策性银行经营自身业务的同时,即在执行国家的相关经济政策,其宏观调控属性非常明显。

国有资产投资或管理公司的基本职责是管理授权经营的国有资产,确保国有资产保值增值,但与此同时,也会对一些公益性、先导性、基础性项目进行投资,发挥投资导向作用,并可能以参股、持股、收购、兼并等方式参与经济结构调整,促进全国或当地经济的健康、协调发展。

这些特殊企业在履行经济管理职能时,其性质类似于行政法上的法律、法规授权组织,其经济管理职能的获得,应通过法律、法规授权方式。国外对承担经济管理职能的特殊企业,基本上实行法定制,即由立法特许,以明确其职能范围及业务经营基本要求,故这类企业有时也被称为法定公司或法定机构。① 我国的特殊企业很少有与其对应的专门立法,大多根据行政命令设立。这一方面使特殊企业的经营缺少必要的法律规范;另一方面也让这些企业在从事经济管理职能时身份比较模糊。既然不是法律、法规授权组织,要成为具有经济管理职能的主体,只能基于行政机关委托,而从我国现实来看,特殊企业从事经济管理行为时很难说是行政委托。因为行政委托必须有法定依据、委托行政机关,且行政委托只能针对具体行为,经济管理职能显然与这些要求不相吻合。故在未来,针对特殊企业的特殊职能,宜由专门立法方式予以确认。

(三)第三部门

第三部门也称社会中间层主体,是相对于作为第一部门的政府及作为第二部门的企业而言的,它们既是非政府组织,也是非营利性机构。社会中间层主体在现代社会中广泛存在,它们在政府干预市场、市场影响政府以及市场主体之间相互联系等方面,发挥着非常重要的中介作用。

通常,第三部门以履行服务职能或协调职能为主,但在特定时候,它们也可能会直接或间接参与经济管理,从而在特定行为中具有经济管理者身份。例如,第三部门可能基于法律、法规的授权或行政机关的委托而参与经济管理;第三部门通过内部行业自律来约束成员企业行为,实质上也起到经济管理效果。同时,某些第三部门具有极强的专业性,其行为可能成为经济管理行为展开的依据,例如,会计师事务所的审计结论,一般可直接作为国家机关作出相应法律行为的依据,甚至某些市场主体的经营行为必须经会计师事务所审计后方能发生法律效力。

总体上,第三部门能否作为经济管理主体不能一概而论,只有当其行使职能具有辅

---

① 例如,在政策性银行方面,美国根据1916年《联邦农业信贷法》建立了联邦土地银行,根据1933年《农业信贷法》,在全国12个农业信贷区组建了12个合作社银行,并设立了中央合作社银行,根据1932年《住房贷款银行法》,建立了联邦住房贷款银行体系,根据1945年《进出口银行法》建立了进出口银行;日本著名的"二行九库"政策性银行体系,也都有专门立法,分别为《日本开发银行法》、《日本输出银行法》、《国民金融公库法》、《住宅金融公库法》、《公营企业金融公库法》、《农林渔业金融公库法》、《中小企业金融公库法》、《北海道开发公库法》、《中小企业信用保险公库法》、《环境卫生金融公库法》及《冲绳振兴开发金融公库法》等。

助政府干预的性质时，才能认为它们具有部分的经济管理权，可以成为经济管理主体。但大部分情况下，第三部门都以履行协调或服务职能为主，因而不属于经济管理主体。而且，第三部门在履行其职能时，同样不得违反国家有关经济管理方面的法律规定，也即第三部门在经济法上同时也是被管理主体。

（四）第四部门

第四部门主要指国外存在的独立规制机构。[①] 这些机构不是企业，不是社会中间层主体，而属国家机关序列，但同时它们又与普通的行政机关不同，故有人称其为第四部门。第四部门区别于行政机关的主要特征是独立性，它不受行政机关领导，在经费、人员等方面，也不受行政机关控制。同时，第四部门的职权也较一般行政机关更大，往往集立法、行政与准司法权于一身。

独立规制机构的出现，主要是避免监管者受其他利益集团的影响，以保证其独立决策、独立执行。独立规制机构之“独立”，不仅指规制机构独立于政府行政部门，也指其与被规制企业等利益相关者保持适当距离。根据1997年经济合作与发展组织发布的《关于规制改革的报告》（The OECD Report on Regulatory Reform）的界定，独立规制机构的独立性应包括六个要素：（1）法律对规制机构授权；（2）规制机构在机构设置上独立于行政部门，实行自治管理；（3）规制者由多方任命，如政府与议会共同任命；（4）规制者实行固定任期；（5）建立职业标准和有吸引力的薪酬标准；（6）设立稳定的经费来源，如通过行业收费，而不是政府预算拨款。上述独立要素的共同特征是致力于将规制机构从传统行政权力体系中分离出来，让其承担监管职责，但又使其免受行政权控制。这是独立规制机构之独立性的最核心内容。建立高进入门槛和高标准薪酬，则又有助于独立规制机构保持专业性，并抵御来自被监管者的利益诱惑。

因存在独特优势，独立规制机构在境外较为普遍。例如，美国自1887年创设了第一个联邦规制机构——州际商业委员会以来，联邦贸易委员会、联邦通信委员会、证券交易委员会、民用航空委员会等经济性的独立规制机构大量涌现，[②]且已延伸至社会领域，如建立了国家劳动关系委员会、消费者产品安全委员会、平等就业机会委员会等；日本的公正交易委员会、英国的金融服务局等，也都是独立规制机构。这些机构虽然也由国家设立，属于国家机关范围，并且主要履行监管职能，但与传统的行政机关相比具有很大不同。它们几乎不受任何行政机关的束缚，也与被监管者没有利益关系，并且其成员都为相关领域的专业人士，故在保持执法的中立性、权威性方面，比其他任何国家机关都更具优势。

我国现行国家机构中，以独立规制机构常用的“委员会”命名的单位也较多。在经济管理领域，大致有如下几类：一是国务院部门，如国家发展和改革委员会；二是行业监

---

① 这里所说的第四部门也属国家机关构成部分之一，只不过与传统的立法、行政及司法三大国家机关相比，其性质比较特殊，享有的职权也无法按照三大权力体系予以归类，故在这里单独说明。

② ［美］查尔斯·A. 比尔德：《美国政府与政治》（下册），朱曾汶译，商务印书馆1988年版，第272页。

管机构，如证券监督管理委员会、保险监督管理委员会、银行业监督管理委员会、国家电力监管委员会及国有资产监督管理委员会等，这些机构的性质，除国资委被定位为政府的直属特设机构外，其他均为国务院的直属事业单位；三是国务院的议事协调机构，如国家能源委员会、反垄断委员会、食品安全委员会等；四是国务院部门下设的委员会，如央行的货币政策委员会，其性质也是咨询议事机构。

在我国上述委员会制单位中，行业监管机构与其他国家的独立规制机构最为接近，其设立初衷，可能是效仿境外的独立规制机构模式。而且，行业监管机构的性质在我国被确定为事业单位，而非政府部门，这种定位应该是受到了国际上独立规制思潮的影响。只不过，事业单位的定性本身存在一定问题，因为按照国务院《事业单位登记管理暂行条例》第 2 条规定，事业单位指国家为了社会公益事业目的，由国家机关或其他组织利用国有资产举办的，从事教育、科技、文化、卫生等活动的社会服务组织。由此，事业单位应主要履行社会服务职能，而非行使监管权，将行业监管主体作为事业单位看待，名实并不相符。

当然，名称也好，定位也好，都是外在形式，关键要看行业监管机构是否真的具有独立性。从目前操作实践来看，我国的行业监管机构与境外的独立规制机构，本质属性并不相同。作为国务院的直属事业单位，证监会、保监会、银监会等机构在经费来源、人事管理等方面，都受国务院控制。这决定了我国的行业监管机构，性质上已与普通的行政机关无异。

至于作为议事协调机构，因其根本不具有实质上的规制权，故与国外独立规制机构相去甚远。但这些委员会单位的设立，也不能说与独立规制思潮没有关系。在我国反垄断法的制定过程中，学界的一个普遍观点是，应借鉴美国、日本等国的独立规制机构模式，设置一个权威、独立的执法机构，尤其是要独立于行政机关。但这一设想最终被国务院及立法机关否决，作为妥协，国务院下设了一个反垄断委员会，其职权完全是议事协调性的。

那么，我国是否需要建立独立规制机构，或者将现存的行业监管机构改革成独立机构呢？学界对独立规制机构的意义也存在不同看法，但总的观点是，独立规制要比行政机关的规制更能保持客观、中立。因为独立规制机构的组成人员都是行业专家，且实行多人共同决策的合议原则，因而能够削弱变幻无常的政治因素对机构政策的影响。

第四章 经济法的实施

第一节 经济法实施概述

一、经济法实施的环节

国家的法律活动通常包括立法与法的实施两个方面,法的实施就是将已颁布并生效的法律规范应用于现实生活中,有时也称法的适用。同样,经济法的实施是指经济法规范在现实生活中的落实。

法的实施主要包括两个方面:一是倡导和鼓励人们按照法律规范设定的行为模式调整自身行为;二是法律规范被违背时,确定违法行为人的法律责任。前一方面表现为守法,后一方面则体现为执法和司法。由此,法实施的内容主要包括守法、执法和司法三个环节。这三个环节在不同性质的法中,作用各不相同。一般而言,在私法中,守法占据主导地位,即使守法出现问题,也往往通过协商方式"私了",或直接进入司法程序,执法活动几乎是不存在的。但在公法中,占据主导地位的是执法,司法也发挥重要作用。在公法体系内,刑法的实施主要依靠侦查与诉讼,侦查为执法活动,诉讼为司法活动,但侦查的作用更加明显,没有侦查就不可能有诉讼;其他公法的实施,主要依赖执法机关的执法活动,即使进入司法程序,也主要是相对人不满执法活动而提起"民告官"诉讼。所以总体来说,公法的实施更加依赖于执法。

上述判断在经济法上也是大致成立的。如前所述,经济法主要是公法,则经济法的实施应主要依靠执法,必要时依赖司法。但同时,经济法与其他公法的一个重要区别就是其经济性及专业性非常明显,这决定了在经济法实施中,执法相比司法的主导地位比其他公法更为明显,且在坚持执法的主导地位之外,还应注重发挥守法的积极作用。

(一)执法主导与司法弱化

经济法的实施总体上呈现执法主导的特色,这一实施体制的形成与经济法的自身特征密切相关,在我国表现更为明显。

从经济法与行政法的区别来看,经济法总体上对执法主体来说是一种授权法。在经济管理过程中,执法机关的权力非常大,而且随着经济活动日趋复杂,执法机关的权力还出现了不断膨胀的趋势,某些主体的职权甚至已由原来的行政权扩展到了部分司法权。在这一趋势下,执法机关有时代替了法院的作用,很多纠纷无须诉至法院,在执法活动中即可得到充分解决。例如,在反垄断法上,很多国家的执法机关都具有准司法权,其行政裁决具有类似于法院判决的效力。①

从经济法的专业性及复杂性来看,很多经济法问题可能未必适合法院解决。一方面,现代国家所制定的经济法非常庞大,单纯依靠法院,不仅法院难以胜任,而且也会使许多问题或争议得不到实质性解决;另一方面,由法院来解决专业性问题会存在较高的司法成本,且法院并不总是具有解决专业问题的能力。在经济法实施中,的确存在一些国家具有明显的司法传统或强调司法的积极作用,但前提是这些国家法院的专业性非常强,甚至建立专门的经济法法院。我国目前还不具备这些条件,故经济法的实施更多依赖执法机关。

此外,经济法中的法律责任设置也对法的实施产生影响,表现为责任规定的缺乏大大削弱了法院的作用。这是因为,诉讼方式对规则的依赖性较强,法院作出判决实际上是法律规则推理的结果,只有法律规则的内容完整,规则中明确包含了责任,法院才能据此进行责任的分配。在没有法律责任的场合,诉讼的适用空间必将大大缩减。而我国目前的经济法规范中,针对经济管理主体设定的法律责任非常少,尤其是对宏观调控行为的责任追究还存在法律障碍。

就目前我国经济法实施现状来说,法院一般不具有规制或调控经济的功能,经济法目标的实现主要依赖执法机关的行为。如果非要说法院对经济法的功能实现具有作用,那么这种作用也主要限于对不当执法行为进行纠正。纠正的方式是行政诉讼,即通过判决执法机关败诉来改变特定的执法行为。但很显然,这种作用是非常有限的。以作用对象为依据,经济法上的管理行为可分为两类:一是具有确定相对人的执法,如处罚垄断企业、征税;二是针对整个市场的调控,如调整存款准备金率。前者发生纠纷,一般可依行政诉讼方式解决,法院具有一定的作用;而后者,由于不会对特定市场主体产生直接影响,纠纷发生的可能性较小,即使存在争议,也类似于行政法上的抽象行政行为,这类行为在现行体制下还是不可诉的。在经济法中,后一类的调控行为往往更加重要、更为普遍,因而总体上,法院在经济法功能实现中的作用并不突出。

当然,在经济法实施中,法院除可审理市场主体不服具体执法行为的争议外,还可审理市场主体之间的经济法争议。这种方式对经济法功能的实现也有一定的作用。在有些国家,这被称为经济法的私人实施,且的确在经济法实施中具有重要地位,如美国反垄断法中的私人3倍赔偿诉讼。但在我国,这种作用也十分有限。一方面,经济法的实施以维护公益为目的,一对一的私人诉讼只能解决违法行为对确定主体造成的损害,而无法补偿违法行为的社会成本,如垄断行为对竞争机制的破坏。对大多经济法违法行为,仅让其赔偿受害者损害是不够的,为了维护公益,还应对其处以一定数量的罚款,这难以通过私人诉讼方式来实现。另一方面,就我国来说,私人诉讼制度还不够完善,

① 相关论述可参见李国海著:《反垄断法实施机制研究》,中国方正出版社2006年版,第53页、第91页以及第108~113页。

尤其是激励不足,不仅惩罚性赔偿制度的适用范围较窄,[①]除此之外,其他激励措施基本还未建立起来。[②] 此外,经济法中的违法行为有时并没有确定的受害人,如对自己商品质量作虚假宣传,这时私人诉讼程序就难以启动。

当然,我国新《民事诉讼法》已明确规定,对污染环境、侵害众多消费者合法权益等损害社会公共利益的行为,法律规定的机关和有关组织可以向人民法院提起诉讼。也即我国已经建立针对损害公共利益行为的公益诉讼制度,该制度很大程度上能够强化法院在维护公共利益上的作用。只不过,由于现行法对公益诉讼原告资格的规定较为严格,细化的配套制度也有待建立与完善,且公益诉讼实践目前还在起步阶段,故该制度的施行效果如何还有待观察。但可以想见的是,随着公益诉讼制度的推广与完善,法院在经济法实施中的作用必将进一步加大。

(二)守法的特别作用

法院作用的有限必然要求执法更加主动,但在经济法上,执法也并非总是有效的。有些时候,还应注重守法对经济法实施的重要影响。经济法上的守法之所以特别重要,是因为执法机关因资源有限及能力不足,无法有效查处某些违法行为。经济法应对的问题具有较强的专业性、复杂性,法要解决的问题越复杂越专业,对执法机关的要求就越高。现实情况是,一方面,相对于违法行为的复杂性以及潜在违法行为的普遍性来说,执法机关的人力、物力匮乏,是经济法执法中的一个普遍问题;另一方面,经济法中的违法行为有时太专业,执法机关尽管相比法院更有优势,但也难免出现能力不足。而且,越是专业、复杂的行为,就越容易被行为人隐匿;即使执法机关获得了行为人违法的初步信息,行为人也很容易基于其专业性而向执法机关提供不完全的、不正确的甚至是误导性的信息。

在执法有时难以有效发挥作用的情况下,守法就变得尤为重要。决定一个主体是否守法的因素,除内在的守法意识之外,更重要的是外在激励。外在激励通常有两种方式:一是"威逼",即通过严厉的法律责任来遏制违法者,迫使其被动守法;二是"利诱",即通过诱导性的制度安排来引导行为人,促使其自觉守法。在经济法上,这两种方式都得到了广泛运用。对于经济法领域违法行为频出并屡禁不止的情况,一些学者就主张应通过加大惩处力度的方式来提高违法成本,迫使人们不敢再犯。但事实表明,这种方式在经济法中有时是难以奏效的。因为一个理性的人在决定是否从事违法行为时,影

① 在经济法领域,明确规定惩罚性赔偿制度的主要是《消费者权益保护法》及《食品安全法》。除这两部法之外,在合同法领域也存在一个惩罚性赔偿制度。根据最高人民法院《关于审理商品房买卖合同纠纷案件适用法律若干问题的解释》第8条、第9条及第14条的规定,房地产开发企业在销售商品房过程中,如有特定违法行为,商品房购买人有权主张已付房款两倍的惩罚性赔偿。

② 例如,在美国反托拉斯私人诉讼中,除存在3倍损害赔偿的激励措施之外,还规定了单方诉讼费用规则和成功酬金制度。前者是指,如果原告胜诉,可以要求被告赔偿其已经支付的诉讼费用,如果原告败诉,被告不能要求原告赔偿其已经支付的诉讼费用。后者是指,一切诉讼费用先由律师来承担,如果胜诉,律师有权获得一定比例的赔偿金;如果败诉,原告不用承担任何诉讼费用。

响他的因素不仅是惩罚的轻重,更重要的是惩罚的概率,如果概率很小,即使惩罚措施再严厉,威慑作用也会非常有限。① 很显然,以"威逼"方式来促使人们守法,会面临经济法执法中的同样难题。当人们意识到,即使从事违法行为,执法机关也难以对其施以惩罚时,法律责任就不再具有任何威慑效果了。因此,在经济法守法上,可更多地利用"利诱"的方式,以利益来驱动人们自觉守法或及时终止违法行为。

对法的实施,过去人们将其内容主要理解为惩罚违法者,这种观点是片面的。通常,越是专业的领域,"威逼"的效果就越有限,故越应采用"利诱"的方式。在制度安排上,"利诱"可以多种方式表现出来。例如,可以是直接奖励,也可以是负担减免(如税收优惠);可以是物质奖励,也可以是精神褒扬;可以对积极守法行为予以直接奖励,也可以对违法后及时终止行为减轻处罚。

以奖励方式诱导人们守法的做法,在我国现行法中已有体现。例如,《清洁生产促进法》第32条规定:"国家建立清洁生产表彰奖励制度。对在清洁生产工作中做出显著成绩的单位和个人,由人民政府给予表彰和奖励。"《循环经济促进法》第48条规定:"县级以上人民政府及其有关部门应当对在循环经济管理、科学技术研究、产品开发、示范和推广工作中做出显著成绩的单位和个人给予表彰和奖励。"但总体来说,这种做法还不普遍。作为经济法专业性、复杂性的一种回应,在经济法实施中,理应大力推广这种守法激励方式。

二、经济法的调整方法

法是调整人们行为的社会规范,法通过对行为的调整,基本上是为了让人们的行为模式符合立法者的预期,但在实现这一预期过程中,所采用的方法是不同的,这就形成了不同法的调整方法。法的调整方法因法作用的对象性质、种类不同而有所区别,但作为法实现其目标的手段,最终取决于法的基本任务。

经济法与其他法需要解决的问题不同,使得经济法的调整方法也与其他法不同。同时,任何法的调整方法都是复合型的,从不同角度会发现法的调整方法的不同特征。因此,对经济法的调整方法,难以作统一的描述。下面所界定的经济法调整方法,就是分别从三个角度来分析经济法调整方法的不同侧面。

(一)控制与扶持相平衡

经济法是社会利益本位法,社会利益大多时候都表现为处于弱势地位的群体利益,经济法要实现对这些群体利益的保护,必须在控制与扶持之间寻求平衡。控制是指针对强势群体的限制,扶持则针对弱势群体的特别保护。经济法上的大多制度,都体现了控扶平衡的理念。

法的基本内容是权利义务,控扶平衡主要是通过权利义务的非均衡分配来实现的,也即强势群体在经济法上要承担更多的义务,弱势群体则享有更多的权利。在有些领

---

① [美]理查德·A.波斯纳著:《反托拉斯法》(第2版),孙秋宁译,中国政法大学出版社2003年版,第318页。

域,经济法只会给强势主体设定义务而不赋予其权利,或者只会赋予弱势群体权利而不为其设定义务,如消费领域。有时,强势群体与弱势群体在经济法上都会享有一定的权利或承担一定的义务,但总体上,强势群体的义务会更重,弱势群体的权利会更多。例如,在税法上,高收入者可能要适用更高的税率;在证券法上,投资者会得到更多保护。

控扶平衡不仅是指对能力不同的市场主体予以区别对待,还适用于行业、区域、层级等各方面的平衡协调上。例如,行业分配不公、区域发展不平衡以及企业高管薪酬过高等问题,在我国经济生活中已表现得较为突出,近年来一系列经济法制度都致力于解决这些问题,且已有专门的规范性文件出台。①

控扶平衡有时体现为直接规制,有时则表现为间接调控。市场规制法的基本精神就是限制强者,而且是直接限制。相对于消费者来说,经营者是强者,故消费者权益保护的内容基本就两部分:一是赋予消费者众多权利;二是留给经营者无数义务。《产品质量法》、《食品安全法》,都可看作《消费者权益保护法》的特别法,其内容基本上都是关于生产经营者义务的规定。宏观调控法的任务是实现经济总量平衡,也即防止经济非均衡发展,要实现这一目标,必须对一些弱势地域、弱势产业以及弱势群体予以特别照顾。例如,产业政策法致力于调整产业结构,以实现产业间的均衡发展;证券监管的主要目标是防止证券欺诈,而所有的证券欺诈都是滥用优势资源行为;税法的功能之一是财富公平分配,即防止社会财富在地域、行业及主体间的分配不公。

当然,控扶平衡不是惩优护劣,也不是一味地限制强者、保护弱者,而是要实现强弱间的均衡发展,尤其是防止强者利用其优势地位侵害弱者利益。控扶平衡是经济法追究实质公平的表现,体现了经济法的社会本位法属性。

(二)辅助与参与相配合

政府与市场的关系是经济法中的一个基础性问题。随着政府虚无与政府全能的理念逐渐被抛弃,人们意识到市场与政府的理性都是有限的。现代市场经济体制是一种建立在生产力高度发展基础上的规范化、制度化经济,其基本特征是市场机制与政府调节的相互配合。与这一经济体制相匹配的现代经济法,不仅致力于克服市场机制的不足,也规范着政府干预经济的行为,因而它承认市场与政府的职能分界,强调"发达的

---

① 在行业分配改革上,电信、民航、电力等垄断行业改革基本已经完成,其他行业仍在改革之中;对一度由国企垄断经营的很多行业,国务院也不断通过发布文件方式承诺放开,如 2005 年国务院发布了《关于鼓励支持和引导个体私营等非公有制经济发展的若干意见》(简称"非公 36 条"),2010 年国务院再次发布《关于鼓励和引导民间投资健康发展的若干意见》(简称"新 36 条")。在区域发展上,西部大开发、振兴东北、中部崛起等宏观战略,都旨在解决区域发展不平衡问题,在这些战略实施过程中,财税金融等制度发挥着不可替代的作用。在高管薪酬问题上,目前也有相关制度出台,例如,2009 年,财政部发布《关于金融类国有和国有控股企业负责人薪酬管理有关问题的通知》;2009 年,人力资源和社会保障部、中央组织部、监察部、财政部、审计署、国有资产管理委员会联合发布《关于进一步规范中央企业负责人薪酬管理的指导意见》;2010 年,中国银行业监督管理委员会发布《商业银行稳健薪酬监管指引》等。此外,在整体上解决各类分配不公问题的"收入分配改革方案",目前也在制定之中。

市场与强大的国家”①的相互结合。

在市场与政府各有不足也各具优势的情况下，现代经济法制度一直致力于在二者之间寻求平衡。经济法的一个基本理念是，政府干预只能存在于市场机制失效的场合，且相对于市场的自发调节来说，政府干预只能是辅助性的，而不能是替代性的。换言之，政府只应在超出市场机制能力的地方采取帮助性的、支持性的行动，而不能直接参与市场经济的运行。不论是间接调控还是直接规制，政府都是管理者而非市场交易参加者。对此，十八届三中全会通过的《关于全面深化改革若干重大问题的决定》就明确指出：“使市场在资源配置中起决定性作用和更好发挥政府作用”。

经济法对政府干预经济合法性的确认，主要体现在赋予其调控权与规制权。那么，是否政府在任何时候都不得参与市场交易呢？答案是否定的。法律禁止政府参与交易的主要目的是防止其发生利益混同，即防止其维护公共利益的职责受到利润最大化追求的侵蚀。如果政府参与市场交易不为私利，而是具有公共目的，则法律未必会限制其参与行为。

经济法允许政府以调控或规制的方式管理经济，也允许政府以直接参与的方式来管理经济，但前提是，不论何种方式，目的都应具有公共性。这里，目的的公共性可以有两种理解：一是公共性是政府参与行为的唯一目的；二是公共性是政府参与行为的主要目的，但在这一目的之外，政府亦有其他利益追求。这两种情况在经济法上都有存在。从我国现行经济法规定看，政府参与市场交易的方式大概有三种：

第一，直接在市场上从事买卖行为。这种交易行为主要是央行的公开市场操作业务。公开市场操作即央行直接在金融市场上公开进行有价证券和外汇交易。通过公开市场操作，央行能够吞吐基础货币，调节市场流动性，从而实现货币政策目标。公开市场操作是央行的货币政策工具之一，是一种金融调控行为，以公共性为唯一目的。

第二，通过中间主体代理交易。我国的政府采购行为主要采用这种模式。政府采购是各级国家机关、事业单位和团体组织，使用财政性资金采购特定货物、工程和服务的行为。按照《政府采购法》规定，纳入集中采购目录的政府采购项目，应当实行集中采购。集中采购主要是委托专门的集中采购机构代理采购。集中采购机构是非营利事业法人，在我国，设区的市、自治州以上的人民政府一般都设有集中采购机构。政府采购性兼有公私双重目的。采购货物、工程或服务首先是满足采购人的自身需要，但政府采购是一种公款购买活动，其公共性十分明显。政府采购的目标之一是提高财政资金使用效率，同时，政府采购对经济发展影响巨大。政府是一个国家内最大的单一消费者，政府采购规模的扩大或缩小，采购结构的变化等，对经济发展水平、产业结构调整及公众生活环境等，都有着十分明显的影响。正由于政府采购具有如此影响，故它已成为各国政府常用的一种宏观经济调控手段。

---

①　[美]约瑟夫·E. 斯蒂格利茨著：《政府为什么干预经济——政府在市场经济中的角色》，郑秉文译，中国物资出版社 1998 年版，第 16 页。

第三,通过设立国有企业参与市场运行。设立国有企业参与特定领域或行业的市场运行,是各国的通行做法。相对于追求利润目标的商事企业而言,国家设立国有企业往往具有特殊目的。也就是说,国有企业不是要实现利润最大化,而是要在某种程度上克服市场缺陷,增进社会公共利益,促进经济总量优化。换言之,设立国有企业是政府经济管理职能的延伸,国有企业在很多时候应当具有类似经济管理者的地位,或成为政府管理经济的中介或工具。这种角色意味着,国有企业的职能既不同于政府的政治职能,也不同于企业的经济职能,而是介于二者之间的一种社会性职能。西方国家之所以将国有企业看作一种承担特殊职能的特殊机构,并称为法定公司、法定机构、公法人企业、公共企业或特殊法人等,根本原因正在于此。所以,国有企业基本上仅存在于关系国家安全及市场不能有效配置资源的领域。我国国有企业的现状有所不同,其经济职能与公共职能往往混在一起,甚至经济职能超过了公共职能。总体上,我国的国有企业包括两种:一种与西方国家的公共企业类似,不以营利为目标,专门履行公共职能,属特殊国有企业;另一种与普通企业一样,也追求利润的最大化,实际上为普通企业。在未来,国有企业的存在领域应当进一步限缩,那些不承担公共职能的国有企业,要么应逐步退出市场领域,要么应在法律上和现实中被作为普通企业看待,需要与普通企业公平竞争,不得再享受国家的任何特别优待。

值得一提的是,2015 年中共中央、国务院发布的《关于深化国有企业改革的指导意见》,根据国有资本的战略定位和发展目标,结合不同国有企业在经济社会发展中的作用、现状和发展需要,将国有企业分为商业类和公益类。其中,商业类国有企业按照市场化要求实行商业化运作,以增强国有经济活力、放大国有资本功能、实现国有资产保值增值为主要目标,依法独立自主开展生产经营活动,实现优胜劣汰、有序进退。

(三)限禁与促进相结合

经济法是公法,在调整市场主体行为时,会采用具有强制性的限制或禁止模式。这与其他公法相同。但不同之处在于,在限禁模式外,不具有直接强制效果的促进模式在经济法上也大量存在,并且越来越多。从适用效力角度看,经济法的调整方法具有限禁与促进相结合的特点。

所谓促进模式,是指经济法设定的行为模式不是限制性的或禁止性的,而是提倡性的或鼓励性的。[①] 经济法很多时候不会强制市场主体从事或不从事特定行为,但会通过各种具有促进功能的制度安排,来引导市场主体自觉从事国家期望的行为或主动终止国家不提倡的行为。

在规范或制度层面,限禁模式体现为经济法中的各种限禁型规范,促进模式则体现为各种促进型规范。限禁型规范的行为模式是命令式的或禁止式的,其基本内容是

---

① “促进”与“限禁”的划分,可能是相对的。通过限制或禁止性措施所进行的反向推动,也可以说是一种促进,只不过是一种消极的促进。我们这里所说的促进,并不包括反向促进,仅指正面的、积极的促进,即通过倡导性方式、鼓励性措施所进行的促进。

"应为"或"不得为"。促进型规范的行为模式是引导性或提倡性的,其基本内容不体现为对市场主体的具体要求,而是赋予其一定的权利,如规定市场主体"可以……";或者陈述政府的促进职责,如规定"国家鼓励……"、"国家引导……"等。

从规范性质来看,限禁型规范基本上是强制性规范,而促进型规范的性质则不能一概而论。对相关政府或政府部门来说,促进型规范的基本内容可能就是其职责,因而并不是任意性的,如《循环经济促进法》第7条规定:"国家鼓励和支持开展循环经济科学技术的研究、开发和推广,鼓励开展循环经济宣传、教育、科学知识普及和国际合作。"对市场主体来说,促进型规范不具有强制效果,即便法律明确规定鼓励某种行为,是否从事该行为也可由市场主体自主决定,所以它类似于任意性规范,但二者在很多方面又是不同的。任意性规范不包含任何主体的意志倾向,任意性规范的适用或不适用,一般不会产生法律上的特别效果。促进型规范则不同,它不是一般地允许人们为或不为一定行为,而是明确包含了国家的意志倾向。违反促进型规范时,一般不会直接带来法律责任或其他负担,但可能会在其他相关方面或日后的行动中付出一定的代价,如难以享受各种优惠政策,所以其法律后果基本上是否定性的。如《循环经济促进法》第44条规定,国家运用税收等措施"限制在生产过程中耗能高、污染重的产品的出口"。遵守促进型规范时,尤其是模范遵守或成绩显著时,可能会获得国家直接或间接的奖励。如《循环经济促进法》第44条规定,"国家对促进循环经济发展的产业活动给予税收优惠,并运用税收等措施鼓励进口先进的节能、节水、节材等技术、设备和产品……"第48条第1款规定,政府及有关部门"应当对在循环经济管理、科学技术研究、产品开发、示范和推广工作中做出显著成绩的单位和个人给予表彰和奖励"。

总体而言,经济法实施中的促进机制非常多。我国现已颁布不少专门的促进法,这些法的很多规范虽然有些不具有经济法性质,但其中的很多内容都体现了经济法促进机制的作用。目前,明确以"促进法"命名的法律,主要有《中小企业促进法》、《民办教育促进法》、《清洁生产促进法》、《农业机械化促进法》、《就业促进法》以及《循环经济促进法》等。从实质意义上看,专门的促进法还包括《农业技术推广法》、《科学技术进步法》、《促进科技成果转化法》和《节约能源法》等。

不过,对经济法促进机制的理解,不能拘泥于规范性法律文件的具体名称,或者法律规范的表述方式,而应看这一法律机制是否以正面的促进为目的,是否包含实现其促进目的的具体制度。一方面,上述专门的促进法中,虽然促进型规范较多,但并不是所有的法律规范都是促进型的。促进法中也会规定市场主体必循遵守的行为模式,而且主要是禁止性的,即要求就市场主体不得实施妨碍促进政策的行为,如《循环经济促进法》第18条明确禁止相关主体"生产、进口、销售列入淘汰名录的设备、材料和产品",禁止"使用列入淘汰名录的技术、工艺、设备和材料"。另一方面,在这些促进法中,虽然很多时候也会规定市场主体应当从事某种行为,即采用命令性的方式规定市场主体的义务,但实质上,这些规定可能并不具有强制性,违反这些规定也不会产生任何法律责任。这些规定的主要功能,仅在于宣示国家意志,表明法律的促进意图,而非强制约束市场主体,故实质上仍属促进型规范。如《循环经济促进法》第 20 条第 1 款规定,"工业企业应当采用先进或者适用的节水技术、工艺和设备,制定并实施节水计划,加强节水管理,对生产用水进行全过程控制"。在专门的促进法中,类似这种规定的法律规范非常多。

第二节 经济法责任制度

一、经济法责任的含义及设定限度

经济法责任是指经济法主体从事经济法违法行为或基于经济法的直接规定而承担的不利法律后果。一般情况下,经济法违法是承担经济法责任的前提,从而经济法责任表现为经济法义务违反人应付出的代价。但这种严格的逻辑关系在强调社会公共利益至上的经济法上已经有了例外。在有法律明确规定的情况下,经济法主体的适法行为造成了一定的危害结果,甚至是没有损害结果,也可能要承担一定的法律责任,典型的如《产品质量法》中的严格责任制度。

责任制度是经济法上分歧较大的一个问题。其中,较有代表性的一种观点就认为,经济法是一种法律责任制度存在缺位的法。① 从理论上来看,责任始终与法律同存,只要法律规定了权利义务,责任的存在就不可避免。经济法既然是一种法律现象,就不会没有法律责任制度。虽然有时候,只设定行为模式而未规定法律责任的经济法规范也可能存在,但这背后往往有正当理由;而且无论何种法,都可能存在这样的问题。

经济法规定的市场主体的法律责任非常多,一般不存在责任缺位问题。如果说经济法责任制度存在缺位,主要应体现在规范经济管理主体的法律责任不健全。对此应当看到,经济法规范之所以有时不为管理者设定法律责任,不一定是立法者偏袒经济管理者,而是由经济管理行为的特殊性及法律责任制度的自身属性决定的。总的来说,设定法律责任应有其合理限度,对违法或不当的经济管理行为设定法律责任,目前还受制于如下因素:

第一,责任设定及责任追究应考虑现行法律体制,不能造成法律制度之间的冲突。经济法责任缺位的典型表现,是经济法中很少对抽象的经济管理行为设定法律责任。但造成这种情况的主要原因是经济法不得作出任何违背宪法及宪法性法律的规定,而这并非表明经济法存在缺陷。抽象行为的责任缺位,不仅仅是一个经济法问题,甚至主要不是经济法问题,而是各种具有法律效力的规范性文件之间的冲突问题,这在我国现行法律体制中,属于宪法性问题。我国《宪法》及《立法法》已对不当抽象行为的责任方式作了明确规定,主要就是由上级机关撤销。例如,《宪法》明确规定,全国人大有权改变或撤销全国人大常委会不适当的决定;全国人大常委会有权撤销国务院制定的同宪

① 这是传统法学界的主流观点,散见于非经济法学者对经济法责任制度的各种批评性文章、著作中。

法、法律相抵触的行政法规、决定和命令,有权撤销省级国家权力机关制定的同宪法、法律和行政法规相抵触的地方性法规和决议;国务院有权改变或撤销各部委发布的不适当的命令、指示和规章,有权改变或撤销地方行政机关的不适当的决定和命令;等等。《立法法》也作了几乎一致的规定。因此,在经济法领域,如果抽象的经济管理行为不当,则自应按照宪法的规定承担撤销责任,经济法无法也不应在此之外再规定其他法律责任。

第二,追究法律责任应考虑主体的能力问题。法律不会要求一个主体从事超出其能力范围的事,故追究法律责任的前提是行为人有能力从事合法行为却违法,如果违法行为的发生,超过了行为人的能力范围,则不应苛刻地追究其责任。经济管理主体的管理行为不当,如管理时机不对、管理力度不妥或没有取得管理效果等,基本上都是因为其能力不足,而并不一定有主观上的过错。① 而且是否管理不当,也只是基于特定时期的经济形势所作的判断,可能随着经济形势变化,原本被视为不当的行为反而被证明是恰当的。

第三,追究法律责任的目的是惩罚违法者,如果难以实现这一目的,则即便规定了责任也意义不大。经济管理主体主要是公权机关,对公权机关设定诸如罚款之类的责任,几乎没有意义,因为公权机关的财产都是国家财政资金。所以对内容违法行为,目前法律设定的责任形态都未涉及财产责任。如果经济管理行为确实给相对人造成了财产损失,相对人也无须要求经济管理机关来承担赔偿责任,因为《国家赔偿法》已对行政赔偿作了明确规定。②

第四,追究法律责任应考虑社会成本,如果社会成本巨大,则责任追究就应慎重。经济管理主体在一国经济发展中的作用巨大,当其管理行为不当时,追究法律责任可能会产生社会成本。责任追究强度要受社会成本大小制约。这与追究普通市场主体责任不同,惩罚自然人、私人组织等普通市场主体的手段很多,甚至可采取永久隔离(监禁)、剥夺生命、剥夺资格(吊销证照)等极端杜绝危害性的方式。但对经济管理主体,追究责任往往只能在改正不当行为的同时,让主要负责人或直接责任人承担相应的行政责任,一般无法对该经济管理主体自身施加限制,如不能剥夺其管理权、不能取消该机构。

以上分析表明,对所有的不当经济管理行为追究法律责任是不合适的,即使规定法

---

① 例如,2008 年金融危机的出现,显然是美国政府不愿看到的,但危机产生与美国政府不当的经济政策也有关联,有人就批评美国政府一直支持“两房”(联邦国民抵押贷款协会和联邦住房贷款抵押公司,前者被称为“房利美”,后者被称为“房地美”)业务扩大,却忽视了对其风险的监管,正是导致危机产生的重要外部原因之一。

② 《国家赔偿法》第 4 条规定:“行政机关及其工作人员在行使行政职权时有下列侵犯财产权情形之一的,受害人有取得赔偿的权利:(一)违法实施罚款、吊销许可证和执照、责令停产停业、没收财物等行政处罚的;(二)违法对财产采取查封、扣押、冻结等行政强制措施的;(三)违法征收、征用财产的;(四)造成财产损害的其他违法行为。”

律责任,在责任形态、责任强度等方面也应有所限制。我国现行经济法规范对经济管理行为的法律责任规定较少或较轻,不足以说明经济法责任制度缺失。对不同的经济管理行为,能否设定法律责任应当具体分析。通常,在可以追究法律责任的场合,经济法中都设定了责任;只有在不应追究法律责任或者追究法律责任成本过大时,经济法才回避法律责任的规定。

事实上,经济管理行为基本属于政府行为,对政府行为设定责任有时的确存在障碍,但从其他国家相关制度看,在难以追究政府行为的法律责任时,或许可通过承担政治责任的方式来替代,如引咎辞职或弹劾。①

二、经济法上的他法责任问题

经济法责任制度上的另一个重要问题是责任形态。虽然很多人认同经济法上存在法律责任制度,但又认为经济法责任形态不独立,如认为经济法责任是一种"综合责任",包括经济法上的民事责任、经济法上的行政责任和经济法上的刑事责任等。应当说,这种观点在逻辑上就是前后矛盾的。如果承认经济法与民商法、行政法、刑法都是独立的法律部门,则不可能存在违反经济法规定却要承担民事责任、行政责任或刑事责任的情况。这种观点之所以产生,原因可能有两个:一是将"经济法主体的责任"等同于"经济法责任";二是将特定的责任形态与特定的部门法相对应起来。

(一)经济法主体的责任与经济法责任

经济法主体的法律责任和经济法责任是不同的概念。经济法主体是一种角色主体,它先后或同时也可能成为其他部门法主体,因此,经济法主体违法应承担的法律责任,就可能存在经济法责任和他法责任并存的情况。例如,在竞争法中,市场主体的垄断或不正当竞争行为,也可能是违约或侵权行为,由此也应承担违约责任或侵权责任。但与此同时,其行为也损害了竞争秩序,进而损害了社会公共利益,因而也应承担经济法责任;甚至还有可能具有严重的社会危害性,需要承担刑事责任。也就是说,经济法主体的违法行为可能具有多种属性,发生多种行为的"竞合",因而其同时当然也须承担多种责任,但这时要分清,并非所有的责任都属经济法责任。

(二)责任形态与部门法的关系

关于经济法责任,如果以形式意义上的法律文件为依据,其责任承担方式多为赔偿、罚款、吊销证照、责令停止等,甚至法律文件中还会规定行政处分及刑事责任。如果将这些责任形态与民事、行政及刑事三大责任的具体形态相比较,就会发现,所谓经济法责任,不过是三大责任形态的具体体现。据此,经济法责任应当是一种综合责任,没有独立的责任形态。但很显然,这是一种过于机械的比对,只看到了不同部门法责任形态的外在形式,而忽视了各责任形态之间的内在联系。一方面,三大部门法的责任形态虽各有表现,但都可分为三类:一是财产责任或经济责任,即让违法行为人承担经济损

---

① 邢会强著:《宏观调控权运行的法律问题》,北京大学出版社 2004 年版,第 34 ~ 56 页。

失,民事责任中的赔偿、支付违约金、返还财产,行政责任中的罚款、没收,刑事责任中的罚金,属此类;二是行为责任,即限制违法行为人的某些行为,包括民事责任中的停止侵害、恢复原状、消除影响、恢复名誉,行政责任中的责令停产停业、暂扣或吊销许可证或营业执照,以及刑事责任中的管制、监禁等;三是声誉责任或信誉责任,即让违法行为人的声誉受到一定损失,民事责任中的赔礼道歉,行政责任中的警告、通报批评,刑事责任中的剥夺政治权利,属此类。可见,法律责任的设定,基本上都从这三个方面进行,只不过每一责任种类在不同部门法上可能有不同表现。另一方面,各部门法中的责任形态实际上也不具有独立性。例如,财产责任在三大部门法上分别表现为赔偿、罚没、罚金,这三种形态虽名称不同,是否具有惩罚性也不同,但从责任内容来看,都具有突出的财产罚属性,很难说它们就是互相独立的责任形态。显然,具有经济内容的责任形态并非为某一个法律部门所独有,而是在各个部门法中都有适用。那么,为什么经济法上不可以使用这种责任形式呢?或者说,为什么经济法上使用赔偿、罚款等责任形式,就被认为属于其他部门法的责任呢?难道仅仅因为经济法使用了赔偿、罚款等传统部门法已经使用了的名称吗?如果这样,是不是经济法采用新的名称来命名这些责任形态,就被认为是独立责任了呢?[①] 同样,行为责任、声誉责任等责任方式自然也可在经济法中适用。只要责任主体的违法行为发生在经济法领域,与经济管理行为直接相关,其责任都可归为经济法责任。

三、经济法责任的具体类型

(一)经济管理主体的法律责任

经济管理主体是一个行使公共职能的组织,组织本身和其工作人员的利益追求不同,令组织承担责任对其工作人员影响甚微,故在组织责任之外,还应追究相关责任人的法律责任,即应当适用“双罚制”。

1. 经济管理主体自身的法律责任:行为责任

追究经济管理主体法律责任要考虑责任设置的目的及责任追究成本,如罚款几乎达不到惩罚效果,限制或剥夺其管理资格也不妥,故现行法律对经济管理主体的法律责任几乎没作任何规定。但事实上,对经济管理主体是可以追究法律责任的。

法律责任的内容主要有财产、行为及声誉三个方面,在无法追究财产及声誉责任时,可追究行为责任。我国现行法中普遍采用的“责令改正”,实际上就是一种行为责任,只不过,“责令改正”是一个比较模糊的概念,可能同时涵盖停止、撤销、重作等含义,所以有必要对行为责任进一步细化。这方面,可借鉴我国行政法关于行政诉讼判决种类的规定。

根据我国《行政诉讼法》及相关司法解释的规定,不当的行政行为可能会被法院判

---

① 经济法中的财产责任,是否可称为赔偿、罚款,还是用其他称谓,并不是责任理论中的主要问题,而仅仅是一个称谓。既然习惯性地将横向主体之间的财产责任称为赔偿,将纵向主体之间的财产责任称为罚款(金),则在经济法上,同样用赔偿、罚款的称谓,未尝不可。

决撤销、变更、重作、限期履行或确认违法、确认无效。虽然这种规定在实践及理论上均未被人们作为法律责任的具体形态看待,但很显然,这些都属于对行政主体行为的限制,所以本质上与法律责任无异。对经济管理主体来说,令其承担责任完全也可表现为这些方面,具体包括六种:撤销经济管理行为;变更经济管理行为;重新作出经济管理行为;限期履行经济管理行为;确认经济管理行为违法;确认经济管理行为无效。

2. 经济管理主体相关责任人的责任:政治责任与法律责任并行

适用双罚制时,应承担责任的组织人员包括组织负责人和特定行为的直接责任者两类。这类人员的责任形式,在我国现行法上主要是指行政处分,包括警告、记过、记大过、降级、撤职、开除六种。这里列举的是责任的具体形态,如果从责任内容或责任属性看,这些责任具有明显的综合性,兼具财产、行为及声誉的多重属性,因为每一种责任都可能与责任人的工资水平挂钩,可能对其行为造成限制,也可能对其声誉造成影响。

行政处分虽在法律文本中普遍存在,但事实上是政治责任,因为它影响的主要还是责任人的政治生活,且行政处分是一种内部行政行为,不受司法审查。

追究政治责任除了行政处分之外,还可采用其他方式,如引咎辞职。例如,中共中央《党政领导干部选拔任用工作条例》(2002 年)中就规定了引咎辞职制度。该条例虽非法律,但其内容无疑会对法律产生影响,如《国家经贸委行政审批管理办法》(2003 年)[①]第 34 条规定,“国家经贸委负有审批或者监督职责的司局及工作人员违反本办法规定的,按照干部管理权限实行行政责任追究制度,主要包括:责令赔礼道歉、行政告诫、通报批评、调整岗位、停职检查、责令引咎辞职等”。

除上述政治责任外,对经济管理者相关责任人也可追究法律责任。法律责任的承担方式,可以是对其以后从事相关管理行为的资格进行限制。这类法律责任在我国现行法中虽然规定较少,但已有体现,如《食品安全法》规定,被吊销食品生产经营许可证的食品生产经营者,自处罚决定作出之日起 5 年内不得申请食品生产经营许可,其直接负责的主管人员和食品安全管理人员自处罚决定作出之日起 5 年内不得从事食品生产经营的管理工作或者担任企业食品安全管理人员。因食品安全犯罪被判处有期徒刑以上刑罚的,终身不得从事食品生产经营的管理工作。

(二)被管理主体的法律责任

经济法中的被管理主体主要是市场主体,其行为违反经济法规定同样须承担相应责任。追究市场主体法律责任大多情况下不需要双罚,即不对市场主体及其负责人或责任人作双重惩罚。因为即便市场主体以组织形式存在,该组织的利益与设立人的利益也往往紧密联合在一起,对组织施加的惩罚会直接或间接转嫁到设立人身上,故双罚的必要性不大。但在特定情况下,如果组织的负责人或相关责任人利用了该组织的外在形式实施违法行为,或基于个人私利以组织名义实施违法行为,则应当追究相关人员的法律责任。同时,现代企业的运作模式很多都是所有者与管理者分离,这时,管理者

① 国家经贸委即原国家经济贸易委员会,现已并入商务部。

的利益追求与企业利益并不总是一致，如果企业的违法行为确因管理者的过错行为所致，则除企业要承担一定责任外，管理者也应受到相应的惩罚。

从责任内容来看，被管理主体的经济法责任既有财产性的、行为方面的，也有声誉上的。财产责任与行为责任在我国经济法中规定较多，如罚款、没收、滞纳金、强制整顿、强制停业、吊销证照等，经济法上还有一些以往法律制度不曾采用的行为责任，如反垄断法上的拆分、资产剥离。声誉责任在经济法中也有，但总体不多，经济管理现实中使用较多的声誉责任方式是通报批评，如监管部门对被监管企业发出通报批评的通知。在经济法规范中，明确规定对市场主体违法或不良行为予以公告的制度，实际上也是一种声誉责任，如税法中的欠税公告、食品安全法中的风险公告，①以及政府采购法中的对集中采购机构的服务质量、信誉状况、有无违法行为等事项的公告。

认识被管理主体的经济法责任时，要看到其与民事责任的不同。经济法所关注的市场主体违法行为，主要是指那些对不特定主体造成损害的行为，即损害公共利益的行为。经济法追究这些主体的法律责任，主要是弥补其对社会利益造成的损害，故责任的惩罚效果比较明显。这种责任与民事责任的一个重要区别在于“对谁承担”方面。民事责任强调对受损害方的赔偿，具有“一对一”的特征。市场主体承担的经济法责任则着眼于行为的社会危害性，实际上是对社会承担的责任。故经济法责任需要通过执法者的罚款、吊销证照等方式来追究，而不能通过行为人与受害者之间的协商或民事诉讼方式为之。

---

① 王贵松：“食品安全风险公告的界限与责任”，载《华东政法大学学报》2011 年第 5 期；章志远、鲍燕娇：“食品安全监管中的公共警告制度研究”，载《法治研究》2012 年第 3 期。

第二篇　市场规制法

第五章　市场规制法一般原理

第一节　市场规制法概述

一、市场规制法的概念界定

(一) 市场与市场规制

“市”即交易、买卖之意,“场”即地方、场所之意,“市场”也就是买卖双方做交易的地方。相传成书于春秋战国时期的《周易·系辞下》就描写过神农氏时期的交易情况,可看出市场的形成。从最早时期原始人之间的以物易物,到后来的农产品市场、手工制品市场,到后世形形色色、种类繁多的商品市场,乃至技术市场、劳务市场、金融市场、信息市场等,已经变得极为复杂,具有很强的专业性。而这也仅仅只是现代语境下市场的第一层含义。市场还可以指一种交易机制,即参与交易活动的所有买者和卖者之间的频繁交换共同决定商品和服务的价格与交易量的机制。[①] 市场遵循价值规律,通过许多交易活动影响资源配置,所以市场是配置资源的“无形之手”,这是经济学上对市场的解释。通常说的“市场调节”、“市场机制”中的市场就是经济学意义上的市场。此外,市场营销学认为,市场就是指某项产品或劳务的现实的或潜在的购买者的集合。[②] 无论是日常用语还是学者们的研究,在不同的语境下,“市场”一词往往分别具有上述某一种含义。

市场本质上来说,是人的集合体,反映的是人与人之间的关系,所以,市场交易、市场运行需要一定的规则,参与市场活动的各方必须共同遵守一定的行为准则。最早的契约关系、货币关系、度量的标准化等也正起源于此,早期的民商法规则中有不少被用来解决市场发展及运行中出现的各种问题。随着资本主义经济的发展,市场规模不断扩大,参与者也越来越多,不良市场行为对于国家经济运行和全局稳定的危害越来越大,除传统的民商法外,一系列新的规则被制定出来,用以解决这些问题。这就是国家或者政府对市场进行规制的由来。

经济法中的“规制”一词,往往被认为来源于日本学界。日本学者植草益曾提出,“规制”一词来源于英文“regulation”或“regulatory constraint”,其含义是有规定的管理,

---

① [美]保罗·A. 萨缪尔森、威廉·D. 诺德豪斯著:《经济学》(第17版),肖琛主译,中国邮电出版社2004年版,第21页。

② 徐孟洲著:《经济法学原理与案例教程》,中国人民大学出版社2010年第2版,第55页。

或有法规条例的制约。[①] 它与“管制”、“控制”、“制约”等概念有紧密联系，但又有一定的区别。我国于20世纪80年代从日本引进该名词。[②] 日本法学家金泽良雄指出，所谓“规制”，在狭义上，可以理解为是由于对一定行为规定了一定的秩序，而起到限制的作用；广义上，则相当于“国家的干预”这一用语。所谓“干预”一词，一般涉及消极的（权利限制）和积极的（促进保护）两个方面。当然，并非国家的所有干预都属于经济法中的规制——通过经济法中规制的对象、目的和方法的研究，就可以得到明确。[③]

不过金泽良雄对“规制”的理解较为广泛，认为经济法规制的对象就是经济生活，用以维护经济秩序。[④] 这里所说的规制，与我们一般提出的“经济法是调整一定经济关系的法”中的“调整”一词含义接近，而与我国经济法学界普遍使用的市场规制法中的规制含义有所区别。

（二）市场规制法的概念

我国经济法学界虽然大多均认为市场规制法是经济法不可或缺的组成部分，但在概念使用上却未得到统一，并有不同的理解与认识。市场规制法这一经济法子部门在学界有不同称谓，如市场管理法、市场秩序规制法、市场监管法等。漆多俊教授认为，规制含规范、管束、制约之意。所谓市场规制法，是调整国家对市场竞争及其他不公平交易行为进行规制过程中发生的社会关系的法律规范之总称，[⑤]是国家对有关市场行为予以直接干预、管束和制约之法。[⑥] 李昌麒教授提出，市场秩序是指在特定时空范围内形成的一系列法律制度和习俗惯例的总和，以公开、公平、公正为目标，旨在保障市场交易顺利进行的一种有条不紊的经济状态。[⑦] 徐士英教授在此基础上提出：市场秩序规制法是指国家从社会整体利益出发，为维护市场机制的正常运行，对影响市场秩序、偏离市场经济要求的行为进行规制的法律规范的总称。它以社会利益为本位，以社会经济整体的协调发展为目的，集中体现了现代经济法的本质和立法宗旨。[⑧] 史际春教授则将本部分法律规范归类到“经济活动法”中，认为经济活动法调整的是经济主体间的权利义务关系，包括经济合同法、竞争法、消费者保护法等内容。[⑨] 王先林教授提出，市场管理法是调整市场管理关系的法律规范的总称。它规范市场管理的一般原则，以禁止经营主体各种不公平交易行为为主要内容，目的是造就市场平等竞争地位和条件，维护公平竞争的经济秩序，保证社会公共利益不受侵害。市场管理法既是市场主体从事

---

① ［日］植草益著：《微观规制经济学》，朱绍文等译，中国发展出版社1992年版，第304页。

② 刘文华、潘静成主编：《经济法》（第2版），中国人民大学出版社2005年版，第342页。

③ ［日］金泽良雄著：《经济法概论》，满达人译，中国法制出版社2005年版，第45页。

④ 同上书，第47～48页。

⑤ 漆多俊著：《经济法基础理论》（第4版），法律出版社2008年版，第185页。

⑥ 同上书，第186页。

⑦ 李昌麒著：《经济法——国家干预经济的基本法律形式》，四川人民出版社1995年版，第333页。

⑧ 李昌麒主编：《经济法学》（第2版），法律出版社2008年版，第227页。

⑨ 史际春、邓峰著：《经济法总论》（第2版），法律出版社2008年版，第169～170页。

经营活动必须遵循的行为准则,也是国家市场管理机关管理市场活动的行为准则。因此,准确地说,市场管理法应是市场管理规则法。若借用日本经济法中的“规制”一词,市场管理法也可称为市场规制法。①

多位学者提出的市场规制法或者市场管理法,其基本内涵均是国家对市场行为特别是与市场竞争密切相关行为的规范,意在维持正常的市场秩序,使市场机制得以发挥其良好作用。就其内涵而言没有本质区别。因此,我们不再对这两个概念作出区分。所谓市场规制法,即调整市场规制关系的法律规范的总称,是指基于社会整体经济利益,而由国家或者政府对那些危及市场良性运作的行为予以规范、控制,以维持良好市场秩序为基本内容的法律规范的总称。其主要调整以下两类社会关系:第一,市场主体之间的竞争或者交易关系,如经营者之间的竞争关系,消费者与经营者之间就商品或者服务的消费而产生的交易关系等。这类关系发生在平等主体之间,一般不存在基于国家权力的超经济强制,但是在很多情况下,当事人之间存在某些不对等,从而容易引发侵权,例如,垄断企业滥用市场支配地位的行为,就是因为垄断企业相对于交易对手太过强大,以至于可以为本来是地位平等的双方当事人设定不合理的交易条件;又如,消费者往往与经营者之间存在严重的信息不对称现象,结果导致经营者对消费者利益的侵害。第二,国家对市场秩序的管理关系。与上一个所谓的市场主体之间的竞争或者交易关系相比,其最大的特点是主体之间具有强制、命令的服从关系,例如,国家制定种种关于市场竞争的规则、消费者与经营者利益平衡的规则等,并利用国家权力加以维护。

二、市场规制法的理论基础

作为经济法的组成部分,市场规制法的产生与现代市场经济的发展密切相关。

从世界范围来看,市场在人类社会产生的初期就已经存在,有关的市场交易规则也随即产生。国家为了规范市场运作而制定的法令普遍存在,例如,我国早在公元前21世纪就出现了简单的商品经济活动,随之产生了交易规则。《周礼》显示:国家设置管理市场与交易规则的官职,控制不正当交易,进行严格的市场监督,对违反交易规则的给予处罚。到了秦汉时期,官府也十分重视市场管理,如设公平秤,公布市场规则,建立商业标志;至于市场流通极为繁荣的隋唐乃至宋明时期,有关市场公平交易的规则更是相当发达,例如,《唐律》有言:“诸买卖不和而较固者(较为专略其利,固为障固其市),及更出开闭其限一价(谓卖物以贱为贵,买物以贵为贱),若参市(谓人其所买卖,在傍高下其价,以相惑乱)而规自入者杖八十。已得赃重者,计利准盗论。”不仅保护公平价格,且禁止倚势欺行霸市,直接禁止对市场竞争秩序的干扰和破坏。这一条款也常常被有关学者认为是我国竞争法制的滥觞。②

---

① 王先林:“论市场管理法的几个基本理论问题”,载《中国法学》1998年第2期。

② 刘绍樑:“从台湾经验看健全竞争法制”,载王晓晔、[日]伊从宽主编:《竞争法与经济发展》,社会科学文献出版社2003年版,第189~203页。

但是,以上这些包含有竞争规则的法律条款一般认为与现代竞争法有着本质的不同。古代的这些竞争规范产生的基础是当时较为简单的商品生产和交换活动,整个社会的资源配置并非是以市场作为主要手段的,所要解决的问题也相对简单,主要是为了维持市场活动的公平和有序,为了达到这一目的有时甚至是压制竞争,如得到国家承认和保护的行会制度。而现代竞争法产生的基础在于先进技术、高度的社会分工带来的现代化大生产,是现代市场经济体制的产物,是为了避免市场的自我毁灭倾向,而由国家代表社会公共利益制定竞争规则。

现代市场经济是自由经济,其有效的资源配置功能是通过竞争机制起作用的。从世界范围来看,除了少数较为极端的经济学家外,学界均承认垄断、信息不对称、存在外部性、公共物品的生产与供应失灵等会导致市场失灵,产生收入分配不公、宏观经济不稳定等严重的社会问题,并进而影响到国家经济社会发展的各个方面。其中,垄断和信息不对称等市场障碍阻碍了市场调节机制实际发挥作用,如垄断企业通过种种方式垄断市场,操纵价格,限制、排斥其他经营者进入市场参与竞争;又如,为了在激烈的市场竞争中打击竞争对手,而不惜采取商业贿赂、盗用或者毁坏他人商誉等不正当竞争行为;再如,凭借自己的信息优势,进行虚假宣传,误导消费者……以上种种行为不但直接损害了竞争对手或者用户、消费者利益,也对市场竞争秩序造成了重创,直接导致竞争机制失去应有作用。

鉴于市场竞争对于经济社会发展的重大意义,以及市场竞争机制本身的脆弱,国家不能不出面予以解决。理论上,市场机制具有自我修复的功能,因此极端崇拜自由市场的学者往往以此反对国家介入经济运行,特别是在微观层面的介入。但是,市场的自我修复需要时间,对于无数社会个体而言是一个极度痛苦的过程,社会资源也因此损失巨大。如果能够防患于未然,或者大大缩短市场调整的过程,从而减轻社会个体成员遭受的苦难,降低社会资源的浪费,无论是从政治上、社会上、经济上乃至伦理意义上,都是最佳选择。

值得注意的是,市场规制法在东西方国家的历史发展轨迹不同。漆多俊教授将世界范围内的经济法分为三大有代表性的模块:美国经济法、德日经济法以及转型国家经济法模块。① 其中前二者可以说是发达资本主义国家的经济法,尽管有相当大的区别,但都是在市场经济较为发达的历史条件下产生的;第三种模块则不同,其是在社会主义计划经济体制的背景下产生,在向市场经济转轨过程中剧烈变化并逐渐成熟。② 在市

① 漆多俊:"时代潮流与模块互动——'国家调节说'对经济法理论问题的破译",载漆多俊主编:《经济法论丛》(第13卷),中国方正出版社2007年版。至于西方国家和前社会主义国家之外的其他国家(地区),其社会政治经济体制往往受到以上国家的巨大影响,很多时候甚至是其翻版,所以尽管可能各有特色,在经济法的发展历程及特点方面基本上仍可以大致归类于上述三个模块之列。这也与各国(地区)综合实力以及学术影响在国际舞台上的地位直接相关。

② 李胜利:"殊途同归的东西方经济法",载漆多俊主编:《经济法论丛》(第15卷),中国方正出版社2008年版。

场规制法领域这一现象同样存在。

三、市场规制法的历史发展

市场规制法作为经济法的子部门，一般认为产生于垄断资本主义时期，其基础是现代市场经济体制，其根源是市场机制自身难以解决的竞争秩序等问题。1890年美国《谢尔曼法》不但被广泛地认为是现代经济法产生的标志，也可以说是现代市场规制法产生的标志。1896年德国《反不正当竞争法》的制定、20世纪以来产品责任法和消费者保护法等在世界各国的产生和发展，以及价格、广告等方面的管制法规日渐发达，使得市场规制法逐渐成为一个较具完整性的法律体系。

在我国，随着改革开放，各项经济立法不断涌现。但是只有在经济发展到一定程度、确立了社会主义市场经济体制的改革取向之后，市场规制方面的立法才得以真正展开，如1993年的《反不正当竞争法》、《产品质量法》和《消费者权益保护法》，1994年的《广告法》，1997年的《价格法》，以及2007年的《反垄断法》等。以上立法无一不是在社会经济发展到了一定时期，对于市场竞争秩序和消费者保护等有了极大需求的情况下，才提出立法规划和草案并最终出台的。党的十八大提出了坚持社会主义市场经济的改革方向、全面深化改革开放、加快完善社会主义市场经济体制和加快转变经济发展方式等战略方针。十八届三中全会进一步提出，积极稳妥从广度和深度上推进市场化改革，大幅度减少政府对资源的直接配置，推动资源配置依据市场规则、市场价格、市场竞争实现效益最大化和效率最优化……保障公平竞争，加强市场监管，维护市场秩序……弥补市场失灵。建设统一开放、竞争有序的市场体系，是使市场在资源配置中起决定性作用的基础。必须加快形成企业自主经营、公平竞争，消费者自由选择、自主消费，商品和要素自由流动、平等交换的现代市场体系，着力清除市场壁垒，提高资源配置效率和公平性。十八届四中全会也提出，要加强重点领域立法，加快完善体现权利公平、机会公平、规则公平的法律制度。根据上述中央文件的精神，我国市场规制方面的立法在未来将会进一步加强。

在我国台湾地区，市场规制法的发达也是其市场经济发展到一定阶段，在岛内外各种因素的综合作用下逐渐成就的。例如，在竞争法方面，自20世纪70年代以来，台湾地区经济急速发展，原有的经济制度与规范渐渐无法因应当时经济、社会环境的需要，为了配合经济自由化、国际化以及制度化政策，就必须在岛内建立一个能让企业自由竞争的环境，并制定一套公平合理的竞争规则，因此从1980年开始研拟“公平交易法”草案，经过长达10余年的争执，最终于1991年通过；而就消费者保护法而言，尽管台湾地区在20世纪80年代整个社会结构就已蜕化为典型的工商业社会，但由于长期戒严体制的贯彻，台湾居民言论、集会、结社的自由被封杀、剥夺殆尽，以致形成有消费社会而无消费者运动的局面，长期以来消费者保护团体始终难以正常、全面发展或与此有其关联。① 1979年间，台湾地区爆发严重的“多氯联苯米糠油中毒事件”，其间受害民众至

① 朱柏松：“消费者保护法施行满一年总检讨”，载《国家政策》1995年第109期。

少在千人以上;其后又发生多起"假酒中毒事件",造成多人失明等严重伤害后果。这两起社会重大事件导致舆论大哗,并呼吁当局检讨修订相关规定。1980年知名的民间消费者保护团体"消费者文教基金会"也在有心人士的捐款和帮助下登记成立,推动消费者保护运动,并持续表达制定"消费者保护法"的需求。并曾于1981年首度提出专家学者研拟的"消费者保护法草案",相较于台湾当局提出的草案,约早了1年之多。之后在岛内各方的推动下,到1994年"消费者保护法"才终于三读通过,其间经过了约14年之久。从市场规制法主要法令出台时间来看,海峡两岸相差不算太大,落后西方发达国家几十年乃至上百年。从某种角度来说,这也体现了在建立现代市场经济体制方面的时间差。

四、市场规制法的地位和体系

(一)市场规制法的地位

所谓市场规制法的地位,是指该部门在经济法乃至整个社会主义市场经济法律体系中所处的地位,以及重要性如何。我国经济法学界关于经济法体系有多种理论,但是无论哪一种,主流理论均认为市场规制法和宏观调控法是其重要或者核心组成部分,甚至就是经济法的全部内容。我们认为,市场规制法是经济法的主要组成部分之一,在经济法乃至整个社会主义市场经济法律体系中占有重要地位。

在我国经济法学界,几乎所有的主流经济法理论均认为市场规制法是经济法的独立子部门,与宏观调控法(以及其他诸如国家投资经营法等)并列。关于市场规制法与宏观调控法的关系,我们认为,宏观调控法如同其名,基本上是国家从宏观层面对国民经济整体进行干预、引导,不涉及国民经济活动的微观层面。而市场规制法则与之不同,往往偏重于从经济活动的微观层面进行法律控制,无论是反垄断、反不正当竞争,还是消费者保护,均是如此。但是市场规制法又不单纯是微观经济活动控制的法律手段,在不少方面也密切关注宏观经济层面的问题,或者直接与宏观经济问题相关,如反垄断问题、消费者保护问题、价格干预问题等,以至于有时这些法律也会被视为宏观调控法的组成部分。正是由于二者间存在着这种从宏观到微观的过渡与联系,才能构成一个完整的经济法体系。

现代市场经济体制尽管还存在这样或者那样的问题,有时还相当严重,但是比起人类社会曾经出现过的其他经济体制来说,仍被认为是最有效、最可行的一种——充分调动社会个体的经济发展热情,从而取得了无与伦比、难以想象的经济成就。尽管仍有其缺陷,如因市场自身存在障碍、市场的唯利性以及滞后性等,会导致严重的经济危机,但是经过长期探索,现代国家已经掌握了若干应对措施,可以大大降低其危害——通过市场规制法维持良好的市场竞争秩序、平衡市场主体(经营者、消费者)之间关系,就是其中重要一环。①

---

① 当然,通过宏观调控法降低宏观经济的不和谐之处、维持宏观经济的稳定,通过社会保障法来为市场竞争中的弱者提供必要的协助、保护,以维持社会稳定,也都是现代国家所必须做到的。

（二）市场规制法的体系

关于市场规制法的体系，也就是市场规制法究竟由哪些法律规范组成。一般来说，从理论上看，凡是那些规范市场竞争秩序、直接保护消费者利益的法律规范均可归入其间。例如，反垄断法、反不正当竞争法、消费者保护法、产品责任及产品质量监管法、广告监管法、价格监管法，以及特殊市场（如房地产市场、证券市场等）的监管法律规范，均为市场规制法的有机组成部分。

基于教学考虑，我们将把反垄断法、反不正当竞争法、消费者保护法、产品质量法、价格法等总体上纳入市场规制法部分，尽管其中有些从理论上看并不属于本部分，如价格法中的“价格总水平调控”，这方面立法归属于宏观调控法更为合理。另外，有关特殊市场规制的法律规范也不再纳入。

第二节　市场规制法的基本原则和价值

一、市场规制法的基本原则

市场规制法的基本原则是指贯穿于市场规制法之中、在市场规制法的立法及实施过程中必须遵循的根本准则。关于市场规制法的基本原则，学界认识不一。如有学者认为，在长期的立法、执法和司法实践中，世界各国逐渐形成了以下几项基本原则：维护市场活动中的经济民主原则，保障市场活动中的实质公平原则，维护市场运行的整体效率原则。① 有学者提出，市场规制法的基本原则主要有以下几项：（1）尊重价值规律、供求规律和竞争规律，依法适度管理的原则；（2）统一规制、分级监管的原则；（3）维护公平竞争的原则；（4）保护弱者和消费者合法权益的原则；（5）违法行为法定原则。② 有学者提出，国家干预适度原则、保护公平竞争原则和社会公益原则是市场规制法的三大基本原则，国家干预适度原则是市场规制法存在与运行的基础和前提；保护公平竞争原则反映了市场规制法调整经济关系的手段和过程；社会公益原则是市场规制法立法、执法和司法的最高标准与最终归宿。③ 有学者则提出，市场规制法的基本原则是有效公平动态竞争原则与保护竞争相关者利益原则，其中前者内含了有效竞争、公平竞争和动态竞争。④ 也有学者认为，市场规制法有弥补和矫治相结合原则、效率优先原则、维护公平竞争原则；⑤另有学者提出了遵循经济规律，依法适度管理的原则、实质公平原则、维护市场运行的整体效率原则和保护弱者原则。⑥

---

① 李昌麒主编：《经济法学》（第2版），法律出版社2008年版，第237～239页。
② 徐孟洲著：《经济法学原理与案例教程》（第2版），中国人民大学出版社2010年版，第64～66页。
③ 王继军、张钧：“论市场规制法的基本原则”，载《山西大学学报》（哲学社会科学版）2003年第3期。
④ 刘大洪著：《法经济学视野中的经济法研究》（第2版），中国法制出版社2008年版，第286～290页。
⑤ 冯宪芬主编：《经济法》（第3版），西安交通大学出版社2009年版，第96～97页。
⑥ 郭凯峰、王利军等编著：《经济法原理》，科学出版社2009年版，第125～128页。

应当说，学者们基于不同的立场和思路提出的各种观点都有其道理。我们认为，市场规制法的基本原则应该包括如下几项：

（一）维护市场秩序原则

市场规制法的首要目的就在于维护良好的市场秩序。一般来说，现代市场经济体制是具有相当强的自我调节能力的一种经济体制，甚至有不少极端的自由主义经济学家以此反对国家对市场的直接干预。然而，从历史上看，由于信息不对称以及各种市场障碍的存在，良好的市场秩序总是受到经营者强烈的逐利动机的挑战，无论是对消费者的欺诈，还是对交易对手的欺压，在市场上均屡见不鲜，屡禁不止。从经济学理论上看，无论是完美的完全竞争理论，还是更为符合现实的有效竞争理论，都有其严格的前提条件，而与现实经济生活不符。因此，国家必须出面来维护良好的市场秩序。就经营者之间而言，要确保他们之间的公平竞争和自由竞争；就经营者与用户、消费者之间关系来看，要保护他们之间合理的交易条件。

（二）维护社会整体经济利益原则

利益是法学理论中的一个重要范畴。德国的利益法学派指出，法律规定主要涉及"为了保护特定社会上的利益，而牺牲其他利益"。并有德国学者将利益这一概念"限制在指称——努力想取得有利的法律结论之——争讼当事人所具有（或必须具有）的追求欲望"。① 显然利益法学所讲的利益是从广义来理解的，包括公共利益和私人利益，物质利益和精神利益。② 基于此，我们认为，法律与社会资源和利益、权利，其基本关系表现为：对一定社会资源的占有带来利益，法律对利益的确认和维护则构成权利。我们正是用"利益"这个词将不具有法律意义的"社会资源"这个概念与权利这样的法律概念连接起来。③

凡是法律上的主体，均有其利益，个人有个人利益，团体有团体利益，社会有社会利益，国家有国家利益，受到不同的法律保护，而无高低贵贱之分。社会整体利益是指将社会作为一个单一的利益主体看待而具有的利益形态，它不是个人利益的简单加减，不是个人利益的共性提炼，而是在衡量社会权利成员的共同要求基础上，依据公平正义理念由各方利益博弈形成的最终利益形态。④ 经济法追求的主要是所谓的社会整体经济利益，是指有利于维护和促进社会经济结构和运行的协调、稳定与发展的利益。为了使社会经济结构和运行能够协调、稳定与发展，这就需要国家从宏观、全局和总体的角度对各种利益进行权衡。比如，为了避免因垄断组织与消费者之间矛盾的激化而损害社会整体经济利益，便需要平衡垄断组织的利益（超额垄断利润）和民众的利益（消费者

① ［德］卡尔·拉伦茨著：《法学方法论》，陈爱娥译，商务印书馆2003年版，第1页。

② 吕世伦主编：《现代西方法学流派》（上卷），中国大百科全书出版社2000年版，第299页。

③ 李胜利："分配法与再分配法"，载《法学评论》2008年第2期。

④ 冯果、万江："求经世之道　思济民之法——经济法之社会整体利益观诠释"，载《法学评论》2004年第3期。

剩余的损失)，国家通过权衡后便确认垄断组织及垄断行为非法并加以反对。[①]

作为维护良好的市场运行秩序的法律，市场规制法在立法和实施中均要考虑到社会整体经济利益，使社会整体经济效率最大化，而不能仅仅从某个主体利益出发，不管是个人、组织抑或某个政府部门的利益。

(三)保护消费者利益原则

由于以一般生活消费为代表的消费行为在现代经济社会中占据了极其重要的地位，以至于我们可以将其视为现代市场经济体制和现代社会生活的基础。一般来说，现代市场经济是买方市场，经营者为了争取更多的交易机会而以各种方式来争取用户和消费者，卖方之间的竞争十分激烈；但是，由于市场地位和信息不对称等因素的存在，后者却又常常受到经营者的蒙蔽，特别是普通消费者，因其零散、弱小，而更容易受到不法商人的侵害。对此的解决思路有两种：一是消费者自身组织起来，形成消费者集团，从而获得与经营者平等对话的资格和权利，用集团的力量来维护自身利益，或者国家制定有利于消费者的法律规范，以对其提供倾斜保护；二是通过对市场竞争秩序的维持、对良好商业道德的宣扬和维护，为消费者创造更好的消费环境。从立法来看，前者表现为消费者保护法、产品责任法等；后者表现为反垄断法、反不正当竞争法、广告法等。上述法律存在同质性，均以对消费者利益保护为其基本宗旨和原则。

因此，未来以消费者利益为中心，全面平衡消费者、竞争者(企业)及社会整体利益，对包括反不正当竞争法、反垄断法乃至消费者保护法、产品责任法在内的法律规范进行全面的整合，制定统一的“市场行为法”或者“公平交易法”，是值得预期的。从消费者在现代经济生活中的中心作用以及尊重个人权利、提升人民生活品质等角度来看，当有此必要。[②]

二、市场规制法的价值

有学者曾提出，应把市场规制法的价值定位于(市场)秩序，这一价值内含了市场公平、市场正义、市场效益、市场安全等价值。作为一般法律价值的“秩序”，也是各部法律所追求的目标。但市场规制法却是以“秩序”(具体地说市场秩序)为基本价值，这是由市场规制法的本身特征所决定的。[③] 我们认为，市场规制法固然以维持市场秩序为其基本目的，但是其价值却不应当局限于此，也难以以“秩序”来涵盖诸如自由、安全、效率等价值。一般认为，法的价值是指法满足人的需要的积极意义或法的有用性，主要包括自由、安全、秩序、公平、效率和正义等几种基本价值形式，经济法也不例外。由于经济法的经济性和社会性特点在市场规制法中同样有很典型的体现，因此，对于市场规制法价值的认识，也要基于经济性和社会性。第一，市场规制法的秩序价值可以视

① 张德峰：“社会整体经济利益权衡与经济法的再分配功能”，载漆多俊主编：《经济法论丛》(第14卷)，中国方正出版社2008年版。

② 李胜利：“我国竞争立法模式的选择”，载《财贸研究》2004年第2期。

③ 刘大洪、廖建求：“论市场规制法的价值”，载《中国法学》2004年第2期。

为其首要的和基本的价值表现。这里的秩序是以市场竞争秩序为核心的市场运行秩序,其着眼点是社会经济总体运行秩序。第二,市场规制法的效率价值所考察的不是或者说不仅仅是单个市场主体的经营效率,而是社会总体经济效率。因此,有些大型企业之间的合并就合并双方而言,可能会提升效率,但是如果可能导致社会总体经济效率的下降,则应予以禁止或控制。第三,市场规制法的公平价值,则主要体现为对实质公平的追求,当然也不反对形式公平。某种意义上说,市场规制法对于实质公平的追求,是建立在民商法保障市场主体之间形式公平的基础之上的。

第六章　反垄断法

第一节　反垄断法概述

一、我国反垄断立法概况

现代垄断法的产生标志是美国1890年制定的《谢尔曼法》。此后，随着垄断行为在经济生活中逐渐增加，西方各国先后都建立了完备的反垄断法律制度。在市场经济国家，反垄断法被称为“经济宪法”，意指反垄断法在市场经济法律规范体系中具有一般法的地位。

我国最早提出反垄断任务的规范性文件是1980年国务院颁布的《关于开展和保护社会主义竞争的暂行规定》(已被废止)，其后，国务院及其部委又出台了一系列规制垄断行为的行政法规及部门规章，1993年制定的《反不正当竞争法》也对一些典型的垄断行为作出了规定。2007年，全国人大常委会通过了统一的《反垄断法》，[①]基本的配套法规也随之颁行，至此，我国已形成了较为完善的反垄断法体系。而且随着《反垄断法》实施深度的不断推进，一些配套法规或规章的数量或质量亦将逐步提升。

我国现行有效的反垄断法规范性文件，大概包括以下几个部分：第一层次是全国人大及其常委会通过的法律，主要包括：1993年《反不正当竞争法》、1997年《价格法》和2007年《反垄断法》。由特定经济形势决定，我国《反不正当竞争法》规定的不正当竞争行为中有多种属于垄断行为，《价格法》中也有较多有关规制价格垄断行为的规定。随着《反垄断法》的颁布实施，有些内容如《反不正当竞争法》、《价格法》相关规定虽仍旧有效，但实际上已被取代，未来也将在法律修订时予以整合和协调。第二层次是国务院颁布的行政法规，主要包括：2001年《国务院关于禁止在市场经济活动中实行地区封锁的规定》、2008年《国务院办公厅关于国务院反垄断委员会主要职责和组成人员的通知》、2008年《国务院关于经营者集中申报标准的规定》及2010年《关于建立外国投资者并购境内企业安全审查制度的通知》等。第三层次是国务院各部委发布的部门规章。《反垄断法》颁布以来，作为《反垄断法》配套文件的较为重要的部门规章主要有：2009年，国家工商行政管理总局《工商行政管理机关查处垄断协议、滥用市场支配地位案件程序规定》、《工商行政管理机关制止滥用行政权力排除、限制竞争行为程序规

---

① 书中加了书名号的“反垄断法”，仅指形式意义上的《反垄断法》；未加书名号的“反垄断法”则是实质意义上的反垄断法，除《反垄断法》外，还包括其他法律中的反垄断规范，以及相关行政法规、规章和指南等。

定》;2009年,商务部《经营者集中申报办法》、《经营者集中审查办法》;2010年,国家发展和改革委员会《反价格垄断规定》、《反价格垄断行政执法程序规定》;2010年,国家工商行政管理总局《工商行政管理机关禁止垄断协议行为的规定》、《工商行政管理机关禁止滥用市场支配地位行为的规定》、《工商行政管理机关制止滥用行政权力排除、限制竞争行为的规定》;2014年,商务部《关于经营者集中附加限制性条件的规定(试行)》;2015年,国家工商行政管理总局《关于禁止滥用知识产权排除、限制竞争行为的规定》。在这些典型规章外,各种以意见、通知或批复等形式存在的指导性文件也较多。在效力等级上,这些文件也属于部门规章的范畴。如2008年国家发展改革委发布的《关于加强价格行政执法制止价格垄断的通知》等。第四个层次是司法解释。目前主要是2012年最高人民法院颁布的《关于审理因垄断行为引发的民事纠纷案件应用法律若干问题的规定》。第五个层次是执法指南。目前主要是2009年国务院反垄断委员会颁布的《关于相关市场界定的指南》。而《禁止滥用知识产权排除限制竞争指南》、《汽车行业反垄断指南》等六部指南的起草工作正在顺利推进。

二、垄断和垄断行为的界定

(一)垄断的经济学含义与法学解释

垄断的概念来自经济学,经济学界对垄断的认识表现为一个动态、发展的过程,不同的竞争理论对垄断的性质、形态、垄断与竞争的关系、垄断对经济生活的影响等认识不尽相同。但总的来说,经济学界倾向于将垄断看作市场主体对相关市场所施加的一种排他性控制状态。排他性控制状态是经济学界对垄断含义的最基本表述。这是一种从市场结构角度对垄断的界定,由此,独占与寡占是垄断的两种典型表现。

在法学上,垄断存在行为与状态之分。垄断状态即垄断地位,指一种垄断性的市场结构,这与经济学界对垄断的理解基本一致。垄断行为,则指市场主体在相关市场上实施的排除或限制竞争行为。垄断状态是一种客观的市场结构描述,而垄断行为则是一种具体的行为判断。垄断状态尽管有可能对经济自由造成损害,但并不必然,处于垄断状态下的市场主体,不一定会实施限制竞争的行为。相反,不具有垄断地位的市场主体也可能实施限制竞争行为,如达成各种垄断协议。因此,在现代各国反垄断法中,只有极少数国家直接对垄断状态进行规制,大多国家规制的都是垄断行为。即使有国家对垄断状态进行规制,但也设置了严格的认定标准和构成要件,如日本的禁止垄断法将规范的垄断状态限定为产生市场弊害的垄断性市场结构,并规定了严格的弊害认定要件。

由上可知,作为反垄断法规制对象的垄断,与经济学界对垄断的理解不同。经济学意义上的垄断是结构意义上的垄断,即垄断状态,而法学上的垄断,除极少数情况下指垄断状态之外,通常都指垄断行为。我们日常生活中也使用垄断的概念,但与经济学上的垄断更为接近。对反垄断法作用范围及实施效果的评价,我们认为,主要应立足于法学上的垄断概念,如果仅凭日常理解或经济学上的惯常理解就得出结论,可能过于偏颇。

（二）我国反垄断法中的垄断行为

我国《反垄断法》第1条就明确规定，该法的直接目标是“预防和制止垄断行为”；第3条进一步规定：“本法规定的垄断行为包括：（一）经营者达成垄断协议；（二）经营者滥用市场支配地位；（三）具有或者可能具有排除、限制竞争效果的经营者集中。”这是传统反垄断法的三大支柱，且规范的都是垄断行为而非垄断状态。除此之外，我国经济现实中还存在着危害市场经济秩序的滥用行政权力排除、限制竞争行为，《反垄断法》用专章对行政机关和法律、法规授权的具有管理公共事务职能的组织滥用行政权力排除、限制竞争的行为进行了规定。因此，我国反垄断法所适用的对象范围实际上包括四个部分，即垄断协议、滥用市场支配地位、经营者集中和滥用行政权力排除、限制竞争行为。之所以在第3条没有涉及滥用行政权力排除、限制竞争行为，主要是因为滥用行政权力排除、限制竞争行为很多时候不是一种独立的垄断行为，而是在行政权力的作用下，市场主体实施的垄断行为，也即在垄断行为表现形式上，很可能被《反垄断法》第3条所包含，所以不宜与前三种垄断行为相并列。

关于垄断状态，《反垄断法》中并没有这一概念，但相关条文表明了反垄断法对这一问题的基本态度。

第一，我国《反垄断法》并不反对企业规模的扩大，而仅仅规制在这一过程中的限制竞争行为，以及取得市场支配地位之后的滥用行为。表现在制度上，《反垄断法》对于企业集中或者垄断状态的取得，采取了较为宽松的态度。其第5条规定：“经营者可以通过公平竞争、自愿联合，依法实施集中，扩大经营规模，提高市场竞争能力。”反垄断法所规制的经营者集中仅仅是“具有或者可能具有排除、限制竞争效果的经营者集中”。另外，对于已经取得的市场支配地位，反垄断法也不是一味禁止，而是仅仅禁止对市场支配地位的滥用以排除或限制竞争的行为。《反垄断法》第6条规定：“具有市场支配地位的经营者，不得滥用市场支配地位，排除、限制竞争。”

第二，对某些特殊的垄断性行业或垄断性企业，法律并不一概禁止，在允许其合法存在的同时附加一定的条件限制。在反垄断法制定与实施中，如何看待目前仍处于垄断状态或基本处于垄断状态的行业、企业，尤其是大型国有企业，一直存在不同意见。有的主张适用反垄断法豁免，有的主张对其予以反垄断规制。应当看到，我国目前垄断行业、企业的存在，大体上有以下几种原因：一是有些行业本身就具有自然垄断的属性，如电力、铁路等；二是法定垄断，如《烟草专卖法》赋予烟草行业以垄断地位等；三是属于国民经济命脉的特殊行业，如石油行业等。[①] 我们认为，在市场经济条件下，对这些行业、企业逐步引入竞争机制，提高其经济效益和服务水平，是非常必要的，但单靠反垄断法很难完成这一任务。一方面，这些垄断性行业、企业的形成，具有特殊的历史原因，竞争改革只能逐步推进；另一方面，这些行业往往有与《反垄断法》相平行的行业监管法存在，在法的效力等级制度约束下，以及反垄断法的主要规范对象是垄断行为的客观

① 曹康泰主编：《中华人民共和国反垄断法解读》，中国法制出版社2007年版，第21页。

背景,加上反垄断法在市场经济中作为“经济宪法”的权威地位在我国尚未完全树立起来,故对这些行业的市场准入、价格管制等行为,反垄断法很难进行直接规范。只是在一些管制之下的可竞争空间内,如实行政府指导价的市场上,企业间的价格共谋行为,反垄断法才能发挥作用。这就意味着,反垄断法对垄断性行业改革的推动作用,很多时候是间接的,是通过对竞争价值的普及而逐渐实现的。近年来,我国在电力、电信、铁路、民航等行业的改革已经取得了一定实效,有些领域的市场竞争格局已经初步形成。

基于上述原因,我国《反垄断法》对垄断性行业、企业进行了折中处理:一方面,将所有行业、企业原则上都纳入了适用范围,没有特定行业的整体豁免规定;另一方面,《反垄断法》第7条第1款又规定:“国有经济占控制地位的关系国民经济命脉和国家安全的行业以及依法实行专营专卖的行业,国家对其经营者的合法经营活动予以保护,并对经营者的经营行为及其商品和服务的价格依法实施监管和调控,维护消费者利益,促进技术进步。”此外还要求,上述行业的经营者应当依法经营、诚实守信、严格自律,接受社会公众的监督,不得利用其控制地位或者专营专卖地位损害消费者利益。

三、反垄断法的宗旨

反垄断法的宗旨应当单一还是多元,在理论上有争论。① 从西方国家经济的发展历程及各国立法规定看,对于反垄断法的宗旨,尽管表述上存在差异,但基本包括多个方面或多个层次。总的来说,现代反垄断法服务的主要目标无外乎保护竞争、保护经营者以及保护消费者或其他社会公共利益。立法目标的多元化是现代反垄断法的发展趋势之一。但同时,反垄断法的价值目标是一个多层次的体系,有的属直接目标,有的属间接目标,且各种目标的地位也不相同,在价值目标发生冲突时,总会有所取舍。例如,在保护竞争与保护竞争者的关系上,美国芝加哥学派主导下的司法实践,就提出了在竞争秩序与竞争者利益之间发生冲突时,反托拉斯法应“保护竞争而非单个竞争者”的观点。

我国《反垄断法》制定过程中,就宗旨或目的如何规定总体上没有争议,基本同意将“制止垄断、维护竞争和保护多元利益”作为总体目标,但在细节方面存在不同看法:一是是否将“维护经营者的合法权益”作为反垄断法宗旨。有的认为,反垄断法保护竞争,但不保护竞争者的利益,维护经营者的合法权益不是反垄断法的任务。二是是否将“维护消费者利益”作为反垄断法宗旨。有的认为,反垄断法主要是为了保护和促进竞争,通过保护竞争可以增进消费者的福祉,保护消费者的利益不应是反垄断法的直接目的。三是是否将“维护公共利益”作为反垄断法宗旨。有的认为,“社会公共利益”的范围太过宽泛和模糊,如果将其规定为反垄断法宗旨,无法操作,反垄断法将成为社会政策的工具。②

经过反复讨论,学界最终形成比较一致的意见,即我国《反垄断法》的宗旨应当与

---

① 郭跃:“美国反垄断法价值取向的历史演变”,载《美国研究》2005年第1期。

② 曹康泰主编:《中华人民共和国反垄断法解读》,中国法制出版社2007年版,第14~15页。

世界反垄断法的发展趋势一致,采取多元化、多层次的立法模式。反垄断法的主要目标在于保护市场竞争秩序,使经营者在市场中能够自由地从事经济活动,避免受到不良竞争秩序的损害,从而达到提高经济运行效率、保护竞争者及其他社会目标的目的。同时,维护消费者利益已经越来越多地成为各国反垄断法的目标之一,在有的国家还是主要目标。基于此,我国《反垄断法》第 1 条规定:“为了预防和制止垄断行为,保护市场公平竞争,提高经济运行效率,维护消费者利益和社会公共利益,促进社会主义市场经济健康发展,制定本法。”

上述立法宗旨总体上较为全面,也体现出了不同目标的层次关系,但仍有一些问题不够准确或明确:一是“保护市场公平竞争”的提法与“预防和制止垄断行为”不能完全对应,规制垄断行为,其直接目标是保护市场的“自由竞争”,而主要不是“公平竞争”;二是将消费者利益和社会公共利益并列,且中间用了“和”字,意为二者互不隶属、各自独立,这与将消费者利益作为社会公共利益的一种形态的通常理解不符。

第二节　垄断协议

一、垄断协议概述

(一)垄断协议的含义

垄断协议,又称限制竞争协议或联合限制竞争行为。在各国立法中,其称谓并不相同。美国《谢尔曼法》将其表述为“联合”、“共谋”,欧盟直接称之为“限制竞争协议”,德国《反对限制竞争法》采用的是“卡特尔”的概念,日本称其为“不正当交易限制”,我国台湾地区“公平交易法”称其为“联合行为”。

我国《反垄断法》规定:“本法所称垄断协议,是指排除、限制竞争的协议、决定或者其他协同行为。”其中,协议指行为人之间直接达成的限制竞争安排;决定指行业协会发布的供其会员企业遵守的具有限制竞争内容的各种形式的决议;协同行为则指经营者虽未明确订立协议,也没有行业协会的决定,但实际上存在的协调一致行为。协同行为类似一个兜底条款,认定协同行为,一般考虑下列因素:经营者的市场行为是否具有一致性;经营者之间是否进行过意思联络或信息交流;经营者能否对一致行为作出合理解释;相关市场的结构情况、竞争状况、市场变化情况、行业情况等。

如果单从文义上分析我国立法中垄断协议的定义,则这一界定较为模糊,也不够准确。其一,“协议、决定或者其他协同行为”的表述,意为垄断协议是一种协同行为,而协议、决定均属协同行为的表现形式之一,这与国外立法及人们的惯常理解不符。我国关于垄断协议的界定直接源于欧盟,《欧盟运行条约》第 101(1)条将垄断协议界定为企业间的协议(agreements between undertakings)、企业协会的决定(decisions by associations of undertakings)和协同行为(concerted practices)三种形式。在欧盟语境中,这三种形式互相独立,协议与决定并不隶属于协同行为。协同行为的规定,主要是弥补

“协议”这种形式的不足，以便将现实中普遍存在的这种行为纳入规制范围——尽管“尚未达到可以称为‘订立了协议’的阶段，但却故意地以实际上的合作来代替竞争的风险”。① 所以综合来看，我国立法关于垄断协议定义中的“其他”二字，应属多余。其二，被定义项为垄断协议，而定义的落脚点是“协议”、“决定”和“协同行为”三种形式，二者之间的对应关系较为牵强。既然是垄断协议，则其上位概念应为“协议”，而现行立法中的定义，在协议之外还列举了决定与协同行为，这不仅不合逻辑地扩大了被定义项的范围，也有部分指代整体之嫌。之所以出现这种情况，主要原因是，我国立法中的垄断协议，理论上一般称联合限制竞争行为，而联合限制竞争行为的形式，主要有协议、决定与协同行为三种，所以，如果用“联合限制竞争行为”的表述方式，就不会存在这一问题。其三，“排除”与“限制”的并列也有一定的逻辑问题。从词义看，对竞争的排除意为消灭了竞争，对竞争的限制则未必消灭了竞争，但竞争程度受到了影响。如果这种理解是对的，则既然限制竞争行为都构成垄断协议，更加严重的排除竞争行为毫无疑问也会构成垄断协议。这样一来，在定义条款中，一旦有了“限制”一词，“排除”一词就显得多余。其四，将垄断协议解释为排除、限制竞争的协议，相当于将“垄断”解释为“排除、限制竞争”，这种定义方式尽管简洁，但却有同义反复之嫌，基本没有明确说明什么是垄断协议。

从内容上看，“排除、限制竞争”应当是垄断协议概念的核心内容，但“排除、限制竞争”指的是行为目的、行为后果，还是行为本身，现行立法中的定义也不够明确。在2012年上海市中级人民法院对北京锐邦涌和公司诉强生公司垄断案的判决中，法院认为，垄断协议的认定，不能仅看行为人是否实施了法律明确列举的垄断行为，还要进一步考察此等协议是否具有排除、限制竞争效果。2013年，上海市高级人民法院对此案作出二审判决，法院同样认为，垄断协议应当以具有排除、限制竞争效果为构成要件。很显然，法院倾向于将“排除、限制竞争”看作垄断协议的效果要件。但在反垄断执法机构处理的很多案件中，执法机构并没有对“排除、限制竞争”指的是目的还是后果作出解释，一般是认定行为之后，直接指出该行为排除、限制了相关市场的竞争。从立法渊源来看，我国反垄断法主要以欧盟法为蓝本，而根据《欧盟运行条约》第101(1)条的规定，垄断协议主要指那些以限制竞争为目的或具有限制竞争效果的协议、决定或协同行为，所以，不宜将“排除、限制竞争”单纯理解为后果要件。如果某项协议以排除、限制竞争为目的，则不必考查其是否产生了限制竞争的效果，就可直接禁止它；通常只有在目的无法查明或不以排除、限制竞争为目的时，才需分析行为效果，当产生了限制竞争效果时，也需禁止它。

综上所述，对垄断协议的定义可做如下修改：垄断协议又称联合限制竞争行为，是指两个或两个以上的经营者，以协议、决定或协同等形式，共同实施的以限制竞争为目的，或者具有或可能具有限制竞争效果的联合行为。

---

① 参见 ICI and others v. Commission Case 48 -57/69 [1972] ECR 619:CMLR 557, para 64。

（二）垄断协议的种类

现实中，垄断协议的表现形式多样，对其可以按照不同标准进行分类。从协议内容来看，可以将其分为价格垄断协议和非价格垄断协议；从主体意思表达形式来看，可以将其分为协议型垄断协议和默契型垄断协议；从参与主体之间的相互关系来看，可以将其分为横向垄断协议和纵向垄断协议。后一种分类在各国立法与实践中最为常见，我国《反垄断法》也将垄断协议区分为横向与纵向两种。

横向垄断协议，又称横向限制（horizontal restraints），是指因生产或销售同一类产品或提供同一类服务而处于竞争关系中的经营者，通过协议、决定或协同方式共同实施的限制竞争行为。横向垄断协议的行为人之间本来具有竞争关系，但通过横向联合，消除或限制相互之间的竞争并对未参与共同行动的其他企业实施封锁，通常的方式有固定价格、限制数量、划分市场、联合抵制等。

纵向垄断协议，又称纵向限制（vertical restraints），是指同一产业中处于不同经济层次的经营者之间达成的限制竞争行为。纵向垄断协议发生在同一行业中上下游企业之间，如生产商与批发商、批发商与零售商之间，这些经营者之间不存在竞争，而是交易关系。通过纵向垄断协议，上游或下游市场上的竞争可能受到限制，其主要形式是转售价格维持行为，在有些国家或地区，搭售、排他交易等也被视为纵向垄断协议。

（三）垄断协议规制实践

在各种垄断行为中，垄断协议最早出现和最为典型。在现代反垄断执法和司法实践中，垄断协议也是最为普遍的一种垄断行为。对于垄断协议的规制，各国积累了丰富的经验。在具体规制中，一般采用以下两种方法：

1. 本身违法原则与合理原则并用

本身违法原则（per se illegal），一般是指对垄断协议法律性质的判断仅以行为是否发生为标准，只要符合法律规定条件的行为一经发生，就构成违法，而不再分析行为是否存在合理理由以及是否存在促进竞争的效果。与本身违法原则相比，合理原则（rule of reason）往往要综合考虑垄断协议的目的和效果来决定其合法与否。一些垄断协议虽然具有限制竞争的效果，但如果同时也能促进经济效率，则根据合理原则，只要消极效果不超出合理限度，就可能被认为不会实质上排除或限制市场竞争，就不需要对其予以禁止。

对于垄断协议，最初理论认为其不可能存在促进竞争的效果，或者其促进竞争的效果不能抵销其对竞争的损害，所以各国一般都适用本身违法原则。但随着垄断协议的日趋复杂，人们逐渐认识到，垄断协议也存在两面性，甚至在特定情况下，其促进竞争的效果可能还会超过其对竞争的限制。因此，在现代反垄断法中，大多国家都主张本身违法原则与合理原则的并用。对于那些危害性明显，主要是对竞争具有非常明确损害的垄断协议可以适用本身违法原则，主要包括固定价格、限制数量、划分市场等垄断协议，其他行为则适用合理原则。我国反垄断立法中没有规定本身违法原则或合理原则，反垄断法实践也不按照这两个原则来进行垄断行为认定，但这两个原则对认识垄断协议的性质仍具有一定的指导意义。

2. 一般禁止与特殊豁免相结合

各国法律对垄断协议的规制基本遵循“一般禁止，特殊豁免”的原则，即规定垄断协议原则上违法的同时，对某些具有合理性的特殊垄断协议予以豁免。各国对豁免规定都比较谨慎，一般采用列举的方法明确界定范围，并在豁免条件和程序上规定一些限制条件。

《欧盟运行条约》第101(3)条规定了垄断协议豁免的基本条件，企业可循此争取豁免外，在一些特殊行业或特殊行为上，欧盟还颁布了一些集体豁免的条例，如保险市场垄断协议集体豁免条例、汽车业纵向协议集体豁免条例、技术转让集体豁免条例、研发协议集体豁免条例、专业分工协议集体豁免条例等。德国《反对限制竞争法》规定虽然规定限制竞争的联合行为违法，但又规定了多种豁免情形，如专业化卡特尔、中小企业卡特尔、合理化卡特尔、结构危机卡特尔、部长特许卡特尔等，且每种豁免卡特尔都有其适用条件与程序，当事人除必须证明联合行为具有特殊的合法目的外，还需要进行事前申请登记或者事后申请，豁免在某些情况下还可能被撤销或废止。

二、横向垄断协议

我国《反垄断法》有关横向垄断协议具体类型的规定体现在第13条第1款，该条款主要规定了五种典型的横向垄断协议行为。

(一)固定或变更价格协议

固定或变更价格协议，一般是指在同一相关市场上具有竞争关系的两个或多个竞争者以协议、决定或协同方式固定或变更商品(含服务，下同)价格的行为。固定或变更价格协议存在多种表现形式，不仅可以直接固定价格，还可以通过对形成价格的各种因素达成一致意见，或者进行价格信息交流等方式间接固定价格等。具体来说，下列价格行为一般会被认定属于固定或变更价格行为：(1)固定或变更商品的价格水平；(2)固定或变更价格变动幅度；(3)固定或变更对价格有影响的手续费、折扣或者其他费用；(4)使用约定的价格作为与第三方交易的基础；(5)约定采用据以计算价格的标准公式；(6)约定未经参加协议的其他经营者同意不得变更价格；(7)通过其他方式变相固定或者变更价格；等等。

价格是市场供求关系的反映和资源配置的信号，价格机制是价值规律的基础，在市场机制中居于核心地位。固定或变更价格协议限制了价格形成的竞争机制，破坏了市场经济的基础，所以，固定或变更价格协议往往被各国立法规定为最严重的限制竞争行为，多适用本身违法原则进行规制。

(二)限制数量协议

限制数量的垄断协议，是指具有竞争关系的经营者通过限制相关市场上商品的生产或销售数量，间接控制产品价格的垄断协议。

按照经济学上的价格理论，价格与需求之间成反比例关系。市场需求越大，产品的价格就越高；市场的需求越小，产品的价格就越低。在有效竞争的情况下，经营者会根据市场价格的变化来调节商品生产或销售的数量,同时,数量变化又会使得商品的价格在正常范围内不断改变。因此,经营者之间除直接固定或变更商品价格外,还可能会通过数量限制来达到固定或变更价格的目的。据此,各国反垄断法一般也将限制数量协议与固定或变更价格协议同等看待,亦即都对市场竞争具有较大的危害性。我国《反垄断法》禁止的第二类垄断协议,就是经营者之间“限制商品的生产数量或者销售数量”的行为。

由于限制数量协议和固定或变更价格协议之间存在理论上的联系,故在实践中,限制数量协议一般和固定或变更价格协议在同一个协议中出现。因为如果不对参与垄断协议的经营者的生产或销售数量加以控制,在利润的诱惑下,经营者可能会增加生产或销售产品的数量,价格垄断协议就很难维持。为了维持商品的高价,价格垄断协议往往需要对参加垄断协议的经营者的生产数量或者销售数量进行限制,使得参加协议的经营者之间不再存在实质上的竞争,协议成员也就能够通过实施垄断协议获取长期、稳定的垄断利润。

从内容来看,限制数量协议有两种:(1)限制生产数量协议,即经营者以限制产量、固定产量、停止生产等方式限制商品的生产数量或限制商品特定品种、型号的生产数量;(2)限制销售数量协议,即以拒绝供货、限制商品投放量等方式限制商品的销售数量或限制商品特定品种、型号的销售数量。

由于限制数量的目的往往是固定产品价格,因此它具有固定或变更价格协议相似的危害性,无论对经济发展还是消费者利益都是非常不利的。在各国反垄断法中,相关市场上的市场主体之间限制产量或销售量的横向垄断协议一般也被作为严重的限制竞争行为,按照本身违法原则进行处理。

(三)划分市场协议

一般来说,划分市场的横向垄断协议主要是指具有竞争关系的经营者之间共同划定或分割地域市场、客户市场或产品市场的行为。由于固定或变更价格协议一般在各国适用本身违法原则,受到严厉禁止,故划分市场协议就往往作为一种替代方式,通过在一定的地域市场、顾客市场或产品市场内消灭竞争来间接达到控制价格的目的。

根据所划分的对象不同,划分市场协议涉及地域市场、客户市场和产品市场三种。我国《反垄断法》没有按对象对划分市场协议进行区分,而是按照标的是成品还是原材料,将划分市场协议分为划分销售市场和划分原材料采购市场两类。但不论销售市场还是原材料采购市场,都涉及地域、客户及产品等具体对象,所以两种分类方法的具体内容基本一致。

具体来说,我国反垄断法所界定的划分市场协议主要包括:(1)划分商品销售地域、销售对象或销售商品的种类、数量;(2)划分原料、半成品、零部件、相关设备等原材料的采购区域、种类、数量;(3)划分原料、半成品、零部件、相关设备等原材料的供应商。

由于划分市场协议一般是作为间接达到控制产品价格的手段,所以与固定或变更价格协议一样,都对竞争产生极大的危害性。划分市场协议会产生这样的效果:参加协议的经营者相互约定,对特定市场进行分割,某一个或某几个经营者分割到特定的地域市场、客户市场或产品市场,根据协议,其他参加协议的经营者不进入该地域市场、客户市场或产品市场,这使得分割到特定市场的一个或多个经营者实际上在该市场具有了垄断地位,进而可以控制产品价格,获取垄断利益。

由此可见,划分市场协议与固定或变更价格协议、限制数量协议一样,都会对市场竞争造成严重限制,虽然形式不同,但本质上都是控制产品价格。综合考虑各种因素,各国一般对划分市场协议也按照本身违法原则进行处理。

(四)限制创新协议

竞争与创新之间具有密切联系:一方面,市场竞争的最基本形式是价格竞争,但在科技高速发展的今天,技术创新与升级,则是促进成本降低、保证价格优势的主要手段,因此,技术创新将在未来市场竞争中成为核心因素,经营者之间的竞争将在很大程度上源于创新的竞争;另一方面,市场竞争的一个重要功能就是促进创新,通过创新可以提高企业生产效率,降低产品成本,优化产品品质,增进消费者福利,最终促进经济发展。

竞争导致优胜劣汰,为了在竞争中占据优势地位,经营者必然会倾向于研发或购买新技术、新设备或开发新技术、新产品。与此同时,如果具有竞争关系的经营者为了摆脱竞争压力,通过订立协议限制参加协议的经营者进行创新,则对于这些经营者而言,不但省去了创新投入,也不必再担心其他经营者可能进行创新而使自己处于不利的竞争地位。因此,限制创新的垄断协议,限制了经营者通过创新进行市场竞争,保护了低效率和落后,使得新技术、新设备、新工艺等创新技术或产品不能得到推广应用,也使新技术和新产品的开发失去了原始动力。同时,限制创新协议也损害了消费者的福利。因为在正常的市场竞争环境下,通过经营者之间的竞争,消费者可以享受到竞争带来技术进步的好处,但限制创新协议则阻碍了技术进步,使得消费者不能得到品质更优的产品,并且可能要支付高价获得产品。

正是基于限制创新协议的上述消极后果,我国《反垄断法》将其作为一种典型的横向垄断协议予以规制。具体来说,具有竞争关系的经营者达成的下列限制创新协议一般属违法行为:(1)限制购买、使用新技术、新工艺;(2)限制购买、租赁、使用新设备;(3)限制投资、研发新技术、新工艺、新产品;(4)拒绝使用新技术、新工艺、新设备;(5)拒绝采用新的技术标准。

(五)联合抵制协议

联合抵制协议,是指具有竞争关系的经营者之间联合起来,共同拒绝与其他竞争对手或客户进行交易的行为。

联合抵制协议必然会限制特定经营者的交易权,进而会限制其自由竞争权。在市场竞争条件下,作为独立市场主体的经营者有权选择交易对象,但是,如果多个经营者联合起来,抵制与特定的经营者进行交易,那么被抵制的经营者就必然处于不利的市场地位,甚至会被排挤出市场。在一个有效竞争的市场,经营者是否退出市场,应当由其本身及市场机制决定,任何主体都有参与市场竞争的权利,在竞争中发展壮大或者被淘汰。联合抵制交易行为，则破坏了市场竞争规则，使特定的经营者失去了公平竞争的机会。因此，在很多国家反垄断法上，它都是一种应予禁止的行为。

我国《反垄断法》也明确禁止"联合抵制交易"行为，其内容包括：(1)联合拒绝向特定经营者供货或销售商品；(2)联合拒绝采购或销售特定经营者的商品；(3)联合限定特定经营者不得与其具有竞争关系的经营者进行交易。

联合抵制的效果具有不确定性，通常取决于抵制目的。联合抵制协议的直接对象是市场上的特定经营者，不是价格、数量、地域等市场竞争机制的核心构成要素，但联合抵制协议可能对市场竞争具有排除、限制影响。联合抵制通常存在不同的目的，但其比较明显的目的就是通过剥夺竞争对手的交易机会将其排除出相关市场或使其处于不利的地位，例如，在固定或变更价格协议中，联合抵制就可以用来惩罚破坏价格协议的参与人。在这种情况下，联合抵制对竞争一般是有害的，在立法或实践中一般被作为违法行为处理。与此同时，联合抵制在某些情况下也可以提高经济效率或有助于实现其他价值。例如，同行业经营者联合起来，拒绝与产品污染环境的企业进行交易，拒绝与从事违法行为的企业进行交易，甚至联合抵制可以用来作为小企业对抗大企业的重要手段，从而确保相关市场的有效竞争。

正因为考虑到联合抵制协议的复杂性，有些国家反垄断法对于联合抵制的控制标准并不是十分确定。例如，美国法院的主要观点是，一般在联合抵制的参与者市场力量较为明显或联合抵制直接限制或排斥了竞争时，应按照本身违法原则处理，而对于一些用于合法目的的联合抵制则按合理原则进行分析。

三、纵向垄断协议

在各国反垄断法的立法与执法实践中，纵向垄断协议根据是否涉及价格因素，被分为纵向价格限制和纵向非价格限制两种。纵向价格限制，即经营者与交易相对人之间达成协议，对交易相对人向第三人转售商品的价格进行限制的行为，一般发生于生产商与批发商、批发商与零售商之间，又被称为转售价格维持行为(Resale Price Maintenance，RPM)。经营者与交易相对人之间不直接涉及价格的限制竞争协议，为纵向非价格限制，一般包括纵向地域或客户限制、限定交易等。各国法律对这两种协议的态度存在较大不同，对于纵向价格限制协议一般规制得较为严厉，而对于纵向非价格限制协议则多进行合理性分析。

我国《反垄断法》第14条规定："禁止经营者与交易相对人达成下列垄断协议：(一)固定向第三人转售商品的价格；(二)限定向第三人转售商品的最低价格；(三)国务院反垄断执法机构认定的其他垄断协议。"其中，第1项和第2项属于纵向价格限制，而第3项的兜底性规定则多指纵向非价格限制。

(一)纵向价格限制

纵向价格限制的形式一般包括直接固定转售价格、限制最低转售价格和限制最高转售价格三种，有时也以推荐价的形式存在。不同的价格限制行为对竞争的影响不同，因而各国反垄断法多加以区分。总体来说，限制最高转售价格和推荐价格一般不会对竞争造成限制,也不会损害消费者利益,各国反垄断法对其态度较为宽容,而固定转售价格和限制最低转售价格则是规制重点。我国《反垄断法》对这两种纵向价格限制行为也予以明确禁止。

所谓固定转售价格,即经营者与交易相对人达成协议,固定交易相对人向第三人转售商品的价格。因为固定转售价格协议的存在,某一产品的价格被人为地固定下来,导致了不同经销商的价格竞争大大减弱,甚至消除了同一生产企业的产品在不同经销商之间的价格竞争。如果在该产品的生产领域存在较少甚至是唯一生产者,固定转售价格行为相当于经销商之间达成了横向的固定价格协议,将直接导致该产品市场上不存在有效的市场竞争。因此,固定转售价格一定程度上具有与固定价格协议同样的危害。

所谓限制最低转售价格,是指经营者与交易相对人达成协议,限定向第三人转售商品的最低价格。与固定转售价格不同,限制最低转售价格没有完全剥夺销售商根据市场竞争状况作出相应价格调整的权利,但这种价格调整的自由又是有限的,只能在最低价格之上进行调整。同时,由于经营者限定了最低转售价格,很可能导致消费者要支付比在有效市场竞争条件下更高的价格。

(二)纵向非价格限制

我国《反垄断法》中没有对纵向非价格限制一一列举,只是在第 14 条做了一个兜底性规定。从其他国家规定看,纵向非价格限制的种类较多。判断经营者与交易相对人达成的协议是否属于纵向非价格限制,关键在于分析协议内容是否涉及价格因素以及协议对市场竞争是否具有排除、限制影响。实践中可能出现的纵向非价格限制主要有以下几种类型:

1. 选择性销售协议

选择性销售协议往往是出于生产技术或产品质量的要求而建立起来,主要是指经营者之间达成协议,对双方销售产品进行一定的限制。例如,作为生产商的协议当事人一般只能向符合一定专业标准的销售商供应产品,这一般包括销售商的专业资格、销售商的营业员水平以及营业场所的技术条件或者设备等。作为销售商的协议当事人则不得向协议销售网络之外的批发商或者零售商转售协议商品。选择性销售在欧洲是一种很普遍的销售制度,它主要适用于汽车、娱乐性电子产品、计算机、高档首饰、高档手表、高档化妆品等。对于选择性销售,欧盟委员会基本持肯定态度。①

2. 纵向地域或客户限制协议

由于固定转售价格几乎在各国都被认为违法,所以市场主体就寻求其他替代方式来实现相同或类似目的,其中对商品的销售地域或客户进行限制就是其中一种。具体来说,它主要表现为生产商对销售商销售商品的地域或客户进行限制,不允许销售商超出指定地域或对某些客户销售商品,从而保证合理销售网络的建立,限制同一品牌商品在特定地域或特定客户上的竞争。

---

① 王晓晔著:《欧共体竞争法》,中国社会科学出版社 2007 年版,第 121 页。

此外，纵向非价格限制还包括限定交易与搭售行为等。我国《反垄断法》对选择性销售未予规定，但限定交易、搭售、纵向地域或客户限制，则被作为滥用市场支配地位行为看待。这主要是因为，如果行为人在相关市场上不具有支配地位，在有效竞争的市场上，来自其他经营者的充分竞争，会使限定交易行为很难实施或维持，搭售行为也会因失去强制性效果而无法存在或没有危害性，纵向地域或客户限制也不大可能得到被限制方的遵守。从各国实践看，行为人是否具有一定市场份额，也是判断限定交易、搭售、纵向地域或客户限制是否违法的重要标准。因此在我国，只有经营者具有市场支配地位，其实施的限定交易、搭售、纵向地域或客户限制等行为，才受到《反垄断法》的规制。

四、垄断协议的豁免与法律责任

（一）垄断协议的豁免

我国《反垄断法》第 15 条明确规定了垄断协议的豁免制度。经营者达成的协议如果符合一定的条件，则不适用关于禁止垄断协议的规定。按照现行法规定，垄断协议的豁免，必须满足以下三个条件：

第一，协议属于法定情形之一，具体包括：为改进技术、研究开发新产品的；为提高产品质量、降低成本、增进效率，统一产品规格、标准或者实行专业化分工的；为提高中小经营者经营效率、增强中小经营者的竞争能力的；为实现节约能源、保护环境、救灾救助等社会公共利益的；因经济不景气，为缓解销售量严重下降或者生产明显过剩的；为保障对外贸易和对外经济合作中的正当利益的；法律和国务院规定的其他情形。

第二，达成的协议不会严重限制相关市场的竞争。经营者达成的协议对市场竞争的影响程度各不相同，如果经营者达成的协议严重限制了相关市场的竞争，虽然符合法定情形，也不应当予以豁免。

第三，协议能够使消费者分享由此产生的利益。反垄断法的目的在于维护公平、有序的市场竞争秩序，维护消费者的利益。经营者达成的协议如果不能使消费者分享由此产生的利益，而仅仅是达成协议的经营者获得了利益，该协议就违背反垄断法的价值目标，不应予以豁免。

由此可见，我国《反垄断法》对垄断协议的豁免规定了严格的适用条件，以确保豁免垄断协议真正有助于提高经济效率或维护社会公共利益，不会对市场竞争或消费者利益造成不利影响。当然，需要说明的是，对于为保障对外贸易和对外经济合作中的正当利益的情形，只需经营者证明达成的协议符合该情形，就可以不予禁止，经营者不需要证明达成的垄断协议不会严重限制相关市场的竞争，并且能够使消费者分享由此产生的利益。

（二）垄断协议的法律责任

垄断协议的危害性较大，各国法律都对其规定了严厉的法律责任，有些国家甚至规定了刑事责任。我国《反垄断法》对垄断协议法律责任的规定，区分了三种情况：

1. 经营者实施垄断协议的法律责任

经营者违反《反垄断法》规定，达成并实施垄断协议的，由反垄断执法机构责令停止违法行为，没收违法所得，并处上一年度销售额1%以上10%以下的罚款；尚未实施所达成的垄断协议的，可以处50万元以下的罚款。同时，经营者实施垄断协议给他人造成损失的，还应依法承担民事责任。

2. 垄断协议中的宽大制度

《反垄断法》规定，经营者主动向反垄断执法机构报告达成垄断协议的有关情况并提供重要证据的，反垄断执法机构可以酌情减轻或免除对该经营者的处罚。国家发改委的《反价格垄断行政执法程序规定》和国家工商行政管理总局的《工商行政管理机关禁止垄断协议行为的规定》对宽大制度作了细化，二者规定差异不大。根据《反价格垄断行政执法程序规定》规定，第一个主动报告达成价格垄断协议的有关情况并提供重要证据的，可以免除处罚；第二个主动报告达成价格垄断协议的有关情况并提供重要证据的，可以按照不低于50%的幅度减轻处罚；其他主动报告达成价格垄断协议的有关情况并提供重要证据的，可以按照不高于50%的幅度减轻处罚。其中，重要证据是指对政府价格主管部门认定价格垄断协议具有关键作用的证据。根据《工商行政管理机关禁止垄断协议行为的规定》规定，对第一个主动报告所达成垄断协议的有关情况、提供重要证据并全面主动配合调查的经营者，免除处罚；对主动向工商行政管理机关报告所达成垄断协议的有关情况并提供重要证据的其他经营者，酌情减轻处罚。其中，重要证据是指能够对工商行政管理机关启动调查或者对认定垄断协议行为起到关键性作用的证据，包括参与垄断协议的经营者、涉及的产品范围、达成协议的内容和方式、协议的具体实施情况等。

3. 行业协会的法律责任

我国《反垄断法》将行业协会作为规制对象，明确规定行业协会不得组织本行业的经营者达成垄断协议。行业协会组织本行业经营者达成垄断协议的方式一般有：制定、发布含有排除、限制竞争内容的行业协会章程、规则、决定、通知、标准等；召集、组织或者推动本行业的经营者达成含有排除、限制竞争内容的协议、决议、纪要、备忘录等。就行业协会的上述行为，反垄断执法机构可对其处以50万元以下罚款，情节严重的，社会团体登记管理机关可以依法撤销登记。

第三节 滥用市场支配地位

一、市场支配地位的含义

规制经营者滥用市场支配地位行为的前提是判断经营者是否具有市场支配地位。如果经营者根本就不具有市场支配地位，则其实施的反竞争行为可能违反了其他的市场法则，但与《反垄断法》规制的滥用市场支配地位行为无关。

所谓市场支配地位，有的也译为市场优势地位，是指经营者在相关市场内具有能够控制商品价格、数量或其他交易条件，或者能够阻碍、影响其他经营者进入相关市场能力的市场地位。换言之,市场支配地位是一种市场控制能力,包括对交易条件的控制和对潜在市场的控制。其中,交易条件除包括商品的价格、数量外,还包括能够对市场交易产生实质影响的其他各种因素,如商品品质、付款条件、交付方式、售后服务、交易选择权和技术约束条件等。控制潜在市场能力,是指能够阻碍、影响其他经营者进入相关市场,包括三种情况:一是排除其他经营者进入相关市场;二是延缓其他经营者在合理时间内进入相关市场;三是其他经营者虽能进入该相关市场,但进入成本提高,从而难以在市场中与现有经营者开展有效竞争。

二、相关市场的界定

(一)界定相关市场的意义

控制滥用市场支配地位行为的前提是认定经营者是否具有市场支配地位,而市场支配地位是在相关市场上的支配地位。因此,必须先界定相关市场。任何竞争行为(包括具有或可能具有排除、限制竞争效果的行为)均发生在一定的市场范围内。界定相关市场就是明确经营者竞争的市场范围。因此,除控制滥用市场支配地位行为之外,在禁止垄断协议、控制具有或可能具有排除、限制竞争效果的经营者集中等反垄断执法工作中,也可能涉及相关市场的界定问题。

科学合理地界定相关市场,对识别竞争者和潜在竞争者、判定经营者市场份额和市场集中度、认定经营者的市场地位、分析经营者的行为对市场竞争的影响、判断经营者行为是否违法以及在违法情况下需承担的法律责任等关键问题,具有重要的作用。因此,相关市场的界定通常是对竞争行为进行分析的起点,是反垄断执法工作的重要步骤。

(二)相关市场的含义

相关市场主要是指经营者在一定时期内就特定商品进行竞争的商品范围和地域范围。在反垄断执法实践中,通常需要界定相关商品市场和相关地域市场,有时还要界定相关时间市场和相关技术市场。

相关商品市场,是根据商品的用途、特性及价格等因素,由需求者认为具有较为紧密替代关系的一组或一类商品所构成的市场。这些商品表现出较强的竞争关系,在反垄断执法中可以作为经营者进行竞争的商品范围。相关地域市场,是指需求者获取具有较为紧密替代关系的商品的地理区域。这些地域表现出较强的竞争关系,在反垄断执法中可以作为经营者进行竞争的地域范围。当生产周期、使用期限、季节性、流行时尚性或知识产权保护期限等已构成商品不可忽视的特征时,界定相关市场还应考虑时间性。这时,时间因素要么被纳入界定商品市场的考虑因素之中,要么构成一个独立的相关时间市场。在技术贸易、许可协议等涉及知识产权的反垄断执法工作中,可能还需要界定相关技术市场,考虑知识产权、创新等因素的影响。通常,当技术独立于商品进行交易,或仅界定相关商品市场难以全面评估知识产权行使行为的竞争影响时,需引入对相关技术市场的界定。

(三)界定相关市场的基本依据

在反垄断执法实践中,相关市场范围的大小主要取决于商品或地域的可替代程度。

在市场竞争中对经营者行为构成直接和有效竞争约束的，是市场里存在需求者认为具有较强替代关系的商品或能够提供这些商品的地域，因此，界定相关市场主要从需求者角度进行需求替代分析。当供给替代对经营者行为产生的竞争约束类似于需求替代时，也应考虑供给替代。

需求替代是根据需求者对商品功能用途的需求、质量的认可、价格的接受以及获取的难易程度等因素，从需求者的角度确定不同商品之间的替代程度。原则上，从需求者角度来看，商品之间的替代程度越高，竞争关系就越强，就越可能属于同一相关市场。

供给替代是根据其他经营者改造生产设施的投入、承担的风险、进入目标市场的时间等因素，从经营者的角度确定不同商品之间的替代程度。原则上，其他经营者生产设施改造的投入越少，承担的额外风险越小，提供紧密替代商品越迅速，则供给替代程度就越高，界定相关市场尤其在识别相关市场参与者时就应考虑供给替代。

（四）界定相关市场的一般方法

界定相关市场的方法不是唯一的。在反垄断执法实践中，根据实际情况，可能使用不同的方法。例如，可以基于商品的特征、用途、价格等因素进行需求替代分析，必要时进行供给替代分析；可根据案件具体情况运用客观、真实的数据，借助经济学分析方法来界定相关市场；在经营者竞争的市场范围不够清晰或不易确定时，可以按照“假定垄断者测试”的分析思路来界定相关市场。但无论采用何种方法界定相关市场，都要始终把握商品满足消费者需求的基本属性，并以此作为对相关市场界定中出现明显偏差时进行校正的依据。

1. 界定相关商品市场考虑的主要因素

从需求替代角度界定相关商品市场，可以考虑的因素包括但不限于以下各方面：(1)需求者因商品价格或其他竞争因素变化，转向或考虑转向购买其他商品的证据。(2)商品的外形、特性、质量和技术特点等总体特征和用途。商品可能在特征上表现出某些差异，但需求者仍可以基于商品相同或相似的用途将其视为紧密替代品。(3)商品之间的价格差异。通常情况下，替代性较强的商品价格比较接近，而且在价格变化时表现出同向变化趋势。在分析价格时，应排除与竞争无关的因素引起价格变化的情况。(4)商品的销售渠道。销售渠道不同的商品面对的需求者可能不同，相互之间难以构成竞争关系，则成为相关商品的可能性较小。(5)其他重要因素。例如，需求者偏好或需求者对商品的依赖程度；可能阻碍大量需求者转向某些紧密替代商品的障碍、风险和成本；是否存在区别定价等。

从供给角度界定相关商品市场，一般考虑的因素包括：其他经营者对商品价格等竞争因素的变化作出反应的证据；其他经营者的生产流程和工艺，转产的难易程度，转产需要的时间，转产的额外费用和风险，转产后所提供商品的市场竞争力，营销渠道等。

2. 界定相关地域市场考虑的主要因素

从需求替代角度界定相关地域市场，可以考虑的因素包括但不限于以下各方面：(1)需求者因商品价格或其他竞争因素变化，转向或考虑转向其他地域购买商品的证据。(2)商品的运输成本和运输特征。相对于商品价格来说,运输成本越高,相关地域市场的范围越小,如水泥等商品;商品的运输特征也决定了商品的销售地域,如需要管道运输的工业气体等商品。(3)多数需求者选择商品的实际区域和主要经营者商品的销售分布。(4)地域间的贸易壁垒,包括关税、地方性法规、环保因素、技术因素等。如关税相对商品的价格来说比较高时,则相关地域市场很可能是一个区域性市场。(5)其他重要因素,如特定区域需求者偏好、商品运进和运出该地域的数量。

从供给角度界定相关地域市场时,一般考虑的因素包括:其他地域的经营者对商品价格等竞争因素的变化作出反应的证据;其他地域的经营者供应或销售相关商品的即时性和可行性,如将订单转向其他地域经营者的转换成本等。

3. 假定垄断者测试的分析思路

假定垄断者测试是界定相关市场的一种分析思路,可帮助解决相关市场界定中可能出现的不确定性,目前为各国和地区制定反垄断指南时普遍采用。依据该思路,人们可借助经济学工具分析所获取的相关数据,确定假定垄断者可以将价格维持在高于竞争价格水平的最小商品集合和地域范围,从而界定相关市场。

假定垄断者测试一般先界定相关商品市场。首先从反垄断审查关注的经营者提供的商品(目标商品)开始考虑,假设该经营者是以利润最大化为经营目标的垄断者(假定垄断者),那么要分析的问题是,在其他商品的销售条件保持不变的情况下,假定垄断者能否持久地(一般为1年)小幅(一般为5%～10%)提高目标商品的价格。目标商品涨价会导致需求者转向购买具有紧密替代关系的其他商品,从而引起假定垄断者销售量下降。如果目标商品涨价后,即使假定垄断者销售量下降,但其仍然有利可图,则目标商品就构成相关商品市场。

如果涨价引起需求者转向具有紧密替代关系的其他商品,使假定垄断者的涨价行为无利可图,则需要把该替代商品增加到相关商品市场中,该替代商品与目标商品形成商品集合。接下来分析如果该商品集合涨价,假定垄断者是否仍有利可图。如果答案是肯定的,那么该商品集合就构成相关商品市场;否则还需要继续进行上述分析过程。

随着商品集合越来越大,集合内商品与集合外商品的替代性越来越小,最终会出现某一商品集合,假定垄断者可以通过涨价实现营利,由此便界定出相关商品市场。

界定相关地域市场与界定相关商品市场的思路相同。首先从反垄断审查关注的经营者经营活动的地域(目标地域)开始,要分析的问题是,在其他地域的销售条件不变的情况下,假定垄断者对目标地域内的相关商品进行持久(一般为1年)小幅涨价(一般为5%～10%)是否有利可图。如果答案是肯定的,目标地域就构成相关地域市场;如果其他地域市场的强烈替代使得涨价无利可图,就需要扩大地域范围,直到涨价最终有利可图,该地域就是相关地域市场。

在使用假定垄断者测试的思路界定相关市场时,需要注意的是:第一,原则上,在使用假定垄断者测试界定相关市场时,选取的基准价格应为充分竞争的当前市场价格。但在滥用市场支配地位、共谋行为和已经存在共谋行为的经营者集中案件中,当前价格明显偏离竞争价格，选择当前价格作为基准价格会使相关市场界定的结果不合理。在此情况下，应该对当前价格进行调整，使用更具有竞争性的价格。第二，一般情况下，价格上涨幅度为5% ~10%，但在执法实践中，可以根据案件涉及行业的不同情况，对价格小幅上涨的幅度进行分析确定。第三，在经营者小幅提价时，并不是所有需求者（或地域）的替代反应都是相同的。在替代反应不同的情况下，可以对不同需求者群体（或地域）进行不同幅度的测试。此时，相关市场界定还需要考虑需求者群体和特定地域的情况。

三、市场支配地位的认定

相关市场确定之后，就要认定该经营者在相关市场上是否具有支配地位。根据我国《反垄断法》规定，认定经营者的市场支配地位，应依据下列因素：

（一）市场份额及相关市场的竞争状况

市场份额是指一定时期内经营者特定商品的总产量、销售量或生产能力在相关市场中所占的比例，又称市场占有率。[①] 经营者在相关市场中具有多大的市场份额才能构成市场支配地位，各国规定不尽一致。我国《反垄断法》规定，有下列情形之一的，可以推定经营者具有市场支配地位：1 个经营者在相关市场的市场份额达到 1/2 的；2 个经营者在相关市场的市场份额合计达到 2/3 的；3 个经营者在相关市场的市场份额合计达到 3/4 的。在第二和第三种情形中，如果有的经营者市场份额不足 1/10 的，则不应当推定该经营者具有市场支配地位。

需要注意的是，市场份额不是判定某一经营者是否具有市场支配地位的绝对标准，除市场份额外，还应综合考虑相关市场的竞争状况。分析相关市场竞争状况应当考虑相关市场的发展状况、现有竞争者的数量和市场份额、商品差异程度以及潜在竞争者的情况等。也就是说，按照市场份额标准被推定具有市场支配地位的经营者，如果有其他证据证明其不具有市场支配地位，也不应认定其具有市场支配地位。相反，即使市场份额达不到法定标准，但其对市场具有实质的控制能力，也应认定其具有市场支配地位。例如，特定经营者的市场份额并不很高，但在相关市场上，其他竞争者的市场份额更小，则拥有较大市场份额者仍然可能具有市场支配地位。

（二）经营者控制销售市场、原材料采购市场的能力

经营者控制市场主要是对市场交易的价格、数量进行控制。如果经营者能够控制销售市场或原材料采购市场，意味着它不必顾忌其他经营者的竞争，也不必顾忌消费者的消费意愿，可以自由定价并限制产量，从而垄断市场。

认定经营者控制销售市场或原材料采购市场的能力，应当考虑该经营者控制销售渠道或采购渠道的能力，影响或决定价格、数量、合同期限或其他交易条件的能力，以及优先获得企业生产经营所必需的原料、半成品、零部件及相关设备等原材料的能力。

---

① 全国人大常委会法制工作委员会经济法室编：《〈中华人民共和国反垄断法〉条文说明、立法理由及相关规定》，北京大学出版社 2007 年版，第 110 页。

（三）经营者的财力和技术条件

如果特定经营者具有了雄厚的财力和优越的技术条件，则该经营者较易形成市场支配地位。认定经营者的财力和技术条件，应当考虑该经营者的资产规模、财务能力、营利能力、融资能力、研发能力、技术装备、技术创新和应用能力、拥有的知识产权等。对于经营者的财力和技术条件的分析认定，应当同时考虑其关联方的财力和技术条件。

需注意的是，这里的财力和技术条件是相对于其他竞争者而言的，也就是说，即使某经营者具有较强的财力和技术条件，但相关市场上其他竞争者也具备同样的财力和技术条件，则不能认定该经营者具备市场支配地位。此外，在某些特定市场上，财力和技术条件的要求都相当高，例如，金融市场对于财力的要求，信息技术市场对于技术的要求。我们不能因为该市场的进入门槛对经营者的财力、技术条件的高要求，就贸然认定在该市场上经营者具有市场支配地位。

（四）其他经营者对该经营者在交易上的依赖程度

一个经营者对另一个经营者具有交易上的依赖性，则被依赖企业就具有相对优势地位。认定相对优势地位，应当考虑其他经营者与该经营者之间的交易量、交易关系的持续时间、转向其他交易相对人的难易程度等。相对优势地位是判断特定经营者是否具有市场支配地位的依据之一，但对相对优势地位不应进行孤立地理解，而应当与其他几项认定依据进行结合理解。经营者利用其相对优势地位进行交易，并不当然受到反垄断法的规制，只有该相对优势地位扩展为市场支配地位并滥用时，反垄断法才会禁止。①

（五）其他经营者进入相关市场的难易程度

在判断经营者是否具有市场支配地位时，不仅需要分析相关市场上的现实竞争，还要考虑潜在竞争。如果潜在的竞争者通过设备更新或者技术改造，能够轻易地转而进入特定的相关市场，则现实的市场支配地位拥有者很难维持或滥用其支配地位。例如，经营者提高产品价格时必须考虑其他经营者是否会加入该市场，如果其他经营者进入这一市场没有阻碍，则其高价势必很难维持。具体来说，认定其他经营者进入相关市场的难易程度，应当考虑市场准入制度、拥有必需设施的情况、销售渠道、资金和技术要求以及成本等。

四、滥用市场支配地位行为的表现

各国反垄断法律一般并不禁止经营者拥有市场支配地位，而仅禁止其滥用市场支配地位。我国《反垄断法》明确规定，具有市场支配地位的经营者，不得滥用市场支配地位排除、限制竞争。此外，《反垄断法》还列举了六种滥用市场支配地位行为的具体表现，并设置了一个兜底条款，即“国务院反垄断执法机构认定的其他滥用市场支配地位的行为”。

---

① 焦海涛：“反垄断法规制相对优势地位的基础与限度”，载《时代法学》2008 年第 3 期。

（一）垄断价格

垄断价格包括高卖和低买两种形式，指具有市场支配地位的经营者以不公平的高价销售商品或以不公平的低价购买商品的行为。认定垄断价格的关键是判断价格是否"不公平"，具体应考虑下列因素：销售价格或购买价格是否明显高于或低于其他经营者销售或购买同种商品的价格；在成本基本稳定的情况下，是否超过正常幅度提高销售价格或降低购买价格；销售商品的提价幅度是否明显高于成本增长幅度，或购买商品的降价幅度是否明显高于交易相对人成本降低幅度；等等。

垄断价格的目的是攫取超额垄断利润，是一种带有剥削性的滥用行为。在《反垄断法》之外，我国也有其他法对垄断价格进行了规制。例如，《价格法》要求，经营者不得违反法律、法规的规定牟取暴利。

（二）掠夺性定价

掠夺性定价是指处于市场支配地位的经营者，没有正当理由，以低于成本的价格销售商品或提供服务的行为。"正当理由"包括：降价处理鲜活商品、季节性商品、有效期限即将到期的商品和积压商品的；因清偿债务、转产、歇业降价销售商品；为推广新产品进行促销；能够证明行为具有正当性的其他理由。①

掠夺性定价表面上看似乎对消费者有利，但这种滥用行为的出发点显然不是为了谋求消费者利益。经营者的低价销售行为具有短期性，目的是吸引消费者，扩大市场份额，打击、排除其他竞争者。一旦其他竞争者被排除出市场，具有支配地位的经营者会将产品定价恢复到原来的正常水平，甚至进行超高定价。

（三）拒绝交易

拒绝交易是指具有市场支配地位的经营者，没有正当理由，拒绝与交易相对人进行交易。拒绝交易有着多种表现形式，主要包括：(1)通过设定过高的销售价格或过低的购买价格，变相拒绝与交易相对人进行交易；(2)削减与相对人的现有交易数量；(3)拖延、中断与相对人的现有交易；(4)拒绝与相对人进行新交易；(5)设置限制条件使相对人难以继续与其交易；(6)拒绝交易相对人在生产经营活动中以合理条件使用其必需设施。认定前款第(6)项时，应当综合考虑另行投资建设、另行开发建造该设施的可行性、交易相对人有效开展生产经营活动对该设施的依赖程度、该经营者提供该设施的可能性以及对自身生产经营活动造成的影响等因素。

根据经营者所处的经济层次，拒绝交易行为既可能表现为拒绝同上游市场的经营者进行交易，也可能表现为拒绝同下游市场的经营者进行交易。如果滥用者在下游市场（销售市场）拥有了支配地位，那么其拒绝交易行为就可能使得上游市场的经营者（供应商）无法找到购买者，不得不答应滥用者关于降价之类的要求，或者退出市场。

---

① 1993年《反不正当竞争法》也规定了掠夺性定价行为，其规定的"正当理由"包括：销售鲜活商品；处理有效期限即将到期的商品或者其他积压的商品；季节性降价；因清偿债务、转产、歇业降价销售商品。2010年发改委《反价格垄断规定》又增加了两项：为推广新产品进行促销；能够证明行为具有正当性的其他理由。

如果滥用者在上游市场拥有支配地位而拒绝同下游市场的经营者进行交易,则下游市场的经营者就会因为缺乏生产原材料或者缺乏可供销售的货物而受到打击。

构成滥用市场支配地位的拒绝交易行为,除应具备市场支配地位要件及实施拒绝行为要件外,该拒绝行为还必须没有正当理由,即不存在客观的合理性。“正当理由”主要包括:交易相对人有严重的不良信用记录,或出现经营状况持续恶化等情况,可能会给交易安全造成较大风险;交易相对人能够以合理的价格向其他经营者购买同种商品、替代商品,或能够以合理的价格向其他经营者出售商品;能够证明行为具有正当性的其他理由,如商品短缺时期,拒绝向偶然客户供货,或拒绝向损害其品牌形象的企业供货等。

(四)限定交易

限定交易是指具有市场支配地位的经营者,没有正当理由,限定交易相对人只能与其进行交易,或只能与其指定经营者进行交易,或不得与其竞争对手进行交易的行为。“正当理由”主要包括:为了保证产品质量和安全;为了维护品牌形象或者提高服务水平;能够显著降低成本、提高效率,并且能够使消费者分享由此产生的利益;能够证明行为具有正当性的其他理由。

根据限定的对象是销售商还是供应商,限定交易会产生限定销售和限定供应两种结果。限定销售表现为,处于市场支配地位的供应商限定销售商只能销售自己的产品、自己指定供应商的产品或不得销售其竞争对手的产品。限定供应表现为,处于支配地位的销售商限定供应商只能向自己供应产品、向其指定的销售商供应商品或不得向其竞争对手供应商品。

我国现实中的限定交易行为主要体现在公用企业身上。《反不正当竞争法》第6条规定,公用企业不得限定他人购买其指定的经营者的商品,以排挤其他经营者的公平竞争;国家工商局《关于禁止公用企业限制竞争行为的若干规定》也禁止公用企业限定用户、消费者只能购买和使用其指定的经营者生产或者经销的商品,而不得购买和使用其他经营者提供的符合技术标准要求的同类商品。

(五)搭售或附加其他不合理交易条件

搭售是指经营者销售商品或提供服务时,要求交易相对方购买另一种独立商品或服务的行为。其中,购买者需要购买的产品称为搭售品,被搭卖的产品被称为被搭售品。搭售是一种常见的销售策略,但如果具有市场支配地位的经营者将两种独立商品进行强制性捆绑销售,可能涉嫌违法。认定搭售是否违法的一个核心要件,是判断搭售品与被搭售品之间的关系,主要是判断两种商品是否可以分开销售,通常需要结合商品功能、交易惯例、消费习惯等因素来综合分析。搭售的危害性主要表现在两个方面:一是损害消费者的选择权;二是可能导致垄断力的延伸,即通过搭售,经营者可能会将其在搭售品市场上具有的支配地位传导到被搭售品市场上,这在理论上被形象地称为“杠杆原理”。搭售的合理理由,通常表现为基于维护安全、性能或声誉。

附加其他不合理交易条件的行为,是指具有市场支配地位的经营者,在销售商品或服务时,违反购买者愿意,强行附加搭售之外其他不合理条件,购买者因经营者的市场支配地位而不得不接受上述不合理条件的行为。搭售也是一种附加不合理交易条件的行为,但因其典型性,我国反垄断法将其单独列出,使用了"没有正当理由搭售商品,或者在交易时附加其他不合理的交易条件"的表述。搭售之外的不合理交易条件主要包括:对合同期限、支付方式、商品的运输及交付方式或者服务的提供方式等附加不合理的限制;对商品的销售地域、销售对象、售后服务等附加不合理的限制;附加与交易标的无关的交易条件。

(六)差别待遇

差别待遇是指具有市场支配地位的经营者,没有正当理由,对条件相同的交易相对人在交易价格等交易条件上实行差别待遇的行为。现实中最常见的差别待遇是价格歧视,即销售商对不同的客户收取不同的价格,而又没有支持该价差的明显成本差异的正当理由。广义上,价格歧视还包括对供应成本不同的客户收取同样价格的行为。价格歧视之外的差别待遇行为,主要包括对条件相同的交易相对人在交易条件上实行下列差别待遇:实行不同的交易数量、品种、品质等级;实行不同的数量折扣等优惠条件;实行不同的付款条件、交付方式;实行不同的保修内容和期限、维修内容和时间、零配件供应、技术指导等售后服务条件。

差别待遇对竞争的限制效果表现为两个方面:一是具有市场支配地位的企业在某个地区进行降价销售,就有可能在该地区排除竞争对手,这会对行为人的竞争者造成损害,称为横向竞争损害;二是上游企业采取差别待遇会对下游企业产生损害,可称为纵向竞争损害,例如,生产者对大型批发商和小型批发商予以不同的价格,会给小批发商和大批发商之间的竞争造成影响。

差别待遇可能存在合理理由,从而不会受到法律禁止。经营者出于销售成本的考虑,可能在价格上给予不同当事人不同待遇。例如,生产商出于节约交易成本的考虑,在向大型超级市场供货时,交易价格往往较向小型零售商供货时更为优惠。因此,构成滥用市场支配地位的差别待遇行为,必须不存在正当理由。

五、滥用市场支配地位行为的法律责任

经营者违反《反垄断法》的规定,滥用市场支配地位的,应承担相应的行政责任与民事责任。一方面,反垄断执法机构可以责令其停止违法行为,没收违法所得,并处上一年度销售额1%以上10%以下的罚款。另一方面,因滥用市场支配地位给他人造成损失的,还应依法承担民事责任。

第四节　经营者集中

一、经营者集中的认定

(一)经营者集中的含义

各国关于经营者集中的称谓并不一致,目前所采用的"集中"一词,借鉴了欧共体竞争法中关于企业集中的规定。除集中称谓外，理论与实务中尚有合并、结合、兼并、收购等概念。我国《公司法》中已明确使用了“合并”一词。但是，反垄断法上的经营者集中，既包括两个以上企业相互合并，也包括一个或多个企业对其他企业全部或部分获得控制权的情形。与公司法上的企业合并、并购相比，反垄断法上经营者集中的范围要广得多。反垄断法对集中的关注，不在于企业形态的变化，而在于参与集中的企业之间相互关系的变化对竞争可能产生的影响，因此集中的形态并不重要，核心是集中是否导致一方对另一方具有控制关系。[①] 基于此，反垄断法上的经营者集中，可理解为两个以上经营者相互合并，或者一个或多个经营者对其他经营者全部或部分获得控制权，从而导致相关经营者之间相互关系发生变迁的行为。

(二)经营者集中的种类

根据我国《反垄断法》规定，经营者集中主要包括下列情形：

1. 经营者合并

合并是经营者集中之最为常见的方式，包括吸收合并与新设合并两种方式。一个经营者吸收其他经营者，被吸收者解散，为吸收合并；两个以上经营者合并成为一个新的经营者，为新设合并。经营者合并在我国其他法律规范如公司法中也有规定，但反垄断法中的经营者合并与公司法中的经营者合并既有联系，也有区别。公司法中的合并规定，着眼于合并后法律主体地位的变化，关注被合并企业权利义务的承继。反垄断法关注的经营者合并，则侧重于分析原来两个以上独立的经济主体，因合并之后对市场竞争的影响。因此，如果两个以上经营者原来就属于同一个集团或者为同一个经营者所控制，则此数个经营者进行合并，虽然属于公司法上的合并，但是不会影响到市场竞争状况，因此不需要反垄断法的规制。

2. 通过取得股权或资产方式取得控制权

经营者通过取得股权或资产的方式取得对其他经营者的控制权，也属于经营者集中。这里的集中，是为了取得对其他经营者的控制权，如果经营者取得其他经营者的股权、资产，不是为了取得控制权，例如只是为了作为股东分享其他经营者的利润，则不属于《反垄断法》规制的经营者集中。取得控制权的方式包括两种：一是取得股份，只要取得股份的数额足以控制相关经营者即可，不要求达到绝对控制的标准；二是取得资产，这里的取得同样着眼于控制权，而非要求取得所有权，因此，因合同关系、无因管理关系等各种方式取得资产，都可能产生控制权的转移，都属于经营者集中的形式。

3. 通过合同方式取得控制权或者能够施加决定性影响

相比于合并、取得股权或资产的集中方式，以合同方式实施的经营者集中行为则更为多样。经营者在其经营过程中，都会与其他经营者签订大量的合同。如果因为合营协议、管理职务兼任、承包合同、租赁合同、委托经营合同等各种合同方式使得某经营者对其他经营者取得控制权或能够施加决定性影响，都属于反垄断法上的经营者集中。

---

① 王先林：“论反垄断法中的控制企业结合制度”，载《法商研究》2006 年第 1 期。

二、经营者集中的申报

反垄断法并不反对所有的经营者集中,只是反对那些对市场竞争具有或者可能具有排除、限制竞争效果的集中。反垄断执法机构对经营者集中行为进行规制的主要措施是申报及审查制度。我国《反垄断法》规定,经营者集中达到国务院规定的申报标准的,经营者应事先向国务院反垄断执法机构申报,未申报的不得实施集中。在我国目前,商务部是经营者集中反垄断审查执法机构,承担受理和审查经营者集中申报的具体执法工作。

(一)经营者集中的申报标准

根据国务院《关于经营者集中申报标准的规定》,经营者集中达到下列标准之一的,经营者应当事先向主管部门申报,未申报的不得实施集中:(1)参与集中的所有经营者上一会计年度在全球范围内的营业额合计超过 100 亿元人民币,并且其中至少两个经营者上一会计年度在中国境内的营业额均超过 4 亿元人民币;(2)参与集中的所有经营者上一会计年度在中国境内的营业额合计超过 20 亿元人民币,并且其中至少两个经营者上一会计年度在中国境内的营业额均超过 4 亿元人民币。

其中,营业额包括相关经营者上一会计年度内销售产品和提供服务所获得的收入,扣除相关税金及其附加。“在中国境内”是指经营者提供产品或服务的买方所在地在中国境内。此外,营业额的计算,应当考虑银行、保险、证券、期货等特殊行业、领域的实际情况。上述行业营业额的计算办法,我国商务部已会同国务院有关部门另行制定了行政规章,体现在《金融业经营者集中申报营业额计算办法》之中。

需要注意的是,经营者集中即使未达到上述申报标准,但按照规定程序收集的事实和证据表明该经营者集中具有或者可能具有排除、限制竞争效果的,主管部门也应依法进行调查。同时,对未达到申报标准的经营者集中,经营者也可自愿提出申报,主管部门收到申报材料后经审查认为有必要立案的,应立案审查并作出决定。在上述申报和立案审查期间,经营者可自行决定是否暂停集中交易并承担相应后果。

(二)经营者集中的申报豁免

《反垄断法》第 22 条规定,经营者集中有下列情形之一的,可以不予申报:(1)参与集中的一个经营者拥有其他每个经营者 50% 以上有表决权的股份或者资产的;(2)参与集中的每个经营者 50% 以上有表决权的股份或者资产被同一个未参与集中的经营者拥有的。

在第一种情况中,参与集中的一个经营者是其他经营者的控股股东或实际控制人。这种情况实际上是由母子公司、集团公司内部的母公司、集团公司牵头进行的公司重组,经营者所有的相关市场份额等竞争状况没有发生实质性的变化,因此一般不需要进行申报。第二种情况也是属于母子公司、集团公司内部的重组,只是母公司、集团公司并不参与该项重组,重组在子公司和集团的成员公司之间进行。这两种集中方式可以在微观上提高集团公司、母公司的经营效率,增强集团公司、母子公司内部经营的合理化,减少经营环节和不必要的效率消耗。从宏观来看,集中行为没有改变已有的市场竞争状况,国际上反垄断法律的通行惯例一般不要求经营者进行申报。

(三)申报义务人

通过合并方式实施的经营者集中,由参与合并的各方经营者申报;其他方式的经营者集中,由取得控制权或能够施加决定性影响的经营者申报,其他经营者予以配合。申报义务人未进行集中申报的,其他参与集中的经营者可以提出申报。申报义务人可以自行申报,也可以依法委托他人代理申报。

(四)申报文件与资料

经营者向国务院反垄断执法机构申报集中,应当提交下列文件、资料:(1)申报书。申报书应当载明参与集中的经营者的名称、住所、经营范围、预定实施集中的日期。申报人的身份证明或注册登记证明,境外申报人还须提交当地公证机关的公证文件和相关的认证文件。委托代理人申报的,应当提交经申报人签字的授权委托书。(2)集中对相关市场竞争状况影响的说明。具体包括:集中交易概况;相关市场界定;参与集中的经营者在相关市场的市场份额及其对市场的控制力;主要竞争者及其市场份额;市场集中度;市场进入;行业发展现状;集中对市场竞争结构、行业发展、技术进步、国民经济发展、消费者以及其他经营者的影响;集中对相关市场竞争影响的效果评估及依据。(3)集中协议及相关文件。具体包括:各种形式的集中协议文件,如协议书、合同以及相应的补充文件等。(4)参与集中的经营者经会计师事务所审计的上一会计年度财务会计报告。(5)商务部要求提交的其他文件、资料。

除上述文件、资料外,申报人可以自愿提供有助于商务部对该集中进行审查和作出决定的其他文件、资料,如地方人民政府和主管部门等有关方面的意见,支持集中协议的各类报告等。

申报人应当提交完备的文件、资料,商务部应对申报人提交的文件、资料进行核查。商务部发现申报的文件、资料不完备的,可以要求申报人在规定期限内补交。申报人逾期未补交的,视为未申报。

三、经营者集中的审查

(一)审查标准

这里的审查标准不是申报标准,而是主管机关审查一项经营者集中申请是否应当批准或禁止的标准,理论上称为实体标准。根据我国法律规定,商务部审查经营者集中申请的实体标准,主要体现为应综合考虑下列因素:参与集中的经营者在相关市场的市场份额及其对市场的控制力;相关市场的市场集中度;经营者集中对市场进入、技术进步的影响;经营者集中对消费者和其他有关经营者的影响;经营者集中对国民经济发展的影响;国务院反垄断执法机构认为应当考虑的影响市场竞争的其他因素。

(二)审查程序

1. 立案

商务部经核查认为申报文件、资料符合法定要求的,应当自收到完备的申报文件、资料之日予以立案并书面通知申报人。申报人故意隐瞒重要情况或者提供虚假信息的,商务部不予立案。

在商务部立案之后、作出审查决定之前,申报人要求撤回经营者集中申报的,应当提交书面申请并说明理由。除放弃集中交易的情形外,申报的撤回应当经商务部同意。撤回经营者集中申报的,审查程序终止。商务部同意撤回申报不视为对集中的批准。

2. 初步审查

商务部应当自收到经营者提交的符合法律规定的文件、资料之日起30日内,对申报的经营者集中进行初步审查,作出是否实施进一步审查的决定,并书面通知经营者。作出决定前,经营者不得实施集中。商务部作出不实施进一步审查的决定或逾期未作出决定,经营者可以实施集中。

3. 进一步审查

商务部决定实施进一步审查的,应当自决定之日起90日内审查完毕,作出是否禁止经营者集中的决定,并书面通知经营者。审查期间,经营者不得实施集中。逾期未作出决定的,经营者可以实施集中。有下列情形之一的,主管部门经书面通知经营者,可以延长前款规定的审查期限,但最长不得超过60日:(1)经营者同意延长审查期限的;(2)经营者提交的文件、资料不准确,需要进一步核实的;(3)经营者申报后有关情况发生重大变化的。

(三)审查方式

在审查过程中,参与集中的经营者可以通过信函、传真等方式向商务部就有关申报事项进行书面陈述、申辩,商务部应当听取当事人的陈述和申辩。

在审查过程中,商务部可以根据需要征求有关政府部门、行业协会、经营者、消费者等单位或个人的意见。

在审查过程中,商务部可以主动或应有关方面的请求决定召开听证会,调查取证,听取有关各方的意见。商务部召开听证会,应当提前书面通知听证会参加方。听证会参加方提出书面意见的,应当在听证会举办前向商务部提交。商务部举行听证会,可以通知参与集中的经营者及其竞争者、上下游企业及其他相关企业的代表参加,并可以酌情邀请有关专家、行业协会代表、有关政府部门的代表以及消费者代表参加。听证会参加方出于商业秘密等保密因素考虑,希望单独陈述的,可以安排单独听证;安排单独听证的,听证内容应当按有关保密规定处理。

在进一步审查阶段,商务部认为经营者集中具有或可能具有排除、限制竞争效果的,应当将其反对意见告知参与集中的经营者,并设定一个允许参与集中的经营者提交书面抗辩意见的合理期限。参与集中的经营者的书面抗辩意见应当包括相关的事实和理由,并提供相应的证据。参与集中的经营者逾期未提交书面抗辩意见的,视为对反对意见无异议。

(四)审查决定

进一步审查结束后,商务部会根据案件具体情况作出如下不同决定:

1. 禁止决定

经营者集中具有或可能具有排除、限制竞争效果的，主管部门应当作出禁止经营者集中的决定。作出禁止经营者集中的决定，应当说明理由。如果经营者能够证明该集中对竞争产生的有利影响明显大于不利影响或符合社会公共利益的，可以作出对经营者集中不予禁止的决定。

2. 批准决定

批准决定包括两种：一是无条件批准决定；二是附条件批准决定。

在审查过程中，为消除或减少经营者集中具有或可能具有的排除、限制竞争的效果，参与集中的经营者可以提出对集中交易方案进行调整的限制性条件。限制性条件应当能够消除或减少经营者集中具有或可能具有的排除、限制竞争效果，并具有现实的可操作性。限制性条件的书面文本应当清晰明确，以便于能够充分评价其有效性和可行性。根据经营者集中交易具体情况，限制性条件可以包括如下种类：一是剥离有形资产、知识产权等无形资产或相关权益等结构性条件；二是开放网络或平台等基础设施、许可关键技术（包括专利、专有技术或其他知识产权）、终止排他性协议等行为性条件；三是结构性条件和行为性条件相结合的综合性条件。

限制性条件在审查过程中可能需要不断修改，但如果该条件最终获得主管部门认可，则主管部门会据此作出一个附加限制性条件的批准决定。对附加限制性条件批准的经营者集中，主管部门应对参与集中的经营者履行限制性条件的行为进行监督检查，参与集中的经营者应按指定期限向主管部门报告限制性条件的执行情况。参与集中的经营者未依限制性条件履行规定义务的，商务部可以责令其限期改正；参与集中的经营者在规定期限内未改正的，商务部可以依照《反垄断法》相关规定予以处理。

对禁止集中决定及附加限制性条件的不予禁止决定，主管部门作出后应及时向社会公布。

（五）救济措施

主管部门作出禁止决定或附条件批准决定之后，如果相关经营者对该决定不服，可以先依法申请行政复议，对行政复议决定不服的，可以依法提起行政诉讼。也就是说，必须先提起行政复议，只有对复议决定不服的，才可向法院起诉。之所以对经营者集中决定的诉讼设置复议前置程序，主要是考虑到了这一决定的特殊性。对经营者集中进行审查，要求执法者必须具有良好的法学、经济学专业背景，并对国家的总体经济形势和竞争政策、产业政策有全面、准确地把握。与法院相比，执法机构一般更具有专业优势，因此，对集中决定的司法审查设置前置程序，不仅有利于科学、合理地解决纠纷，也大大减轻了法院的压力。

四、经营者集中的法律责任

我国《反垄断法》规定，经营者集中达到国务院规定的申报标准的，经营者应当事先向经营者集中主管部门申报，未申报的不得实施集中。经营者违反《反垄断法》规定实施集中的，由主管部门责令停止实施集中、限期处分股份或者资产、限期转让营业以及采取其他必要措施恢复到集中前的状态，可以处50万元以下的罚款。这就是说，如果应当申报的而没有申报，尚未进行集中的，不得再进行集中；已经进行集中的，可能会被责令停止实施集中或者被责令恢复原状。

同时，在经营者集中审查中，如果相关经营者对反垄断执法机构依法实施的审查和调查，拒绝提供有关材料、信息，或者提供虚假材料、信息，或者隐匿、销毁、转移证据，或者有其他拒绝、阻碍调查行为的，主管部门可责令其改正，对个人可以处2万元以下的罚款，对单位可以处20万元以下的罚款；情节严重的，对个人处2万元以上10万元以下的罚款，对单位处20万元以上100万元以下的罚款；构成犯罪的，依法追究刑事责任。

第五节　滥用行政权力排除、限制竞争

一、滥用行政权力排除、限制竞争行为概述

（一）滥用行政权力排除、限制竞争行为的含义

行政主体利用行政权力排除、限制竞争的行为，在我国习惯地被称为“行政垄断”。行政垄断是一个学理概念，其使用的规范性、具体含义以及规制措施等，学界一直存在争议。例如，有学者反对使用“行政垄断”的概念，认为无论从逻辑还是实践方面看，区分行政垄断和经济垄断都是没有根据的。① 对行政垄断的规制，经济学界的基本观点认为，消除行政垄断应当也只能通过深化改革、彻底转变政府职能、完全实行政企分开来实现；②法学界也有学者认为，单靠反垄断法无法实现控制行政垄断的目标，而应当强调反垄断法、行政程序法、财税法、诉讼法及宪法的综合控制。③

行政垄断形成固然有体制原因，但其同样会危害市场竞争秩序，尤其在我国当前市场经济初期，行政垄断比经济性垄断的危害性可能更为严重。作为市场经济基本法的反垄断法，如果不规范行政垄断行为，则不能起到“经济宪法”的作用。所以，在反垄断法制定过程中，最终倾向性的意见认为，应当对行政垄断进行规制。但同时，为了避免不必要的争论，《反垄断法》既没有使用行政垄断的概念，也没有对其含义进行界定，而是规定了行政机关和法律、法规授权的具有管理公共事务职能的组织“滥用行政权力，排除、限制竞争”行为。对这一行为，可以从以下几个方面进行理解：

1. 滥用行政权力排除、限制竞争行为的实施者是行政主体

行政主体包括行政机关和法律、法规授权的社会组织两大类，这两类主体都可以实施排除、限制竞争行为，并可独立承担相应的法律责任。至于行政权委托的场合下，由

---

① 史际春：“关于中国反垄断法概念和对象的两个基本问题”，载王晓晔主编：《反垄断法与市场经济》，法律出版社1998年版。

② 陈秀山著：《现代竞争理论与竞争政策》，商务印书馆1997年版，第224页。

③ 郑鹏程著：《行政垄断的法律控制研究》，北京大学出版社2002年版，第132～237页。

于受托组织或个人只能以委托机关名义行使行政权,其行为的一切法律后果,均归属于委托机关,因此,接受委托的组织或个人不具有行政主体的资格,其实施的排除、限制竞争行为,实际上即为委托主体的行为。

就行政机关来说,滥用行政权力排除、限制竞争行为的实施者一般也不包括中央政府。在我国,国务院是国家最高行政机关,其发布法律规范性文件或作出行政决定,即使具有限制竞争的可能性,也应当被认为是国家行为,或者属于合法的国家垄断。[①] 当然,这里排除的仅仅是作为整体的中央政府,而不包括政府内的部委等下级机关。

根据以上分析,滥用行政权力排除、限制竞争行为的实施主体应当包括三类:一是地方政府;二是各级政府部门;三是依法享有某种行政管理权限的公共组织。

2. 滥用行政权力排除、限制竞争行为具有双重违法性

滥用行政权力排除、限制竞争行为依附于行政权力,但并非对行政权力的合法行使,而是一种滥用行为。这里的滥用,既可能是对有关法律具体规定的违反,也可能是对法律目的、精神或原则的违反;既可能通过具体行政行为表现出来,也可能通过制定规范性文件等抽象方式表现出来。因此,滥用行政权力排除、限制竞争行为既是一种行政违法行为,也是一种违反反垄断法的行为,具有双重的违法性。

3. 滥用行政权力排除、限制竞争行为可以是独立行为也可以是结合行为

滥用行政权力排除、限制竞争行为可能是行政主体独立实施,也可能通过与某些企业合作或强迫企业从事某些行为来实现。前者的典型表现是各种市场封锁行为,后者如限定交易行为或直接强制某些经营者从事反垄断法所规定的垄断行为。

(二)滥用行政权力排除、限制竞争行为的危害

1. 损害市场竞争秩序,妨碍统一市场的形成,在总体上降低了经济效率,损害了社会福利

统一、开放的市场体系是竞争得以存在的前提,也市场资源优化配置的基本途径。滥用行政权力排除、限制竞争行为,一方面通过地区封锁和部门垄断将全国市场划分成彼此封闭的条条块块,阻碍了统一市场的形成;另一方面,通过限制市场准入、强制限制竞争、强制交易等手段限制了市场主体自由竞争权,抑制了正常的市场自由竞争,扰乱了公平竞争的市场秩序,阻碍了企业的正常发展,进而造成了整个社会的低效率。

2. 直接损害被保护企业之外的其他经营者的合法权益,也损害了被保护企业的长远利益

滥用行政权力排除、限制竞争行为剥夺或限制了被保护企业之外的其他经营者进

---

① 对此,也有学者提出不同意见,认为应当将中央政府列入行政垄断的主体范围,主要理由在于:第一,中央行政机关虽然有权决定实施国家垄断,但国家垄断的范围是有限度的,不能当然地认为凡是中央国家行政机关实施的垄断就是国家垄断;第二,现实中很多有行政权力运作造成的垄断往往很难分清究竟是中央行政机关实施,还是其组成部门实施。参见郭宗杰著:《行政性垄断之问题与规制》,法律出版社 2007 年版,第 25 页。

入相关市场的机会，有时还会直接侵害这些企业的经营自主权和财产权。此外，从表面上看，被保护企业是滥用行政权力排除、限制竞争行为的受益者，但实际上，这种行为可能扼杀了被保护企业的积极性与创造性，使被保护企业处于一个没有竞争压力的市场环境之中，从长远来看，可能会造成该企业经济效率低下、创新能力不足。

3. 直接或间接地损害了消费者利益

滥用行政权力排除、限制竞争行为可能会剥夺了消费者的选择权，也可能使得消费者需要支付不合理的高价，其最终都损害了消费者利益。

4. 滥用行政权力排除、限制竞争行为容易孳生腐败，甚至阻碍政治体制改革的进程

滥用行政权力排除、限制竞争行为的实施过程中，政府可能与企业相互利用，寻求各自的经济利益。这时，政府正常的干预活动也会变为不当干预，行政权力沦为私人谋利的工具，极易滋生权钱交易，产生权力腐败。从实践来看，在我国政治体制与经济体制改革同步进行的过程中，滥用行政权力排除、限制竞争行为的政治危害已经不仅仅限于权力腐败，在一定程度上还阻碍了政治体制改革的进程。政治体制改革的中心内容之一就是政企分开，而很多滥用行政权力排除、限制竞争行为则恰好是政企不分的产物或表现。

二、滥用行政权力排除、限制竞争行为的表现

（一）滥用行政权力排除、限制竞争行为的形式

行政行为有具体行政行为与抽象行政行为之分，滥用行政权力排除、限制竞争行为也可能表现为具体行为或抽象行为。具体的滥用行为主要针对特定的市场主体，抽象的滥用行为则表现为一些针对不特定主体的规定。实践中，行政主体可能通过在地方规章或其他文件中规定一些排除、限制竞争的内容，这样表面看来，很多限制竞争行为便具有了“法定依据”。这种行为由于适用对象具有不确定性且可以反复适用，其危害性往往甚于具体的行政垄断，对其很有必要进行规制。基于此，《反垄断法》第37条规定：“行政机关不得滥用行政权力，制定含有排除、限制竞争内容的规定。”

（二）滥用行政权力排除、限制竞争行为的种类

我国《反垄断法》首先在总则中对滥用行政权力排除、限制竞争行为进行了原则性规定，即“行政机关和法律、法规授权的具有管理公共事务职能的组织不得滥用行政权力，排除、限制竞争”。原则性规定的重要意义除表明国家坚决反对和制止行政垄断的态度和决心外，还能与《反垄断法》的列举规定相互配合，防止因列举遗漏所导致的规避法律行为。在分则中，《反垄断法》明确禁止的滥用行政权力排除、限制竞争行为，主要有以下几类：

1. 限定交易

《反垄断法》第32条规定：“行政机关和法律、法规授权的具有管理公共事务职能的组织不得滥用行政权力，限定或者变相限定单位或者个人经营、购买、使用其指定的经营者提供的商品。”实践中，行政主体限定交易主要有多方面原因：一是为了地方经济利益，保护本地的经营者；二是为了本单位、本部门利益；三是可能存在权钱交易等腐

败现象。限定交易的方式,有直接、明确的指定,也有通过变相手段达到上述目的的情况,例如,在办理有关行政许可、备案手续或提供有关服务时,对经营、购买、使用其指定商品的单位或个人优先办理或者优先提供服务。

2. 地区封锁

(1)限制商品在地区间自由流通

《反垄断法》第33条规定,行政主体不得滥用行政权力,实施妨碍商品在地区间自由流通的行为,具体包括如下情形:

第一,对外地商品设定歧视性收费项目、实行歧视性收费标准,或者规定歧视性价格。例如,对外地商品设定本地商品所没有的行政、事业性收费项目,或者在行政事业性收费项目中,对外地商品实行高于本地商品的收费标准,或在价格上,规定外地商品的价格必须高于或低于本地商品。上述行为的结果,往往导致外地商品处于不利的竞争地位,人为地使本地商品获得竞争优势,最终达到限制外地商品进入本地市场的目的。

第二,对外地商品规定与本地同类商品不同的技术要求、检验标准,或者对外地商品采取重复检验、重复认证等歧视性技术措施,限制外地商品进入本地市场。这类行为一般都以保证产品质量、安全,维护消费者利益为借口,但其真正意图是通过采取歧视性的技术措施,不合理地提高外地商品进入本地市场的门槛,增加其成本和负担,达到限制外地商品进入本地市场的目的。

第三,采取专门针对外地商品的行政许可,限制外地商品进入本地或者本地商品运出。实践中,主要是指通过对外地商品设定本地商品所没有的行政许可项目,直接控制外地商品进入本地市场的数量,增加不必要的程序和手续等。

第四,设置关卡或者采取其他手段,阻碍外地商品进入或者本地商品运出。设置关卡,一般是在车站、码头、行政区域的边界等设置各类名义的检查站,对外地特定种类的商品禁止运入,对一些紧俏的本地商品,特别是原材料等,则禁止运出。

此外,考虑到实践中限制外地商品进入本地市场的具体情形比较复杂,全凭列举难免遗漏,《反垄断法》第33条第5项还做了一项兜底性规定,即“妨碍商品在地区之间自由流通的其他行为”,以使各种滥用行政权力,限制商品在地区间自由流通的行为都纳入《反垄断法》的适用范围。

(2)排斥或者限制招标投标

《反垄断法》第34条规定:“行政机关和法律、法规授权的具有管理公共事务职能的组织不得滥用行政权力,以设定歧视性资质要求、评审标准或者不依法发布信息等方式,排斥或者限制外地经营者参加本地的招标投标活动。”依照《招标投标法》的有关规定,依法必须进行招标的项目,其招标或者投标活动不受地区或者部门的限制。任何单位和个人不得违法限制或者排斥本地区、本系统以外的法人或者其他组织参加投标,不得以任何方式非法干涉招标投标活动。招标人采取公开招标方式的,应当发布招标公告。依法必须进行招标的项目的招标公告,应当通过国家指定的报刊、信息网络或者其他媒介发布。招标人不得以不合理的条件限制或者排斥潜在投标人,不得对潜在投标人实行歧视待遇。据此,违反本条规定,排斥或限制招投标的行为,也为《招标投标法》所禁止。

(3)排斥或者限制投资或者设立分支机构

《反垄断法》第35条规定:"行政机关和法律、法规授权的具有管理公共事务职能的组织不得滥用行政权力,采取与本地经营者不平等待遇等方式,排斥或者限制外地经营者在本地投资或者设立分支机构。"在实践中,对于某些稀有资源的开发等项目,地方政府及其有关部门可能会排斥外地经营者在本地投资或设立分支机构,目的在于阻碍外地商品进入本地市场。

3. 强制经营者从事垄断行为

《反垄断法》第36条规定:"行政机关和法律、法规授权的具有管理公共事务职能的组织不得滥用行政权力,强制经营者从事本法规定的垄断行为。"这是对强制限制竞争的规定,主要是指行政主体滥用行政权力,强令经营者达成固定价格、限制数量、划分市场等垄断协议,或者强令具有市场支配地位的经营者从事高卖低买、差别待遇、搭售等属于滥用市场支配地位的行为等。强制经营者从事垄断行为,是对经营活动以及市场秩序的非法干预,严重扭曲市场竞争机制,必须予以制止。但在实践中,应当识别出政府及其有关部门对经济生活的正当调控和管理,对由政府及其有关部门为优化、调整产业结构等原因推动的经营者集中,也不能视为强制经营者从事垄断行为。

三、滥用行政权力排除、限制竞争行为的法律责任

《反垄断法》第51条规定:"行政机关和法律、法规授权的具有管理公共事务职能的组织滥用行政权力,实施排除、限制竞争行为的,由上级机关责令改正;对直接负责的主管人员和其他直接责任人员依法给予处分。反垄断执法机构可以向有关上级机关提出依法处理的建议。法律、行政法规对行政机关和法律、法规授权的具有管理公共事务职能的组织滥用行政权力实施排除、限制竞争行为的处理另有规定的,依照其规定。"

第六节 反垄断法的实施

一、我国反垄断法的执法机构

反垄断法的执法机构是反垄断法实施中的基础性问题。反垄断法的专业性、复杂性对执法机构的地位与能力提出了较高要求。尽管各国反垄断法的执法体制具有较大差异,但设置独立、权威、公正的执法机构是世界各国反垄断法的共同趋势。在我国反垄断法制定过程中,如何设置执法机构引起了广泛讨论。在审议过程中,立法机关最终确立了"一虚一实"的反垄断委员会与反垄断执法机构共存的"二元模式"。

根据《反垄断法》第9条规定,国务院设立反垄断委员会,负责组织、协调、指导反垄断工作。其职责具体包括:(1)研究拟订有关竞争政策;(2)组织调查、评估市场总体

竞争状况,发布评估报告;(3)制定、发布反垄断指南;(4)协调反垄断行政执法工作;(5)国务院规定的其他职责。上述职责决定了国务院反垄断委员会不是实质意义上的执法机构,而是研究性、协调性、议事性机构。

《反垄断法》第10条规定:"国务院规定的承担反垄断执法职责的机构(以下统称国务院反垄断执法机构)依照统本法规定,负责反垄断执法工作。国务院反垄断执法机构根据工作需要,可以授权省、自治区、直辖市人民政府相应的机构,依照本法规定负责有关反垄断执法工作。"我国现行的反垄断执法机构是商务部、国家发改委和国家工商行政管理总局及其授权的省级相关部门。其中,商务部负责审查经营者集中案件;国家发改委及其授权的省级价格主管部门负责价格垄断行为的执法工作,具体包括:经营者达成的价格垄断协议、有市场支配地位的经营者使用价格手段排除或限制竞争,以及行政机关和法律、法规授权的具有管理公共事务职能的组织滥用行政权力,在价格方面排除或限制竞争的行为;国家工商行政管理总局及其授权的省级工商部门负责其余的垄断行为的执法工作。

二、对涉嫌垄断行为的调查

(一)反垄断执法机构的职权

《反垄断法》对反垄断执法机构的具体职责未作专门规定,因为这在相关条文中已有明确体现,如调查涉嫌垄断行为、受理并审查经营者集中的申请以及对垄断行为进行处理等。根据《反垄断法》的相关规定,这些职权主要包括:

第一,调查检查权。反垄断执法机构依法对涉嫌垄断行为进行调查。调查程序的发动,可能由于执法机构主动发现涉嫌违法行为,也可能来自市场主体的举报。在调查过程中,反垄断执法机构可以行使下列权限:进入被调查的经营者的营业场所或者其他有关场所进行检查;询问被调查的经营者、利害关系人或者其他有关单位或者个人,要求其说明有关情况;查阅、复制被调查的经营者、利害关系人或者其他有关单位或者个人的有关单证、协议、会计账簿、业务函电、电子数据等文件、资料;查封、扣押相关证据;查询经营者的银行账户。

第二,审核批准权。反垄断执法机构可以对经营者达成或实施的垄断协议是否构成法定豁免进行审查,也可以对行业协会行为、行使知识产权行为等特殊行为进行反垄断审查。此外,在经营者集中领域,反垄断执法机构根据集中具有或可能具有的经济效果,并结合我国特定时期的经济政策与产业政策,对经营者的集中申请进行审查并作出批准或禁止的决定。

第三,处理决定权。反垄断执法机构对涉嫌垄断行为调查核实后,认为构成垄断行为的,有权进行禁止并作出处罚决定;认为未实施垄断行为,或虽然实施垄断行为但依法不应追究法律责任的,裁定行为不违法。作出违法决定的,应当制作处理决定书,并可以向社会公布。

第四,行政处罚权。反垄断执法机关在确认行为人违法后,有权作出行政处罚决定,如罚款、没收违法所得、责令限期处分股份或资产等。

此外,反垄断执法机构在行使职权过程中,也必须按照法律规定,履行一定的义务。这些义务主要是程序性的,包括:其一,有关单位和个人举报涉嫌垄断行为的,执法机构应当为举报人保密。其二,反垄断执法机构调查涉嫌垄断行为,执法人员不得少于二人,并应当出示执法证件;执法人员进行询问和调查,应当制作笔录,并由被询问人或者被调查人签字。其三,反垄断执法机构及其工作人员对执法过程中知悉的商业秘密负有保密义务。

(二)一般的反垄断调查程序

我国《反垄断法》规定的调查程序,主要是反垄断执法机构执行反垄断法的程序,不涉及诉讼程序。根据法律规定,反垄断调查一般包括以下几个步骤:

第一,立案。立案的途径有两个:一是执法机构依职权主动立案;二是根据举报人的举报立案。相关单位或个人的举报,并不必然导致立案的结果。对于口头举报,反垄断执法机构一般要进行初步调查之后才决定是否立案。对于书面举报并提供相关事实和证据的,按照《反垄断法》规定,反垄断执法机构应当进行必要的调查。

第二,调查。立案以后,反垄断执法机构就应当对涉嫌的垄断行为进行调查,收集各种证据,以便作出处理决定。

第三,决定。反垄断执法机构对涉嫌垄断行为调查核实后,认为构成垄断行为的,应当依法作出处理决定,并可以向社会公布。

(三)特殊情况下的承诺程序

在反垄断调查过程中,我国《反垄断法》除规定了上述一般程序外,还规定了一个特别的承诺程序。根据《反垄断法》第45条规定,对反垄断执法机构调查的涉嫌垄断行为,被调查的经营者承诺在反垄断执法机构认可的期限内采取具体措施消除该行为后果的,反垄断执法机构可以决定中止调查。中止调查的决定应当载明被调查的经营者承诺的具体内容。反垄断执法机构决定中止调查的,应当对经营者履行承诺的情况进行监督。经营者履行承诺的,反垄断执法机构可以决定终止调查。但有下列情形之一的,反垄断执法机构应当恢复调查:经营者未履行承诺的;作出中止调查决定所依据的事实发生重大变化的;中止调查的决定是基于经营者提供的不完整或者不真实的信息作出的。

经营者承诺制度类似于其他国家反垄断法实施中的和解机制,如欧盟的承诺决定、美国的同意判决与同意命令、日本的同意审决等。

三、反垄断法的适用除外

反垄断法的适用除外即不适用反垄断法的情形。与适用除外相类似的概念是反垄断法的豁免,二者之间的关系有学者认为等同,有学者认为并列。从词义上看,适用除外不同于豁免,适用除外是根本不适用反垄断法,豁免则是适用反垄断法的结果。也就是说,一旦某行为或领域属于反垄断法的适用除外,则其不受反垄断法的规制,不是反垄断法的调整对象或领域,而豁免则是在适用反垄断法的前提之下,在反垄断法的框架体系内不予禁止的情形。因而,不能将反垄断法的适用除外与豁免相混淆。

我国《反垄断法》既有豁免的规定，也确立了适用除外制度。在豁免方面，主要包括第15条对垄断协议的豁免、第22条及第28条有关经营者集中的豁免等。在适用除外方面，我国《反垄断法》的规定如下：

第一，特定行业经营者垄断状态的适用除外。《反垄断法》第7条第1款规定："国有经济占控制地位的关系国民经济命脉和国家安全的行业以及依法实行专营专卖的行业，国家对其经营者的合法经营活动予以保护，并对经营者的经营行为及其商品和服务的价格依法实施监管和调控，维护消费者利益，促进技术进步。"这可看作对特定行业经营者的垄断状态作为反垄断法的适用除外。

第二，知识产权正当行使行为的适用除外。《反垄断法》第55条规定："经营者依照有关知识产权的法律、行政法规规定行使知识产权的行为，不适用本法；但是，经营者滥用知识产权，排除、限制竞争的行为，适用本法。"可见，我国《反垄断法》对知识产权行使行为的适用除外是有限制的，并非将所有的知识产权行使行为都排除在反垄断法的适用范围之外。

第三，农业生产经营活动的适用除外。《反垄断法》第56条规定："农业生产者及农村经济组织在农产品生产、加工、销售、运输、储存等经营活动中实施的联合或者协同行为，不适用本法。"

四、反垄断法的域外适用

反垄断法的域外效力，或称反垄断法的域外适用，是指一国反垄断法对域外限制竞争行为行使管辖权的情形。反垄断法的域外效力起源于美国，1945年的美国诉美国铝公司案①确立了反垄断法域外适用的先例。审理该案的法官认为，美国反垄断法也适用于外国企业在美国境外订立协议的情况，如果"它们的意图是影响对美国的出口，且事实上也影响了对美国的出口"。该案奠定了反垄断法域外效力的基础，开创了基于行为效果而行使管辖权的先河。这种理论又被称为"效果理论"或"效果原则"（effect doctrine）。根据这个原则，发生在一国境外的行为，只要能够对国内市场产生限制竞争的影响，则国内反垄断法便对之具有管辖权。

目前，确立反垄断法的域外效力，已经成为基本趋势。除少数国家尚未规定反垄断法的域外效力外，大多国家反垄断法均已作出规定。经济合作与发展组织（Organization for Economic Co-operation and Development，OECD）的《竞争法基本框架》在"适用范围"中也建议，应当将竞争法适用于对境内产生实质性影响的所有事件，包括在境外发生的事件。

我国《反垄断法》第2条规定："中华人民共和国境内经济活动中的垄断行为，适用本法；中华人民共和国境外的垄断行为，对境内市场竞争产生排除、限制影响的，适用本法。"我国《反垄断法》也是根据效果原则确立了域外适用制度，这与国际上的通行做法一致。

---

① U. S v. Aluminum Co. of America，148 F. 2d 416（2d Cir.，1945）.

当然,即使规定了反垄断法的域外效力,为了使根据这一规定而进行的域外执法更加具有可操作性和更为顺利,并尽量化解与他国在域外适用上的各种冲突,我国仍然需要积极寻求有效的国际合作途径。

五、反垄断法的私人实施

(一)私人实施的基本含义

从各国实践来看,反垄断法的实施并非完全由公共部门进行。由公权机构及其工作人员对限制竞争行为采取各种措施,从而实现禁止垄断之目的的方式,称为公共实施(public enforcement),例如,主管机关责令停止违法行为或对违法者处以罚款,在很多国家公权机关还可以违法者提起民事或刑事诉讼。除公共实施之外,很多国家还规定私人主体也可以通过多种方式参与到反垄断法的实施之中,典型的如美国的私人诉讼,这种方式一定程度上也可达到实施反垄断法的目的,因而被称为反垄断法的私人实施(private enforcement)。

私人参与反垄断法实施,可以有多种途径,除自觉遵守法律外,还可以通过向公权机关举报、协助公权机关执法或者直接提起民事诉讼的方式实现。广义上的私人实施,就是指因私人当事人倡导或介入而进行的各种反垄断法实施行为,包括私人当事人向反垄断主管机关举报违法行为。

关于私人举报,我国《反垄断法》规定:"对涉嫌垄断行为,任何单位和个人有权向反垄断执法机构举报。反垄断执法机构应当为举报人保密。举报采用书面形式并提供相关事实和证据的,反垄断执法机构应当进行必要的调查。"《工商行政管理机关查处垄断协议、滥用市场支配地位案件程序规定》也指出,"任何单位和个人有权向工商行政管理机关举报涉嫌垄断行为,工商行政管理机关应当为举报人保密",并对举报的形式、受理与审查等作出了规定。

私人主体向公权机关举报垄断行为,只要举报成立,将会引起反垄断主管机关查处垄断行为,因此,这种方式实际上是一种由私人引发的公共实施。至于私人主体协助公权机关执法,性质上也是公共实施。因此,在上述各种方式中,最重要的私人实施是私人诉讼,即受垄断行为损害或影响的人直接向法院起诉违法行为的实施者。这里的私人诉讼,不包括相关主体不服主管机关处罚而提起行政诉讼的情形,因为这种诉讼不是由受害人提起,也不是针对垄断行为,更无法达到制止垄断行为的目的。

反垄断法的私人诉讼制度源于美国,现在很多国家都开始了私人诉讼制度的改革,不同程度地推进私人诉讼在反垄断法实施中作用的发挥。私人诉讼受到青睐的主要原因,是因其实施活动具有节约政府资源、制约执法机关以及赔偿受害者等多种功能。

(二)我国的私人实施制度

从我国《反垄断法》规定来看,我国实行的仍然是以公共实施为主导的反垄断法实施机制。《反垄断法》没有明确授予私人主体对垄断行为提起诉讼的权利,但也没有对私人诉讼作出禁止规定。《反垄断法》第50条规定:"经营者实施垄断行为,给他人造成损失的,依法承担民事责任。"在实践中,受垄断行为侵害的当事人,可以基于该规定向行为人主张损害赔偿责任。即便没有这一规定，如果垄断行为损害了相关主体利益，受害人也可基于侵权或违约的法律规定而主张权利。

为指导私人主体提起反垄断诉讼，最高人民法院 2012 年颁布了《关于审理因垄断行为引发的民事纠纷案件应用法律若干问题的规定》，其主要内容如下：

1. 受案范围

因垄断行为引发的民事纠纷案件，是指因垄断行为受到损失以及因合同内容、行业协会的章程等违反《反垄断法》而发生争议的自然人、法人或者其他组织，向人民法院提起的民事诉讼案件。

2. 诉讼模式

原告直接向人民法院提起民事诉讼，或者在反垄断执法机构认定构成垄断行为的处理决定发生法律效力后向人民法院提起民事诉讼，并符合法律规定的其他受理条件的，人民法院应当受理。

3. 管辖权

(1)第一审垄断民事纠纷案件，由省、自治区、直辖市人民政府所在地的市、计划单列市中级人民法院以及最高人民法院指定的中级人民法院管辖。经最高人民法院批准，基层人民法院可以管辖第一审垄断民事纠纷案件。

(2)垄断民事纠纷案件的地域管辖，根据案件具体情况，依照民事诉讼法及相关司法解释有关侵权纠纷、合同纠纷等的管辖规定确定。

(3)民事纠纷案件立案时的案由并非垄断纠纷，被告以原告实施了垄断行为为由提出抗辩或者反诉且有证据支持，或者案件需要依据反垄断法作出裁判，但受诉人民法院没有垄断民事纠纷案件管辖权的，应当将案件移送有管辖权的人民法院。

(4)两个或者两个以上原告因同一垄断行为向有管辖权的同一法院分别提起诉讼的，人民法院可以合并审理。两个或者两个以上原告因同一垄断行为向有管辖权的不同法院分别提起诉讼的，后立案的法院在得知有关法院先立案的情况后，应当在 7 日内裁定将案件移送先立案的法院；受移送的法院可以合并审理。被告应当在答辩阶段主动向受诉人民法院提供其因同一行为在其他法院涉诉的相关信息。

4. 举证责任

(1)垄断协议的举证责任。被诉垄断行为属于反垄断法所规定的横向垄断协议的，被告应对该协议不具有排除、限制竞争的效果承担举证责任。

(2)滥用市场支配地位行为的举证责任。被诉垄断行为属于反垄断法所规定的滥用市场支配地位的，原告应当对被告在相关市场内具有支配地位和其滥用市场支配地位承担举证责任。被告以其行为具有正当性为由进行抗辩的，应当承担举证责任。但是，被诉垄断行为属于公用企业或者其他依法具有独占地位的经营者滥用市场支配地位的，人民法院可以根据市场结构和竞争状况的具体情况，认定被告在相关市场内具有支配地位，但有相反证据足以推翻的除外。此外，原告可以以被告对外发布的信息作为证明其具有市场支配地位的证据。被告对外发布的信息能够证明其在相关市场内具有支配地位的,人民法院可以据此作出认定,但有相反证据足以推翻的除外。

5. 专家证人制度

(1)当事人可以向人民法院申请1~2名具有相应专门知识的人员出庭,就案件的专门性问题进行说明。

(2)当事人可以向人民法院申请委托专业机构或者专业人员就案件的专门性问题作出市场调查或者经济分析报告。经人民法院同意,双方当事人可以协商确定专业机构或者专业人员;协商不成的,由人民法院指定。人民法院可以参照《民事诉讼法》及相关司法解释有关鉴定结论的规定,对前款规定的市场调查或者经济分析报告进行审查判断。

6. 判决结果

(1)被告实施垄断行为,给原告造成损失的,根据原告的诉讼请求和查明的事实,人民法院可以依法判令被告承担停止侵害、赔偿损失等民事责任。根据原告的请求,人民法院可以将原告因调查、制止垄断行为所支付的合理开支计入损失赔偿范围。

(2)被诉合同内容、行业协会的章程等违反《反垄断法》或者其他法律、行政法规的强制性规定的,人民法院应当依法认定其无效。

7. 诉讼时效

(1)因垄断行为产生的损害赔偿请求权诉讼时效期间,从原告知道或者应当知道权益受侵害之日起计算。

(2)原告向反垄断执法机构举报被诉垄断行为的,诉讼时效从其举报之日起中断。反垄断执法机构决定不立案、撤销案件或者决定终止调查的,诉讼时效期间从原告知道或者应当知道不立案、撤销案件或者终止调查之日起重新计算。反垄断执法机构调查后认定构成垄断行为的,诉讼时效期间从原告知道或者应当知道反垄断执法机构认定构成垄断行为的处理决定发生法律效力之日起重新计算。

(3)原告起诉时被诉垄断行为已经持续超过两年,被告提出诉讼时效抗辩的,损害赔偿应当自原告向人民法院起诉之日起向前推算两年计算。

第七章　反不正当竞争法律制度

第一节　反不正当竞争法概述

一、不正当竞争行为概述

(一)不正当竞争行为的定义

不正当竞争(unfair competition)或者说不正当竞争行为是带有一定道德色彩的词汇,也较难界定。在不同的国家和地区乃至不同的历史时期,其法律及有关文献中概念使用也不尽相同。由于市场竞争中不正当竞争行为的表现极为多样并多变,如同外国学者所说的外形千变万化的“海神”或“模糊而变幻不定之云彩”,故而对其的定义也就各有不同。

在国外,学者们与立法者就此所下的定义并不少见,如《布莱克法律辞典》认为不正当竞争是指“在贸易和商业中不诚实或欺诈的竞争”;1986 年修订的《瑞士反不正当竞争法》规定:“不正当竞争是指任何欺骗性商业行为,或以其他手段,违反诚实信用原则的任何商业行为。”而保护工业产权《巴黎公约》中的经典定义是“凡在工商业活动中违反诚实经营的竞争行为即构成不正当竞争”。以上关于不正当竞争的定义可谓形形色色,但所使用的核心词汇均具有相当的灵活性,诸如“不诚实”、“违背善良风俗”、“违反诚实信用原则”等,从而可以将所有的不正当竞争行为包容进来,并随着社会经济生活的不断变化而调整法律的适用范围。①

参照我国《反不正当竞争法》,我们认为,所谓不正当竞争行为,就是指经营者以及其他有关市场参与者采取违反公平、诚实信用等公认的商业道德的手段去争取交易机会,损害消费者和其他经营者的合法权益,扰乱社会经济秩序的行为。

(二)不正当竞争行为的特征和构成要件

根据我国《反不正当竞争法》,不正当竞争行为具有以下特征:

1. 不正当竞争行为是经营者以及其他市场参与者的行为

根据《反不正当竞争法》规定,不正当竞争行为仅仅是经营者的行为。所谓经营者,是指从事商品经营或营利性服务的法人、其他经济组织和个人。

---

① 李胜利:“《反不正当竞争法》修订与完善中的若干问题”,载《法学杂志》2005 年第 2 期。

2. 不正当竞争行为是违法行为

这种违法性表现在违反《反不正当竞争法》的规定，就目前来说，主要是指违反了该法第二章关于禁止不正当竞争行为的各种具体规定。

3. 不正当竞争行为是侵权行为

不正当竞争行为直接侵害了其他经营者和消费者的合法权益，是一种典型的侵权行为，并最终破坏了正常的社会经济秩序。

关于不正当竞争行为的构成要件，从中外司法实践来看，不正当竞争行为往往被视为一种典型的或者特殊的民事侵权行为，故其构成要件与侵权行为的一般构成要件类似，即第一，有经营者的违法行为；第二，经营者主观有过错；第三，该行为有损害结果或可能；第四，行为与损害有因果关系。

（三）不正当竞争行为的主要表现形式

由于不正当竞争的多样及多变，对其进行分类也变得较为困难。有学者以损害对象（其他经营者的合法权益）的不同为标准，将不正当竞争行为大致分为两类：一类是侵害绝对权利即法律上有明文规定的权利的行为，也可以称为侵害其他经营者的"特殊正当竞争权"的行为；另一类是侵害其他合法权益的行为，即侵害其他经营者的"一般正当竞争权"的行为。[①] 更多学者鉴于不正当竞争行为的特殊性，而采取了根据不同行为的市场表现进行分类的实用主义做法，如根据不正当竞争手段的性质，将其分为：欺骗性交易行为、利诱性交易行为、强迫性交易行为和其他不正当竞争行为；[②]或者分为以下几种：虚假、欺诈类，诋毁、妨害类，贿赂、利诱类，侵犯商业秘密及其他泄密等。[③]这种做法在立法中广为采用。例如，《巴黎公约》第 10 条中在对不正当竞争行为作出定义后，又列举了"特别应予以禁止"的三种行为——混同行为、诋毁竞争者行为和误导行为；德国、日本的立法以及我国台湾地区的有关规定也分别做了列举。

就我国《反不正当竞争法》而言，在其第二章明文列举了 11 种不正当竞争行为。当然，鉴于特殊的立法背景，这 11 种不法行为中，有六种属于典型的、狭义的不正当竞争行为，另外五种则更应该归类为垄断行为或者限制竞争行为。在《反垄断法》业已出台的情况下，如何调整这两部法律之间的关系，是一个值得研究的重要课题。

二、反不正当竞争法概述

（一）反不正当竞争法的界定

反不正当竞争法有广义、狭义之分。广义的反不正当竞争法是指调整在制止不正当竞争行为过程中发生的社会关系的法律规范的总称，是以《反不正当竞争法》为核心，辅之以其他有关法律、法规、规章的一个法律体系的总和。狭义的反不正当竞争法

---

① 邵建东："论正当竞争权"，载范健、邵建东、戴奎生主编：《中德商法研究》，法律出版社 1999 年版，第 270～275 页。

② 种明钊主编：《竞争法》，法律出版社 1997 年版，第 170～171 页。

③ 漆多俊著：《经济法基础理论》（第 4 版），法律出版社 2008 年版，第 211 页。

就是1993年9月2日第八届全国人民代表大会常务委员会第三次会议通过并于1993年12月1日起施行的《反不正当竞争法》。

关于反不正当竞争法的调整对象，一般认为包括两类：一是在市场竞争过程中出现的经营者之间的不正当竞争关系；二是有关国家机关在制止该不正当竞争行为过程中发生的社会关系即竞争管理关系。

关于反不正当竞争法的原则，根据现行立法，在市场交易中，经营者应当遵循下列市场竞争规则：

1. 自愿、平等、公平原则

该原则源自我国《民法通则》。所谓自愿是指市场主体从事经营时，应当有充分的自由进行选择，根据自己的意愿决定从事何种行为，并排除来自政府和其他方面的非法干预。实际上也就是营业自由的表达。经营者营业自由的存在和实现，以当事人地位平等的存在和实现为前提。只有在地位独立、平等的基础上，才能保障经营者的营业自由。公平则是更高程度的要求，是指经营者在经营活动中要符合社会普遍认可的公平观念，而这往往意味着市场交易中各方利益的相对平衡。公平竞争秩序的实现，离不开经营者在市场活动中对于自愿、平等、公平原则的遵守。

2. 诚实信用原则

所谓诚实信用原则，是指当事人在市场活动中应重信守诺，诚实不欺，在追求自己利益的同时不损害他人和社会利益，要求经营者在经营活动中维持交易各方利益以及当事人利益与社会利益的平衡。由于现实生活中总是存在法律没有明文规范的情形，如层出不穷的各种市场营销手段，因此，市场竞争中诚实信用原则的遵守对于公平竞争秩序具有极为重要的意义。

3. 尊重并遵守公认的商业道德原则

尊重并遵守公认的商业道德是反不正当竞争法的核心要求，也是世界各国（地区）判断一项行为是否属于不正当竞争的基本准则。当然，这里所说的公认的商业道德也是一个较为不确定的概念，一般是指在长期的市场交易活动中形成的，为各方所普遍承认和遵守的市场交易准则，包括那些符合一般社会道德观念的商业惯例。

（二）外国反不正当竞争法的立法

由于在人类早期的商业活动中就存在竞争因素，也就必然出现了不正当竞争行为，古代各国的立法中就已有了若干关于不正当竞争行为的法律条款。

现代反不正当竞争专门立法方面，德国具有典型意义。在迫切的现实需要面前，德国立法者于1896年匆忙出台了世界上第一部《反不正当竞争法》，以列举的形式对商业欺诈、滥用他人商标、诽谤等不正当竞争行为予以禁止。但由于不正当竞争行为在现实生活中的多样性，致使法律上简单的列举无法达到维持正当竞争秩序的要求。因此，德国1909年《反不正当竞争法》增加了“行为人在商业交易中以竞争为目的而违背善良风俗的，可向其请求停止行为和损害赔偿”规定并将其作为第1条，明确禁止在商业竞争中一切违背良俗的行为。这一概括条款从颁布之日起，其功能随着市场竞争手段的变化而不断扩充，在司法上发挥得淋漓尽致，被奉为主宰整部法律的“帝王规则”，成为德国法系中法官依法造法活动的最成功典范。[①] 2004 年，为了转换欧洲议会和理事会的有关规定，德国对其《反不正当竞争法》进行了较大修正。之后根据欧盟指令，对该法又做了较大修订并于 2010 年重新公布。

在英美法系国家，早在 16 世纪就出现了反对假冒的案件——“制衣匠案”，并导致从侵权法中独立出一类新的假冒之诉。美国从 19 世纪末开始，学者和一些法官陆续以“不正当竞争”代替普通法中的“假冒”概念。1914 年《联邦贸易委员会法》提出了“不正当的竞争方法”（unfair method of competition）一词。鉴于“不正当的竞争方法”仅包括那些对竞争对手造成直接侵害的行为，而商业活动中大量的促销手段，如虚假或者令人误解的广告、有奖销售等，主要是针对消费者进行，并不一定给竞争对手造成直接侵害，故 1938 年通过《威勒—李修正案》，在《联邦贸易委员会法》中增加“不正当的或者欺骗性的做法和行为”这一概念。根据联邦贸易委员会制定的规则，“不正当的竞争行为”和“不正当的或者欺骗性的做法和行为”几乎涵盖了市场主体的所有不正当经营行为。[②] 此后，1946 年《兰哈姆法》以及其他有关立法及判例不断充实着美国反不正当竞争法。

（三）我国反不正当竞争法的立法

当中国刚刚步入改革开放轨道时，便意识到竞争及竞争立法的重要性，1980 年国务院发布了《关于开展和保护社会主义竞争的暂行规定》，此后在 20 世纪 80 年代制定的相当多的法律、法规、规章中都出现了保护合法竞争、反对限制竞争及不正当竞争的条款，如《广告管理条例》（1982 年）、《国营工业企业暂行条例》（1983 年）、《价格管理条例》（1987 年）等。各地基于经济发展的实际需要而进行的立法活动也相当活跃，如《武汉市制止不正当竞争行为试行办法》（1985 年）、《上海市制止不正当竞争行为暂行规定》（1987 年）等。

1987 年，国务院首次提出要制定全国性的制止不正当竞争法。1991 年年底，根据全国人大常委会的立法计划，国家工商局成立专门的起草小组，经过努力起草了《反不正当竞争法（征求意见稿）》；1993 年 6 月，国务院常务会议通过了《反不正当竞争法（草案）》；1993 年 9 月 2 日，第八届全国人民代表大会常务委员会审议通过了《反不正当竞争法》，该法于 1993 年 12 月 1 日起实施。

在《反不正当竞争法》出台的同时期以及此后的几年间，全国人大常委会先后通过的《产品质量法》、《消费者权益保护法》、《广告法》、《价格法》、《招标投标法》等单行法中，亦包含若干维持竞争秩序、反对不正当竞争行为的条款。

尽管国务院未专门就《反不正当竞争法》制定行政法规，但国家工商机关陆续制定了不少配套行政规章，目前已出台的有《关于禁止有奖销售活动中的不正当竞争行为

---

① 郑友德：“论德国反不正当竞争法对模仿行为的规制”，载《知识产权》1997 年第 4 期。

② 刘燕、蔡敏：“不正当竞争法的历史发展及其一般规律探讨”，载《中外法学》1992 年第 6 期。

的若干规定》(1993 年)、《关于禁止公用企业限制竞争行为的若干规定》(1993 年)、《关于禁止仿冒知名商品特有的名称、包装、装潢的不正当竞争行为的若干规定》(1995 年)、《关于禁止侵犯商业秘密行为的若干规定》(1995 年)、《关于禁止商业贿赂行为的暂行规定》(1996 年)和《关于禁止串通招标投标行为的暂行规定》(1998 年)等。许多省、市、自治区、经济特区、省辖市以及享有立法权的较大的市先后颁布了地方性的反不正当竞争法规。最高人民法院于 2007 年 1 月 12 日也发布了《关于审理不正当竞争民事案件应用法律若干问题的解释》,自 2007 年 2 月 1 日起施行。

经过 20 多年的努力,以《反不正当竞争法》为核心、辅之以其他大量有关法律、法规、司法解释、部门规章和地方性法规等,我国反不正当竞争法律体系已经基本形成,并在实践中取得了显著的效果。

这里有必要提一下我国台湾地区的有关规定。为了顺应世界经济明显趋向自由化与全球化,台湾地区自 20 世纪 80 年代起就积极推动经济自由化与国际化政策。台湾当局认为必须建立公平合理的交易规则,消除有碍市场自由竞争的阻力,以维护市场的正常运作,发挥自由化的效益,促进经济稳定增长。鉴于此,从 1980 年开始了制定"公平交易法"的工作,经过 10 余年的努力,1991 年 2 月通过,公布 1 年后即 1992 年 2 月 4 日开始施行。其为典型的合并式"立法",将垄断和限制竞争行为与不正当竞争行为放在同一部规范中,第二章"独占、结合、联合行为"专门针对垄断和限制竞争行为,第三章"不公平竞争"则专门针对不正当竞争行为。此后进行了多次修订。

(四)反不正当竞争法的立法目的

我国《反不正当竞争法》第 1 条规定:"为保障社会主义市场经济健康发展,鼓励和保护公平竞争,制止不正当竞争行为,保护经营者和消费者的合法权益,制定本法。"依此规定,其立法目的有四个:保障社会主义市场经济健康发展、鼓励和保护公平竞争、保护经营者的合法权益和保护消费者的合法权益。其中,"保障社会主义市场经济健康发展"几乎可以说是所有经济立法的根本目的,不独为《反不正当竞争法》所特有。而后三项则是《反不正当竞争法》要达到的直接目的。由此可以说,我国《反不正当竞争法》的保护对象是公平竞争或竞争秩序、经营者和消费者。

现代竞争法的价值取向是不仅保护竞争者的利益,而且保护其他市场参与者、消费者和公众的利益。我国现行的《反不正当竞争法》,实质上游弋于现代与传统之间。虽然该法旨在保护经营者和消费者的合法权益(第 1 条),但在下面的各项条款及具体制度设计中并未完全体现该宗旨。例如,把不正当竞争仅界定为"经营者违反本法规定,损害其他经营者的合法权益,扰乱市场竞争秩序的行为"(第 2 条第 2 款)。而且只赋予受到不正当竞争行为侵害的经营者提起民事诉讼的权利,并未相应地增设有关消费者协会诉权条款,从而使《反不正当竞争法》对消费者权益的保护仍然是一纸空文。①因此,如何使《反不正当竞争法》的立法目的能够在具体制度中得到更好体现,是今后

① 郑友德、伍春艳:"我国反不正当竞争法修订十问",载《法学》2009 年第 1 期。

修法应注意的一个问题。

三、反不正当竞争法与相邻法律的关系

(一)反不正当竞争法与反垄断法的关系[①]

反不正当竞争法与反垄断法之间关系极为紧密,二者往往被认为是竞争法的两大组成部分。从立法角度看,当今世界各国及地区的竞争立法主要有三种模式:一是以美国为代表的分散型立法体例。美国反托拉斯法以反垄断为主要内容,兼有反不正当竞争方面的法律规范。二是以德国为代表的两法并行的分别立法模式。德国于1896年制定了世界上最早的一部《反不正当竞争法》,经多次修订而施行至今。在反垄断方面,德国于1957年制定了《反限制竞争法》即《卡特尔法》,时至今日亦经过多次修订。三是以我国台湾地区为典型代表的合并立法模式,将传统的反垄断法与反不正当竞争法合并在一部单行法典之中。合并"立法"乃晚近以来世界各国及地区出现的一个新趋势,该模式的典型代表如匈牙利、俄罗斯、越南等国家和我国台湾地区,其竞争法的制定均迟至20世纪90年代乃至21世纪初。

从以上各国或者地区的立法可以看出,反不正当竞争法与反垄断法有分有合,这源于不同的理论认识以及立法时的社会经济文化环境的影响。

从理论上来看,二者的区别主要在于:第一,"自由竞争法(即反垄断法)重在追求经济的效益,而非分配之公平,促进'动的安全',所谓'经济宪法'指此部分。公平竞争法(即反不正当竞争法)重在维护财产权,即'静的安全'。"[②]第二,"反不正当竞争法的目的,主要是保障具体交易场合特定当事人之间的利益平衡……反垄断法的目的则主要是保护竞争机制本身不受扭曲,竞争不被削弱或消除。前者是从微观入手,后者则是从宏观着眼。前者追求局部和个案的公正,后者追求整体和宏观的效率。"[③]第三,在不少国家对于不正当竞争行为,主要依靠私人特别是竞争者提起民事侵权之诉,以追究侵权者的民事责任为主,同时对性质严重的不正当竞争行为辅之以刑事制裁。而对于反垄断案件,由于案情往往比较复杂,社会危害也比较大,故各国一般均以有关专门(行政)机关代表国家(政府)追究其行政及刑事责任为主,同时亦赋予私人以诉权追究违法者的民事责任。

二者的联系则主要在于:第一,反垄断法与反不正当竞争法所反对的行为之间存在一定的同质性以及界限的模糊性,诸如滥用市场支配地位的行为往往也违反了公认的商业道德;第二,反垄断法传统上属于公法,是经济法,反不正当竞争法传统上属于私法,但现代社会公法私法之间交叉融合趋势明显,已经打破了传统的公法私法泾渭分明的格局,导致你中有我、我中有你。故在坚持分别立法模式的德国,学者们普遍认为:

---

① 本部分内容主要引自李胜利:"我国竞争法立法模式的选择",载《财贸研究》2004年第2期。在此,作了资料更新和修正。

② 赖源河编审:《公平交易法新论》(第3版),台湾元照出版公司2005年版,第92～93页。

③ 王源扩、王先林等著:《经济效率与社会正义》,安徽大学出版社2001年版,第172页。

“（反垄断法与反不正当竞争法）这两部法律之间的共性要大于其个性。它们之间并不存在不可克服的矛盾，而是反映了市场经济制度下互相关联、相辅相成的两项要求。”①

（二）反不正当竞争法与民法的关系

反不正当竞争法与民法的关系可追溯到法国法院1850年依其民法典第1382条对不正当竞争案件所作的判决。在这个判决中，法国法院首次使用了“不正当竞争”这一概念，《法国民法典》由此也被视为反不正当竞争法的母法。时至今日，法国法院对不正当竞争行为基本还是依据《法国民法典》第1382条和第1383条关于不法行为的总则性条款进行判决。② 就英美法系来说，其反不正当竞争法律制度起源于普通法中的仿冒之诉，按照大陆法的分类习惯而言，也属于民法中的侵权法范畴。由此可见，二者的关系——至少在上述国家，民法可以被视为反不正当竞争法的源头之所在。在我国，1993年《反不正当竞争法》出台前，一些不正当竞争案件就是依据民法基本原则和侵权责任条款判决的。③ 该法出台后，也有不少疑难案件同时引用了民法通则中基本原则条款和反不正当竞争法条款予以判决。从某种角度说，二者颇有一般法与特别法的关系——在《反不正当竞争法》适用发生困难之时，转而寻求民法规范的支持。但是，现代反不正当竞争法并非单纯的私法，而是越来越多地渗入了公法的因素，因此兼具公法和私法的性质，与反垄断法一样都属于经济法的范畴。④

（三）反不正当竞争法与知识产权法的关系

知识产权法与反不正当竞争法之间存在极为紧密的关系，对此最为明确表达的是《巴黎公约》——将反对不正当竞争作为一项工业产权来对待。对于商标法来说更是如此，因而在欧盟各成员国，“混淆”和“仿冒”行为被共同地置于反不正当竞争法与商标法的规范之下。⑤ 因此从知识产权法角度来看，反不正当竞争是其组成部分。

而另一个广为流传的说法是：传统知识产权的三项主要法律（专利法、商标法、著作权法）好像三座浮在海面上的冰山，而反不正当竞争法则是下面托着这三座山的海水。这极为形象地表达了二者间的根本关系：就知识产权保护来看，反不正当竞争法提供了兜底保护或附加保护，知识产权法提供的是“强而窄”的保护，反不正当竞争法则提供了“弱而宽”的保护。安臣·坎普曼桑结斯（Anselm Kamperman Sanders）指出，反不正当竞争法的目标是保护市场竞争的公正并确保竞争结构的自由，从而维持作为自由企业制度基础的健康的市场竞争秩序。因而从这个意义上来说，反不正当竞争法包

---

① 邵建东著：《德国反不正当竞争法研究》，中国人民大学出版社2001年版，第28页。

② 王晓晔：“重要的补充——反不正当竞争法与相邻法的关系”，载《国际贸易》2004年第7期。

③ 例如，“莒县酒厂诉文登酿酒厂不正当竞争纠纷案”，载《最高人民法院公报》1990年第3期。

④ 漆多俊主编：《经济法学》，高等教育出版社2007年版，第156页。

⑤ Frauke Henning-Bodewig, *Unfair Competition Law: European Union and Member States*, Kluwer Law International, 2006, p. 4.

容着工业产权法的所有方面。[①] 当然,除了知识产权保护之外,反不正当竞争法还规范着不正当有奖销售、虚假广告等不符合良好商业道德要求的市场行为。

(四)反不正当竞争法与消费者保护法的关系

从反不正当竞争法的最初阶段看,只调整竞争者之间关系、保护竞争者利益,对于那些仅仅损害消费者利益而未涉及竞争者利益的行为往往不予调整。但是随着经济社会的发展,反不正当竞争法开始将消费者利益纳入考量范围,在不少国家立法中出现了保护消费者利益的字眼。例如,德国最新的《反不正当竞争法》就强调对竞争者、消费者和其他市场参与者的平等保护,为此甚至列出长达30项的黑名单作为附件来禁止那些针对消费者的不公平的商业惯例。

但二者仍有不同。反不正当竞争法通过禁止那些不符合公平竞争要求的行为来维持一个良好的市场竞争秩序,为消费者带来满意的消费环境,其根本目的在于保护作为抽象的、集体存在的消费者;[②]而消费者保护法不仅对消费者作为一个整体提供保护,它还直接为每一位消费者提供具体保护。如果说消费者保护法是基于消费者立场的立法,反不正当竞争法迄今为止仍然是一部以经营者为主角的立法。

四、我国《反不正当竞争法》的修订问题

我国现行《反不正当竞争法》的缺陷十分明显。由于历史原因,我国在进行反不正当竞争立法的时候,社会主义市场经济理念尚未深入人心,市场竞争的开展尚不充分,关于竞争法的理论研究较为薄弱,故立法准备也谈不上很充分,这导致我国的《反不正当竞争法》先天不足。经过十几年的经济转型后更加凸显其问题。加之《反垄断法》的出台,使对《反不正当竞争法》的尽快修订成为必然。另外,从其他国家及地区的经验来看,反不正当竞争法具有很强的判例法色彩,如何将过去司法实践中良好的经验上升为立法,也是一个极为重要而紧迫的课题。一般认为,我国《反不正当竞争法》在与相关立法的协调、法律定位、一般条款、新型不正当竞争行为的列举、法律责任等方面需要予以修订。[③]

第二节 不正当竞争行为的认定与规制

前文业已提及,我国《反不正当竞争法》第二章规范的11种违法行为中,其中有6种是典型的不正当竞争行为,而另外5种则在理论上应归类为垄断或者限制竞争行为。

① Kamperman Sanders, *Unfair Competition Law: The Protection of Intellectual and Industrial Creativity*, Clarendon Press 1997, pp. 22 – 23.

② Frauke Henning-Bodewig, *Unfair Competition Law: European Union and Member States*, Kluwer Law International, 2006, p. 6.

③ 李胜利:"我国《反不正当竞争法》修订与完善中的有关问题",载《法学杂志》2005 年第 2 期;郑友德、伍春艳:"我国反不正当竞争法修订十问",载《法学》2009 年第 1 期。

因此,我们拟分别论述,本部分仅仅涉及前者,即典型的或者说狭义上的不正当竞争行为。

一、混淆行为

(一)概述

混淆行为或者市场混淆行为,也称仿冒行为、商业假冒行为、商业混同行为、欺骗性市场交易行为、假冒仿冒行为等,一般是指在市场交易活动中,经营者擅自使用与他人商业标志相同或者近似的标志,致使与他人的商品或者营业活动产生混淆的不正当竞争行为。

该行为对于竞争对手来说,直接不正当地挤占了竞争对手的市场,使其市场地位受损;对于那些与之并不构成直接竞争关系的经营者来说,也是不正当地利用了后者的商业声望,可能会对其良好声誉造成不良影响,并对后者今后进入这一市场造成困难;对于用户、消费者而言,是一种典型的欺骗行为,因此许多时候也可以归纳入"虚假宣传行为"之列。该行为严重违背诚实信用的商业道德和公平竞争的原则,不仅损害诚实经营者的利益,而且损害消费者的利益,因而在各国都普遍被禁止。

关于市场混淆行为的构成要件,一般来说包括:(1)行为主体是从事商品经营或营利性服务等商业活动的经营者;(2)行为人主观上具有与他人的商品或服务或者商业活动产生混淆的意图;(3)侵犯对象是他人商品或服务的商标、商号、名称、包装、装潢等商业标志;(4)客观上采取了对他人商品或服务的模仿或仿冒行为,具有误导性,已经或可能造成市场混淆的后果。

(二)《反不正当竞争法》规制的四类混淆行为

混淆行为的表现形式复杂多样,根据《反不正当竞争法》第5条规定,分为以下四类:

1. 假冒他人的注册商标

注册商标受国家法律保护,商标注册人对其注册商标享有专用权,未经注册人许可,任何人都不得在同种或类似商品上使用与其注册商标相同或近似的商标。假冒他人注册商标,既侵犯了他人的注册商标专用权,同时也是一种典型的不正当竞争行为。

值得注意的是,《反不正当竞争法》(假冒他人的注册商标)与《商标法》(侵犯注册商标专用权的行为)的规定不尽相同。一般而言,侵犯他人注册商标专用权的行为均可构成不正当竞争,但在某些特殊情况下,行为人由于不知道他人注册商标的存在而在相同或者类似商品上使用了相同或者近似的商标,由于缺少主观要件,这种情况下很难认定已经构成了不正当竞争。但是《商标法》第57条并无主观要件的要求,因此认定为违反商标法并无不可。

2. 擅自使用知名商品特有的名称、包装、装潢,或者使用与知名商品近似的名称、包装、装潢,造成和他人的知名商品相混淆,使购买者误认为是该知名商品

所谓知名商品,是指在市场上具有一定知名度,为相关公众所知悉的商品。知名商品特有的名称、包装、装潢对消费者具有独特的吸引力,该市场影响力是其所有人经过

一定的投入和努力才取得的。使用知名商品特有的名称、包装和装潢,包括相同使用和近似使用,造成与知名商品相混淆,使他人误认为是该知名商品去购买的,损害了知名商品经营者合法获取的竞争优势,导致市场竞争秩序混乱,其不正当竞争的特性十分明显。

如何才能构成"知名"?2007 年最高人民法院《关于审理不正当竞争民事案件应用法律若干问题的解释》第 1 条指出:人民法院认定知名商品,应当考虑该商品的销售时间、销售区域、销售额和销售对象,进行任何宣传的持续时间、程度和地域范围,作为知名商品受保护的情况等因素,进行综合判断。原告应当对其商品的市场知名度负举证责任。

关于知名商品特有的名称、包装、装潢中的"特有",国家工商行政管理总局《关于禁止仿冒知名商品特有的名称、包装、装潢的不正当竞争行为的若干规定》第 3 条第 2 款规定,本规定所称特有,是指商品名称、包装、装潢非为相关商品所通用,并具有显著的区别性特征。

至于"近似"及"混淆",国家工商行政管理总局《关于禁止仿冒知名商品特有的名称、包装、装潢的不正当竞争行为的若干规定》第5 条规定,对使用与知名商品近似的名称、包装、装潢,可以根据主要部分和整体印象相近,一般购买者施以普通注意力会发生误认等综合分析认定。一般购买者已经发生误认或者混淆的,可以认定为近似。而最高人民法院《关于审理不正当竞争民事案件应用法律若干问题的解释》第 4 条规定则更详细:第一,足以使相关公众对商品的来源产生误认,包括误认为与知名商品的经营者具有许可使用、关联企业关系等特定联系的,应当认定为构成混淆;第二,在相同商品上使用相同或者视觉上基本无差别的商品名称、包装、装潢,应当视为足以造成和他人知名商品相混淆;第三,认定与知名商品特有名称、包装、装潢相同或者近似,可以参照商标相同或者近似的判断原则和方法。

3. 擅自使用他人的企业名称或姓名,引人误认为是他人的商品

企业名称或姓名是市场中区别经营者的主要标志,同时也是经营者的无形财产,保护经营者的名称或姓名,主要是保护附于其名称或姓名中的商业信誉。盗用他人的商业信誉是典型的不正当竞争行为。

4. 在商品上伪造或者冒用认证标志、名优标志等质量标志,伪造产地,对商品质量作引人误解的虚假表示

这类行为不同于《反不正当竞争法》第5 条前3 款指向的行为。它并不一定与他人商品混同,也可能并不直接损害某一特定竞争者的利益,但这类行为却构成了对同行业其他竞争者整体利益的损害,而且往往直接损害了用户、消费者的利益。

(1)关于伪造或者冒用认证标志、名优标志等质量标志的不正当竞争行为。质量标志是指那些能够表示产品或者服务质量达到某一水准的标志,如各种认证标志和名优标志等。认证是由第三方经授权的独立的权威机构根据相关的国家或国际法规标准,对厂商产品(服务)或生产(服务)体系进行检测与监督,并就通过与否签发检测报

告与证书的过程。如果取得认证，也就说明产品质量符合了某一标准。未实行产品质量认证制度的产品，经营者在产品或其包装上编造认证标志；未向产品质量认证机构申请认证，或者虽申请但经认证不合格的产品，经营者擅自使用认证标志等行为，均属于伪造或者冒用认证标志。

名优标志是经国际或国内有关机构或社会组织评定为名优产品而发给经营者的一种质量荣誉标志。凡未组织评比名优的产品；或者虽组织评比名优的产品，但经营者未参加或参加而未被评为名优产品的；或者被取消名优产品称号的，经营者擅自编造、使用名优标志，以及级别低的名优产品冒用级别高的名优标志的，均为伪造或者冒用名优标志的行为。

(2)关于伪造产地的不正当竞争行为。产地是指商品的地理来源，如商品的出产地、制造地或加工地等。产地保护事实上也就是对商品标志中的产地标志的保护。该标志可以分为普通的产地标志和原产地标志或者地理标志。该标志在现代社会已经与商标、知名商品特有的名称等一起，成为区别商品来源的重要工具，也成为市场竞争的又一利器。

(3)关于对商品质量做引人误解的虚假表示的不正当竞争行为。对反映商品质量的各种因素作不真实的标注，使消费者和用户无法了解商品的真实情况，从而发生误认、误购，不但直接损害了购买者的利益，也剥夺了正当守法经营者可能的交易机会，从而侵害了市场竞争秩序。该条款在司法实践中常常与《反不正当竞争法》第9条一起使用，对那些在广告中进行虚假表示的行为予以规制。

二、侵犯商业秘密的行为

(一)商业秘密的概念和特征

我国《反不正当竞争法》规定，商业秘密是指不为公众所知悉，能为权利人带来经济利益、具有实用性并经权利人采取保密措施的技术信息和经营信息。据此，商业秘密具备以下三个特征：

1. 该信息不为公众所知悉即具有秘密性

商业秘密不能从公开渠道直接获取，只有其所有人或经其授权的人才了解它。因而，公众知悉的事务、资料或行业的一般知识，均不能构成商业秘密。最高人民法院《关于审理不正当竞争民事案件应用法律若干问题的解释》第9条规定，有关信息不为其所属领域的相关人员普遍知悉和容易获得，应当认定为《反不正当竞争法》第10条第3款规定的“不为公众所知悉”。同时该司法解释还提出，具有下列情形之一的，可以认定有关信息不构成不为公众所知悉，不符合秘密性的要求：(1)该信息为其所属技术或者经济领域的人的一般常识或者行业惯例；(2)该信息仅涉及产品的尺寸、结构、材料、部件的简单组合等内容，进入市场后相关公众通过观察产品即可直接获得；(3)该信息已经在公开出版物或者其他媒体上公开披露；(4)该信息已通过公开的报告会、展览等方式公开；(5)该信息从其他公开渠道可以获得；(6)该信息无须付出一定的代价而容易获得。

2. 该信息能为权利人带来经济利益即实用性

实用性,也可以称为经济性,是指商业秘密必须具有确定的可应用性,能为权利人带来现实的或者潜在的经济利益或者竞争优势。经济价值和实用价值,即能够为权利人带来实际的或潜在的经济利益和竞争优势。

当然,对于商业秘密是否要求具有实用性一直存在不同意见。郑成思先生曾指出:"在商业秘密领域,合格的受保护信息并无'实用性'要求,是 Trips 明文规定的。"①我国后来出台的有关法律文件也是如此,如最高人民法院 2004 年颁布的《关于审理技术合同纠纷案件适用法律若干问题的解释》第 1 条第 2 款规定:"技术秘密,是指不为公众所知悉、具有商业价值并经权利人采取保密措施的技术信息",可见该司法解释取消了"实用性"而代之以商业价值即"价值性";最高人民法院 2007 年公布的《关于审理不正当竞争民事纠纷案件适用法律若干问题的解释》中将"能为权利人带来经济利益、具有实用性"解释为"有关信息具有现实的或者潜在的商业价值,能为权利人带来竞争优势",也未出现"实用性"的表达。

3. 该信息已经权利人采取了一定的保密措施,即具有保密性

这就意味着权利人在主观上有保密的意愿,客观上也采取积极、合理、有效的保密措施,使这项技术或经营信息达到了他人不以非法手段就不能获得其秘密的程度。如果某项商业信息的权利人并未采取合理的保密措施,法律也就没有理由为其提供保护。最高人民法院《关于审理不正当竞争民事案件应用法律若干问题的解释》第 11 条第 2 款规定:"人民法院应当根据所涉信息载体的特性、权利人保密的意愿、保密措施的可识别程度、他人通过正当方式获得的难易程度等因素,认定权利人是否采取了保密措施。"该解释还规定具有下列情形之一,在正常情况下足以防止涉密信息泄漏的,应当认定权利人采取了保密措施:(1)限定涉密信息的知悉范围,只对必须知悉的相关人员告知其内容;(2)对于涉密信息载体采取加锁等防范措施;(3)在涉密信息的载体上标有保密标志;(4)对于涉密信息采用密码或者代码;(5)签订保密协议;(6)对于涉密的机器、厂房、车间等场所限制来访者或者提出保密要求;(7)确保信息秘密的其他合理措施。

商业秘密是一种特殊的知识产权,具有广泛的范围,其表现形式多种多样,一般可分成两大类:一是技术信息,如工艺流程、技术秘诀、设计图纸、化学配方等;二是经营信息,如管理方法、产销策略、货源情况、客户名单等。

(二)我国关于商业秘密侵权行为的规制

中国现行的商业秘密保护法律体系是以国际条约为依据,以《反不正当竞争法》为中心,由《劳动法》、《劳动合同法》、《合同法》、《科学技术进步法》、《民法通则》、《刑法》等法律以及最高人民法院的有关司法解释、国家工商局的部门规章等共同构成的。

根据获取商业秘密的方式,我国《反不正当竞争法》将侵犯商业秘密的行为分为四

① 郑成思:"WTO 与知识产权法研究",载《中国法学》2000 年第 3 期。

种:(1)以盗窃、利诱、胁迫或者其他不正当手段获取权利人的商业秘密;(2)披露、使用或允许他人使用以不正当手段获取的权利人的商业秘密;(3)违反约定或违反权利人有关保守商业秘密的要求,披露、使用或允许他人使用其所掌握的商业秘密;(4)第三人明知或者应知他人以不正当手段侵犯权利人商业秘密,而予以获取、使用或者披露的,视为侵犯商业秘密行为。

一般而言,就权利人的某项商业秘密,如果其他人系独立开发研制所得;或自公开市场、已知资料、方法通过"回溯工程"获得;或者自公开发行的文献、公开使用的产品、信息或公开展示场所加以观察、研究而获取的,不为违法。

三、虚假宣传行为

(一)虚假宣传行为的概念和特征

虚假宣传行为是指经营者利用广告或其他方法,对商品的质量、制作成分、性能、用途、生产者、有效期限、产地作与事实不相符合或可能使人产生错误判断的介绍、表示,足以造成相关公众误解的行为。由于虚假宣传的手段以广告为主,所以也有人称为虚假广告行为,以广告来概括、代指其他所有的类似不正当竞争行为。

我国《反不正当竞争法》第9条规定:"经营者不得利用广告或者其他方法,对商品的质量、制作成分、性能、用途、生产者、有效期限、产地等作引人误解的虚假宣传。广告的经营者不得在明知或者应知的情况下,代理、设计、制作、发布虚假广告。"据此,虚假宣传行为具有以下特征:

一是虚假宣传行为发生于经济领域,与市场竞争密切相关。在各种经济领域,出于市场竞争的压力,有些经营者在正常的市场宣传之外,夸大自己产品或者服务的某些特征或者隐瞒某些不足,甚至无中生有,以达到吸引眼球、进而提升销售额和市场地位的目的。

二是虚假宣传行为的主体是进行产品或服务宣传的经营者。这里的经营者既可以是推销自己商品或者服务的经营者即广告主,也可以是广告的经营者。

三是虚假宣传行为的内容主要围绕商品、服务的基本要素或对企业本身进行不实宣传。主要涉及商品的质量、制作成分、性能、用途、生产者、有效期限、产地,乃至商品的规格、等级、生产日期、销售者、价格、售后服务、获奖获优情况、质量认证等,或者对企业的性质、历史、经营能力进行与事实不符的宣传。

四是虚假宣传行为直接损害了用户和消费者的利益,也损害了同业竞争者的利益,更恶化了市场竞争环境,损害了市场竞争秩序。

关于虚假宣传行为,依据不同的标准,可以将其分为不同的类型。根据宣传手段,可以将其分为虚假广告行为和用广告以外的其他手段进行的虚假宣传行为。前者同时违反了《广告法》和《反不正当竞争法》;后者则往往难以适用《广告法》。根据宣传内容虚假的程度,可以将其分为虚假的宣传行为和引人误解的宣传行为。前者的违法特征明显,比较易于判定;而后者由于经营者有意用语言文字或者其他多义、多种理解的方式来误导用户和消费者,因而往往拒绝承认自己存在违法行为。根据虚假宣传的中心,可以将其分为对自己提供的商品或者服务进行的虚假宣传和对经营者自身进行的虚假宣传。前者如商品的质量、制作成分、性能、用途、生产者、有效期限、产地、价格等;后者如企业的性质、历史、荣誉等。

(二)虚假宣传行为的判断标准

由于"虚假宣传"这一概念以及有关法令对此规定都相当概括,故实践中如何认定某经营者的行为构成虚假宣传的不正当竞争行为,颇有难度。最高人民法院《关于审理不正当竞争民事案件应用法律若干问题的解释》第8条规定:经营者具有下列行为之一,足以造成相关公众误解的,可以认定为《反不正当竞争法》第9条第1款规定的引人误解的虚假宣传行为:(1)对商品作片面的宣传或者对比的;(2)将科学上未定论的观点、现象等当作定论的事实用于商品宣传的;(3)以歧义性语言或者其他引人误解的方式进行商品宣传的。以明显的夸张方式宣传商品,不足以造成相关公众误解的,不属于引人误解的虚假宣传行为。人民法院应当根据日常生活经验、相关公众一般注意力、发生误解的事实和被宣传对象的实际情况等因素,对引人误解的虚假宣传行为进行认定。

四、不正当有奖销售行为

有奖销售是指经营者销售商品或者提供服务,附带性地向购买者提供物品、金钱或者其他经济上的利益的行为。具体包括奖励所有购买者的附赠式有奖销售和奖励部分购买者的抽奖式有奖销售。

有奖销售活动中,经营者与消费者之间关系颇为复杂,包括买卖关系、赠与关系、射幸合同关系、债权债务关系等。① 但从反不正当竞争的角度来看,并不关注以上关系。《反不正当竞争法》对有奖销售行为的规范,着眼点在于对正常的市场竞争秩序的保障。

有奖销售是经营者常用的一种促销手段。有奖销售有时可以使经营者获益,但从实质来看,这种利益并非以商品的高质量和优质服务赢得,而是靠消费者想获得超值的利益获取的,尤其是巨奖销售更是以引诱消费者、利用消费者的侥幸心理获取利益的。即便有个别人中奖,实质上也是以牺牲众多消费者利益为前提的,而非经营者让利,因此消费者的利益极易受到损害。同时,有奖销售活动客观上也损害了同行业其他经营者的利益。

我国《反不正当竞争法》规定,经营者不得从事下列有奖销售:(1)采用谎称有奖或者故意让内定人员中奖的欺骗方式进行有奖销售;(2)利用有奖销售的手段推销质次价高的商品;(3)抽奖式的有奖销售,最高奖的金额超过5000元。所谓最高奖是指有奖销售中的最高单项奖。而对于附赠式的有奖销售,则没有金额限制。

五、商业贿赂行为

(一)商业贿赂行为概述

商业贿赂,是指经营者为销售或者购买商品而采用财物或者其他手段贿赂对方单

---

① 王利明:"从本案看有奖销售的法律性质",载《人民法院报》2002年4月4日。

位或者个人的行为。从法律规定和市场交易的实际情况分析，商业贿赂行为具有以下特征：

（1）商业贿赂的主体是从事市场交易的经营者，既可以是卖方，也可以是买方；

（2）商业贿赂是经营者在主观上出于故意和自愿进行的行为，其目的是排挤竞争对手以获取竞争优势；

（3）商业贿赂在客观上表现为违反国家有关财务、会计及廉政等方面的法律、法规的规定，往往"账外暗中"秘密给付有关人员或者单位财物或其他报偿，具有很大的隐蔽性；

（4）商业贿赂的方式多样，包括现金和实物，以及其他手段。如经营者假借促销费、宣传费、赞助费、科研费、劳务费、咨询费、佣金等名义，或者以报销各种费用等方式，给付对方单位或者个人的财物，乃至提供国内外各种名义的旅游、考察等给付财物以外的其他利益的手段，等等。

关于商业贿赂行为的分类，可以有多种，例如，根据方向的不同，可以分为商业行贿行为和商业受贿行为；根据行贿手段的不同，可以分为用财物实施的商业贿赂和用财物以外的其他手段实施的商业贿赂；根据情节的轻重，可以分为不正当交易行为、一般违法行为和犯罪行为。不正当交易行为是商业贿赂中情节轻微、数额较小，违反商业道德和市场规则，依照党政机关、行业主管（监管）部门以及行业自律组织的有关规定，应当予以处理的行为；一般违法行为是商业贿赂中情节较轻、数额不大，违反《反不正当竞争法》和其他法律法规，尚未构成犯罪，应当给予行政处罚的行为；犯罪行为是商业贿赂中数额较大，或者具有其他严重情节，依照《刑法》应当受到刑罚处罚的行为；①根据发生领域的不同，可以分为商品流通业、建筑业、银行业、服务业等领域发生的商业贿赂；根据是否有涉外因素，可以分为无涉外因素的商业贿赂行为和有涉外因素的商业贿赂行为，其中后者往往牵涉其他国家和地区的执法以及反商业贿赂的国际合作。

（二）商业贿赂行为的危害及有关立法

在西方资本主义发展之初，各种商业贿赂行为相当常见，甚至回扣被称为"保证营业交易得以顺利进行的润滑剂"。但后来其妨碍公平竞争、破坏市场机能正常发挥的社会危害性愈加突出，且蔓延到政治捐款与海外贿赂。由于该行为的社会危害性以及对竞争者和消费者利益的冲击，有关西方国家将其视为不正当竞争行为，先是立法禁止在国内采用贿赂手段，后又立法禁止本国企业在海外使用该手段。

就海外立法来说，对商业贿赂方式的界定十分宽泛，不局限于财物，而是把作为交换的利益好处都视为贿赂。例如，加拿大相关法律中规定商业贿赂涵盖"金钱、兑价物品、职务、住所或雇佣、货款、奖赏或任何利益"；芬兰明确规定，国家公职人员不准接受商界的任何吃请和游山玩水，否则，均被视为受贿行为。另外，西方国家大多以是否实

---

① 参见中央治理商业贿赂领导小组的中治贿发〔2007〕4号文件《关于在治理商业贿赂专项工作中正确把握政策界限的意见》。

质损害竞争、影响公平性原则为标准对回扣、折扣、佣金进行规定的。如美国《罗宾逊——帕特曼法反价格歧视法案》规定，不管是回扣、还是折扣，如果对竞争有损害，都是非法的。①

在我国，商业贿赂是随着商品经济的出现而产生的。改革开放以后，企业逐渐取得市场主体资格，让利、折扣、回扣等财物手段成为开拓市场的利器。后来成为我国市场中的普遍现象，更被不少人认为是发展经济、搞活流通的重要手段，形成了一种似是而非的“有益经济发展论”。但是实际上，商业贿赂行为的泛滥从根本上扭曲了公平竞争的本质，使价值规律失效，使国家税收严重流失，使假冒伪劣商品横行，使贪污受贿等经济案件大案要案层出不穷，严重地败坏了社会风气。对此，有学者深刻指出：“个别贿赂有时不但能给行贿者和受贿者都带来好处，而且还能提高国家的整体的效率和公平程度。但是，这种情况的存在并不能成为容忍低度腐败的根据……虽然贿赂或许确实有些好处，但是它终究不能成为法制改革的稳定和长期的替代物。”②因此早在 1980 年，国务院《关于开展和保护社会主义竞争的暂行规定》中就指出：竞争要严格遵守国家的政策法令，采取合法手段进行，不准弄虚作假、行贿受贿；一切社会主义的企事业单位、经济单位之间的购销活动，一律禁止提取“回扣”；过去实际上存在的提取“回扣”的做法要立即废除。1993 年《反不正当竞争法》将商业贿赂行为作为一种不正当竞争行为予以规制，第 8 条明确规定：经营者不得采用财物或其他手段进行贿赂以销售或者购买商品。在账外暗中给予对方单位或者个人回扣的，以行贿论处；对方单位或者个人在账外暗中收受回扣的，以受贿论处。

由于实践中不法回扣往往与合法折扣、佣金等商业惯例混为一谈，故《反不正当竞争法》规定：经营者销售或者购买商品，可以以明示方式给对方折扣，可以给中间人佣金。经营者给对方折扣、给中间人佣金的，必须如实入账。接受折扣、佣金的经营者必须如实入账。这里所说的折扣，即商品购销中的让利，是指经营者在销售商品时，以明示并如实入账的方式给予对方的价格优惠。佣金是指经营者在市场交易中给予为其提供服务的具有合法经营资格的中间人的劳务报酬，是中间人的合法收入。二者与账外暗中发生的回扣有着本质的区别。此外，须指出的是，“在账外暗中给予或者收受回扣”是不合法的，并不意味着在账内明示给予或者收受利益就是合法的。如某药品经销商为促销药品，以捐助医疗卫生事业的名义，赠与某医院药品采购部门财物，亦应认定为商业贿赂行为。

六、诋毁竞争对手行为

（一）诋毁竞争对手行为概述

诋毁竞争对手行为也称商业诽谤行为，是指经营者捏造、散布虚伪事实，损害竞争

---

① 国家发展和改革委员会：“关于国外防治商业贿赂的研究报告”，资料来源 http://www.sdpc.gov.cn/jggl/zhdt/t20061129_96404.htm，最后访问时间 2015 年 10 月 5 日。

② ［美］苏珊·罗斯·艾克曼著：《腐败与政府》，王江、程文浩译，新华出版社 1999 年版，第 25～26 页。

对手的商业信誉、商品声誉，诋毁、诽谤竞争对手的行为。商业信誉和商品声誉，关系着经营者在市场竞争中的成败，是经营者赖以生存和发展的保证。而诋毁、诽谤竞争对手，损害其商业信誉和商品声誉的行为是一种恶性的不正当竞争行为，为各国法律所禁止。我国《反不正当竞争法》第 14 条对此予以明令禁止。

商誉是一个古老的概念，早在 1620 年英国法院就在判例中将商誉定义为“顾客的友善看法和惠顾”。① 商誉是人们对经营者本身以及经营者提供的商品或服务的一种总的积极的社会评价。其外在表现形态主要有以下几种：(1)商业道德；(2)商业质量；(3)服务质量；(4)资信；(5)价格等。一般而言，商誉的表现形态总是具体的，多种多样的，它们相互配合，密切联系，处于一个完整的动态的统一体中，共同反映和影响商誉。②

根据我国《反不正当竞争法》第 14 条规定，商誉可以分为商品声誉和商业信誉两个方面。对于某企业产品质量优劣和价格高低的评价显然是关于他人商品声誉的评价；而对于某企业商业道德、资产状况、履约情况乃至履行社会责任等方面的评价，则可归属于商业信誉之列。

关于商誉保护的基础是当事人对此享有权利还是利益，理论界一直存在不同意见。部分学者赞成商誉权之说，认为商誉权是民事主体对其在工商业活动中所创造的商誉享有利益而不受他人非法侵害的权利。其具有一般知识产权的无形财产的特点，也有自己的一些不同于其他知识产权的特殊之处。③ 关于其性质，有人格权说和复合权说等不同学说。但是也有学者认为，把商誉作为合法利益之一种已足可获得充分合理的保护，不宜再专设为绝对权。④

(二)诋毁竞争对手行为的构成要件

一般来说，诋毁竞争对手行为的构成要件如下：

1. 行为主体一般为竞争者

商业诋毁行为的主体原则上是与经营者处于同一经营领域的竞争者，行为人与受害人之间存在竞争关系。

2. 行为人具有主观过错

行为人明知商誉对于经营者以及市场竞争的重要性，故意地、有预谋地诋毁其竞争对手的商誉，目的是贬损其商誉从而排挤其竞争，占领市场。

3. 行为人实施了诋毁行为

行为者实施了捏造、散布虚伪事实，损害竞争对手的商业信誉的行为。诋毁竞争对手商誉的行为有多种表现形式，如利用散发公开信、召开新闻发布会、刊登比较广告、播

---

① 程合红著：《商事人格权论》，中国人民大学出版社 2002 年版，第 75 页。

② 梁上上：“论商誉和商誉权”，载《法学研究》1993 年第 5 期。

③ 吴汉东：“论商誉权”，载《中国法学》2001 年第 3 期。

④ 王禹：“商业诋毁行为的法律思考”，载《科技与法律》2004 年第 1 期。

发声明广告等形式,诋毁竞争对手;利用商品说明书,抬高自己,贬低别人;向业务客户和消费者诋毁竞争对手;唆使他人诋毁竞争对手:组织有关人员以顾客或消费者的名义向相关经济管理监督部门作虚假投诉,促使相关部门查处竞争对手等。

4.该诋毁行为侵害了他人商誉

只要诋毁行为在社会公众中引起了任何不利于竞争对手的后果,就可以认定侵害了他人商誉。具体认定标准既不能以行为人的主观意图为准,也不能以受害人的主观理解为准,而应该根据中立的相关交易者对该行为的判断为准。只要该行为在相当一部分相关交易者中引起了他人商誉受到损害的印象,即可认为该行为侵害了他人商誉。①

第三节 《反不正当竞争法》中的限制竞争行为

如前所述,由于历史原因,现行《反不正当竞争法》中将一些本不属于狭义的不正当竞争行为,但实践中大量发生而又危害严重的反不正当竞争行为列入其中。这些本应由反垄断法解决的问题也成为《反不正当竞争法》的重要组成部分。

一、搭售与附加不合理条件的行为

(一)搭售与附加不合理条件的行为概述

搭售或附条件交易行为是指经营者利用其经济优势,在提供商品或服务时,违背购买者的意愿,搭售其他商品或附加其他不合理交易条件的行为。

搭售或附条件交易行为具有以下特征:(1)搭售或附条件交易行为必须是经营者的行为。非经营者(如国家机关、行业协会)从事管理活动时,对其管理相对人附加不合理条件的行为,是履行其相应职能时所为的行为,而非市场交易行为,而且这些非经营者利用的是其特定的管理权力,而不是经济优势,属于超经济强制行为。(2)经营者实施附条件交易行为时,利用的是其经济优势,而不是其他不正当手段,如商业贿赂、胁迫强制等。(3)附条件交易行为必须是在违背购买者意愿的情况下实施的,如果购买者自愿接受附加条件,那么这些条件就属于当事人之间协议的组成部分,不构成附条件交易行为。(4)经营者所附条件必须是不合理的,其判断标准主要看是否符合平等、自愿、公平竞争的原则,如限制销售价格、销售对象、销售地区等。

(二)我国立法

早在改革开放之初,市场就出现了各种搭售与附加不合理条件的行为。但是当时的此类行为原因:一是短缺经济条件下的商品匮乏,供不应求;二是计划经济条件下的价格管制违反了市场规律,优质不能优价,故经营者以搭售方式弥补优质低价带来的损

① [日]吉田庆子:"中日反不正当竞争法比较研究",西南政法大学2006年博士学位论文。

失。在市场经济阶段,发生的此类行为则是那些具有市场支配地位的经营者滥用其市场势力的结果,其实质是一种限制竞争行为,因此应受反垄断法的规制。

由于历史原因,在反垄断法难以出台的情况下,我国《反不正当竞争法》第 12 条规定:"经营者销售商品,不得违背购买者的意愿搭售商品或者附加其他不合理的条件。"此后我国《反垄断法》第 17 条规定:"禁止具有市场支配地位的经营者从事下列滥用市场支配地位的行为……(五)没有正当理由搭售商品,或者在交易时附加其他不合理的交易条件……"

二、低价竞销行为

我国《反不正当竞争法》第 11 条规定,经营者不得以排挤对手为目的,以低于成本的价格销售商品。这种不正当竞争行为的主体是作为卖方的经营者,往往具有某种市场优势;其目的是排挤、瓦解竞争对手;手段是以低于成本价格销售商品。该法同时也规定,以低于成本价格销售商品,但有下列情形之一的,不属于不正当竞争行为:(1)销售鲜活商品;(2)处理有效期限即将到期的商品或者其他积压的商品;(3)季节性降价;(4)因清偿债务、转产、歇业降价销售商品。此后我国《价格法》第 14 条也有一款类似规定。

由于该行为本质上是具有市场势力的大企业滥用优势地位来限制竞争,因此我国《反垄断法》第 17 条规定:"禁止具有市场支配地位的经营者从事下列滥用市场支配地位的行为……(二)没有正当理由,以低于成本的价格销售商品……"

三、串通招投标行为

串通招投标行为是指招标者与投标者之间或者投标者与投标者之间采取不正当手段,对招标投标事项进行串通,以排挤竞争对手或者损害招标者利益的行为。招标投标一般发生在大宗货物买卖、建设工程承包、土地使用权出让、经营场所出租、企业承包经营等方面。

招标投标是一项竞争性很强的签约活动,其涉及的项目具有较大标的,往往能够给当事人带来较大经济利益,因此在招标投标中常常发生不正当竞争行为。我国《反不正当竞争法》第 15 条规定:"投标者不得串通投标,抬高标价或者压低标价。投标者和招标者不得相互勾结,以排挤竞争对手的公平竞争。"

1999 年《招标投标法》第 32 条规定:"投标人不得相互串通投标报价,不得排挤其他投标人的公平竞争,损害招标人或者其他投标人的合法权益。投标人不得与招标人串通投标,损害国家利益、社会公共利益或者他人的合法权益。禁止投标人以向招标人或者评标委员会成员行贿的手段谋取中标。"第 53 条规定了违法者应当承担的法律责任。

对于这一本质上属于以协议来限制竞争的行为,《反垄断法》中没有作出明确规定,但是该法第 13 条和第 14 条中"国务院反垄断执法机构认定的其他垄断协议"这一兜底条款完全有可能将其涵盖进去。

根据《反不正当竞争法》及《招标投标法》规定,招标投标活动中的不正当竞争行为有以下两种形式：

1. 投标者串通投标，抬高标价或压低标价的行为

这种行为发生在投标者之间，是投标人之间的联合行为，会损害招标人的利益，因而是一种横向限制竞争行为。

2. 投标者和招标者之间相互勾结，排挤竞争对手的行为

这类行为的主体是招标者和特定的投标者共同实施的，其目的是排挤该特定投标者的竞争对手，所造成的后果则是招标投标流于形式，损害其他投标者的利益，因而是一种纵向限制竞争行为。

2011年11月30日修改后的《招标投标法实施条例》第39条、第40条和第41条，分别就投标人相互串通投标、招标人与投标人串通投标的情形作了列举规定。

四、公用企业及其他依法具有独占地位的经营者所实施的限制竞争行为

公用企业及其他依法具有独占地位的经营者所实施的限制竞争行为是指公用企业及其他依法具有独占地位的经营者采用胁迫、强迫等手段，从事市场交易的行为。我国《反不正当竞争法》第6条规定："公用企业或者其他依法具有独占地位的经营者，不得限定他人购买其指定的经营者的商品，以排挤其他经营者的公平竞争。"一般认为，滥用独占地位强制交易行为具有以下特征：

1. 强制交易行为的主体一般是具有独占地位的经营者

强制交易行为的主体包括两类：一类是公用企业，指涉及公用事业的经营者，包括供水、供电、供气、邮政、电讯、有线电视、交通运输等行业的经营者；另一类是其他依法具有独占地位的经营者，指公用企业以外，依法律、行政法规、规章或者其他合法的规范性文件赋予其从事特定商品（包括服务）的独占经营资格的经营者，例如，依据有关烟草、食盐专卖方面的法律法规，而享有独占地位的企业，依法具有从事中小学教材征订和发行经营活动的独占地位的新华书店，等等。

2. 经营者采用的是胁迫、强迫或其他强制手段，而不是利诱或其他贿赂手段，也不是仅仅凭借其特殊经济优势

如经营者限定他人购买其指定的商品，往往附加不接受指定商品就不予提供服务或商品的条件，而用户对其别无选择，因此这一限定就成为强制。如某市煤气公司在为用户安装煤气管道时，要求用户必须购买其指定的某种牌号的燃气灶具或燃气热水器，否则不予安装。如某自来水公司要求所有单位必须使用其指定的本市生产的水表，否则就不供水。

3. 经营者有时自己从事市场交易，有时则安排他人交易或阻碍他人交易，而自己不直接从事市场交易

强制性交易行为与附条件交易行为有所区别。附条件交易行为是经营者滥用经济优势直接从事市场交易来达到限制他人竞争的目的。

对于这种滥用市场支配地位的行为，《反垄断法》设有专章（第三章）予以规范。

五、政府部门的限制竞争行为

政府部门的限制竞争行为即滥用行政权力限制竞争行为，也就是所谓的行政性垄断行为，是指行政机关（包括依法享有行政权的社会组织）滥用行政权力限制市场竞争的行为。一般可以分为两大类：一类是行业性的行政垄断即部门垄断；另一类是地区性的行政垄断即地区封锁。

由于历史原因，导致中国目前各级政府及其所属部门过分参与经济事务，行政权力在经济领域的不当运用相当频繁，造成了极为严重的限制竞争现象。由于这是一种以国家权力为背景的超经济强制，故对市场竞争的损害尤为突出。因此，尽管《反不正当竞争法》本是规范经营者的竞争行为的，但鉴于政府及其所属部门滥用行政权力限制竞争的现象已经严重地影响了正常的社会经济秩序，故《反不正当竞争法》第7条还是对其作出了禁止性规定："政府及其所属部门不得滥用行政权力，限定他人购买其指定的经营者的商品，限制其他经营者正当的经营活动。政府及其所属部门不得滥用行政权力，限制外地商品进入本地市场，或者本地商品流向外地市场。"此后为了解决愈演愈烈的地区封锁现象，国务院于2001年4月发布了《关于整顿和规范市场经济秩序的决定》，要求打破地区封锁和部门、行业垄断，查处行政机关、事业单位、垄断性行业和公用企业妨碍公平竞争，阻挠外地产品或工程建设类服务进入本地市场的行为，以及其他各种限制企业竞争的做法。国务院同期发布的《关于禁止在市场经济活动中实行地区封锁的规定》则更为详尽，要求地方各级人民政府及其所属部门（包括被授权或者委托行使行政权的组织）不得违反法律、行政法规和国务院的规定，实行各种地区封锁行为。我国《反垄断法》设有专章（第五章）对此加以规范。

第四节 《反不正当竞争法》的实施

一、对不正当竞争行为的监督检查

（一）监督检查的含义

所谓对不正当竞争行为的监督检查，是指有关监督检查部门依法对经营者遵守反不正当竞争法律、法规和规章的情况进行督促检查。检查的具体内容主要是经营者的市场竞争行为是否合法、合乎公认的商业道德，是否存在法律禁止的不正当竞争行为。

《反不正当竞争法》第3条规定：各级人民政府应当采取措施，制止不正当竞争行为，为公平竞争创造良好的环境和条件。县级以上人民政府工商行政管理部门对不正当竞争行为进行监督检查；法律、行政法规规定由其他部门监督检查的依照其规定。第16条规定：县级以上监督检查部门对不正当竞争行为，可以进行监督检查。但有两类行为较为特殊，一是公用企业及其他依法具有独占地位的经营者所实施的限制竞争行为，执法机关是省级或者设区的市的监督检查部门；二是政府及其所属部门的限制竞争行为由上级机关责令其改正，情节严重的，由同级或者上级机关对直接责任人员给予行政处分。同时该法第 4 条规定：国家鼓励、支持和保护一切组织和个人对不正当竞争行为进行社会监督。这说明对于不正当竞争行为的监督检查，除国家执法机关外，社会监督也是不可或缺的一环。

(二) 监督检查部门的职权

根据《反不正当竞争法》的规定，监督检查部门在监督检查不正当竞争行为时，可依法行使下列职权：

1. 询问及要求提供证明材料的职权

监督检查部门按规定程序询问被检查的经营者、利害关系人、证明人，并且依职权要求被询问的经营者、利害关系人、证明人提供证明材料或与不正当竞争行为有关的其他资料。

2. 查询、复制的职权

监督检查部门有权查询、复制与不正当竞争行为有关的协议、账册、单据、文件、记录、业务函电和其他资料。

3. 检查权

监督检查部门有权检查与反不正当竞争行为有关的财物，必要时可以责令被检查的经营者说明该商品的来源和数量，暂停销售，听候检查，不得转移、隐匿、销毁该财物。

监督检查部门在监督检查不正当竞争行为时，被检查的经营者、利害关系人和证明人应当如实提供有关资料或者情况。

4. 处罚权

监督检查部门有权对查证属实的不正当竞争行为进行处理、处罚。主要包括：(1)责令停止违法行为；(2)责令消除影响；(3)没收违法所得；(4)罚款；(5)吊销营业执照等。

为了规范监督检查部门的执法活动，《反不正当竞争法》规定：监督检查部门工作人员监督检查不正当竞争行为时，应当出示检查证件。这里所指的检查证件，是用以专门检查不正当竞争行为的检查证件。对有关人员未持检查证件进行检查的，相关的经营者有权拒绝检查。另外还规定，国家机关工作人员不得支持、包庇不正当竞争行为。监督检查人员滥用职权、玩忽职守，构成犯罪的，依法追究刑事责任；不构成犯罪的，给予行政处分。监督检查人员徇私舞弊，对明知有违反规定的构成犯罪的经营者故意包庇不使他受追诉的，依法追究刑事责任。

当事人对监督检查部门作出的处罚决定不服的，可以自收到处罚决定之日起 15 日内向上一级主管机关申请复议；对复议决定不服的，可以自收到复议决定书之日起 15 日内向人民法院提起诉讼；也可以直接向人民法院提起诉讼。

二、不正当竞争行为的法律责任

由于不正当竞争行为具有侵犯他人合法权益、危害社会公共利益和破坏市场竞争机制的多重危害性，因此我国《反不正当竞争法》综合运用民事、行政和刑事法律责任来规制不正当竞争行为。

（一）民事责任

民事责任是不正当竞争行为人所应当承担的基本责任形式。这是由不正当竞争的民事侵权性质所决定的。民事责任的目的在于保护诚实的经营者免受不正当竞争的侵害并使受到实际损害的合法经营者获得补偿。民事责任的方式主要有停止侵害、恢复名誉、赔偿损失等。

我国《反不正当竞争法》在《民法通则》有关民事责任的一般规定的基础上，进一步规定：经营者违反本法规定，给被侵害的经营者造成损害的，应当承担损害赔偿责任，被侵害的经营者的损失难以计算的，赔偿额为侵权人在侵权期间因侵权所获得的利润；并应承担被侵害的经营者因调查该经营者侵害其合法权益的不正当竞争行为所支付的合理费用。被侵害的经营者的合法权益受到不正当竞争行为损害的，可以向人民法院提起诉讼。

（二）行政责任

行政责任是指违反《反不正当竞争法》的行为人承担的，由行政主管机关施行的行政制裁措施。行政责任的规定，体现了国家对市场经济活动的主动干预，目的在于使被破坏的市场竞争秩序得以恢复。行政责任形式主要包括责令停止违法行为，责令改正、消除影响、罚款、没收违法所得、吊销营业执照等行政处罚措施，具体规定于《反不正当竞争法》第四章。

其中较为特殊的是违反第5条规定的法律责任，亦即经营者假冒他人的注册商标，擅自使用他人的企业名称或者姓名，伪造或者冒用认证标志、名优标志等质量标志，伪造产地，对商品质量作引人误解的虚假表示的，要依照《商标法》、《产品质量法》的规定处罚。

另外，我国《反不正当竞争法》第31条规定，监督检查不正当竞争行为的国家机关工作人员滥用职权、玩忽职守，不构成犯罪的，由有关机关给予行政处分。

（三）刑事责任

刑事责任是对严重的违法行为，即构成犯罪的不正当竞争行为进行的一种最为严厉的法律制裁措施。刑事责任是维护市场竞争秩序，保护社会公共利益和经营者合法权益，制止不正当竞争的必不可少的法律手段。对于刑事责任，《反不正当竞争法》只是作了原则性规定，确定具体的刑事责任要适用我国《刑法》的相应规定。如我国《刑法》第219条规定，有侵犯商业秘密行为的，给商业秘密的权利人造成重大损失的，处3年以下有期徒刑或者拘役，并处或者单处罚金；造成特别严重后果的，处3年以上7年以下有期徒刑，并处罚金。《刑法》第221条规定，捏造并散布虚伪事实，损害他人的商业信誉、商品声誉，给他人造成重大损失或者有其他严重情节的，处2年以下有期徒刑或者拘役，并处或者单处罚金。《刑法》第222条规定，广告主、广告经营者、广告发布者违反国家规定，利用广告对商品或者服务作虚假宣传，情节严重的，处2年以下有期徒刑或者拘役，并处或者单处罚金，等等。

第八章　消费者权益保护法律制度

第一节　消费者权益保护法概述

一、消费者问题与消费者运动

（一）消费者问题

消费者问题是近现代商品经济的产物，是指在商品经济形态下，经营者利用自己所处的有利地位损害消费者利益所引发出来的一系列社会问题。消费者问题是市场经济的产物，主要产生于生产关系，但与生产力也有一定联系。[①] 它是商品经济发展到一定程度，生产与消费高度分化，消费群体相对于生产经营者处于弱势的条件下产生的。

在小农经济或庄园经济条件下，生产与消费没有分化，生产者同时消费自己的产品，自给自足，少数只消费不生产的王室、贵族、封建主等，不但不存在消费者问题，而且剥削和压迫作为弱者的生产者。[②] 随着商品经济的高度发展，生产和消费普遍分化，消费者问题才逐渐普遍化，需要国家关注和解决。现代技术日益先进，产销过程愈加复杂化，使消费者问题打上了时代的烙印，这也成为现代消费者保护法从传统民商法中分离出来单独立法的最大推动力。[③]

消费者天然的弱势地位与经营者的不当逐利是消费者问题产生的主要原因。首先，在科技迅速发展的时代，生产工艺的复杂化、服务方式的多元化，使得消费者和经营者在有关商品的原理、性能、品质、使用方法等方面的信息越来越不对称。其次，消费者个人的经济实力通常无法与经营者相匹敌，也缺少维权的专业知识和能力，加之诉讼费时耗力、费用高昂，消费者明显处于不利地位。最后，经营者的不正当竞争行为和限制竞争行为严重损害消费者利益。少数生产者垄断了商品生产和市场、销售组织的规模化和销售方式的现代化，使得消费者难以识别甚至被迫接受不公平的交易。

（二）消费者运动

消费者运动最早发源于美国。1891 年世界上第一个旨在保护消费者利益的消费者组织——“纽约消费者协会”在美国纽约市成立。自此以后，全美各地相继成立了各种消费者组织。1898 年这些消费者组织联合成立了一个全国性的消费者组织——“美

---

① 潘静成、刘文华主编：《经济法》，中国人民大学出版社 2008 年版，第 237 页。

② 史际春主编：《经济法》，中国人民大学出版社 2005 年版，第 641 页。

③ 符启林主编：《消费者权益保护法概论》，南海出版社 2007 年版，第 5 页。

国消费者同盟”(Consumer Federation of America),这也是世界上第一个全国性的消费者组织。美国最早的消费者运动是争取洁净食品和药品为目标的。20 世纪 60 年代以后,由于经济和技术的高速发展,美国消费者运动呈现出新的特征。这一时期,消费者运动所涉及的领域进一步拓展,开始从食物和药品等一般消费品,逐步延伸到汽车等耐用消费品领域,并进而扩及公私机构对消费者受害事件受理的态度、服务的质量及环境损害等领域。

日本消费者运动发展于第二次世界大战以后。第二次世界大战结束之后,日本经济全面瘫痪,消费品奇缺,一些不法厂商趁机生产伪劣商品。1948 年 9 月,深受劣质火柴之害的一些家庭主妇召开“清除劣质火柴大会”。会后,成立了日本主妇协会,揭开了日本消费者运动的序幕。进入 20 世纪 70 年代以后,日本消费者运动目标进一步扩大,除食品及日用消费品的卫生和安全问题外,在实现公平交易,制止不正当营销手段,取缔不公平交易习惯等方面也提出了更高的要求。

除美日以外,消费者运动在其他国家也如雨后春笋般蓬勃兴起。德国、英国、荷兰、法国于 20 世纪 50 年代相继成立了全国性消费者团体;1962 年成立了欧洲消费者同盟。1960 年,美国、英国、荷兰、澳大利亚、比利时 5 国消费者组织在海牙发起成立国际消费者组织联盟(International Organization of Consumers Unions,IOCU)。

在我国,改革开放以来,消费者问题大量发生,消费者保护运动兴起且发展迅速。其特点是,从一开始即在政府的自觉引导和全力支持下进行。1983 年,河北省新乐县消费者协会成立,其初衷是由工商局牵头,建立一个“不收费的”、“维护老百姓利益”的群众组织,成为中国大陆第一个消费者协会。1984 年,广州市消费者委员会、哈尔滨市消费者协会和中国消费者协会先后成立。在消费者保护立法方面,福建首开先河,1987 年制定了《福建省保护消费者合法权益条例》,随后大多数省、市、自治区都加以效仿,制定了各自保护消费者权益的地方性法规。1987 年,中国消费者协会加入国际消费者组织联盟。1993 年,《消费者权益保护法》出台,并于 1994 年开始施行。随后,我国于 2009 年、2013 年对《消费者权益保护法》进行了修正。

二、消费者与消费者权利

(一)消费者

在我国《消费者权益保护法》制定过程中,关于何为消费者,理论界争议较大,迄今为止学界看法也不完全一致。一种意见认为,《消费者权益保护法》的立法目的是保护在市场交易中处于弱者地位的个体社会成员,而单位是有组织的群体,并不像个人那样处于弱者地位。单位在生活消费中,当其合法权益受损害时,可以依照有关合同法等法律法规获得保护。另一种意见则认为,单位购买、使用商品和接受服务的目的有两种:一是为了生产经营;二是为本单位成员满足物质、文化生活需要。当单位处于第二种情况时,就是消费者。而且,每一个单位为本单位成员满足物质、文化生活需要而购买、使用商品和接受服务时,与经营者相比同样处于不平等的地位,也是弱者,同样需要受到保护。

我们认为，不应将单位规定为消费者，而应将消费者限制在个体社会成员的范围内。现代《消费者权益保护法》是在对市场经济条件下消费者弱者地位充分认识的基础上对消费者予以特别保护的立法，如果将消费者的范围规定得过广，将各种社会团体和组织都视为消费者，那么，以此为指导方针而制定的法律必然会忽视个体消费者的弱势地位，对其给予特殊保护也就会失去理论上的依据。具体来说，所谓消费者，是指为了满足生活消费需要而购买、使用商品或者接受服务的个体社会成员。对此，可以从以下三个方面来理解：

1. 消费者是个体社会成员，即自然人

消费者包括一个国家领域内所有的人，包括居住、生活在该国家的外国人、无国籍人。我国在《消费者权益保护法》出台之前，一些地方性法规多规定消费者包括单位和个人。关于消费者的外延，不局限于"公民"，但是不应当包括单位和法人。由于单位或法人有足够的经济实力或团体力量与经营者抗衡，在相关的交易关系中不具有"弱者"地位，所以无须对其予以特殊保护。如果单位购买商品发给职工，产品存在质量问题，单位可以依《合同法》追究经营者责任，若是产品责任，消费者也可以直接起诉生产者，因为产品责任不依赖于合同关系，行政监管、刑事责任的追究当然就更不依赖于合同关系了。[①] 对消费者的界定，国际上基本达成共识。如《布莱克法律词典》的定义是"消费者是为个人、家庭或家用而非转售目的而购买商品或服务的个人，以及为个人目的而非商业目的使用产品的自然人"。[②] 1978 年，国际标准化组织消费者政策委员会在日内瓦召开的首次年会上，把消费者定义为"以个人消费为目的而购买或使用商品或服务的个体社会成员"。而英国 1974 年颁布的《消费者信用法》中的消费者也是以个人为限的。[③]

2. 消费者是获取生活资料，满足自身生活消费需要的个人

消费者获取商品或服务是为了满足生活消费，而不是为了生产消费，已为各国消费者保护法所确认。但"生活消费"的内涵也是不断发展变化的。随着经济发展和生活质量的提高，生存型消费在人们整个生活消费中的比例逐渐降低，发展型、享受型甚至奢侈型消费在整个生活消费中的比例在逐渐扩大。由于生活资料与生产资料并非绝对的区分，有些商品既可以用于生活消费，也可用于生产消费，甚至用于打假索赔。判断是否为了生活消费，法学界存在不同看法。一种观点强调"为生活消费需要"的主观目的标准，判断的方法是凭一般人的社会生活经验的"经验法则"，即"主观说"。举例来说，一般人一次购买、使用一两部手机就足够了，如果一次购买六七部手机，就不能认定"为生活消费的需要"，因为不符合一般人的社会生活经验。[④] 知假买假而打假的行为，

---

① 史际春："公益诉讼和消费者保护法制"，载史际春主编：《经济法学评论》（第 7 卷），中国法制出版社 2007 年版。

② 史际春主编：《经济法》，中国人民大学出版社 2005 年版，第 641 页。

③ 张严方著：《消费者保护法研究》，法律出版社 2003 年版，第 119 页。

④ 梁慧星："关于消法 49 条的解释适用"，载《人民法院报》2001 年 3 月 29 日。

在客观上对经营者具有惩罚和威慑作用,但是知假买假者也获得了不正当利益。如果法律予以保护,实质上无异于将公权力(运用行政权力惩治不法经营者)适用的范围扩大到普通个人,而当公权力为私人行使时,如同警察的治安权力为居民所自行行使的情形一样,必然形成道德风险,公共秩序可能遭受根本性损害。① 另一种观点认为,个人是否具有生活消费的主观目的是"通过购买、使用商品或者接受服务"的客观行为推定得知,即"客观说"。② 也就是说,只要购买、使用或接受生活消费品或服务的个人,即为消费者,而不能根据消费者事后将购买的商品用于什么用途来推定此前交易行为的性质。③

我们赞同后一种观点。在司法实践中,判断是否为了生活消费的主观目的往往十分困难,而且知假买假而打假的行为只能通过司法程序达到目的,没有明显的社会危害,有助于净化经营行为,维护社会公众合法权益。

3. 消费者购买、使用的商品和接受的服务是经营者提供的

消费者不仅包括购买商品或服务的人,也包括使用商品或接受服务的人。但是,作为消费者使用的商品,应当是他人生产、制造的而不是自己生产、制造的。作为消费者,其消费的商品和服务是其自己或其他人通过一定的方式从经营者那里获得的。一定的方式通常是指支付商品、服务的价格而购买,但又仅限于购买。通过支付任何形式的代价(如劳动、提供便利等)而获得经营者的商品和服务,也应当属于消费者。甚至不支付任何代价而由经营者赠与的商品或服务的使用者,亦属消费者的范围。④

(二)消费者权利

消费者权利是消费者权益保护法的核心内容。消费者权利是指消费者权益保护法所确认的,消费者在购买、使用商品或接受服务时为或者不为一定行为,以实现其利益的能力或资格。消费者权利有别于消费者主权、消费者利益和消费者权益。消费者主权是经济学中的一个概念,是指消费者根据自己的意愿和喜好选购商品,他(她)所花的每一元钱都等于一张对生产者的选票,由此主导社会的生产。消费者主权的思想并非是现代消费者运动的结果,而是商品经济的必然结果。消费者权益可以理解为消费者的权利和利益的合称。消费者利益是内容,消费者权利是形式和保障手段。"消费者权利的基本性质是生存权、发展权和其他基本人权,是包含财产权、人身权等多种民事、经济权利在内的综合性权利。"⑤消费者权利具有下列特征:

1. 消费者的权利是与消费者的特定身份相联系的

消费者权利的主体是消费者,只有以消费者的身份购买、使用商品或者接受服务才

---

① 张严方著:《消费者保护法研究》,法律出版社 2003 年版,第 132 页。
② 许建宇:"完善消费者立法若干基本问题研究",载《浙江学刊》2001 年第 1 期。
③ 吕忠梅、陈虹著:《经济法原论》(第 2 版),法律出版社 2008 年版,第 406 页。
④ 李昌麒、许明月编著:《消费者保护法》,法律出版社 2014 年版,第 66 ~ 67 页。
⑤ 潘静成、刘文华主编:《经济法》,中国人民大学出版社 2008 年版,第 242 页。

能享有这些权利。同时,消费者的主体身份是在经营者向社会不特定公众公开销售的场合中形成的,只要购买、使用或者接受生活消费品或服务,就具备了消费者身份。

2. 消费者的权利是法律基于消费者的弱者地位而特别赋予的权利

由于消费者相对于经营者具有明显的弱势地位,任由意思自治,则消费者权利难以通过约定实现,消费者权益会受到极大损害。现代国家将消费者的权利法定化,充分体现了法律对消费者给予特殊保护的立场。

3. 消费者的权利通常是法定权利

消费者权利的内容是法律直接加以规定的,无须当事人约定,消费者依法享有这些权利。作为法定权利,消费者权利具有强制性,经营者以任何方式限制、剥夺消费者权利的行为都是无效的。

三、消费者权益保护法的概念与调整范围

关于消费者权益保护法,通常有狭义和广义两种不同的理解。广义上的消费者权益保护法,是指有关消费者权益保护的各种法律、法规,包括消费者权益保护法、反不正当竞争法、反垄断法、产品质量法、食品安全法、价格法等。狭义上的消费者权益保护法,是指有关消费者权益保护的专门立法,又称形式意义上的消费者权益保护法,如我国的《消费者权益保护法》。本章使用的消费者权益保护法除以《消费者权益保护法》标明外,皆为广义上的消费者权益保护法。

(一)消费者权益保护法的概念

关于消费者权益保护法,我国法学界有不同认识,归纳起来主要有两种定义方法。第一种是从调整对象的角度对消费者权益保护法进行界定,又分为三方关系说和双方关系说。三方关系说认为,消费者权益保护法的调整对象分三种类型:一是国家与生产经营者之间的关系;二是国家与消费者之间的关系;三是经营者与消费者之间的关系。双方关系说认为,消费者权益保护法只调整经营者与消费者之间的关系。第二种是从法律的基本功能的角度对消费者权益保护法进行界定。① 由于消费者权益保护法非独立的法律部门,也不具备独立的调整对象,只是其组成部分的各种法律规范都具有相同的功能,即保护消费者的利益。所以第一种定义方法不够严谨,没有强调消费者权益保护法的本质特征;第二种定义方法比较科学,但需要从调整对象的角度辅助说明。而对于消费者权益保护法的调整对象,三方关系说是法学界的通说。

我们认为,消费者权益保护法是指以保护消费者利益为宗旨,调整消费者满足生活消费购买、使用或者接受经营者提供的商品或者服务的过程中,所发生的有关消费者、经营者、国家机关、社会组织等各方关系的法律规范的总称。

(二)消费者权益保护法的调整范围

消费者权益保护法的调整范围主要是消费者、经营者和国家三方关系,除此之外,

---

① 李昌麒、许明月编著:《消费者保护法》,法律出版社 2014 年版,第 41 页。

依法律规定,农民购买、使用直接用于农业生产的生产资料,也属于消费者权益保护法的调整范围。农民作为生产消费主体,在经济实力、社会地位、掌握的信息和谈判能力等方面,甚至比城市的工薪消费者更弱,在购买种子、农药、肥料等生产资料时,经常遭受不法厂商的侵害,因此,参照《消费者权益保护法》执行十分必要,也合乎国情。

1. 经营者与消费者之间的关系

这是一种横向经济关系。经营者包括生产者、销售者和服务提供者。经营者与消费者之间是买卖关系、服务与被服务等合同关系。这种关系是受合同法调整的,只是涉及消费者权利、经营者义务和责任方面要优先适用消费者权益保护法。经营者不仅要信守合同,而且要遵守国家保护消费者利益的法律,使消费者权益得到有效保护。而生产者与销售者、服务提供者之间的关系,是另一层法律关系,不属于消费者权益保护法调整的范围。

2. 国家与经营者之间的关系

即有关国家机关与经营者之间的关系,是一种纵向的管理关系和监督关系。包括国家专业职能部门、行业管理部门对经营者生产经营活动的监督管理关系,也包括司法机关对违法经营者的制裁关系。

3. 国家与消费者之间的关系

这主要是一种指导关系,其实质是一种服务关系。负责保护消费者利益职责的有关国家机关,通过各种手段为消费者提供信息和消费知识方面的教育等。

4. 其他个人或组织对经营者的监督关系

保护消费者的合法权益是全社会的共同责任。国家鼓励、支持一切组织和个人对损害消费者合法权益的行为进行社会监督。消费者以外的其他个人和组织均有权就消费者问题进行监督,消费者组织和大众媒体对此负有不可推卸的责任。

第二节　消费者的权利与经营者的义务

消费者权益保护法对双方当事人之间利益关系的调整,采取了完全不同于民商法所采取的均等保护的方法与手段,而是以保护消费者利益为宗旨,赋予消费者更多的权利,规定经营者更严格的义务,在权利配置上明显向消费者倾斜。消费者权益保护法之所以具有这种权利(利益)配置的倾斜性,主要是因为消费者在市场交易中的弱势地位。消费者权利与消费者运动相伴而生,后来得到法律的确认,其内容和种类经历了不断丰富、发展的过程。1962 年美国总统肯尼迪在其国情咨文中第一次提出了消费者权利概念,其中包括四项权利:有权获得安全保障;有权正确理解商品;有权自由选择商品;有权提出消费意见。1969 年美国总统尼克松又加上“求偿权”。欧洲《消费者保护宪章》也提出五项权利,即消费者享有要求保护和援助的权利、求偿权、知情权、受消费教育权、获得代表机构和咨询服务的权利。1983 年,国际消费者联盟总结了消费者的八大权利,包括满足基本需求权、安全权、知情权、选择权、表达申诉权、求偿权、受消费者教育权、健康环境权。我国1993年颁布的《消费者权益保护法》提出了九项权利,2013年修正后的《消费者权益保护法》对消费者权利又作了适当扩充。

一、我国消费者的权利

(一)保障安全权

保障安全权是消费者最基本的权利,它是消费者在购买、使用商品和接受服务时所享有的保障其人身、财产安全不受损害的权利。作为消费者最重要的权利,除《消费者权益保护法》外,《食品安全法》、《药品管理法》、《产品质量法》等法律也对某一方面的消费者安全问题作了具体规定。保障安全权包括两个方面的内容:人身安全权和财产安全权。人身安全权是消费者的生命和身体健康不受侵犯的权利;财产安全权是消费者的财产不受损失的权利,财产损失有时表现为财产外观上发生损毁,有时表现为价值的减少。

需注意的是,保障安全权不仅是指消费者购买的商品或服务本身是安全的,而且还应包括整个消费的过程也应当是安全的。究其原因,主要在于无论是消费合同尚未成立还是消费合同已经成立,经营者均应负安全保护义务。鉴此,2013年修正后的《消费者权益保护法》第18条第2款规定:"宾馆、商场、餐馆、银行、机场、车站、港口、影剧院等经营场所的经营者,应当对消费者尽到安全保障义务。"

(二)知悉真情权

知悉真情权,或称知情权,是消费者享有的知悉其购买、使用的商品或者接受的服务有关的真实情况的权利。之所以强调消费者的知情权,主要在于在消费者与经营者之间存在着严重的信息不对称。消费者只有对商品或服务的真实情况有所知晓,才能对商品和服务是否能满足其现实需要作出正确的判断,作出符合其真实意思表示的消费选择,有效地防止消费安全事故。

依据《消费者权益保护法》规定,消费者有权根据商品或者服务的不同情况,要求经营者提供商品的价格、产地、生产者、用途、性能、规格、等级、主要成分、生产日期、有效期限、检验合格证明、使用方法说明书、售后服务,或者服务的内容、规格、费用等有关情况。但由于商品、服务的具体形态不同,有些商品的信息没有必要面面俱到,而另一些商品和服务需要披露的信息可能超出上述范围,所以信息披露的具体内容应当根据不同商品和服务的具体情况来确定。

(三)自主选择权

自主选择权,是指消费者享有的根据自己的意愿选择商品或者服务的权利。消费者的自主权是消费者权利的核心,自主选择权便是消费者自主权的直接、具体的体现。自主选择权包括以下几个方面:一是自主选择提供商品或者服务的经营者的权利;二是自主选择商品品种或者服务方式的权利;三是自主决定购买或者不购买任何一种商品、接受或者不接受任何一项服务的权利;四是在自主选择商品或服务时所享有的进行比较、鉴别和挑选的权利。

(四)公平交易权

公平交易权,是指消费者在购买商品或者接受服务时所享有的获得公平的交易条件的权利。消费者的公平交易权要求,首先,商品应当具备公众普遍认为其应当具有的功能,如食品可以安全食用,药品具有一定的治疗效果,等等。其次,商品或服务的定价合理。商品的价格应当与质量保持一致,优质高价,劣质低价,不得销售劣质高价的商品。但是现实中商品或服务的价格的形成机制十分复杂,受成本、供求关系等直接影响,也与产品定位等有关,只要是有效竞争中形成的价格,价格透明,消费者自由选择,就可以认为价格是合理的。再次,商品的计量应当正确,不得克扣、短斤少两。最后,交易必须在消费者自愿的基础上进行。为保障消费者公平交易权,2013 年修正后的《消费者权益保护法》第 16 条第 3 款新增规定:"经营者向消费者提供商品或者服务,应当恪守社会公德,诚信经营,保障消费者的合法权益;不得设定不公平、不合理的交易条件,不得强制交易"。

(五)依法求偿权

依法求偿权是指消费者在因购买、使用商品或者接受服务而受到人身、财产损害时,依法享有的要求并获得赔偿的权利。无论是购买商品的使用者,还是使用商品的消费者,或者既没有购买也没有使用商品的第三人,只要经营者的商品对他们造成了财产或人身伤害,均可依法获得赔偿。依法求偿权是弥补消费者所受损害的必不可少的救济性权利,既要求经营者在与消费者关系中自觉承担法律责任,更要求国家建立适当的投诉、处理、调节、仲裁、诉讼等的制度或机制,以方便消费者通过便捷、正当的途径寻求救济。

值得一提的是,2013 年修正后的《消费者权益保护法》在赔偿方面作了较大修改:一是加大了对消费欺诈行为的惩罚性赔偿的力度。所谓欺诈消费者的行为,就是指经营者在提供商品或者服务中,采取虚假或者其他不正当手段欺骗、误导消费者,使消费者的合法权益受到损害的行为。该法第 55 条第 1 款规定:"经营者提供商品或者服务有欺诈行为的,应当按照消费者的要求增加赔偿其受到的损失,增加赔偿的金额为消费者购买商品的价款或者接受服务的费用的三倍;增加赔偿的金额不足五百元的,为五百元。法律另有规定的,依照其规定"。据此规定,修正后的《消费者权益保护法》不仅将赔偿的倍数由原来的"假一赔二"变为"假一赔三",而且对赔偿的最低数额进行确定。因此,能更有效地制止消费欺诈行为的发生。二是规定了一般侵权损害的惩罚性赔偿。该法第 55 条第 2 款规定:"经营者明知商品或者服务存在缺陷,仍然向消费者提供,造成消费者或者其他受害人死亡或者健康严重损害的,受害人有权要求经营者依照本法第四十九条、第五十一条等法律规定赔偿损失,并有权要求所受损失二倍以下的惩罚性赔偿"。从某种程度上说,新《消费者权益保护法》第 55 条第 2 款是对《侵权责任法》第 47 条的延续和进一步规定,体现在两个方面:其一,扩大了适用的客体,《侵权责任法》第 47 条规定在第五章产品责任中,其适用的客体是产品,具体到第 47 条,适用的客体是有缺陷的产品,而新《消费者权益保护法》第 55 条第 2 款适用的客体不仅仅是有缺陷的产品，还包括有缺陷的服务，扩大了适用的客体范围；其二，明确了惩罚性赔偿数额的限度，《侵权责任法》第47条仅仅规定"相应"的惩罚性赔偿，并无具体的确定方法，而新《消费者权益保护法》第55条第2款明确规定了为"损失的二倍"以内，按照新法优于旧法的法理，在缺陷产品致人死亡或健康严重受损之时，惩罚性赔偿的力度为所受损失的两倍以内，而所受损失则应依据新《消费者权益保护法》第49条、第51条来计算。①

（六）网络消费者的退货权

随着互联网的兴起和消费者消费习惯的变化，网络消费于近年来渐成时尚。但网络消费在给消费者带来极大便利的同时，也因为信息不对称等原因致使消费者权益受到损害。鉴此，2013年修正后的《消费者权益保护法》借鉴国外立法经验，规定了网络消费者的一定期限内的退货权（或称反悔权）。该法第25条第1～2款规定："经营者采用网络、电视、电话、邮购等方式销售商品，消费者有权自收到商品之日起七日内退货，且无需说明理由，但下列商品除外：（一）消费者定作的；（二）鲜活易腐的；（三）在线下载或者消费者拆封的音像制品、计算机软件等数字化商品；（四）交付的报纸、期刊。除前款所列商品外，其他根据商品性质并经消费者在购买时确认不宜退货的商品，不适用无理由退货"。需要注意的是，后悔权并不适合所有商品。反悔权仅适用于网络等远程购物方式，消费者直接到商店购买的物品，不适用该规定。另外，反悔权的期限是7日内，且根据商品性质不宜退货的商品，也不在此列。

（七）依法结杜权

依法结社权是指消费者享有的依法成立维护自身合法权益的社会组织的权利。消费者通过结社，改变弱小、分散的局面，可以加强其与经营者抗衡的力量，在消费者运动和消费者法的发展中起了关键性的作用。消费者可以组织社会团体，对经营者的行为进行监督，对消费者提供各种帮助、支持，代表消费者参与政府决策，反映消费者呼声，加强消费者教育，为消费者提供各种服务。但是消费者应当依法行使结社权，设立社团时，消费者必须遵循法定程序，消费者社团成立后只能在法律及其章程规定的范围内进行活动。

（八）接受教育权

接受教育权，也称知识获取权，是从知悉真情权中引申出来的一种消费者权利，它是消费者所享有的获得有关消费和消费者权益保护方面的知识的权利。只有保障消费者的接受教育权，才能使消费者更好地掌握所需商品或者服务的知识和使用技能，保护好自己的合法权益。实现消费者接受教育权的途径是多种多样的，如督促经营者充分客观地披露有关商品、服务的信息，通过各种制度和措施促进有关知识的及时传播。

（九）受尊重权

受尊重权是指消费者在购买、使用商品和接受服务时所享有的其人格尊严、民族风

① 郑志峰、苏双："解读《新消法》第55条惩罚性赔偿条款"，资料来源 http://www.chinacourt.org/article/detail/2013/10/id/1116452.shtml，最后访问时间2015年11月18日。

俗习惯得到尊重,个人信息依法得到保护的权利。具体而言,首先,消费者的人格权不受侵犯。非法侵害他人生命和健康,盗用、假冒他人姓名,未经本人同意以营利为目的使用他人肖像,以侮辱诽谤等方式损害公民的名誉等,都是侵犯人格权的行为。经营者侵犯消费者人格权通常表现为对消费者进行殴打、辱骂、强行搜身、非法拘禁等。其次,消费者的民族风俗习惯应受到尊重。经营者在商品包装、商标及广告中不得使用有损少数民族形象的文字、图画,不得强迫少数民族消费者接受本民族禁忌的食品或其他商品。最后,消费者的个人信息依法得到保护的权利不得侵害。个人信息是与特定消费者个体身份相关的,对特定消费者个体有识别效果的信息。如消费者姓名、出生日期、身份证号码、户籍、教育背景、职业、健康、身体状况、财务状况等方面的信息。在消费者消费过程中,经营者获取的相关个人信息,不得泄露、出售或非法向他人提供消费者个人信息,不得未经消费者同意而向其发送商业性信息。①

(十)监督批评权

依据《消费者权益保护法》规定,消费者享有对商品和服务以及保护消费者权益工作进行监督的权利。消费者的监督批评权主要包括两个方面:一是对经营者提供商品和服务的行为进行监督,如经营者销售假冒伪劣商品、虚假宣传、侵犯消费者人格等不法行为。二是对消费者保护工作的监督。主要是对国家机关及其工作人员在消费者保护工作中的违法失职行为进行的监督。

二、我国经营者的义务

由于经营者是为消费者提供商品和服务的市场主体,是与消费者直接进行交易的另一方,因此,明确经营者的义务对于保护消费者权益至为重要。我国《消费者权益保护法》第三章较为全面地规定了在保护消费者权益方面经营者所负有的下列义务:

(一)依法定或约定履行义务

经营者向消费者提供商品或服务,应当依照《消费者权益保护法》和其他有关法律、法规的规定履行义务,即经营者必须依法履行其法定义务。经营者和消费者有约定的,应当按照约定履行义务,但双方的约定不得违背法律、法规的强行性规定。即便没有明确的法律规定或约定,经营者也要恪守社会公德,诚实经营,不得设定不公平、不合理的交易条件,不得强制交易。2013 年修正后的《消费者权益保护法》第 23 条第 1 款规定:“经营者应当保证在正常使用商品或者接受服务的情况下其提供的商品或者服务应当具有的质量、性能、用途和有效期限;但消费者在购买该商品或者接受该服务前已经知道其存在瑕疵,且存在该瑕疵不违反法律强制性规定的除外”;第 2 款规定:“经营者以广告、产品说明、实物样品或者其他方式表明商品或者服务的质量状况的,应当保证其提供的商品或者服务的实际质量与表明的质量状况相符”。

(二)接受监督的义务

经营者应当虚心听取消费者关于商品或者服务的看法、批评和建议,把消费者的意

---

① 吴宏伟主编:《消费者权益保护法》,中国人民大学出版社 2014 年版,第 28 页。

见作为改进商品质量、提高服务水平的重要依据,自觉接受消费者和消费者组织的监督和考察。这是与消费者的监督批评权相对应的经营者义务。经营者不仅要接受消费者的监督,而且还应当接受社会监督。

（三）保障人身和财产安全的义务

这是与消费者的保障安全权相对应的经营者的义务。经营者应当保证其提供的商品或者服务符合保障人身、财产安全的要求。对可能危及人身、财产安全的商品和服务,应当向消费者作出真实的说明和明确的警示,并说明和标明正确使用商品或者接受服务的方法以及防止危害发生的方法。2013 年修改后的《消费者权益保护法》第 19 条规定:“经营者发现其提供的商品或者服务存在缺陷,有危及人身、财产安全危险的,应当立即向有关行政部门报告和告知消费者,并采取停止销售、警示、召回、无害化处理、销毁、停止生产或者服务等措施。采取召回措施的,经营者应当承担消费者因商品被召回支出的必要费用。”

（四）提供真实、全面信息的义务

这是与消费者的知悉真情权相对应的经营者的义务。经营者应当向消费者提供有关商品或者服务的真实信息,不得作引人误解的虚假宣传。经营者对消费者就其提供的商品或者服务的质量、使用方法等问题提出的询问,应当作出真实、明确的答复。经营者提供商品或者服务应当明码标价,不得在标价之外收取任何没有标明的费用。2013 年修改后的《消费者权益保护法》第 20 条第 1 款规定:“经营者向消费者提供有关商品或者服务的质量、性能、用途、有效期限等信息,应当真实、全面,不得作虚假或者引人误解的宣传。”第 3 款规定:“经营者提供商品或者服务应当明码标价。”

值得一提的是,修正后的《消费者权益保护法》新增了网络等非现场购物信息披露制度。该法第 28 条规定:“采用网络、电视、电话、邮购等方式提供商品或者服务的经营者,以及提供证券、保险、银行等金融服务的经营者,应当向消费者提供经营地址、联系方式、商品或者服务的数量和质量、价款或者费用、履行期限和方式、安全注意事项和风险警示、售后服务、民事责任等信息。”这对于保障消费者的知情权,便于消费者明确经营主体,解决非现场购物面临的突出问题等,具有积极意义。

（五）标明经营者真实名称和标记的义务

经营者应当标明其真实名称和标记。租赁他人柜台或者场地的经营者,应当标明其真实名称和标记。规定生产经营者承担标明其真实名称和标记的义务,一方面保证了消费者依据企业名称或营业标记,正确判断商品或服务的来源,并作出恰当的消费决策;另一方面在发生侵害消费者的行为时,方便找到商品的提供者,从而使消费者的合法权益得到切实有效的保护。

（六）出具相应的凭证和单据的义务

经营者提供商品或者服务,应当按照国家有关规定或者商业惯例向消费者出具购货凭证或者服务单据;消费者索要购货凭证或者服务单据的,经营者必须出具,这是经营者的义务。由于购货凭证或者服务单据具有重要的证据价值,对于界定消费者和经营者的权利义务亦具有重要意义,明确经营者出具相应的凭证和单据的义务,有利于保护消费者权益。

(七)提供符合要求的商品或服务的义务

经营者应当保证在正常使用商品或者提供服务的情况下,其提供的商品或者服务应当具有的质量、性能、用途和有效期限。经营者以广告、产品说明、实物样品或者其他方式表明商品或者服务的质量状况的,应当保证其提供的商品或者服务的实际质量与表明的质量状况相符。

经营者提供的机动车、计算机、电视机、电冰箱、空调器、洗衣机等耐用商品或者装饰装修等服务,消费者自接受商品或者服务之日起6个月内发现瑕疵,经营者承担有关瑕疵的举证责任;经营者只有证明瑕疵不是商品所固有的,或不是经营者服务不当造成的,而是其他原因,才能免除责任。

(八)承担“三包”和其他责任的义务

修正后的《消费者权益保护法》第24条规定:“经营者提供的商品或者服务不符合质量要求的,消费者可以依照国家规定、当事人约定退货,或者要求经营者履行更换、修理等义务。没有国家规定和当事人约定的,消费者可以自收到商品之日起七日内退货;七日后符合法定解除合同条件的,消费者可以及时退货,不符合法定解除合同条件的,可以要求经营者履行更换、修理等义务。依照前款规定进行退货、更换、修理的,经营者应当承担运输等必要费用。”

(九)不得不当免责的义务

经营者在经营活动中使用格式条款的,应当以显著方式提请消费者注意商品或者服务的数量和质量、价款或者费用、履行期限和方式、安全注意事项和风险警示、售后服务、民事责任等与消费者有重大利害关系的内容,并按照消费者的要求予以说明。经营者不得以格式条款、通知、声明、店堂告示等方式,作出排除或者限制消费者权利、减轻或者免除经营者责任、加重消费者责任等对消费者不公平、不合理的规定,不得利用格式条款并借助技术手段强制交易。格式条款、通知、声明、店堂告示等含有前款所列内容的,其内容无效。

(十)不得侵犯消费者人身权的义务

消费者的人身权是其基本人权,消费者的人身自由、人格尊严不受侵犯。经营者不得对消费者进行侮辱、诽谤,不得搜查消费者的身体及其携带的物品,不得侵犯消费者的人身自由。

(十一)保护消费者个人信息的义务

在消费实践中,消费者信息被泄露的情况经常发生,严重影响了消费者的正常生活。鉴此,2013年修正后的《消费者权益保护法》增加规定了经营者保护消费者个人信息的义务。该法第29条规定:“经营者收集、使用消费者个人信息,应当遵循合法、正当、必要的原则,明示收集、使用信息的目的、方式和范围,并经消费者同意。经营者收集、使用消费者个人信息，应当公开其收集、使用规则，不得违反法律、法规的规定和双方的约定收集、使用信息。经营者及其工作人员对收集的消费者个人信息必须严格保密，不得泄露、出售或者非法向他人提供。经营者应当采取技术措施和其他必要措施，确保信息安全，防止消费者个人信息泄露、丢失。在发生或者可能发生信息泄露、丢失的情况时，应当立即采取补救措施。经营者未经消费者同意或者请求，或者消费者明确表示拒绝的，不得向其发送商业性信息。”明确个人信息的保护，并把个人信息作为一种权益确认下来，这也是《消费者权益保护法》修订的一大亮点。

第三节 消费者权益争议的解决

一、消费者权益争议的解决途径

消费者权益争议的解决，大致包括协商、调解、仲裁、诉讼等途径。根据我国《消费者权益保护法》规定，消费者与经营者发生消费者权益争议的，可以通过下列途径解决：

（一）与经营者协商和解

协商和解是指在争议发生后，消费者与经营者在自愿、平等的基础上就有关争议进行协商、交换意见而最终达成解决争议的方案。协商和解是消费者的一种自力救济方式，也是解决消费者纠纷的一种最常见的形式之一。这种方式具有简便、高效、经济的特点，且由于消费者争议大多是金额不大、案情比较简单的争议，因此，协商解决在实际生活中运用最为普遍。

（二）请求消费者协会调解

消费者协会调解，是指消费者和经营者将争议提交消费者协会居中调和，双方相互协商调解，从而达成解决争议的协议的方式。消费者协会在调解过程中应充分尊重当事人的意愿，调解协议达成后，可以督促当事人履行，但不得强迫。当事人不愿意调解或调解不能达成协议或达成协议后一方反悔的，都可以通过仲裁或诉讼解决争议。

（三）向有关行政部门投诉

向有关行政机关投诉，是指向工商行政管理机关、技术监督机关及各有关专业部门投诉，有关行政部门对于消费者的投诉，应予以接受、及时答复和处理。国家行政机关处理消费者争议纠纷所作出的决定一般不具有强制执行的效力，也不能直接作为人民法院强制执行的依据。当事人不服的，可以向法院起诉。

（四）提请仲裁机构仲裁

仲裁协议是仲裁解决纠纷的前提，当事人之间没有仲裁协议的，不能申请仲裁。仲裁裁决具有强制性，对双方当事人具有拘束力，当事人应当履行，否则一方可请求人民法院强制执行。

（五）向人民法院提起诉讼

法院代表国家行使审判权，其判决具有强制力，法院可以依自身职权强制执行生效判决。消费者可以向人民法院起诉，要求解决争议。

近年来，我国不断出现侵犯消费者权益的群体性消费事件，但对于消费纠纷数额较小的事件，相当多的消费者衡量维权成本后，出于各种原因不愿意维权。鉴此，2013 年修正后的《消费者权益保护法》明确了消费者协会的诉讼主体地位，对于群体性消费事件，消费者可以请求消费者协会提起公益诉讼。该法第 37 条第 1 款规定："消费者协会履行下列公益性职责……（七）就损害消费者合法权益的行为，支持受损害的消费者提起诉讼或者依照本法提起诉讼……"第 47 条规定："对侵害众多消费者合法权益的行为，中国消费者协会以及在省、自治区、直辖市设立的消费者协会，可以向人民法院提起诉讼。"

二、损害赔偿责任主体

（一）由生产者、销售者、服务者承担

1. 消费者在购买、使用商品时，其合法权益受到损害的，可以向销售者要求赔偿。销售者赔偿后，属于生产者的责任或者属于向销售者提供商品的其他销售者的责任的，销售者有权向生产者或者其他销售者追偿。

2. 消费者或者其他受害人因商品缺陷造成人身、财产损害的，可以向销售者要求赔偿，也可以向生产者要求赔偿。属于生产者责任的，销售者赔偿后，有权向生产者追偿。属于销售者责任的，生产者赔偿后，有权向销售者追偿。

3. 消费者在接受服务时，其合法权益受到损害的，可以向服务者要求赔偿。

4. 消费者在展览会、租赁柜台购买商品或者接受服务，其合法权益受到损害的，可以向销售者或者服务者要求赔偿。展览会结束或者柜台租赁期满后，也可以向展览会的举办者、柜台的出租者要求赔偿。展览会的举办者、柜台的出租者赔偿后，有权向销售者或者服务者追偿。

值得一提的是，修正后的《消费者权益保护法》为解决消费者举证难的问题，实行举证责任倒置。该法第 23 条第 3 款规定："经营者提供的机动车、计算机、电视机、电冰箱、空调器、洗衣机等耐用商品或者装饰装修等服务，消费者自接受商品或者服务之日起六个月内发现瑕疵，发生争议的，由经营者承担有关瑕疵的举证责任。"

（二）由变更后的企业承担

消费者在购买、使用商品或者接受服务时，其合法权益受到损害，因企业分立、合并的，可以向变更后承受其权利义务的企业要求赔偿。

（三）由营业执照的使用人或持有人承担

使用他人营业执照的违法经营者提供商品或者服务，损害消费者合法权益的，消费者可以向其要求赔偿，也可以向营业执照的持有人要求赔偿。

（四）由虚假广告行为的经营者和发布者承担

消费者因经营者利用虚假广告或者其他虚假宣传方式提供商品或者服务，其合法权益受到损害的,可以向经营者要求赔偿。广告经营者、发布者发布虚假广告的,消费者可以请求行政主管部门予以惩处。广告经营者、发布者不能提供经营者的真实名称、地址和有效联系方式的,应当承担赔偿责任。

针对大量虚假广告充斥电视节目、明星代言产品质量参差不齐等损害消费者权益的情况,修正后的《消费者权益保护法》强化了虚假广告代言人及发布者的连带责任。该法第45条第2款规定:“广告经营者、发布者设计、制作、发布关系消费者生命健康商品或者服务的虚假广告,造成消费者损害的,应当与提供该商品或者服务的经营者承担连带责任。”第3款规定:“社会团体或者其他组织、个人在关系消费者生命健康商品或者服务的虚假广告或者其他虚假宣传中向消费者推荐商品或者服务,造成消费者损害的,应当与提供该商品或者服务的经营者承担连带责任。”

(五)社会团体、其他组织和个人承担

社会团体或者其他组织、个人,在关系消费者生命健康商品或者服务的虚假广告或者其他虚假宣传中,向消费者推荐商品或者服务,造成消费者损害的,应当与提供该商品或者服务的经营者承担连带责任。

(六)网络交易平台提供者承担

消费者通过网络交易平台购买商品或者接受服务,其合法权益受到损害的,网络交易平台提供者不能提供销售者或者服务者的真实名称、地址和有效联系方式的,消费者也可以向网络交易平台提供者要求赔偿;网络交易平台提供者作出更有利于消费者的承诺的,应当履行承诺。网络交易平台提供者赔偿后,有权向销售者或者服务者追偿。网络交易平台提供者明知或者应知销售者或者服务者利用其平台侵害消费者合法权益,未采取必要措施的,依法与该销售者或者服务者承担连带责任。

三、法律责任

消费者权益保护中法律责任的主体主要是经营者。如果经营者违反法定义务或约定义务,侵犯了消费者权利,就要依法承受相应的不利后果,这样的后果在法律上就表现为经营者应承担的民事责任、行政责任与刑事责任。

(一)民事责任

消费者权益保护立法与民事立法是交叉关系而非包含关系,从根本上讲,消费者保护法的基本性质为民事特别法。依据《消费者权益保护法》规定,经营者承担的民事责任有侵权责任(第48条第2款、第49~51条)、合同责任(第48条第1款、第52~53条)、欺诈行为和故意侵权的惩罚性赔偿责任(第55条)。

值得一提的是,2013年修正后的《消费者权益保护法》第51条增加规定:“经营者有侮辱诽谤、搜查身体、侵犯人身自由等侵害消费者或者其他受害人人身权益的行为,造成严重精神损害的,受害人可以要求精神损害赔偿。”

(二)行政责任

消费者权益保护中的行政责任,既包括行政机关及其工作人员违反法定职责而应承担的法律责任(第61条),也包括经营者违法行为所应承担的法律责任(第56条、第60条),但后者无疑是其中最主要的部分。依据《消费者权益保护法》第56条,经营者的行政责任形式主要包括责令改正、没收违法所得、罚款、责令停业整顿、吊销营业执照。《消费者权益保护法》第56条第3款还规定了处罚信息公开制度,即处罚机关记入信用档案,向社会公布。

(三)刑事责任

依据《消费者权益保护法》第57条、第60条、第61条规定,经营者违反本法规定提供商品或者服务,侵害消费者合法权益,构成犯罪的,依法追究刑事责任。以暴力、威胁等方法阻碍有关行政部门工作人员依法执行职务的,依法追究刑事责任。国家机关工作人员玩忽职守或者包庇经营者侵害消费者合法权益的行为的,由其所在单位或者上级机关给予行政处分;情节严重,构成犯罪的,依法追究刑事责任。

第九章　产品质量法律制度

产品质量法主要包括产品责任法和产品质量管理法两个方面的内容。前者属于侵权法的范畴,后者则属于市场规制法的范畴。二者在立法目的、立法内容、调整方式等方面均有较大区别。大多数国家及有关国际组织均未将二者规定在同一法律规范之中。欧美国家通常制定专门的产品责任法,如美国1979年《统一产品责任示范法》(该法是美国商务部公布的专家建议文本,并非联邦正式法律文件)、1985年《欧共体产品责任指令》、1989年《联邦德国产品责任法》等,这些法律仅规定了严格意义上的产品责任——缺陷产品的侵权责任。而关于产品质量管理的法律规范则较为分散,主要体现在对一些特殊产品如食品、药品等方面的质量监督、管理法规。国外缺乏对一般产品质量监督管理的立法与这些国家的国情和关于产品质量的理念有关,亦即认为主要通过市场竞争和消费者的自由选择促进企业提高产品质量,而不是主要依靠行政管理来保证产品质量,表现在法律上则主要依靠合同法、侵权法、产品责任法等来调整产品质量关系。相比较而言,我国产品质量法则体现出综合性,除产品责任外,还包括产品质量监督和管理等内容。《产品质量法》是我国产品质量的基本法,此外有关产品质量的规定还散见于各有关法律法规中,如《民法通则》、《刑法》、《消费者权益保护法》、《食品安全法》、《农产品质量安全法》和《缺陷汽车产品召回管理条例》等。

我国产品质量法中有关政府对产品质量的监督,体现了国家对市场的干预,亦即政府在尊重生产者、销售者自主经营权的前提下,从保护消费者利益、维护社会整体利益角度出发,对生产者、销售者的产品质量行为进行监督。其方式主要有两种:一是建立产品质量监督制度;二是强化生产者和销售者的产品质量责任和义务。

第一节　产品质量法概述

一、产品的定义和范围

"产品"是产品责任法中的基础概念,故准确界定"产品"的概念和范围,对于产品质量法的理论研究和司法实践都不可或缺。

(一)域外法关于产品的定义与范围

关于产品的概念,各个国家、国际组织的定义均不尽相同,主要表现为适用范围上的差异。1973年关于产品责任法律适用的《海牙公约》第2条规定:"'产品'一词应包括天然产品和工业产品,而不论是未加工还是加工过的,是动产还是不动产。"1977年欧洲理事会关于人身伤害与死亡的产品责任的《斯特拉斯堡公约》第2条规定:"为本公约之目的：'产品'一词指所有动产，包括天然动产或工业动产，无论是未加工的还是加工过的，即使是组装在另外的动产内或组装在不动产内"。1979年美国《统一产品责任示范法》第102条第C款则将产品定义为"具有真正价值的、为进入市场而生产的、能够作为组装整件或者作为部件、零售交付的物品。但人体组织、器官、血液组成成分除外"。1985年原欧共体旨在统一欧共体国家相关立法的《产品责任指令》第2条规定："为本指令之目的，产品指除初级农产品和狩猎产品以外的所有动产，即使已被组合在另一动产或不动产之内。初级农产品是指种植业、畜牧业、渔业产品，不包括经过加工的这类产品。产品亦包括电。"此后原欧共体各国均依该《产品责任指令》修改了国内法，使其关于"产品"的定义与之保持一致。如1989年德国《产品责任法》第2条规定："本法所称'产品'是指任何动产，即使已被装配在另一动产或不动产之内，还包括电。但未经初步加工的包括种植业、畜牧业、养蜂业、渔业产品在内的农业产品（初级农产品）除外，狩猎产品亦然。"在日本，专家们早就成立了制造物责任研究会，并于1975年提出了《制造物责任法要纲试案》，将产品定义为"进入流通过程的一切物品，不论其为制成品或天然产品"。但1994年正式通过的《日本制造物责任法》第2条第1款则发生了较大变化："本法所称制造物，指经制造或加工的动产。"①

（二）我国《产品质量法》中产品的定义和范围

《产品质量法》第2条第2款规定："本法所称产品是指经过加工、制作，用于销售的产品。"第3款规定："建设工程不适用本法规定；但是，建设工程使用的建筑材料、建筑构配件和设备，属于前款规定的产品范围的，适用本法规定。"第73条规定："军工产品质量监督管理办法，由国务院、中央军事委员会另行制定。因核设施、核产品造成损害的赔偿责任，法律、行政法规另有规定的，依照其规定"。

依上述规定，我国《产品质量法》中的"产品"具有以下三层含义：一是必须是经过加工、制作的产品。未经加工、制作的天然农产品、矿产品都不属于产品质量法中的产品。二是必须是用于销售的产品，也就是通常所说的商品，是用以买卖的加工物或制作物。但对于"用于销售"一词，法学界存有不同理解，争议主要在于："用于销售"是指生产的目的即以"销售为目的"，还是指"通过销售而交付"？我们认为，不应简单地将其理解为只有通过销售而交付的物品，才是《产品质量法》所调整的产品。相反，只要是为了销售而加工、制作的产品，无论基于营销目的的无偿赠送还是作为福利而交付给消费者或使用者，或是以有偿方式提供他人使用，都应认定为《产品质量法》之产品。为此，才符合《产品质量法》之立法精神，才能更全面、有效地维护消费者的合法权益。为避免司法实践中歧义，有学者建议将"销售"修改为"流通"。三是《产品质量法》不适用于军工产品和建设工程。需指出的是，"建设工程"是一个非法律意义上的且较模糊的概念，从国外来看，基本上都使用"不动产"这个法律术语，为此建议将来在修改《产品质量法》时，建议将"建设工程"修改为"不动产"。

---

① 李胜利："论产品责任法中的产品"，载《法商研究》2000年第6期。

我国《产品质量法》所规定的产品范围过于狭窄，背离了国际上产品范围不断扩大的趋势，且不利于对消费者利益的维护。鉴于此，建议将不动产、血液制品、电等纳入产品的范围。

1. 不动产

动产和不动产都是财产，两者只有价值大小、流通程序等形式上的差别，本质上都凝结了人类的必要劳动，都可以通过特定的方式进入流通领域，都能满足人们的某种需要，故完全具备产品的要件。在美国、我国台湾地区，不动产和动产同为产品，同样受产品责任法调整。随着我国房屋商品化进程的深入，房屋买卖、租赁等交易频繁发生，同时也产生了如建筑质量、房屋面积测算、价格欺诈等诸多问题。将不动产纳入产品的范围，能够更好地保护不动产购买者的合法权益。①

2. 血液制品

血液制品是一个不同于血液的概念，虽然来源于血液，但由于经过采集、提取、检测等多重程序，具有了加工的成分。将血液制品纳入《产品质量法》的调整范围，既有利于规范采血机构的操作规程，加强对采血用血的监管，又可以依严格责任原则为病人提供医疗之外的法律保障。

3. 电

电已经被大多数国家的法律（如欧洲国家）列入了产品范畴，而《产品质量法》对此未作规定。从其性质来看，电作为一种人类制造并能有效控制（生产、运输、销售、使用）的能源，尽管无形，但与其他工业产品并无本质的不同，完全可以列入产品范畴。

二、产品质量与产品质量法的概念

一般来说，常将反映产品使用目的的各种技术经济参数作为产品质量特性，其主要分为内在质量和外观质量。根据国际标准化组织制定的国际标准——《质量管理和质量保证术语》（ISO8402—1994），产品质量是指产品"反映实体满足明确和隐含需要的能力和特性的总和"。

产品质量法中的产品质量是指由国家法律、法规、质量标准以及合同规定的有关产品适用性、安全性等多种特性的综合。产品质量问题大体上可分为两类：产品不适用和产品不安全。前者多由于产品瑕疵而形成；后者多由于产品缺陷而发生。产品瑕疵是指产品在外观、性能等方面存在问题，但不存在危及人身、财产安全的危险；产品缺陷是指产品存在危及人身、财产安全的不合理的危险。

产品质量法是指在调整产品生产与销售以及对产品质量进行监督管理过程中所形成的社会关系的法律规范的总称，包括产品质量监督管理和产品质量责任等方面的法律规范。

---

① 苗力丹："论产品责任法中产品的定义与范围"，载《法制与社会》2007年第5期。

三、《产品质量法》与相关法的关系

(一)《消费者权益保护法》、《反不正当竞争法》与《产品质量法》的关系

1. 不同点

《消费者权益保护法》规定的消费者是指为生活消费需要购买、使用商品或者接受服务的人，侧重于从主体的角度对消费者权利和利益的保护，规定了消费者的法定权利和经营者的法定义务，对消费者和经营者之间的权利义务进行倾斜配置，是保护消费者的基本法，在消费者保护领域处于综合性法律的地位，起着统率作用。《反不正当竞争法》是以规范经营者的市场行为为出发点的，侧重于对经营者的不正当竞争行为进行规制，具有鲜明的行为法属性。《产品质量法》中适用的产品是指经过加工制作，用于销售的产品，侧重于从客体的角度加强产品质量的监督管理，明确产品责任。

2. 相同点

《消费者权益保护法》、《反不正当竞争法》与《产品质量法》同属于市场规制法的范畴，都将私法规范和公法规范融为一体，都规定了多元的法律责任。

3. 三种违法行为的竞合

我国《产品质量法》规定的一些产品质量违法行为，如擅自使用他人商业标记的行为或商业混同行为，伪造产地、伪造冒用他人的厂名、厂址以及伪造或冒用认证标志、名优标志等，不仅侵犯了消费者权益，同时也构成了不正当竞争行为。

(二)《农产品质量安全法》、《食品安全法》与《产品质量法》的关系

1.《食品安全法》和《产品质量法》的关系

根据《食品安全法》第2条规定，该法适用的范围包括：(1)食品生产和加工，食品销售和餐饮服务；(2)食品添加剂的生产经营；(3)用于食品的包装材料、容器、洗涤剂、消毒剂和用于食品生产经营的工具、设备的生产经营；(4)食品生产经营者使用食品添加剂、食品相关产品；(5)食品的贮存和运输；(6)对食品、食品添加剂和食品相关产品的安全管理。据此规定，《食品安全法》的调整范围涵盖了“从农田到餐桌”的全过程，亦即对涉及食品安全的相关问题作出了全面规定。

《食品安全法》中的食品①是产品的一种，因此，《食品安全法》是《产品质量法》的特别法。亦即《食品安全法》有特别规定的，按照新法优于旧法的原则，优先适用《食品安全法》；《食品安全法》没有规定的，适用《产品质量法》。对此，国家质量监督检验检疫总局2011年2月22日发布的《关于实施〈中华人民共和国产品质量法〉若干问题的意见》作出了相关规定。

2.《农产品质量安全法》和《产品质量法》关系

《农产品质量安全法》第2条第1款规定：“本法所称农产品，是指来源于农业的初级产品，即在农业活动中获得的植物、动物、微生物及其产品。”关于《农产品质量安全

---

① 根据《食品安全法》第150条规定，食品指各种供人食用或者饮用的成品和原料以及按照传统既是食品又是药品的物品，但是不包括以治疗为目的的物品。

法》中的农产品与《产品质量法》中的产品的关系，大多数学者认为，我国《产品质量法》所指“产品”，排除了初级农产品，未经加工的天然形成的物品。凡是经过加工的，即经过非农业或者其他方式加工的，就不是初级农产品，即需适用《产品质量法》。相比美国的相关法律，美国之所以规定农产品以及工业产品一律适用产品责任法，主要在于美国的农业在很大程度上已经实现了机械化、规模化、标准化的生产，农产品与工业产品已无本质差异。就我国目前的农业生产而言，显然远未达到工业化的生产标准，因此不宜仿效美国，将农产品纳入《产品质量法》的调整范围。

农产品质量责任的主观归责原则宜采用过错责任原则，而《产品质量法》对于生产者确立的产品责任的主观归责原则采用了严格责任原则。因此，我们不应忽视《农产品质量安全法》与《产品质量法》二者的本质差异，而简单地将农产品并入《产品质量法》的调整范围内。①

3.《食品安全法》和《农产品质量安全法》的关系

食用农产品的质量安全管理，遵守《农产品质量安全法》的规定。但是，制定有关食用农产品的质量安全标准、公布食用农产品安全有关信息，应当遵守《食品安全法》的有关规定。《食品安全法》在标准制定、信息公布两个方面对《农产品质量安全法》相关制度作了必要调整，明确食品安全国家标准由国务院卫生行政部门统一制定、公布，食品中农药残留、兽药残留的限量规定及其检验方法与规程由国务院卫生行政部门、国务院农业行政部门制定；国家食品安全总体情况等重要的食品安全信息由国务院卫生行政部门统一公布，农业行政等其他监管部门依据各自职责公布食品安全日常监督管理信息。

第二节 产品质量的监督

产品质量监督是指由产品质量监督机构、有关组织，依法对企业的产品质量进行评价、考核和鉴定，以促进企业加强质量管理，执行质量标准，保证产品质量，维护消费者利益。

一、产品质量监督管理体制

（一）产品质量监督管理体制的现状

我国产品质量监管实行的是“统一领导，分级、分部门管理”体制，在监管实践中遵循分段管理的原则，即按照一个监管环节由一个部门监管的原则，采取分段监管为主、品种监管为辅的方式。

《产品质量法》第8条规定：国务院产品质量监督部门主管全国产品质量监督工作。国务院有关部门在各自的职责范围内负责产品质量监督工作。县级以上地方产品

---

① 杜国明、江华：“论《农产品质量安全法》的性质及适用范围”，载《行政与法》2009年第6期。

质量监督部门主管本行政区域内的产品质量监督工作。县级以上地方人民政府有关部门在各自的职责范围内负责产品质量监督工作。法律对产品质量的监督部门另有规定的,依照有关法律的规定执行。《食品安全法》也对食品的监督管理体制作出了特别的规定。

(二)现行产品质量监管体制存在的缺陷及其完善

根据《产品质量法》规定,在我国依法享有产品质量监管权的主体既包括专门从事产品质量监管的机构——产品质量技术监督部门,也包括人民政府的其他部门如工商行政管理机构等;既包括国家级的监督机构和监督部门,也包括地方级的监督机构和监督部门。如此众多的监督机构和监督部门不仅容易造成监督力量的分散,而且造成监督机构和监督部门职能交叉,权责模糊,容易形成管理的真空。鉴于我国产品质量监管体制存在缺陷,建议:第一,进一步理顺工商行政管理部门、质量监督管理部门的产品质量监管职责,协调二者之间的关系;第二,确定国家质量监督检验检疫总局主管全国产品质量监督工作的地位,赋予其更多的综合管理、组织协调职能。

二、产品质量监督管理的方式

产品质量监管作为公共物品或准公共物品,它的供给主体可以是政府,也可以是社会中间层主体和市场主体。在我国,产品质量监督管理的方式包括国家监督、社会监督和企业自我监督。

(一)国家监督

国家监督是指国家通过立法授权特定的国家机关对产品质量进行监督。该种监督从国家整体利益出发,具有法律的权威性,受国家强制力保护。国家对产品质量的监督主要包括对产品质量的风险监控、质量抽查、生产许可、进出口商品检验、特种设备管理、计量管理、卫生检疫、动植物检验检疫、制定产品质量标准等。

(二)社会监督

在社会性监管模式中,任何单位和个人都有权对违反《产品质量法》规定的行为,向产品质量监督部门或者其他有关部门检举。其中,新闻监督是社会监督的一个重要组成部分。

作为社会中间层主体,行业协会应当加强行业自律,可以通过制定行规行约、行为规范,进行行业内部质量评级和惩罚处置,进行行业准入认定、资质认定,对行业内企业的行为和产品质量进行约束和监管。

(三)企业监督

仅仅依靠国家、社会不足以实现对产品质量的有效监督管理,在国家监督和社会监督之外,还应当加强企业的自我监督。《产品质量法》第3条规定,生产者、销售者应当建立健全内部产品质量管理制度,严格实施岗位质量规范、质量责任以及相应的考核办法。第14条规定,企业根据自愿原则,可以开展企业质量体系认证制度和产品质量认证制度。

三、产品质量监督管理制度

我国产品质量监管制度主要包括产品质量监督抽查制度、产品质量标准制度、产品质量认证制度、行政许可制度等。

《产品质量法》第 15 条规定了以抽查为主要方式的产品质量监督检查制度。

《标准化法》规定了我国标准化工作的方针、政策、任务和标准化体制等。它是国家推行标准化,实施标准化管理和监督的重要依据。《标准化法》第 3 条规定:“标准化工作的任务是制定标准、组织实施标准和对标准的实施进行监督。……”标准分为强制标准和推荐性标准,其中保障人体健康,人身、财产安全的标准和法律、行政法规规定强制执行的标准是强制标准,强制标准必须执行,不符合强制性标准的产品,禁止生产、销售和出口。其他标准为推荐性标准,国家鼓励企业自愿采用。

质量认证是国际上通行的管理产品质量的有效方法。质量认证按认证的对象分为产品质量认证和质量体系认证两类。根据 1991 年实施的《产品质量认证管理条例》,产品质量认证是指依据产品标准和相应技术要求,经认证机构确认并通过颁发认证证书和认证标志来证明某一产品符合相应标准和相应技术要求的活动。产品质量认证分为强制认证和自愿认证两种。一般来说,对有关人身安全、健康和其他法律法规有特殊规定者为强制性认证,其他产品实行自愿认证制度。质量管理体系认证是依据国际通用的质量和质量管理标准,经国家授权的独立认证机构对组织的质量体系进行审核,通过注册及颁发证书来证明组织的质量体系和质量保证能力符合要求,质量体系认证通常以 ISO9000 标准为依据。

行政许可,是指行政机关根据公民、法人或者其他组织的申请,经依法审查,准予其从事特定活动的行为。通过许可证管理,可以将那些可能产生社会性危害的问题控制在生产经营活动之前,限制不具备生产经营资格的经济主体从事该领域的经济活动。依据《行政许可法》规定,我国对直接关系公共安全、人身健康、生命财产安全的重要设备、设施、产品、物品,需要按照技术标准、技术规范,通过检验、检测、检疫等方式进行审定的事项,就可以设定行政许可。

第三节 生产者、销售者的产品质量责任和义务

我国《产品质量法》第 1 条规定的立法宗旨之一是“明确产品质量责任”,但该法第三章“生产者、销售者的产品质量责任和义务”中的“责任”并非严格意义上的责任,实为义务,这些义务是生产者和销售者应履行的法定义务,这些法定义务的设置体现了国家对市场的干预。

一、生产者的产品质量义务

根据《产品质量法》第 26 条至第 32 条规定,生产者的产品质量义务主要有:生产者产品质量担保义务、生产者产品包装标识符合法定要求的义务及相关禁止性规定。

二、销售者的产品质量义务

销售者的产品质量义务体现在《产品质量法》第33条至第39条的规定中，包括：执行进货检查验收制度、采取措施保证产品质量的义务、标识义务以及相关禁止性规定。

三、经营者的产品召回义务

《产品质量法》、《消费者权益保护法》、《民法通则》中的民事赔偿制度以及“三包”制度对经营者的产品质量义务已作了一些规定，但是对缺陷产品召回的规定较为笼统。目前，我国产品召回制度正在逐步完善之中。

（一）产品召回义务的概念和性质

1. 产品召回义务的概念

产品召回义务是指经营者在产品存在缺陷时，依法将该缺陷产品从市场上收回，并免费进行检测、修理或更换的制度。

召回包括主动召回和强制召回两种方式，二者在具体程序上有很大区别。通常在产品提供者不启动前一种程序时，才由有关政府部门依法监督实施后一程序。

2. 产品召回义务的性质

一种观点认为，产品召回是一种法律责任，因为产品召回是生产者没有履行提供合格产品的义务而应当承担的责任，其与修理、替换等法律责任具有相似性。另一种观点认为，产品召回不是生产者的法律责任，而是一种法定义务，因为产品召回不是生产者违反义务的后果，而是法律直接要求生产者承担的义务，即不管商品买卖合同中是否有关于缺陷产品召回的约定，只要缺陷产品被检测和发现，生产者都有义务召回同类缺陷产品。我们认为，召回在性质上与法律责任是有区别的，它是法律为了防患于未然而为生产者设立的普遍性义务。①

（二）产品召回与“三包”之间的关系

所谓“三包”是经营者依照法律规定或者依照约定在一定期限内对所经营的商品（服务）免费修理、更换、退货的义务。如果经营者不履行此义务，则应承担相应的民事责任。

在《产品质量法》和《消费者权益保护法》颁布前，国家只规定了对大宗家用电器产品实行“三包”。《产品质量法》进一步明确了修理、更换、退货制度，扩大了“三包”范围。《产品质量法》第40条规定，经营者售出的商品有下列情形之一的，应负责修理、更换、退货：(1)不具备产品应当具备的使用性能而事先未作说明的；(2)不符合在产品或者其包装上注明采用的产品标准的；(3)不符合以产品说明、实物样品等方式表明的质量状况的。《消费者权益保护法》第54条规定，依法经有关行政部门认定为不合格的商品，消费者要求退货的，经营者应当负责退货。第24条规定，经营者提供的商品或者服务不符合质量要求的，消费者可以依照国家规定、当事人约定退货，或者要求经营

---

① 王利明：“关于完善我国缺陷产品召回制度的若干问题”，载《法学家》2008年第2期。

者履行更换、修理等义务。没有国家规定和当事人约定的,消费者可以自收到商品之日起7日内退货;7日后符合法定解除合同条件的,消费者可以及时退货,不符合法定解除合同条件的,可以要求经营者履行更换、修理等义务。依照前款规定进行退货、更换、修理的,经营者应当承担运输等必要费用。

"三包"可以促进经营者保证商品或者服务达到国家规定的质量要求,有助于消费者的消费需求得到最大程度的实现,保障消费者的合法权益不受侵犯。现行"三包"规定已在一定程度上体现出召回制度的立法精神。但产品召回和"三包"是两个概念。"三包"退货换货针对特定消费者,而产品召回则具有公益性;"三包"商品或服务本身不一定有质量问题,而产品召回通常以潜在的产品缺陷为基础;"三包"适用范围包括商品和服务,产品召回仅限于产品;提出"三包"的主体为消费者,而产品召回的启动通常为经营者和政府监管部门。

(三)我国产品召回义务的相关立法

2002年,上海市颁布了《上海市消费者权益保护条例》,以地方性法规的形式第一次在省级行政区划内提出了缺陷产品召回的概念。此后,国家质检部门在2004年至2007年期间又先后颁布了《缺陷汽车产品召回管理规定》、《食品召回管理规定》、《儿童玩具召回管理规定》和《药品召回管理办法》,以部门规章的形式在上述几类产品中推行缺陷产品召回制度。2009年,鉴于国内食品安全的严峻形势,国家颁布的《食品安全法》规定了食品召回制度,这是特定产品召回制度第一次被写入法律。同年,缺陷产品召回被写入《侵权责任法》,这是普遍产品召回制度的首次入法,被视为我国全面建立缺陷产品召回制度的标志,对我国产品责任体系产生重大影响。2012年国务院又颁布《缺陷汽车产品召回管理条例》,以行政法规的形式进一步强化了对缺陷汽车产品的召回管理。2013年《消费者权益保护法》修正案经审议通过,缺陷产品召回制度成为维护消费者合法权益的又一利器。①2015年3月11日,国家食品药品监督管理总局局务会议审议通过了《食品召回管理办法》,进一步细化了《食品安全法》中有关食品召回的规定。尤其值得一提的是,为建立消费品召回管理制度,严肃查处制售假冒伪劣行为,保护消费者合法权益,国家质检总局执法司于2015年6月组织起草了《消费品召回管理办法》(征求意见稿)。

综上所述,我国产品召回义务立法虽然不断趋于完善之中,但从现行立法以及产品召回实践来看,仍然存在产品召回法律体系不健全、召回范围狭窄、监管机构内部职能整合不够、信息共享和协调联动机制不健全以及处罚过轻等问题,亟须加以完善。

---

① 谢彦、徐华平:"我国缺陷产品召回制度的完善",资料来源 http://www.szsgsj.gov.cn/suzhoubaweb/show/sj/bawebFile/223498.html,最后访问时间2015年10月19日。

第四节　产品质量责任制度

一、产品质量责任制度概述

（一）产品质量责任的概念

产品质量责任是指生产者、销售者以及对产品质量负有直接责任的责任者，因违反产品质量法所规定的产品质量义务所应承担的法律责任。此处责任是消极的、负面的，是对义务的违反而应承担的不利的法律后果。

（二）产品质量责任与产品责任的关系

产品质量责任与产品责任既有联系，又有区别。联系在于，产品质量责任包括产品责任。区别在于：第一，产品质量责任是一种集民事责任、行政责任和刑事责任的综合责任，而产品责任则为民事责任中的侵权责任。第二，产品质量责任包括公法责任和私法责任，并且更多地体现了国家主动、积极的干预，而产品责任则属于私法责任。第三，产品质量责任发生的原因很多，包括违反产品质量监督管理法规的责任、违反合同的责任和因产品缺陷而致人身、财产损害的责任。而产品责任则仅指因产品缺陷而致人身、财产损害的责任。第四，就产品质量责任而言，只要产品质量不符合默示担保或明示担保之一，无论是否造成实际损害，都应承担相应的责任；而就产品责任而言，承担责任的前提条件是产品存在缺陷，并且实际造成了他人人身伤害、财产损失。第五，产品质量责任承担的主体包括产品的生产者、销售者，依法应承担连带责任的社会团体、社会中介机构，产品的运输者、保管者、仓储者，依法应承担责任的各级人民政府工作人员和其他国家机关工作人员等，而产品责任的承担者一般为产品的生产者、销售者。①

二、产品瑕疵责任

《产品质量法》第 40 条规定了产品瑕疵责任，即产品不具备应有的使用性能且事先未作说明以及不符合明示采用的产品标准、实物样品等方式表明的质量状况的责任，属于违反对产品质量担保的合同责任。《产品质量法》第 26 条第 2 款虽然使用了“瑕疵”一词，但未对其概念加以界定。

学理上，产品瑕疵是指产品不具备应有的使用性能，不符合明示采用的产品质量标准，或不符合产品说明，实物样品等方式表明的质量状况。即产品在外观、性能等方面存在问题，但不存在危及人身、财产安全的危险。产品瑕疵责任在性质上属于合同责任，即合同当事人之间的违约责任。产品瑕疵责任的承担方式主要有修理、更换、退货、赔偿损失。销售者履行“三包”及赔偿责任后，责任在生产者、供货者时可依合同约定追偿。

---

① 王源扩等著：《经济效率与社会正义》，安徽大学出版社 2001 年版，第 333 页。

三、产品责任

我国《产品质量法》第四章规定的“损害赔偿”包括了产品责任的内容，但其内容不限于产品责任。《侵权责任法》第五章用七个条文规定了产品责任，其中涉及产品责任的构成、产品责任主体之间的关系、产品责任的形式、产品售后警示或召回等补救措施以及惩罚性赔偿。这些规则既反映了《民法通则》、《产品质量法》施行以来的实践经验和成熟理论，也吸收了国际上产品责任领域的通行做法。

（一）产品责任的含义

产品责任，又称产品缺陷责任，其性质属于侵权责任，是指因产品缺陷造成他人人身以及缺陷产品以外其他财产损害时，生产者和销售者应当承担的民事赔偿责任。

我国《产品质量法》第46条规定，本法所称缺陷，是指产品存在危及人身、他人财产安全的不合理的危险；产品有保障人体健康和人身、财产安全的国家标准、行业标准的，是指不符合该标准。很明显，这是一种双重判断标准，在具体适用时会遇到两种标准的冲突，故建议改为国际上较通行的单一的“不合理的危险”标准。

《民法通则》第122条规定，因产品质量不合格造成他人财产、人身损害的，产品制造者、销售者应当依法承担民事责任。运输者、仓储者对此负有责任的，产品制造者、销售者有权要求赔偿损失。我们认为，“质量不合格”之表述有失妥当，因为“质量不合格”既可能是一般的质量问题，也可能是具有不合理的危险性产品，故应按立法本意改为“产品缺陷”。

产品责任在欧美国家的产品立法和国际公约中均有严格的法律含义。例如，《美国统一产品责任示范法》第104条规定，“原告通过优势证据证明，造成损害的最贴近原因是产品存在缺陷，产品制造者即负有责任”。《欧共体产品责任指令》第1条即明确规定“生产者应当对其产品的缺陷造成的损害负责”。《联邦德国产品责任法》、英国1987年《消费者保护法》也将产品责任定义为由产品缺陷造成的损害赔偿责任。可见，在国外立法和国际公约中，“产品责任”一词专指产品缺陷损害赔偿责任。

（二）产品责任的构成要件

产品责任构成要件是指在特定的归责原则之下，责任主体承担因其产品缺陷致人损害的民事责任所必须具备的要件。在无过错责任归责原则下，产品责任的构成要件包括如下方面：

1. 存在产品缺陷

缺陷，是指产品存在危及人身、他人财产安全的不合理的危险。不合理的危险是指产品存在明显或者潜在的以及被社会普遍公认不应当具有的危险。这种危险主要表现为存在可能危及人身、财产安全的因素。产品缺陷包括：(1)设计缺陷。这是指产品在设计上存在着不安全、不合理的因素。如结构设置不合理，设计选用的材料不适当，没有设计附加应有的安全装置。(2)制造缺陷。这是指产品在加工、制作、装配等制造过程中，不符合设计规范，或者不符合加工工艺要求，没有完善的控制和检验手段，致使产品存在不安全的因素。(3)指示缺陷。这是指在产品的警示说明上或者在产品的使用指标标志上未能清楚地告知使用人应当注意的使用方法,以及应当引起警惕的注意事项;或者产品使用了不真实、不适当的甚至是虚假的说明,致使使用人遭受损害。如油漆具有易燃性,生产者应附警示标志,提醒使用者存在的危险性,并告知如何避免。如果未履行上述义务,就属于指示上的缺陷。

2. 须有损害发生

比较法上有关产品责任的损害通常是指因产品缺陷而使受害人遭受缺陷产品以外的人身财产损害。[①] 我国《产品质量法》第 41 条规定,因产品存在缺陷造成人身、缺陷产品以外的其他财产损害的,生产者应当承担赔偿责任。可见,财产损害不包括缺陷产品本身的损失,仅仅指缺陷产品以外其他财产和人身的损失。值得一提的是,我国《侵权责任法》对损害的范围作了扩张解释,将缺陷产品本身的损害也涵盖其中。

3. 损害与产品缺陷之间须具有因果关系

在因果关系的证明中,受害人只要证明缺陷产品曾经被消费或使用以及损害事实是在缺陷产品被消费或使用的过程中发生的,就应当认定产品责任因果关系成立,除非产品的生产者或销售者能够举出有力的反证来推翻因果关系的成立。

(三)产品责任的归责原则

产品责任的归责原则,是确定产品责任归属的准则,是要求产品生产者、销售者承担产品责任的根据、标准和理由。

从国外来看,美国、欧共体及其成员国对产品责任主要采用严格责任。如《美国统一产品责任示范法》(1979 年)第 104 条,《欧共体产品责任指令》(1985 年)第 1 条、第 4 条,《联邦德国产品责任法》(1989 年)第 1 条,英国 1987 年《消费者保护法》第 2 条以及 1998 年法国制定的《产品责任法》。其中,《欧共体产品责任指令》第 1 条规定,“生产者应当对其产品的缺陷造成的损害负责”;第 4 条规定,“受害人应当对损害、缺陷及二者之间的因果关系负举证责任”。受害人无须证明生产者有过错。

我国《产品质量法》第 41 条规定,因产品存在缺陷造成人身、缺陷产品以外的其他财产损害的,生产者应当承担赔偿责任。第 42 条规定,由于销售者的过错使产品存在缺陷,造成人身、他人财产损害的,销售者应当承担赔偿责任。销售者不能指明缺陷产品的生产者也不能指明缺陷产品的供货者的,销售者应当承担赔偿责任。

我国学界对于生产者承担产品责任应适用无过错归责原则几无争议。但是对于销售者承担产品责任的归责原则还存在较大争议。一种观点认为,在确定产品缺陷责任时,对于生产者和销售者采用了不同的归责原则。对生产者采用严格责任,对销售者则实行过错责任,在销售者不能指明产品的生产者或供货者时,实行过错推定。对销售者与生产者适用不同的归责原则,主要是考虑到销售者与生产者在产品生产流通中的地位和责任形式的不同。一般而言,生产者对产品的设计、制造处于积极主动地位,承担着投入流通的产品因制造、设计、警示上存在缺陷而引致的责任;相对而言,销售者则处

---

① 王利明:“论产品责任中的损害概念”,载《法学》2011 年第 2 期。

于较消极地位,其承担的只是产品投入流通领域时不存在缺陷而营销中存在的产品致损的责任,主要是对因其故意或过失引起的产品缺陷造成的损害承担责任。[①] 另一种观点认为,销售者承担产品责任仍然实行无过错责任,《产品质量法》第 42 条所规定的销售者的过错仅仅只是在销售者与生产者等其他责任主体之间内部分担最终责任时才有意义,生产者和销售者对消费者的直接责任都是无过错责任。[②]

我们认为,销售者承担产品责任的归责原则为过错推定原则。过错推定原则是指若原告能证明其所受的损害是由被告所致,而被告不能证明自己没有过错,法律上就应推定其有过错并应承担民事责任。从《产品质量法》上述规定来看,若销售者不能指明缺陷产品的生产者也不能指明缺陷产品的供货者的,就推定其有过错并令其承担产品质量责任。此外,根据《民事诉讼法》规定,过错责任原则采取"谁主张,谁举证"的原则,受害人在因产品缺陷而受到损害的情况下主张损害赔偿,必须证明销售者主观上存有过错。但我们认为,对大多数消费者来说,由于对产品的供应、批发、储存、运输等专门知识缺乏了解,因而当产品因缺陷致使人身、财产损害时,要证明缺陷的产生是因为销售者主观过错往往是不可能的。而要求受害人提供销售者主观过错的证明,无疑构成对消费者权益的不当限制。与此同时,在不少情况下,产品的生产者与销售者往往很难区分。此外,这与《民法通则》的规定也不相吻合。《民法通则》第 122 条所规定的归责原则为无过错原则。鉴于此,建议在将来修改《产品质量法》时,将销售者承担产品质量责任的归责原则统一规定为过错推定原则,以加强对消费者权益的保护。

(四)产品责任的抗辩事由

抗辩事由,是指被告针对原告的诉讼请求而提出的证明原告的诉讼请求不成立或不完全成立的事实。为了平衡经营者与消费者之间的利益关系,我国《产品质量法》第 41 条规定:生产者能够证明有下列情形之一的,不承担赔偿责任。

1. 未将产品投入流通的

比较产品定义中的"用于销售",可以将用于销售理解为投入流通。世界各国产品责任立法和我国《产品质量法》都规定了这一生产者抗辩事由。据此规定,即使缺陷产品给他人造成了损害,生产者也不承担损害赔偿责任。

2. 投入流通时,引起损害的缺陷尚不存在的

欧共体成员国和美国等绝大多数国家的产品责任法均有这一规定。这意味着生产者只对其控制下(如设计、制造、储运等)形成的缺陷负责。如果生产者能够证明造成损害的缺陷在其控制产品时并不存在,或者证明缺陷是以后形成的,那么生产者即可进行有效抗辩。

3. 将产品投入流通时的科学技术水平尚不能发现缺陷的存在的

即按照当时的科学技术水平,该产品的缺陷是未知的或不可知悉的,此时受害者不

---

① 金福海著:《消费者法论》,北京大学出版社 2005 年版,第 232 页。

② 高圣平:"论产品责任的责任主体及归责事由",载《政治与法律》2010 年第 5 期。

能以依照进步了的技术发现产品有缺陷为理由请求生产者对缺陷发现前所造成的损害进行赔偿。

（五）损害赔偿范围

1. 受害人人身损害和缺陷产品以外的财产损害

《产品质量法》第44条规定，因产品存在缺陷造成受害人人身伤害的，侵害人应当赔偿医疗费、治疗期间的护理费、因误工减少的收入等费用；造成残疾的，还应当支付残疾者生活自助具费、生活补助费、残疾赔偿金以及由其扶养的人所必需的生活费等费用；造成受害人死亡的，并应当支付丧葬费、死亡赔偿金以及由死者生前扶养的人所必需的生活费等费用。因产品存在缺陷造成受害人财产损失的，侵害人应当恢复原状或者折价赔偿。受害人因此遭受其他重大损失的，侵害人应当赔偿损失。

《侵权责任法》第16条规定，侵害他人造成人身损害的，应当赔偿医疗费、护理费、交通费等为治疗和康复支出的合理费用，以及因误工减少的收入。造成残疾的，还应当赔偿残疾生活辅助具费和残疾赔偿金。造成死亡的，还应当赔偿丧葬费和死亡赔偿金。

2. 缺陷产品自身损失赔偿

缺陷产品自身损失是否属于产品责任损害赔偿范围，美国法院对此多采否定态度，《欧共体产品责任指令》和欧共体各成员国的产品责任法也不将产品自身损失包括在产品责任赔偿范围之内，日本《制造物责任法》亦将制造物仅自身受伤害之情形排除在外。可见，产品责任的保护对象不包括产品自身损失。

在理论上，产品责任系侵权责任，其规范目的在于为受害人提供健康与安全保障，而产品自身的损害赔偿与受害人之健康安全保障并无直接关系，因此，不属于侵权法的保护范围。产品自身损失，依合同法上物的瑕疵担保责任或违约责任规定保护即可，无必要纳入产品责任损害赔偿范围，以免导致民法体系紊乱。确保产品的价值和品质，是合同明示或默示担保的范围，而产品责任法的目的，并非用来削弱合同法的规范功能，而是保护人身和其他财产不受侵害。也许正是在这些立法例和主流学说的影响下，我国《产品责任法》第41条第1款规定，因产品存在缺陷造成人身、缺陷产品以外的其他财产损害的，生产者应当承担赔偿责任，明确将产品自身损失排除于产品责任的赔偿范围之外。但是《侵权责任法》改变了《产品质量法》的主张，于其第41条明确规定，“因产品存在缺陷造成他人损害的，生产者应当承担赔偿责任”，删除了《产品质量法》第41条中“缺陷产品以外的其他财产”的限定。从有利于受害人救济的角度，在产品责任中扩张了损害的概念。[①] 也就是说，《侵权责任法》第41条所称的“他人损害”中的财产损害，既包括缺陷产品以外的其他财产的损害，也包括缺陷产品本身的损害。《侵权责任法》自2010年7月1日生效时起，《产品质量法》第41条的规定即应失去效力。[②]

---

① 王利明：“论产品责任中的损害概念”，载《法学》2011年第2期。

② 高圣平：“论产品责任损害赔偿范围——以《侵权责任法》、《产品质量法》相关规定为分析对象”，载《华东政法大学学报》2010年第3期。

3. 惩罚性赔偿

惩罚性赔偿制度的出现和发展有其深厚的理论根基和时代背景，在侵权法中，它是各种基本功能相互间不断矛盾碰撞和协调发展的必然产物。传统侵权责任在威慑侵权人、抑制侵权行为发生方面存在不足，从功能分析的角度来看，惩罚性赔偿制度最主要的目的在于产生一种威慑，进而弥补侵权责任在这方面的不足。

我国《消费者权益保护法》、《食品安全法》、《侵权责任法》、《合同法》、最高人民法院《关于审理商品房买卖合同纠纷案件适用法律若干问题的解释》等法律法规中规定了惩罚性赔偿，各有其严格的适用条件。《消费者权益保护法》第 55 条规定："经营者提供商品或者服务有欺诈行为的，应当按照消费者的要求增加赔偿其受到的损失，增加赔偿的金额为消费者购买商品的价款或者接受服务的费用的三倍；增加赔偿的金额不足五百元的，为五百元。法律另有规定的，依照其规定。经营者明知商品或者服务存在缺陷，仍然向消费者提供，造成消费者或者其他受害人死亡或者健康严重损害的，受害人有权要求经营者依照本法第四十九条、第五十一条等法律规定赔偿损失，并有权要求所受损失二倍以下的惩罚性赔偿。"《食品安全法》第 147 条规定："违反本法规定，造成人身、财产或者其他损害的，依法承担赔偿责任。生产经营者财产不足以同时承担民事赔偿责任和缴纳罚款、罚金时，先承担民事赔偿责任。"该法第 148 条第 2 款规定："生产不符合食品安全标准的食品或者销售明知是不符合食品安全标准的食品，消费者除要求赔偿损失外，还可以向生产者或者经营者要求支付价款十倍或者损失三倍的赔偿金；增加赔偿的金额不足一千元的，为一千元。"《侵权责任法》第 47 条规定："明知产品存在缺陷仍然生产、销售，造成他人死亡或者健康严重损害的，被侵权人有权请求相应的惩罚性赔偿。""相应"主要是指被侵权人要求的惩罚赔偿金的数额应当与侵权人的恶意相当，应当与侵权人造成的损害后果相当，与对侵权人的威慑相当，具体赔偿数额由法院根据个案具体判定。

需说明的是，就消费领域中的产品责任而言，可能同时符合《消费者权益保护法》和《侵权责任法》中惩罚性赔偿的适用条件，此时，受害人享有选择适用的权利。

第十章　价格法律制度

第一节　价格法概述

一、我国价格体制改革的历程

价格机制是市场机制的核心,也是我国经济体制改革最基础也是最复杂的组成部分。

我国价格改革走的是渐进式道路,从1978年至今,已有三十多年历程。与经济体制改革相适应,价格改革以1992年邓小平同志南方谈话和党的十四大确立的市场经济体制为界限,大体上分为前后两个过程,前半程是突破旧体制,后半程是确立新体制。前半程从1978~1991年,我国经济体制经历了计划经济为主、市场调节为辅,到国家调节市场、市场引导企业,再到计划经济与市场调节有机结合的过程,市场机制从最初作为计划机制的补充逐步过渡到与计划机制地位相当。我国价格改革的后半程以1992年邓小平同志南方谈话和党的十四大的召开为标志。党的十四大确立了中国建立社会主义市场经济体制的目标,为价格体制的改革注入了新的活力。党的十五大会议精神和"九五"计划与2010年远景目标的提出又极大地推动了价格机制的市场化,并颁布了一系列价格法律规范,尤其是1997年《价格法》①赋予价格政策法规以法律的效力与地位,确立了经营者的价格行为、政府的定价行为、价格总水平调控、价格监督检查等行为规范,强化了价格法律责任。随后中央部委依据《价格法》颁布了一系列的价格规章,包括《制止牟取暴利的暂行规定》(1995年)、《关于制止低价倾销行为的规定》(1999年)、《禁止价格欺诈行为的规定》(2001年)、《制止价格垄断行为暂行规定》(2003年)、《非常时期落实价格干预措施和紧急措施暂行办法》(2003年)、国家发展和改革委员会《关于对部分重要商品及服务实行临时价格干预措施的实施办法》(2008年)等。党的十八届三中全会通过了《中共中央关于全面深化改革若干重大问题的决定》,提出了经济体制改革是全面深化改革的重点,要使市场在资源配置中起决定性作用和更好发挥政府作用。2015年10月12日,中共中央、国务院《关于推进价格机制改革的若干意见》(以下简称《若干意见》)发布,《若干意见》明确提出,正确处理政府和市场关系,凡是能由市场形成价格的都交给市场,政府不进行不当干预。推进水、石油、天然气、电力、交通运输等领域价格改革,放开竞争性环节价格,充分发挥市场决定价格

① 1982年颁布《物价管理暂行条例》,1987年修订为《价格管理条例》,1997年被《价格法》取代。

作用。到2017年，竞争性领域和环节价格基本放开，政府定价范围主要限定在重要公用事业、公益性服务、网络型自然垄断环节。到2020年，市场决定价格机制基本完善，科学、规范、透明的价格监管制度和反垄断执法体系基本建立，价格调控机制基本健全。同时，明确了六大重点领域价格改革方向，包括完善农产品价格形成机制，加快推进能源价格市场化，完善环境服务价格政策，理顺医疗服务价格，健全交通运输价格机制，创新公用事业和公益性服务价格管理。

《价格法》及价格规章（下文统称《价格法》）实施以来，在规范价格行为，保护消费者和经营者的合法权益，建立和完善社会主义市场经济体制，加强和改善宏观调控，保持国民经济持续快速健康发展等方面发挥了重要作用，并取得了显著成效。然而，价格法是在经济转型、政府转变职能的过程中孕育而生的，随着价格改革的全面深化，价格法必然凸显立法滞后的问题。鉴此，如何贯彻十八届三中全会以及《若干意见》精神，深化价格改革，实现价格法的与时俱进，就成为新时期的重要任务。

二、价格法的调整对象和适用范围

（一）价格法的调整对象

价格法的调整对象是价格关系。价格关系是指在价格的制定、执行和监督过程中发生的各种社会经济关系。具体包括以下各种关系：

第一，各级人民政府价格主管部门、其他有关部门在制定、调整和执行商品价格和服务价格中所发生的价格关系；

第二，经营者在自主定价过程中，与政府价格主管部门、其他有关部门、行业组织在价格指导、监督和检查过程中所发生的价格关系；

第三，各级人民政府价格主管部门、其他有关部门和经营者之间因执行或违反价格法律、法规和政策而发生的价格关系；

第四，各种商品的生产者和经营者、服务的提供者相互之间以及他们与消费者之间因提供商品和服务而发生的价格关系。[①]

（二）价格法的适用范围

价格法中最基本、最核心的概念和范畴是“价格”，而价格有广义价格和狭义价格之分。所谓广义价格，既包括有实物形态和没有实物形态的商品价格，也包括各类服务价格，还包括各类生产要素价格。当然，各类生产要素中有一部分也是商品形式。《价格法》将价格的范围限定为商品和服务的价格，并在附则中规定利率、汇率、保险费率、证券及期货价格不适用《价格法》。商品和服务的价格，通常称为“物价”，商品价格包括有形商品价格、无形资产价格，服务价格包括各类有偿服务价格，是狭义的价格。而利率、汇率、劳动力工资等，属于广义的价格范畴，利率是资金的价格，汇率是外汇的价格，工资是劳动力的价格。事实上，要素价格与商品、服务价格的形成机制并无本质区

---

① 李昌麒主编：《经济法学》，法律出版社2007年版，第464～465页。

别,只是,前者比后者指向的对象更为抽象、更难规制而已。[①]

三、价格法的功能

(一)价格调控功能

价格调控功能是指政府价格主管部门运用重要商品储备、价格调节基金和保护价制度等经济手段调节重要商品或服务价格的功能。这里的价格调控功能仅指运用价格法规定的经济手段进行调控,而不包括利用价格干预措施等行政手段。重要商品储备制度,是政府为应付突发事件,平抑或稳定某些重要商品市场价格,建立起这些商品的调节性库存,并通过吞吐库存来平衡市场供求,调控市场价格的制度。目前,我国对小麦、棉花、白糖、大豆和食用植物油等重要的粮食品种实施了储备制度。价格调节基金主要用于重要商品市场价格发生波动时平抑价格,特别是扶持主副食品生产、增加重要商品储备,用于吞吐商品、平衡供求关系、调控市场价格,保障人民生活基本稳定。保护价制度,主要是对小麦和稻谷两个重要的粮食品种实施了最低收购价,稳定农民收入预期,促进农业稳定发展,保障国家粮食安全。

价格调控的目标就是稳定价格总水平。价格总水平是指在一定时期内全社会所有商品和服务价格的加权平均水平。它是国民经济的综合反映,是国民经济总量是否平衡、经济发展是否健康有序的一个重要标志。稳定市场价格总水平、实现总供给与总需求的基本平衡是国家重要的宏观经济政策目标。保持价格总水平基本稳定的含义,主要包括三方面内容:一是价格总水平不是固定不变,允许相邻时期有较小的变动。由社会总供给与总需求的矛盾,引起的价格总水平一定幅度的波动是正常的,也是必需的,这正是市场价格机制在发挥作用。稳定价格不等于冻结价格,而是在价格波动中求稳定。二是不排除某些具体商品价格有较大幅度的变动,具体商品价格的变动应以不严重推动总水平的上升为限。三是指稳定最终产品中人民基本生活消费品的价格及重要的资源价格。价格总水平基本稳定有三个数量界限,即价格上涨的幅度不超过经济增长率,不超过人们工资收入增长的幅度,不超过银行存款的利率。[②]

(二)价格管制功能[③]

价格管制功能包括特殊情况下直接干预微观经济和在非竞争领域的政府定价。在我国,包括土地、资金、劳动力和资源在内的生产要素价格被严重低估是导致投资过热的重要诱因,而导致要素价格被低估的核心原因是要素的市场化程度太低。这种状况已使得市场自身不能对投资过热进行有效抑制。[④] 价格管制只是控制通货膨胀的权宜之计,不能从根本上消除通胀,也不能实现资源的优化配置,所以必须严格限制使用。我们不能长久依靠政府

---

① 马凯:“正确理解与把握《价格法》的适用范围”,载《价格理论与实践》1998 年第 5 期。

② “试论价格法的宏观调控功能”,资料来源 http://www.chinalaw.gov.cn/article/dfxx/zffzdt/201006/20100600256930.shtml,最后访问时间 2015 年 11 月 26 日。

③ 吕清正:“反垄断法和价格法的关系与立法协调探讨”,载《安徽大学法律评论》2006 年第 1 期。

④ 金三林:“改革因素将主导明年物价运行”,载《体制改革》(中国人民大学复印资料)2005 年第 2 期。

定价或指导价来保持眼前的价格“稳定”,也不能用价格干预替代市场机制,但是仍须在市场化改革和通货膨胀的抑制之间作出平衡,这也决定了今后价格法的核心目标,仍然是结合财政政策、货币政策等手段,引入竞争,放松管制,逐步推进生产要素市场化改革。

1. 特殊情况下直接干预微观经济

基本生活必需品、重要工农业生产资料等商品或服务价格显著上涨,宏观价格调控难以奏效,政府采取限定利润率、限价、提价申报和调价备案;市场价格总水平出现剧烈波动并可能出现恶性通胀的情况下,中央政府有权采取临时集中定价权限、部分甚至全面冻结价格。价格干预措施和紧急措施是国家价格宏观调控仍无法缓解价格剧烈波动,严重影响经济健康发展或社会稳定时,在微观经济领域采取的直接价格管制。由于其具有行政强制性,很容易引发黑市交易等问题,因而政府不应轻易采取。

2. 非竞争领域的政府定价

在任何发达的市场经济国家,政府都通过不同程度的直接制定部分商品或服务的价格来实现其利用价格手段调控经济运行的职能。随着市场经济的发展,在公用企业引入竞争,国家直接定价或指导价的范围有缩小的趋势。《若干意见》明确提出,到2017年,竞争性领域和环节价格基本放开,政府定价范围主要限定在重要公用事业、公益性服务、网络型自然垄断环节。但价格管制仍有存在的必要。价格管制的实质是各方面关系与利益的调整,由于政府定价项目在国民经济和社会发展中的地位及其与人民群众日常生活的密切关系,其价格的调整直接影响价格总水平的变动。但价格管制也必须规范、透明,对此,《若干意见》明确提出,对于极少数保留的政府定价项目,要推进定价项目清单化,规范定价程序,加强成本监审,推进成本公开,坚决管细管好管到位,最大限度减少自由裁量权,推进政府定价公开透明。

(三)价格监督管理功能

当违法价格行为扰乱市场价格、侵害消费者利益时,价格部门应当依法查处。扰乱市场价格秩序的行为大致分三类:一是囤积居奇、哄抬物价。二是竞争不充分,导致商品或服务质次价高。“质次价高”是指被指定的经营者所销售的商品属于不合格商品,或者质量与价格明显不符的合格商品,即商品虽然合格,但其价格明显高于同类商品的通常市场价格。竞争不充分主要是由于地方封锁尚未根除、地理位置等多种因素,局部区域不能形成有效竞争。三是其他不当的价格行为,如违反明码标价的规定等。

总之,价格法虽然不等同于价格管制法,但是价格管制功能仍然是主要方面。价格宏观调控主要是稳定基本生活必需品、重要工农业生产资料的价格。价格监督管理的职权范围较窄,主要是查处囤积居奇、哄抬物价、竞争不充分导致的商品或服务质次价高、违反明码标价的规定等。

四、我国价格法体系存在的问题与完善建议

(一)价格法体系存在的问题

1. 价格法体系庞杂,定位不清

价格法是在经济转型、政府转变职能的过程中孕育而生的,是对价格体制改革成果

的法律确认,具有转型时期的明显烙印。而我国现行价格法的调整内容很庞杂,既包括价格总水平的调控、政府的定价行为,也包括经营者的自主定价行为,难以形成统一的原则和体系。市场经济体制建立和完善以后,经营者在竞争领域的定价行为属于自主经营权的范畴。竞争领域的价格行为,主要由《反垄断法》与《反不正当竞争法》加以规范,价格本身是否合理,应当看价格是否在公平、有效的竞争中形成。① 而价格总水平的调控、政府定价和指导价,是政府的价格行为,关注的是权力的配置、分工、制约和监督,强调对政府权力的限制。

2. 价格法难以契合市场经济的内在要求

价格法涉及了一些不正当竞争行为和垄断行为,对于《反不正当竞争法》和《反垄断法》而言,有越俎代庖之嫌,而且价格法对市场条件下的价格形成机制和竞争机制也存在认识不透彻的问题。依据《价格法》制定的《制止牟取暴利的暂行规定》,一直颇有争议,认定商品和服务的"市场平均价格、平均差价率、平均利润率及其合理幅度",本身就是行政干预,脱离了市场机制。《关于制止低价倾销行为的规定》则将低价和倾销混为一谈。低价销售和倾销是不同性质的行为,低价未必是有害的,只有限制、排挤同业竞争的主观恶意和实际效果,反垄断法才予以制止。而反倾销本质是反竞争、反自由贸易的,是一种贸易壁垒或贸易保护措施。②

(二)价格法体系完善的建议③

1. 将价格法纯化为"政府价格行为法"

价格法与竞争立法之间存在规范重复的问题,可以考虑摒弃这种就"价格"本身进行立法的模式。价格法不应再规制不正当竞争行为和垄断行为,而应纯化为调整价格调控、价格管制的"政府价格行为法",并规定"过渡条款",以督促政府不断反思、总结,根据产业竞争化程度适时调整价格管制的范围和方式。

2. 合理配置价格监管权力,并建立行政协调机制

中国特殊的价格管理体制下,国家发改委是价格管制机关,又是价格竞争执法机关,将两种本应分开并制衡的角色予以混合,能否同时履行好这两种不同的职能,做到角色不错位、建立起部门内部不同机构之间的"防火墙",特别是扮演好推动价格机制改革、完善竞争机制这一竞争法执法机关应有的角色内容,尚需时间检验。鉴此,需要处理好竞争执法机关与价格主管机关的权力配置,明确价格主管机关内部的价格垄断行为监管部门与其他价格监管部门的职责分工,建立起有效的行政协调机制,价格法和价格监管才可能真正契合市场经济的内在要求。

---

① 张瑞萍:"反垄断法视野内的价格问题——兼评我国现有相关立法的缺陷",载《法商研究》2002年第3期。

② 史际春、吴炯:"关于贱价竞争和人为限价的法律思考",载史际春主编:《经济法学评论》(第1卷),中国法制出版社2000年版,第67~72页。

③ 史际春、肖竹:"论价格法",载《北京大学学报》(哲学社会科学版)2008年第6期。

第二节 价格管制法律制度

一、政府定价行为

政府定价行为是指政府价格主管部门或其他有关部门,依照定价权限和范围制定政府定价与政府指导价的活动。为了规范政府的定价行为,《价格法》、《政府制定价格行为规则》、《政府制定价格成本监审办法》与《政府制定价格听证办法》对其范围、内容、程序等内容作了具体规定。

(一)政府定价行为的范围、原则和依据

关于商品和服务价格,政府在必要时可以实行政府指导价或者政府定价的范围包括:与国民经济发展和人民生活关系重大的极少数商品价格;资源稀缺的少数商品价格;自然垄断经营的商品价格;重要的公用事业价格;重要的公益性服务价格。根据2015年《中央定价目录》,实行中央定价的有七大类商品和服务项目,包括天然气、水利工程供水、电力、特殊药品及血液、重要交通运输服务、重要邮政业务和重要专业服务。

制定价格应当遵循公平、公开、公正和效率的原则。政府价格主管部门和其他有关部门制定政府指导价、政府定价,应当开展价格、成本调查,听取消费者、经营者和有关方面的意见。制定价格应当依据有关商品或者服务的社会平均成本和市场供求状况、国民经济与社会发展要求以及社会承受能力。商品或者服务价格与国际市场价格联系紧密的,可以参考国际市场价格。制定关系群众切身利益的公用事业价格、公益性服务价格和自然垄断经营的商品价格等政府指导价、政府定价,应当实行定价听证。

(二)政府定价权限

政府指导价、政府定价的定价权限和具体适用范围,以中央的和地方的定价目录为依据。中央定价目录由国务院价格主管部门制定、修订,报国务院批准后公布。地方定价目录由省、自治区、直辖市人民政府价格主管部门按照中央定价目录规定的定价权限和具体适用范围制定,经本级人民政府审核同意,报国务院价格主管部门审定后公布。省、自治区、直辖市人民政府以下各级地方人民政府不得制定定价目录。

国务院价格主管部门和其他有关部门,按照中央定价目录规定的定价权限和具体适用范围制定政府指导价、政府定价;其中重要的商品和服务价格的政府指导价、政府定价,应当按照规定经国务院批准。省、自治区、直辖市人民政府价格主管部门和其他有关部门,应当按照地方定价目录规定的定价权限和具体适用范围制定在本地区执行的政府指导价、政府定价。市、县人民政府可以根据省、自治区、直辖市人民政府的授权,按照地方定价目录规定的定价权限和具体适用范围制定在本地区执行的政府指导价、政府定价。

(三)政府定价程序

定价机关制定价格,应当依法履行价格(成本)调查、听取社会意见、集体审议、作出制定价格的决定、公告等程序。

1. 定价成本监审

定价成本监审(以下简称成本监审)是指政府价格主管部门制定价格过程中在调查、测算、审核经营者成本基础上核定定价成本的行为。定价成本是指全国或一定范围内经营者生产经营同种商品或者提供同种服务的社会平均合理费用支出,是政府制定价格的基本依据。成本监审实行目录管理。列入成本监审目录的商品和服务,由国务院价格主管部门和省、自治区、直辖市人民政府价格主管部门依据中央和地方定价目录确定,并对外公布。列入价格听证目录的所有商品和服务以及虽未列入价格听证目录但需要实行听证的,自动列入成本监审目录。成本监审实行制定价格前监审(以下简称定调价监审)和定期监审相结合的制度。列入成本监审目录的商品和服务,未经定调价监审或定期监审的,政府价格主管部门不得制定价格。

2. 定价听证

定价听证是指定价机关依法制定或调整政府指导价、政府定价过程中,由政府价格主管部门采取听证会形式,征求经营者、消费者和有关方面的意见,对制定价格的必要性、可行性进行论证的活动。制定关系群众切身利益的公用事业价格、公益性服务价格和自然垄断经营的商品价格等政府指导价、政府定价,应当实行定价听证。听证的具体项目通过定价听证目录确定,但容易引发抢购、囤积,造成市场异常波动的商品价格,通过其他方式征求意见,不纳入定价听证目录。听证会应当公开举行,允许旁听和新闻报道,但涉及国家秘密或者商业秘密的除外。

3. 集体审议

制定价格的方案原则上实行集体审议制。集体审议可以采用价格审议委员会讨论、办公会议讨论等方式。实行集体审议的方式、人员组成和工作规则,由省级以上定价机关规定。

4. 作出制定价格的决定

国务院价格主管部门和其他部门制定重要商品和服务的价格,应当按照规定报国务院批准。定价机关是行业主管部门的,作出制定价格决定前应当书面征求同级价格主管部门的意见。

5. 公布

制定或调整价格实行公告制度。除涉及国家秘密外,制定价格的决定作出后,由作出决定的定价机关在指定的报刊、网站等媒体上向社会公布。

6. 定期检测和跟踪调查

制定价格的决定实施后,定价机关应当对价格决定执行情况进行跟踪调查和监测。跟踪调查和监测的内容应当包括:价格的执行情况,执行中存在的问题;企业经营状况、成本、劳动生产率和市场供求变化对价格的影响;相关商品或者服务市场供求状况和价格的变化情况;社会各方面对所制定价格的意见。

二、价格干预措施和紧急措施

(一)价格干预措施

价格干预措施的实施是政府价格主管部门在市场物价高涨、通货膨胀严重的情况下为稳定物价而采取的重要举措。重要商品或服务价格出现异常波动,经济手段不足以调控市场价格时,按照《价格法》、《非常时期落实价格干预措施和紧急措施暂行办法》和国家发展和改革委员会《关于对部分重要商品及服务实行临时价格干预措施的实施办法》的规定,政府价格主管部门实行价格干预措施和紧急措施。

当重要商品和服务价格显著上涨或者有可能显著上涨,国务院和省、自治区、直辖市人民政府可以采取价格干预措施,报国务院备案。价格干预措施的具体种类有:(1)限定差价率或利润率,即限定经营者的进销差价率、批零差价率或经营的利润率。(2)规定限价,即对出售或购买这些商品或提供相应服务的经营者规定一个最高或最低价格限度,经营者必须在规定限度内进行市场交易。(3)提价申报,即在一定时期内,对经营者自主制定的价格,必须在规定时间内向价格主管部门申报并获得批准,方可提高价格。(4)调价备案,即经营者调整价格时要向上一级政府价格主管部门备案。政府有权责令调价不当者不得调价、少调价或推迟调价,经营者必须执行。但在规定的时间内,政府没有提出异议的,则视为同意,经营者可以调价。

(二)紧急措施

紧急措施是指当市场价格总水平出现剧烈波动等异常状态时,国务院可以在全国范围内或者部分区域内采取临时集中定价权限、部分或者全面冻结价格的制度。临时集中定价权限是指在特殊情况下,将定价目录规定的政府有关部门的部分或全部定价权限和经营者自主定价的部分或全部定价权限临时收归省级政府或国务院,由省级政府或国务院集中统一制定商品或服务价格。部分或全面冻结价格是指在特殊情况下,政府规定在一定时期内,商品或服务价格保持现有水平,任何单位和个人不得随意降低或提高。[①] 紧急措施是更严厉的行政强制干预市场价格的措施,实施的条件很严格。依据我国《价格法》第31条规定,其一,市场价格总水平出现了剧烈波动或者其他异常情况;其二,采取其他措施均无法使市场价格恢复正常;其三,紧急措施的实施主体只能是国务院,其他任何部门不得随意实施。[②]

价格干预措施和紧急措施都具有短期性和辅助性的特点,不可能解决市场供求关系,不当干预反而增加通胀压力。企业的成本在不断上升的同时,产品价格因行政管制而无法上调,预期利润率下降,企业会选择减少产出或者干脆停产,市场上的供应短缺

---

① 叶姗:"促进物价稳定的法律制度研究",载张守文主编:《经济法研究》(第7卷),北京大学出版社2010年版,第305~325页。

② 李昌麒主编:《经济法学》,法律出版社2007年版,第476页。

进一步恶化，价格管制增加而不是降低了通货膨胀的压力。① 针对因偶发或临时性等非市场因素引发的价格异动现象，政府采取价格干预措施并没有多少争议。但是，对于主要由成本推动等市场因素综合引发的价格异动现象是否应当以及如何采取价格管制手段，则需要谨慎。如果涨价是对市场供求的真实、合理反映，那么对这种涨价的行政干预就不具有合理性，从而也丧失了合法性基础。②

第三节　价格调控法律制度

价格调控是为了稳定和调节价格总水平，防止其剧烈波动，这是国家进行宏观经济调控的重要目标，也是价格管理的核心内容。调控价格总水平的手段主要是经济手段，也包括特定情况下的行政手段。本节的价格调控仅指法律规定的经济手段，包括重要商品储备制度、价格调节基金制度、最低收购价制度等。对于价格调控，《价格法》仅有原则性规定，没有相应的专门立法，个别地方的立法成为有益尝试，如《河北省省级重要商品储备管理办法》(2007 年修订)、《广东省价格调节基金管理规定》等。

一、重要商品储备制度

(一)重要商品储备制度的概念

所谓重要商品储备制度，就是政府为平抑或稳定某些重要商品市场价格水平，建立起这些商品的调节性库存，并通过吞吐库存来调控市场供求和价格的管理制度。国家商品储备主要作用是保障关键物资供给，调节市场，保障国家安全，保证经济稳定发展。国家商品储备法律制度属于宏观调控法的范畴，吞吐储备商品是调节余缺、稳定价格不可或缺的手段，是国民经济稳定持续发展的基础和国家进行宏观调控的重要手段。③

(二)我国重要商品储备制度存在的问题与完善建议

我国国家商品储备的制度化比较薄弱，没有重要商品储备的基本立法，只有针对具体商品的部门规章，如《中央储备糖管理办法》、《中央储备肉管理办法》等。地方政府限于财力和其他因素大多还没有形成重要商品储备体系和长效机制，只有个别地方如河北省、广州市，制定了地方政府规章。

我国商品储备制度在实施过程中存在许多问题：其一，缺少统一、高效、责权明确的储备管理机构。重要商品储备分散在各部门，各种储备商品主管机构不统一，管理权限分散。牵头组织部门的缺位和不明确，储备工作分割化，市场调节部门化。特别是当涉及多部门的重大市场调控事项时，部门之间难以形成合力。④ 其二，储备机制市场化程

---

① 许小年："政府该如何应对通胀"，载《党政干部文摘》2008 年第 3 期。

② 史际春、肖竹："论价格法"，载《北京大学学报》(哲学社会科学版)2008 年第 6 期。

③ 张青："国家商品储备与宏观经济稳定"，载《经济理论与经济管理》2007 年第 10 期。

④ 张青著：《国家商品储备：安全与稳定》，经济科学出版社 2007 年版，第 7 ~ 11 页。

度低，财政负担重。我国商品储备承担了许多政策性目标，比如经济安全、保障民生、保护农产品价格等。储备扶持国内产业有可能延缓产业升级，保护农产品价格又可能因进口农产品的竞争陷入成本高昂而无效的尴尬境地。商品储备的运作受到较多行政干预，市场化程度低，经营效率不高，造成沉重的财政负担。其三，储备规模小，种类少，无法满足经济调控的需要。我国关系国计民生的重要商品严重依赖进口，旺盛的需求极大拉高了国际市场的价格，使得我国难以在低价位完成重要资源储备。

完善重要商品储备制度，首先，中央储备与地方储备遵循合理分工，“谁储备，谁动用”的原则。中央储备以战略储备为主，应急储备为辅，地方储备侧重经济储备和应急储备，中央通过制定地方储备最小规模，收储、抛储、轮换的要求和程序，规范地方储备。其次，设立隶属于国务院的“国家储备委员会”作为决策机构，下设储备管理机构，并按照政企分开的原则，分别成立不同类别的中央储备经营管理公司。再次，把重要商品储备和外汇储备纳入“大储备管理体系”，尤其是将外汇储备与我国未来长期短期的能源和重要金属矿产等战略储备进行转换，对抵御汇率风险和保障国家安全，具有重要意义。最后，明确储备动用的条件和程序。中央储备限于能源供应严重中断、战争、突发公共事件、严重自然灾害、价格总水平剧烈波动等非常时期动用，由国家储备委员会决定。地方储备满足本地区平抑价格和突发情况的需要。确立地方政府价格主管部门作为地方经济储备的使用管理部门，负责建议吞吐经济储备，报地方政府批准后执行。[①]

二、价格调节基金制度

（一）价格调节基金制度的概念

价格调节基金是政府为了调节商品供求，平抑市场价格而建立的专项资金。价格调节基金是法律明确规定的政府调控市场价格的重要经济手段，是国务院授权地方政府多渠道筹集，用于调控生活必需品等重要商品价格，是重在保障民生的政府性基金。价格调节基金主要用于重要商品市场价格发生波动时平抑价格，特别是扶持主副食品生产、增加重要商品储备，以及在遭遇市场价格风险时，为了平抑市场物价，稳定与人民群众生活关系密切的重要商品和服务价格，保障人民生活安定和生产正常有序。[②] 而价格调节基金制度是指政府通过一定渠道，筹集一定数量的基金，用于平抑市场物价的制度，是政府调控市场物价的一种辅助性经济手段。

（二）我国价格调节基金制度存在的问题与完善建议

在我国，目前仅有《价格法》第 27 条“政府可以设立价格调节基金”的权利性规则，对于县级以上政府是否必须经过审批才可以征收价格调节基金，财政部与国家发改委持一正一反的态度。由于相关文件都是规范性文件，缺失立法的明确规定，地方征收价

---

① 吕清正：“我国国家商品储备法律制度初探”，载《价格理论与实践》2012 年第 1 期。

② 叶姗：“促进物价稳定的法律制度研究”，载张守文主编：《经济法研究》（第 7 卷），北京大学出版社 2010 年版，第 305 ~ 325 页。

格调节基金的合法性备受质疑。[①] 中央没有设立价格调节基金，一些地方不仅设立了价格调节基金，在制度化方面也取得一些进步，如《广东省价格调节基金管理规定》、《汕头市价格调节基金管理规定》等，但是受各地经济发展水平、财政收入状况的影响，价格调节基金的作用未得到充分发挥。

从历史的眼光来看，中国正在进入一个高成本的时期，许多农产品价格和资源性产品价格上涨是属于补偿性的，解决这部分价格的长期被严重扭曲的问题是回归价值所必需的。因此价格调节基金的功能限于"调节"，是保持主要蔬菜、畜禽、肉类等基本农产品、副食品和煤气等生活必需品、抗灾防疫商品价格基本稳定，不出现过快上涨影响居民生活特别是低收入群体的基本生活，调节价格的目的不是促使价格总水平不合理地下降到人为设定的某个水平，更不是不切实际地追求所谓"经济持续高速增长、价格长期稳定"的理想局面。必须明确的是，价格调节基金作为一种调节手段，是有局限性的，有可能排斥市场机制的作用，所以价格调节基金只能在市场不能有效发挥作用的领域内运用，而且要限定在重要商品价格异动时期，针对少数的商品。[②]

三、保护价制度

（一）保护价制度的概念

保护价制度，又称最低限价制度，是指政府在粮食等重要农产品的市场购买价格过低时，可以在收购中实行保护价格。

1957 年，国家明确规定对边远地区、山区、老革命根据地、少数民族地区、穷困地区的粮食收购实行最低保护价。1958 年，国家又规定对出口的农副土特产品实行最低保护价。随着经济体制改革的深入，国家将大部分农产品的价格放开，实行市场调节，但为了防止少数重要农产品如国家定购以外的粮食、猪、蛋、菜等收购价格过低，在一定时期仍规定最低保护价。粮食最低收购价政策是在粮食市场化大趋势条件下，政府对粮食市场实施的旨在保护农民利益的一项宏观调控政策，2005 年开始在早籼稻和中晚籼稻主产省启动，2006 年又将小麦纳入收购范围，并在 6 个小麦主产省实施。事实证明，粮食最低收购价政策的实施，保护了农民的利益，稳定了粮价，大大增强了国家调控粮食市场的能力。

（二）我国保护价制度存在的问题与完善建议

目前，我国保护价制度存在不少问题：其一，适用范围窄。保护价制度适用范围窄，不利于优化农业结构，不利于调控农业生产。其二，影响农产品流通的市场化。保护价的实施发挥了托市的作用，但是弱化了市场机制的作用。其三，财政负担沉重。由于最低收购价高于市场价格，巨额的粮食储备成本给中央和地方财政带来沉重包袱。[③] 其四，制度化和法制化不足。粮食最低收购价依据的是中央部委每年联合发布的执行预

---

① 叶姗："征收价格调节基金的合法性质证"，载《法学论坛》2013 年第 2 期。

② 孙宝强："完善价格调节基金使用的制度建设"，载《市场经济与价格》2011 年第 3 期。

③ 江峰："对提高粮食最低收购价政策的思考"，载《中国粮食经济》2010 年第 6 期。

案，仅《价格法》第29条作了原则性规定，缺乏立法的系统规范，制度化和法制化显现不足。

完善保护价制度，首先，实行粮食稳定价格带机制。以市场机制为基础，将价格稳定在合理的价格区间内，粮食的市场价格低于政府确定的最低保证价格，以最低保证价格收购粮食；粮食的市场价格高于最高干预价格，投放粮食储备，平抑价格；粮食的市场价格处于稳定价格带以内，市场自发调节。① 其次，健全保护价制度的立法。对保护价制度适用范围的确定和调整机制、稳定价格带的决策、价格预警、政策执行主体、调控储备的吞吐、监督和法律责任等，需要立法作出系统完整的规定。

第四节 扰乱市场价格秩序的行为与价格监督检查

一、扰乱市场价格秩序的行为

价格法与竞争立法之间存在规范重复的问题，价格法不应再规制不正当竞争行为和垄断行为，所以价格主管机关监管的价格违法行为，主要是违反明码标价、哄抬物价和囤积居奇、竞争不充分导致的商品或服务质次价高等扰乱市场价格秩序的行为。

（一）违反明码标价的行为

根据国家发展和改革委员会《关于商品和服务实行明码标价的规定》之规定，明码标价是指经营者收购、销售商品和提供服务应当公开标示商品价格、服务价格等有关情况的行为。

应当明码标价的商品和服务包括实行市场调节价、政府指导价或者政府定价的商品和服务。县级以上人民政府价格主管部门是明码标价的管理机关，其价格监督检查机构负责明码标价实施情况的监督检查。明码标价的标价方式由省级人民政府价格主管部门统一规定，县级以上地方人民政府价格主管部门的价格监督检查机构对标价方式进行监制。未经监制的，任何单位和个人不得擅自印制和销售。需要增减标价内容以及不宜标价的商品和服务，由县级以上地方人民政府价格主管部门认定。根据商品和服务的特点，需要实行行业统一规范标价方式的，由国务院价格主管部门和省级人民政府价格主管部门确定。

明码标价应当做到价签价目齐全、标价内容真实明确、字迹清晰、货签对位、标示醒目。价格变动时应当及时调整。商品价格、服务价格一律使用阿拉伯数码标明人民币金额。除国家另有规定外，从事涉外商品经营和服务的单位实行以人民币标价和计价结算，应当同时用中、外文标示商品和服务内容。民族自治地方自主决定使用当地通用的一种或几种文字明码标价。降价销售商品和提供服务必须使用降价标价签、价目表，如实标明降价原因以及原价和现价，以区别于以正常价格销售商品和提供服务。经营

① 程国强：《中国粮食调控：目标、机制与政策》，中国发展出版社2012年版，第142页。

者应当保留降价前记录或核定价格的有关资料，以便查证。从事零售业务的，商品标价签应当标明品名、产地、计价单位、零售价格等主要内容，对于有规格、等级、质地等要求的，还应标明规格、等级、质地等项目。提供服务的经营者应当在经营场所或缴费地点的醒目位置公布服务项目、服务内容、等级或规格、服务价格等。经营者不得在标价之外加价出售商品，不得收取任何未予标明的费用。一项服务可分解为多个项目和标准的，经营者应当明确标示每一个项目和标准。

经营者有下列行为之一的，由价格主管部门责令改正，没收违法所得，可以并处5000元以下的罚款；没有违法所得的，可以处以5000元以下的罚款：(1)不明码标价的；(2)不按规定的内容和方式明码标价的；(3)在标价之外加价出售商品或收取未标明的费用的；(4)不能提供降价记录或者有关核定价格资料的；(5)擅自印制标价签或价目表的；(6)使用未经监制的标价内容和方式的；(7)其他违反明码标价规定的行为。

(二)哄抬物价和囤积居奇

哄抬物价和囤积居奇一般发生在突发性事件时局部地区出现某些产品的短缺，不法商人趁机扰乱市场秩序，牟取非法暴利。2010～2011年，蒜、绿豆、生姜等农产品市场也出现了类似问题。经营者决定什么时候购进货物，什么时候卖出，本属于经营自主权的范畴。易于存储的农产品价格上涨时，农户也在惜售自家的农产品。这样的现实造成认定囤积居奇、哄抬物价十分困难，执法成本高，学者批评反对的声音也时有耳闻。首先，这两种行为通常不具备滥用市场支配地位的特征，也难以证明经营者之间存在共谋，但是极大地损害了消费者利益，甚至影响价格总水平的稳定，因此价格法有必要加以规范。其次，认定囤积居奇，应以发生自然灾害、突发公共安全事件或者生活必需品价格发生异常波动为前提。囤积居奇是哄抬物价的一种手段，哄抬物价包括发生自然灾害、突发公共安全事件时在经营成本或进货成本没有变化的情况下大幅度提高商品或服务价格，还有捏造、散布涨价信息的行为等。

(三)竞争不充分导致商品或服务质次价高

质次价高是指经营者所销售的商品属于不合格商品，或者质量与价格明显不符的合格商品。[①] 商品或服务是否与价格明显不符，竞争领域通常市场决定优胜劣汰。只要经营者没有虚假宣传或搭售，产品没有质量问题，消费者可以自由选择，一般不会损害消费者利益。但是如果竞争不充分，如个别机场、火车上的商品和餐饮，消费者没有其他选择，商品或服务质次价高的问题就应当受到监督管理。

二、价格监督检查

价格监督检查包括价格监督和价格检查。价格监督包括国家监督和社会监督，其主要任务是对价格的合法性和执行价格中的问题进行监督。价格检查一般是指县级以上各级人民政府价格主管部门依法对价格活动进行检查，并依照价格法的规定对价格

---

① “质次价高”的含义，可以参见国家工商行政管理局《关于〈反不正当竞争法〉第二十三条和第三十条“质次价高”、“滥收费用”及“违法所得”认定问题的答复》。

违法行为实施行政处罚。

政府价格主管部门进行价格监督检查时，可以行使下列职权：(1)询问当事人或者有关人员，并要求其提供证明材料和与价格违法行为有关的其他资料；(2)查询、复制与价格违法行为有关的账簿、单据、凭证、文件及其他资料，核对与价格违法行为有关的银行资料；(3)检查与价格违法行为有关的财物，必要时可以责令当事人暂停相关营业；(4)在证据可能灭失或者以后难以取得的情况下，可以依法先行登记保存，当事人或者有关人员不得转移、隐匿或者销毁。

经营者接受政府价格主管部门的监督检查时，应当如实提供价格监督检查所必需的账簿、单据、凭证、文件以及其他资料。政府部门价格工作人员不得将依法取得的资料或者了解的情况用于依法进行价格管理以外的任何其他目的，不得泄露当事人的商业秘密。

消费者组织、职工价格监督组织、居民委员会、村民委员会等组织以及消费者，有权对价格行为进行社会监督。政府价格主管部门应当充分发挥群众的价格监督作用。新闻单位有权进行价格舆论监督。政府价格主管部门应当建立对价格违法行为的举报制度。任何单位和个人均有权对价格违法行为进行举报。政府价格主管部门应当对举报者给予鼓励，并负责为举报者保密。

三、价格违法行为法律责任

价格违法行为是指违反价格法和价格政策的行为。经营者、地方各级人民政府和各级人民政府有关部门、价格工作人员有价格违法行为，都应承担相应的法律责任。我国《价格法》、《价格违法行为行政处罚规定》等对违反价格法的法律责任作了具体规定。

(一)经营者的法律责任

经营者的法律责任，主要包括如下四个方面：

1. 经营者不执行政府指导价、政府定价的法律责任

有下列行为之一的，由价格行政主管部门责令改正，没收违法所得，并处违法所得5倍以下的罚款；没有违法所得的，处5万元以上50万元以下的罚款，情节较重的处50万元以上200万元以下的罚款；情节严重的，责令停业整顿：(1)超出政府指导价浮动幅度制定价格的；(2)高于或者低于政府定价制定价格的；(3)擅自制定属于政府指导价、政府定价范围内的商品或者服务价格的；(4)提前或者推迟执行政府指导价、政府定价的；(5)自立收费项目或者自定标准收费的；(6)采取分解收费项目、重复收费、扩大收费范围等方式变相提高收费标准的；(7)对政府明令取消的收费项目继续收费的；(8)违反规定以保证金、抵押金等形式变相收费的；(9)强制或者变相强制服务并收费的；(10)不按照规定提供服务而收取费用的；(11)不执行政府指导价、政府定价的其他行为。

2. 经营者不执行法定的价格干预措施、紧急措施的法律责任

有下列行为之一的，由价格行政主管部门责令改正，没收违法所得，并处违法所得

5倍以下的罚款；没有违法所得的，处10万元以上100万元以下的罚款，情节较重的处100万元以上500万元以下的罚款；情节严重的，责令停业整顿：(1)不执行提价申报或者调价备案制度的；(2)超过规定的差价率、利润率幅度的；(3)不执行规定的限价、最低保护价的；(4)不执行集中定价权限措施的；(5)不执行冻结价格措施的；(6)不执行法定的价格干预措施、紧急措施的其他行为。

3. 经营者违反明码标价规定的法律责任

有下列行为之一的，由价格行政主管部门责令改正，没收违法所得，可以并处5000元以下的罚款：(1)不标明价格的；(2)不按照规定的内容和方式明码标价的；(3)在标价之外加价出售商品或者收取未标明的费用的；(4)违反明码标价规定的其他行为。

4. 经营者违反《价格法》第14条规定的法律责任

有下列推动商品价格过快、过高上涨行为之一的，由价格行政主管部门责令改正，没收违法所得，并处违法所得5倍以下的罚款；没有违法所得的，处5万元以上50万元以下的罚款，情节较重的处50万元以上300万元以下的罚款；情节严重的，责令停业整顿，或者由工商行政管理机关吊销营业执照：(1)捏造、散布涨价信息，扰乱市场价格秩序的；(2)除生产自用外，超出正常的存储数量或者存储周期，大量囤积市场供应紧张、价格发生异常波动的商品，经价格主管部门告诫仍继续囤积的；(3)利用其他手段哄抬价格，推动商品价格过快、过高上涨的。行业协会或者为商品交易提供服务的单位有以上违法行为的，可以处50万元以下的罚款；情节严重的，由登记管理机关依法撤销登记、吊销执照。

(二)政府及其部门的法律责任

地方各级人民政府或者各级人民政府有关部门违反本法规定，超越定价权限和范围擅自制定、调整价格或者不执行法定的价格干预措施、紧急措施的，责令改正，并可以通报批评；对直接负责的主管人员和其他直接责任人员，依法给予行政处分。

(三)价格工作人员的法律责任

价格工作人员泄露国家秘密、商业秘密以及滥用职权、徇私舞弊、玩忽职守、索贿受贿，构成犯罪的，依法追究刑事责任；尚不构成犯罪的，依法给予行政处分。

第三篇　宏观调控法

第十一章 宏观调控法的一般原理

第一节 宏观调控法概述

一、宏观调控概念的界定与宏观调控制度的定位

(一)宏观调控概念的界定

在我国,“宏观调控”是经济改革中新出现的概念。在计划经济条件下,类似的提法是“国民经济综合平衡”。1979 年编政治经济学词典时,关于要不要将宏观、微观的提法写进去争议很大。1984 年《中共中央关于经济体制改革的决定》中出现了“宏观调节”的提法。市场化改革开始后,特别是 1992 年正式确立社会主义市场经济为改革的目标模式,1993 年《宪法修正案》作出“完善宏观调控”的明文规定,“宏观调控”才成为使用频率越来越高的概念。①

“宏观调控”一词频频见诸各种文献,但学界对此却没有完全一致的看法,多数学者将其表述为“对国民经济活动或者国民经济运行的调节和控制”。但也有学者认为,“宏观调控”作为经济学范畴和法学范畴,内涵有所不同。在经济学中,宏观调控几乎可与“国家干预”、“政府调节”等通用,政府为弥补市场缺陷对国民经济进行调节和控制的各种行为都可归为“宏观调控”。而在法学中,“宏观调控”反映为具体的制度设计,体现为权威性高的法律规范和稳定性强的政策手段。而这些法律规范和政策手段往往涉及有关宏观经济和社会综合目标的实现。如果从法学的角度来界定,那么宏观调控指的是在一个特定的经济和社会发展时段,特别是在市场失灵时,国家从社会公共利益出发,为实现宏观经济和社会变量的基本均衡与经济社会结构的优化,引导国民经济持续、健康、协调发展,在现有法律规范的基础上对国民经济和社会所进行的总体调节和控制的权力运行与制度安排。② 对“宏观调控”作此界定,是否准确,值得探讨。因为法学意义上的宏观调控不仅源于经济学上的宏观调控,而且二者之间很难有本质上的差异。

在西方成熟的市场经济国家,通行的概念是宏观经济政策而不是宏观调控。宏观经济政策主要指财政政策和货币政策。与宏观经济政策相对应的概念是微观经济政

---

① 王全兴、管斌:“宏观调控法论纲”,载《首都师范大学学报》(社会科学版)2002 年第 3 期。

② 丛中笑:“中国宏观调控与宏观调控法的梳理与重构——从实然分析和应然设计的角度”,载张仁善主编:《南京大学法律评论》(2009 年秋季卷),法律出版社 2009 年版,第 8 页。

策，主要包括价格支持或限制政策、促进竞争政策等。虽然宏观调控是源于中国经济转型实践的特有概念，是中国政府特殊的国民经济管理行为，不能将它简单地等同于西方式的政府干预和宏观经济政策，①但还是不能将宏观调控等同于微观干预。所谓微观干预，是针对市场由于种种原因而缺乏效率的情况所采取的措施，是在某个领域上用政府的干预或管制来取代市场机制的作用。例如，商品的价格本来是由市场供求关系决定的，但由于一些特殊的情况，某种商品的市场价格出现了异常的变动，以致引起了被认为是不合意的或不能接受的收入分配结果，这时，作为一种特殊安排，政府限制价格在一定时期可能是必要。或者说就是政府为了短期经济运行的平稳，直接干预企业的产出和价格，直接管制市场的准入和退出。而更通俗地说，微观干预则是指对某一行业（如金融行业、汽车行业、房地产行业）、某一产品（如猪肉、鸡蛋）或是某个市场（如钢材、电力、煤炭）出台一些政策，进行干预，或限制，或鼓励。比如，某一地方政府对鸡蛋价格的限价，兰州政府对当地牛肉面价格的限价都是微观干预。再如，国家针对房地产行业出台的有关土地、贷款等方面的政策也是微观干预，不能看作宏观调控，所以诸如"加强对房地产行业的宏观调控"，"加强对煤炭行业的宏观调控"的这种说法就很不准确。②

我们认为，对"宏观调控"可以从不同层面加以解读，其既可以指一种活动或者行为，也可以指一个过程或者状态，还可以指一种制度安排。鉴于此，我们认为，所谓宏观调控，是指为实现社会总需求与社会总供给之间的平衡，实现国民经济稳定、协调发展，一国政府通过宏观经济政策、经济杠杆等依法对国民经济运行所进行的调节、控制活动以及一系列的制度安排。

（二）宏观调控制度的定位

关于宏观调控的必要性，学界论证的逻辑思路为，市场经济存在缺陷，故需要国家干预，而宏观调控制度则是国家干预的一个重要方面。但值得反思的是，近年来，中国经济情况中出现了一种现象——宏观调控在实际中比它应该起的作用还要大。这就造成了"宏观调控依赖症"，什么事情都要宏观经济调控。经济发生通货膨胀，宏观调控；经济增长率下降，宏观调控。③ 换言之，就是将宏观调控当作一个"筐"，使宏观调控没有一个边界，结果导致宏观调控作用被扩大化、夸大化。十八届三中全会通过的《中共中央关于全面深化改革若干重大问题的决定》明确指出，经济体制改革是全面深化改革的重点，核心问题是处理好政府和市场的关系，使市场在资源配置中起决定性作用和更好发挥政府作用。在这一背景下，亟须对我国宏观调控制度进行重新定位。

---

① 张勇、周达、刘瑞："宏观调控概念解读：政府干预经济的中国式框架"，载《青海社会科学》2009 年第 5 期。

② 孙清岩："宏观调控与微观干预"，载《当代经济管理》2009 年第 2 期。

③ 厉以宁："中国宏观经济形势和新一轮的经济改革"，载《中小企业管理与科技》（中旬刊）2013 年 11 期。

就资源配置而言，首先应当发挥市场机制的决定性作用，只有出现市场失灵且无法通过市场机制加以解决，才需要宏观调控，亦即宏观调控制度仅在市场失灵的情况下发挥作用。这也是宏观调控制度作用的边界。具体来说：一是补缺性作用，亦即只有在市场机制本身不能实现对资源的配置时，政府方可以进行宏观调控；二是救急性作用，亦即只有当宏观经济出现剧烈波动而不能通过市场机制加以解决时，才需要政府通过相机抉择的财政政策、货币政策等加以调控。

之所以将宏观调控制度定位为补缺和应急两个方面，一是宏观调控存在局限性。从调控机构方面看，决策行为只是对外界请求的一种反应，缺乏法定的权威机构对调控机构的有效制约，在必须作出决策的场合，缺乏为公共利益进行辩护的代表，参与决策的每一个人都或多或少有自己的某种利益或受某些利益集团影响甚至代表某些集团的利益；调控机构不可能对自己作出的决策进行全面和充分的经济分析，因为要考虑的因素非常多和非常复杂，调控机构不可能充分了解经常变化的经济生活，政府不免受许多一时念头的支配以及缺乏长远和综合考虑的就事论事，在这种基础上作出的决策很难确保其成功；除了调控主体外，没有任何机构对调控决策的效果进行检验，也没有机构对这些决策进行明确的、独立的、公正的经济分析。[①] 二是宏观调控功能的充分发挥受多种因素影响和制约，如宏观调控政策方向和时机、经济主体对宏观调控的反应程度、宏观调控所处的市场和法治环境等。

二、宏观调控法的概念、调整对象和体系

（一）宏观调控法的概念、调整对象

19 世纪 60 年代到 20 世纪初期，西方主要资本主义国家相继完成了工业革命，社会生产力得到大力提高，生产社会化和世界市场逐步形成。随着生产力的进一步发展，“市场失灵”在宏观经济领域日益凸显，主要表现为外部性问题、失业问题、总供给与总需求不平衡问题、不同产业间发展不平衡问题、经济增长时间上的不平衡——经济周期性波动问题甚至是经济危机等。随着“市场失灵”的凸显，靠价值规律自发调节已经不能解决严重的经济问题。为此，需要国家干预，或曰宏观调控。但与此同时，国家干预会带来“政府失败”。为防止国家宏观调控的失败，需要规范宏观调控权的行使。确立与规范国家对宏观经济进行调控的法律就是宏观调控法。[②] 具体来说，宏观调控法是指国家在对国民经济运行进行调节和控制过程中发生的经济关系的法律规范的总称。其调整对象为宏观调控关系，具体来说，就是国家对国民经济运行进行调节和控制过程中发生的经济关系。

（二）宏观调控法的体系

在我国，目前经济法学界就宏观调控法的基本范畴尚未达成基本共识。尤其是宏观调控法的体系，学界更是莫衷一是，有的将投资法律制度、国有资产管理法律制度、财

① 李宝元、张小斐：《宏观经济分析》，中国经济出版社 1994 年版，第 486 页。

② 岳文婷著：《金融调控法律制度研究》，山西人民出版社 2009 年版，第 8 ~ 9 页。

政法律制度、税收法律制度、金融法律制度、会计审计和注册会计师法律制度、对外贸易法律制度等都纳入其中。值得研究的是,上述内容是否都完全属于宏观调控法的范畴?以税收法律制度、金融法律制度为例,宏观调控仅为税法功能的一部分,其他如税收管理体制法律制度、税收征管法律制度则与宏观调控无关。金融法的调整对象不仅包括金融调控关系,而且还包括金融交易关系和金融监管关系,而后两者显然不能纳入宏观调控法的范畴。不论我们对宏观调控作如何界定,但宏观调控主要是一个国家运用经济杠杆对国民经济总体和总量进行的调节和控制,从而熨平经济波动,促进经济平衡协调发展。故不能将对某个具体行业、领域进行干预或者带有管理性质的法律制度纳入宏观调控法的范畴。

我们认为,哪些经济法律规范可以纳入宏观调控法的范畴,应当结合其具体内容加以判断,而不能简单、笼统地得出结论。我们认为,宏观调控法主要由财政调控法规范、税收调控法规范、金融调控法规范等构成。

第二节 宏观调控法的原则和调整方法

一、宏观调控法的原则

法律原则是一个法律部门存在之根本。任何法律部门如果不能通过归纳和演绎,恰当地总结出若干法律原则,而只依赖于某种价值取向,则难以构造出一套相对严格、周密的理论和相应的实在法体系。正是基于某种原则,不同的规范和制度才得以有机地统一于某个法律部门,按照一定的宗旨贯穿、联系起来。[①] 但作为一项原则,应当属于法的范畴,且是该法所特有的。鉴于此,经济法学界有的学者所主张的尊重市场原则、社会公益原则、可持续发展原则、经济民主原则、资源优化原则等就很难归入宏观调控法原则的范畴。我们认为,宏观调控法的原则包括以下五个方面:

(一)民主原则

民主原则是指政府进行宏观调控应当通过民主的程序进行,真正反映并代表人民之意愿。之所以强调民主原则,主要在于政府任何一项决策的出台,要想获得预期成效,首先必须遵循正当的民主程序。这不仅是政府决策合法性的前提,而且也能够最大限度地保障政府调控决策的科学性,并取得社会公众的认同。就宏观调控而言,其决策是否科学、合理,直接关系一国宏观经济的运行以及国民经济持续、健康发展,故自然也应当贯彻民主原则。

(二)法治原则

在现代市场经济条件下,宏观调控并不是任意的,必须与法治相联系,或者说必须

---

① 史际春、邓峰著:《经济法总论》,法律出版社 1998 年版,第 160 页。

建立在法治的基础上。宏观调控作为国家干预市场经济的最重要的手段，在推崇法治的今天，理应得到法律的确认和规范。① 宏观调控贯彻法治原则是非常必要的，但鉴于宏观调控的不确定性，故宏观调控的法治化，一是指宏观调控主体应当具有法定调控权；二是指宏观调控应当依据法定程序进行。至于宏观调控的具体手段则很难法治化。宏观经济政策，包括财政政策的决策方式，只能是“相机抉择”——根据短期内的特殊总供求关系决定当前所要采取的特殊政策及其力度。在经济学理论中从来没有什么长期的宏观经济政策，在实践中更不应有什么长期不变的宏观经济政策。②

（三）公开原则

一项宏观调控决策或者措施的出台，往往涉及市场经济主体以及社会公众的利益，因此，政府应当主动将其宏观调控决策或者措施及其依据通过一定方式向社会公开。否则，不仅使市场经济主体因为不能形成合理的预期而及时调整自己的生产经营行为，而且也无法对政府宏观调控行为进行有效的监督。相反，强调宏观调控公开，对于实现并保障人民的知情权、参与权和监督权，防止宏观调控权的滥用等，都具有十分重要的意义。

（四）适度调控原则

比例适度原则，也称比例原则或适度调控原则，它是公法上的比例原则在宏观调控法中的具体化。它主要包括两个具体原则，即“必要性原则”以及“比例原则”。其中，必要性原则也称“最小侵害原则”，强调国家的调控行为，无论是积极的还是消极的，都必须界定在一定的限度之内，以使国民所受到的侵害最小（这在一定意义上也是效率原则的体现）；比例原则或称“狭义比例原则”，它强调宏观调控的手段应当与调控目标成比例，因而调控必须是适当的、正当的、理性的、均衡的。③ 适度调控原则，最为主要的是政府宏观调控应当尊重宏观经济规律，并不得妨碍市场机制在资源配置中的决定性作用。

（五）间接调控原则

间接调控原则，是指政府运用经济手段，通过市场机制引导市场主体的活动，使其符合整个宏观经济发展目标的原则。④ 换言之，在市场经济条件下，政府宏观调控应当主要运用经济手段，如税率、利率、汇率等，通过市场机制引导市场经济主体，使市场经济主体的行为符合宏观经济发展的目标。凡是市场机制能够解决的问题，政府不再干预。政府对市场的调控主要是宏观总量的调控，而不是对市场经济主体的行为进行直接干预；相反，微观经济活动应由市场主体根据市场信号自主决定。

---

① 胡光志、田杨：“宏观调控法基本原则新探——从金融危机中‘救市’需要法治化谈起”，载《重庆大学学报》（社会科学版）2011 年第 1 期。

② 樊纲：“宏观经济政策只能是相机抉择”，载《金融信息参考》2003 年第 9 期。

③ 张守文：“宏观调控权的法律解析”，载《北京大学学报》（哲学社会科学版）2001 年第 3 期。

④ 李昌麒主编：《经济法学》，法律出版社 2007 年版，第 386 页。

二、宏观调控法的调整方法

宏观调控法的调整方法,或者说宏观调控法的调整方式,是指对宏观调控法的调整对象施加有影响力和法律后果的方式、手段的总和。① 然而,对宏观调控法的调整方法,我国经济法学界存在不同认识。有的认为主要有引导、规制和监督三种;有的认为主要有社会整体调节方法、自觉调整方法、统制方法和间接调整方法。

在市场经济条件下,政府宏观调控应当主要通过经济手段引导市场经济主体的行为,使其符合国民经济发展的方向和目标,而不应当干预市场经济主体的微观经济活动。鉴于此,宏观调控法的调整方法自然也应当主要采取利益诱导和计划指导的方法。所谓利益诱导方法,是指采用法律确认的经济利益诱导方式,对宏观经济关系施加有影响力和法律后果的方法。它具体是指国家通过法定利率、税率、汇率、价格和工资标准等经济参数,调节经济活动。所谓计划指导方法,是指通过直接作用于经济活动的经济计划指标或长远规划来影响宏观调控关系的方法,其影响力要比经济参数作用直接得多。② 其中,利益诱导主要通过经济手段。

值得一提的是,在我国,宏观调控制度存在的一个突出问题是过度依赖国家权力。亦即在权力主导型的宏观调控制度下,调控机关习惯于将宏观调控狭隘地视为国家的权力活动,容易忽视经济社会全面、协调和可持续发展的要求,导致宏观调控在实践中存在以下三个缺陷:一是调控过度依赖行政手段和行政强制力,民主参与程度偏低,调控的执行成本过高;二是调控过度依赖国家和政府的直接干预,导致经济的剧烈波动甚至大起大落;三是调控过度依赖国家和政府直接配置资源,不仅扭曲了市场机制配置资源的功能,而且增加了公权力寻租的机会,加大了经济发展的制度成本。③ 十八届三中全会通过的《中共中央关于全面深化改革若干重大问题的决定》明确指出,科学的宏观调控,有效的政府治理,是发挥社会主义市场经济体制优势的内在要求。而创新宏观调控方式则是实现"科学的宏观调控"的重要内容。具体来说:一是由行政手段转变为经济手段、法律手段进行调控。改革开放以来,我国宏观调控过分依赖行政手段,虽然可能一时起到对"市场失灵"的补救作用,但造成的后遗症极大。鉴于此,在全面深化改革背景下,要充分发挥宏观调控的作用,就必须由行政手段转向经济手段,如利用利率、汇率等经济手段调控宏观金融。与此同时,为解决长期依赖政策调控而引起的政策多变、稳定性差等问题,有必要进一步完善现行宏观调控法律制度,依法规范政府宏观调控行为,防止宏观调控的随意性。二是推进宏观调控目标制定和政策手段运用机制化。包括:建立健全宏观经济形势分析研判机制和监测预测预警信息会商机制;建立健全重大问题研究和政策储备工作机制;建立健全社会听证、信息公开、公众参与、专家咨询等民主决策机制;建立健全政策评估和调整机制,提高相机抉择水平;推进宏观调控政策

① 潘静成、刘文华主编:《经济法》,中国人民大学出版社1999年版,第298页。

② 同上书,第313页。

③ 岳彩申:"经济发展方式转变中的宏观调控制度转型",载《法商研究》2012年第2期。

统筹协调机制建设，增强宏观政策调控前瞻性、针对性、协同性。换言之，宏观调控目标制定和政策手段运用机制化，最主要的就是要依法建立起宏观调控的公开透明制度、宏观调控的民主决策制度、宏观调控决策前的评估制度和宏观调控实施的监督制度。三是加强宏观调控政策手段之间的协调配合。在一国经济运行中，仅仅依靠某一个调控手段往往很难奏效，相反，需要综合运用财政、金融、价格等宏观调控手段。但与此同时，不同的宏观调控政策手段，其调控的目的、主体、领域、机制等有较大差异。有鉴于此，有必要在宏观调控部门之间、宏观调控部门与有关部门之间建立多层面的政策沟通协调机制，统筹进行政策特别是重大政策调整的综合评估和协调，避免单项政策各自为政，政策之间效力相互抵销或过度叠加。[①] 十八届三中全会通过的《中共中央关于全面深化改革若干重大问题的决定》也明确指出："健全以国家发展战略和规划为导向、以财政政策和货币政策为主要手段的宏观调控体系，推进宏观调控目标制定和政策手段运用机制化，加强财政政策、货币政策与产业、价格等政策手段协调配合，提高相机抉择水平，增强宏观调控前瞻性、针对性、协同性。"

① 徐绍史："健全宏观调控体系"，载《人民日报》2013年12月18日。

第十二章　财政法律制度

第一节　财政法概述

一、财政的概念、特征、定位和职能

（一）财政的概念

关于财政，新中国成立后相当长的时间内，我国经济学界一直持“国家分配说”。亦即认为“财政是国家为了实现其职能的需要，凭借政治权力强制地、无偿地对社会产品和国民收入进行分配和再分配而形成的一种分配关系”。而西方财政学认为，在完全竞争或充分竞争的条件下，市场经济能够在自发运行过程中，依靠自身的力量，在市场机制的作用下，达到社会资源的有效配置状态。但是，在自由放任基础上的市场竞争，并非在任何领域、任何状态下都能充分展开的。在某些领域或者场合，即使人们不干预市场的自发运行，充分放手让市场机制去发挥作用，它也天然无法达到有效配置资源的结果，或者天然无法正确发挥作用。这就产生了市场失效或市场失灵状态，如社会分配不公、宏观经济总量失衡等。而这些各类市场失效问题都是市场机制本身无力解决的，也无法由私人经济或私人部门来克服。此时需要有公共的或集体的活动的介入，以非市场价格机制的方式干预。这样，在私人经济存在的同时，也必然需要有公共经济的存在。这种存在于市场失效基础上的公共经济即财政。财政以弥补市场失灵为主要原则，以满足社会公共需要为目的和主要活动内容，以追求公共利益为己任。所谓“公共财政”，指的是为弥补市场失效提供公共服务的政府分配行为，它是与市场经济相适应的财政模式或类型。①

随着社会主义市场经济体制的建立，西方公共财政理论开始被引入我国，财政学界就如何构建我国公共财政框架体系进行了深入研究。党的十五届五中全会通过的《关于制定国民经济和社会发展第十个五年计划的建议》明确提出，要逐步建立适应社会主义市场经济要求的公共财政框架。

关于“公共财政”的概念，我国学界虽然在概念的具体表述上不完全相同，但一般均将其界定为“在市场经济条件下，政府为弥补市场缺陷而向社会提供公共产品、公共服务的政府分配行为”。

我们认为，上述对公共财政概念的界定，最多只是一种经济学意义上的概念或认

---

① 张馨著：《比较财政学教程》，中国人民大学出版社 1997 年版，第 37～38 页。

识。准确界定公共财政,应当从法尤其是宪法之视角。公共财政从本质上来说,取决于一国政治制度的安排。首先,公共财政主要包括国家财政的公共收入和公共支出两个方面。公共财政本质是一种有偿财政,是纳税人基于对公共利益的需要,通过采用让渡其部分财产所有权为代价来获取公共产品和公共服务的手段。从本质上说,公共财政蕴含了纳税人与国家之间是一种社会契约关系。[①] 故没有人民同意,政府就不能随意进行财政的收支。由此可以进一步推导出这样的一个结论:财政的主体是人民,财政权是人民赋予政府为管理社会公共事务而进行财政收支的权力。这也是根据人民主权理论所得出的必然逻辑结论。其次,尽管世界各国财政体制不尽相同,但无不由该国人民通过代议机构制定并颁行的宪法所决定的。这也是民主政府、法治政府区别于封建独裁统治的一个重要标志。再次,除立宪外,还必须确实树立宪法至上的宪法最高权威并依据宪法行事,亦即行宪。就财政而言,宪法仅仅规定财政制度是不够的,政府还必须在宪法规定的范围内行使财政权。相反,政府对财政权力的滥用或行使不当,往往会侵害公民权利。例如,政府在法律之外实施课税,公民的财产权利就不能得到保障,因此政府的课税权必须有合法的来源,并受法律的约束。[②] 最后,财政权既然是人民委托政府行使的权力,那么其行使必须体现人民意志、保障公民权利,而不能以牺牲公民财产权为代价。同时,财政权的行使也必然要接受人民之监督。

综上所述,我们认为,公共财政是指受人民之委托并基于管理社会公共事务之合宪目的,依法向社会提供公共产品和公共服务的政府分配行为。

(二)公共财政的特征

1. 公共性

公共性所强调的是,财政应当着眼于满足全社会的公共需要。具体来说,公共财政应当基于满足公共需要之目的、本着公平之理念而向全体社会成员提供无差别待遇的公共产品和公共服务。在市场经济条件下,政府的职责就是解决那些市场不能解决或解决不好的事,在弥补市场的同时,为市场机制的正常运转提供条件。因而,财政显然具有鲜明的“公共性”特征。这也是现代市场经济条件下财政运行的基本取向、国家财政活动应遵循的基本边界。

2. 公开性

公开性是指一国之公共财政决策、公共财政收支,都应当通过一定的方式向社会公开。尤其是财政支出的范围以及财政收入的使用是否合法、合理和有效率,包括纳税人在内的社会公众都应当享有知情权、监督权。财政公开至少包含财政立法和财政决策公开、财政收入的过程和结果公开、财政支出公开和财政监督公开等方面的内容。强调财政公开,有利于规范政府的财政收支行为,防止政府随意收支,损害人民之利益,保障

① 魏建国:“近代西方代议制宪政功能的形成及其内在机理——一种基于公共财政视角下的诠释”,载《浙江社会科学》2006 年第 1 期。

② 陈必福:“财政立宪:我国宪政建设之路径选择”,载《亚太经济》2005 年第 6 期。

并实现人民的知情权、监督权。

3. 非营利性

非营利性是指无论财政收入的取得还是财政支出的安排，都要以满足社会公共需要为唯一选择。具体来说，在财政收支上，财政收入的取得，要建立在为满足社会公共需要而筹集资金的基础上；财政支出的安排，要始终以满足社会公共需要为宗旨。公共财政之所以强调非营利性，主要因为在市场经济条件下，政府作为社会管理者，其行为的动机不应当是获取相应的盈利，而只能是通过财政向社会提供公共产品和公共服务，以满足社会之公共需要，为市场的有序运转提供必要的制度保证和物质基础。相反，如果是以营利为目的，就会产生诸多弊端。①

4. 民主性

民主性是指政府应当按照民众的意愿，通过民主程序、运用民主方式来进行财政决策、民主理财并接受民众监督。之所以强调公共财政的民主性，第一，财政虽然由政府来组织和安排，但这绝不意味着公共财政就是政府的财政，相反，就其本质而言应当是人民之财政。政府只不过是受人民之委托进行财政的收和支。由此决定了政府不仅应每年向社会公众公布其财政收支情况，而且在收支前应广泛听取民意。第二，根据社会契约理论，国家是一国国民之间所达成的一种契约。为了谋求更好的公共福利以及管理公共事务，国民将自己的一部分权利让渡给政府，并与政府通过协议达成这样一种安排，亦即政府为公众提供公共产品和服务，为此需要向公众征税来筹集资金；公众从政府提供的公共物品中受益，但要付出纳税的代价。通过交税的形式，把一部分资源交由政府配置，于是公共财政就应运而生。这是社会需要政府的理由，也是社会公众授权给政府的理由。②

5. 法治性

法治性是指财政收支行为应当合乎法律规定，并在法律规定的范围内进行。具体来说，一是依法组织财政收入，如征税必须有明确的法律依据并遵从法定程序；二是依法安排财政支出，包括财政支出的范围、规模等都必须按照法定原则和程序进行；三是对财政收支行为的管理和监督也必须依法进行，即做到依法行政、依法管理。公共财政之所以强调法治性，主要在于公共财政就其本质是社会公众的财政，是社会公众通过法律程序对政府财政收支活动进行约束、规范和监督的财政。社会公众对财政的这种直接作用，是通过法律形式来完成的，这使得公共财政又表现为是法治财政。相反，如果缺乏法制的规范和约束，那么政府及其官员就可以随心所欲地进行财政的收支且不必为此承担任何责任，人民之利益势必受到不应有之损害，财政职能也就无法实现。③

---

① 高培勇："公共财政：概念界说与演变脉络——兼论中国财政改革30年的基本轨迹"，载《经济研究》2008年第12期。

② 尚可文："我国公共财政决策民主化研究"，载《兰州商学院学报》2005年第6期。

③ 高培勇主编：《公共财政：经济学界如是说》，经济科学出版社2000年版，第70页。

6. 公平性

公平性主要是指在市场经济条件下，一国所制定的公共财政政策、法律规范及其具体适用应当一视同仁，而不能区别对待。公共财政之所以具有公平性之特征，主要在于：第一，市场经济的一个重要特征就是竞争，而竞争必须公平。这体现在财政上就是必须实行一视同仁的财政政策，为社会成员和市场主体提供平等的财政条件。第二，市场经济为法治经济，而公平则为法的一个根本的价值取向。故不能针对不同的社会集团、阶层、个人以及不同的经济成分，制定不同的财税法律制度。与此同时，任何财税法律规范的制定或者修改，如个人所得税法的修改等，也应当考虑公平之理念。

(三)财政的定位和职能

长期以来，我国对财政的定位主要是在经济领域，且将其作为政府宏观调控的杠杆和手段。而十八届三中全会对财政进行了重新定位，并将其放在了国家治理的高度。亦即明确提出“财政是国家治理的基础和重要支柱”。之所以说财政是国家治理的基础，是因为，在任何经济社会和任何发展阶段，国家治理的主体都是政府，财政则是政府履行职能的基础所在。与此同时，在构成现代国家治理体系的诸种要素中，财政几乎是最重要的一种要素。纵观当今世界各国政府所履行的职能，尽管项目繁多，表现各异，但从大类分，无非是“事”和“钱”两个方面。前者主要涉及行政事务，后者主要指财政事务。与之相适应，国家治理的实现线索，无非位于两个层面：事权与财权的界定和支出责任与财力的配置。只有各级政府和各个政府职能部门的事权与财权界定清楚了，各级政府和各个政府职能部门的支出责任和财力配置妥当了，各项政府职能的履行才可能落到实处，国家治理的相关活动才可能运行顺畅。无论是就政府职能归类的“事”和“钱”的两个方面事务而言，还是就国家治理实现的“事权与财权”、“支出责任与财力”的两个层面线索而论，财政都可谓是不可多得的重要支柱。①

关于财政的职能，十八届三中全会通过的《中共中央关于全面深化改革若干重大问题的决定》指出：“科学财税体制是优化资源配置，维护市场统一，促进社会公平，实现国家长治久安的制度保障。”这是对新的历史条件下财政职能作用的一个精练概括。具体来说，财政职能包括三个方面：第一，优化资源配置，维护市场的统一。十八届三中全会公报指出，经济体制改革是全面深化改革的重点，核心问题是处理好政府和市场的关系，使市场在资源配置中起决定性作用和更好地发挥政府作用。在市场经济体制下，市场机制是资源配置的决定性力量。但市场配置资源客观上存在不足，不可能使资源配置尽善尽美。当一定时期资源配置出现问题，地区结构、产业结构、市场结构存在失衡时，国家可通过财政政策加以引导、调节。如通过财政促进区域经济协调发展、产业结构进一步优化等。第二，维护社会公平正义。改革开放以来，我国经济在获得迅速发展的同时，人民群众的收入也有较大幅度提高，但收入分配差距过大问题日益突出。与此同时，随着我国社会深刻变革，影响社会公平正义的各种矛盾和问题日益突出，人民

---

① 高培勇：“为什么说财政是国家治理的基础和重要支柱”，载《中国财经报》2014 年 1 月 18 日。

群众对党和政府维护社会公平正义的要求越来越高。在经济社会发展的基础上,如何让全体人民共享改革发展的成果,以实现社会公平正义,则是摆在我们面前的一项重大课题。为此,党的十八大报告指出:必须坚持维护社会公平正义。公平正义也是中国特色社会主义的内在要求。财政问题不仅仅是一个经济问题,相反,究其本质而言,更重要的是一个政治问题。换言之,通过对财政的收支和资产的配置,体现对政府权力活动的制约,直接影响着社会公平正义的实现。第三,保障国家的长治久安。将财政视为实现国家长治久安的制度保障,这具有深刻内涵。过去,人们对财政的理解过于简单化,似乎财政只是政府的钱袋子,是一个出纳,顶多是提供财力保障。十八届三中全会通过的《中共中央关于全面深化改革若干重大问题的决定》更多强调,科学的财税体制不仅仅提供财力的保障,更重要的是提供制度保障。制度意味着法治化,亦即只有建立在法治的基础上,这个制度才可能是真正规范的、稳定的、可持续的。相反,如果缺少了制度保障,财政这个基础不稳固,国家的治理就是无本之木。由此可见,让财政回归其本质属性,避免过度工具化,不仅是经济稳定,而且也是国家稳定、国家治理的基础和重要支柱。

二、财政法的概念和调整对象

关于财政法的概念,我国经济法学界大多将其界定为"调整财政关系的法律规范的总称"。在这里,关键在于对财政关系的范围如何界定。目前,我国经济法学界就财政法调整对象的认识不尽相同,范围也宽窄不一。其中,颇受争议的是诸如企业财务管理关系、行政事业财务管理关系、基本建设财务管理关系、国有资产管理关系以及会计、审计关系是否应当由财政法来调整。

我们认为,企业财务管理关系、行政事业财务管理关系、基本建设财务管理关系不应由财政法调整,因为在市场经济条件下,诸如企业财务管理、行政事业财务管理、基建财务管理等,属于微观经济范畴,应由市场去管。这也是公共财政的应有之义。至于国有资产管理关系、会计审计关系,虽与财政法有一定关联,但很难将其完全纳入财政法的范畴。国家审计机关对相关政府部门进行审计而产生的关系,更多的是一种监督关系,可以纳入财政监督关系的范围,而中介性质的审计机构基于审计而产生的关系则属于民事委托代理关系。又如会计关系,其主要包括会计核算和会计监督关系,也不完全属于财政关系。而国有资产管理关系涉及的范围则更加广泛,其很多内容如国有资产评估关系、国有资产转让关系、国有资产监管关系等显然不属于财政法的调整范畴,而财政法唯一能够调整的则是在征收经营性国有资本收益过程中产生的经济关系。

通过上述分析,我们可将财政法的调整对象概括为以下四个方面:

(1)财政管理体制关系。亦即在划分中央政府与地方政府行使财政管理权限而发生的财政关系,包括财政立法权限关系、财政收支权限关系、财政管理权限关系等。

(2)财政收入关系。亦即国家在依法取得财政收入的过程中与相关主体之间发生的关系,包括税收征收关系、国有资本收益关系、公债发行关系、费用征收关系等。

(3)财政支出关系。亦即国家在依法安排财政支出的过程中与相关主体之间发生的关系，包括财政采购关系、财政投资关系、财政补贴关系、财政转移支付关系等。

(4)财政监督管理关系。亦即在国家对国民经济各部门和各单位的财政活动与财务收支等进行监督管理过程中所发生的关系，包括财政平衡关系、财政预算关系、国库经理关系和审计监督关系等。

三、财政法的地位

财政法在法律体系中到底处于何种地位，我国经济法学界主要有如下观点：第一种观点认为，财政法是一个属于经济法的部门法。这主要是经济法学界的观点。第二种观点认为，财政法是行政法的组成部分。这主要是行政法学界的观点。第三种观点认为，财政法是间接从属于经济法和行政法之间的第三层次的法律部门。此说是以上两种观点的折中。

我们同意上述第一种观点，即财政法属于经济法的一个重要组成部分。市场经济有其自身难以弥补的缺陷，故需要国家依法运用相应手段进行宏观调控。这已为各界普遍接受。其中，财政法是国家对国民经济运行进行宏观调控的重要法律部门。在我国，随着社会主义市场经济体制的逐步建立，国家将逐渐减少或放弃对市场经济的行政命令式的直接控制，转而注意运用经济手段进行间接控制，因此，财政手段的作用更显重要。与此相适应，将财政手段法律化的财政法也随之在宏观调控中居于重要地位，它不仅具有调控范围的广泛性，而且具有鲜明的导向性。此外，由于国家的各种经济政策基本上都在财政法中得以体现和贯彻，并通过财政法的实施来得到实现，因此，特别是在总量平衡、协调经济运行方面，财政法更具有决定性的意义。至于有学者所提出的财政法与行政法的关系以及行政法在财政法中所起的基础性作用，我们认为，虽然行政法在财政领域发挥着重要作用，例如，财政权的行使主要体现为一种行政权的行使、财政权的行使应当严格依据行政程序、财政违法的责任形式主要为行政责任，但是这并不表明财政法在本质上就属于行政法的范畴。恰恰相反，经济法不仅仅具有经济性的特征，而且具有行政主导性的特征。经济法是国家干预、从事经济活动，参与经济关系的产物，调整的是直接体现国家意志的经济关系，从而与政府的管理和参与有着密切关系。作为这种特殊意志性的客观要求及其在法律上的反映，经济法在强制性、授权性和法的实现方面均体现着浓重的行政主导性特征。①

四、财政法的体系

作为经济法体系的重要组成部分，财政法主要包括以下几个方面的内容：

(一)财政基本法

作为财政领域的基本法律，财政基本法主要对财政法的基本问题如财政法的宗旨与原则、财政管理体制、政府财政收支范围、财政监督等加以规定。财政基本法作为财政领域的"龙头法"，不仅可以为其他财政立法提供基本依据，而且还可以弥补我国财

---

① 史际春、邓峰著：《经济法总论》，法律出版社1998年版，第60页。

政立法之不足。

(二)财政收入法

财政收入法主要包括税法、公债法、费用征收法、彩票法、国有资本收益法等。税法是指调整税收关系的法律规范的总称,主要对税收管理体制关系、税收债权债务关系、税收征纳关系等依法进行调整。公债法是指对公债在发行、审批、流通、资金使用、偿还、监管过程中产生的经济关系予以调整的法律规范。费用则是政府基于一定的受益关系或行政管制目的而收取的代价的总称,我国目前主要包括行政事业性收费和司法收费等,而对费用征收予以规范的则为费用征收法。彩票法是指对有关彩票的设立、发行、审批、兑奖、彩票公益性的使用、彩票监督管理等加以规定的法律规范。国有资本收益法是指对国有资本收益的原则、主体及其职权、收益收取的范围和形式、国有资本收益的使用、国有资本收益监督管理等加以规定的法律规范。

(三)财政支出法

财政支出法主要包括财政转移支付法、财政拨款法、政府采购法、财政投资法等。财政转移支付是指各级政府之间为解决财政失衡而通过一定的形式和途径转移财政资金的活动,是用以补充公共物品而提供的一种无偿支出,是政府财政资金的单方面的无偿转移,而对财政转移支付的原则、主体、范围、方式等加以规定的法律规范就是财政转移支付法。财政拨款法主要是指对政府无对价的资金拨付行为予以规定的法律规范。政府采购是指各级国家机关、事业单位和团体组织,使用财政性资金采购依法制定的集中采购目录以内的或者采购限额标准以上的货物、工程和服务的行为,而对政府采购行为予以规范的则为政府采购法。财政投资是指以政府为主体、将其从社会产品或国民收入中筹集起来的财政资金用于国民经济各部门的一种集中性、政策性投资,而对政府投资行为予以规范的则为财政投资法。

(四)财政监督管理法

财政监督管理法是指财政监督管理主体依法对政府及其有关部门等的财政收支行为依法进行监督管理的法律规范的总称。从广义上来说,财政管理监督法包括预算法、审计法、国有资产管理法、国库管理法、财政许可法和预算会计法等。其中,预算法为财政监督管理法的核心。

第二节 财政管理体制法

一、财政管理体制法的含义

关于财政管理体制,有的认为:“财政管理体制的概念,可以分为狭义和广义两种。广义财政管理体制是财政分配的组织形式、责权划分、管理方式、机构设置的体系,主要内容是中央与地方以及地方之间财政收支范围和管理权限的划分,国家与企业的财政分配关系。其核心是中央与地方财政收支范围和管理权限的划分,这也是狭义的财政管理体制。"[①]有的认为:"财政管理体制,是指划分中央同地方各级政权之间以及国家同国有企业事业单位、国家机关之间的财政管理职权、财政收支范围等内容的法律制度。"[②]该定义实际上是广义的财政管理体制。在这里,我们仅探讨狭义的财政管理体制。财政管理体制的实质,是财政资金分配上的集权与分权、统一性与独立性的关系问题。

财政管理体制法是财政管理体制的法律化,是指调整不同国家机关之间、中央国家机关与地方国家机关之间、地方各级国家机关之间在划分财政收支范围和权限的过程中产生的社会关系的法律规范的总称。其核心是就财政立法权、财政收支权、财政管理监督权等在不同国家机关间、各级政府间进行科学、合理的划分。

二、我国分税制财政管理体制法的现状分析与完善建议

关于财政管理体制,我国目前依据的仍然是1994年国务院颁布的《关于实行分税制财政管理体制的决定》。该决定确立了我国分税制财政管理体制,主要包括:划分税种(中央税、地方税和共享税),并确立中央和地方各自的税收收入;建立国税和地税税收征收机关;确立了主要以体制补助或上解、税收返还及专项拨款为内容的转移支付制度等。

分税制是法治国家普遍实施的符合市场经济原则要求的公共财政体制,是提高政府公共物品的供给效益、增加政府宏观调控能力行之有效的制度模式。自1994年我国实行分税制以来,对于厘清中央政府与地方政府间的财政关系,调动中央与地方两个积极性等发挥了积极作用。但与此同时,此次分税制财政管理体制改革也存在重大缺陷,主要表现为:一是分税制改革是未在明确政府事权尤其是中央政府与地方政府事权的基础上进行的,使分税制改革的缺陷难以避免。因为只有对各级政府的事权加以明确界定,才能科学合理划分各级政府财权。二是有违"事权与财权相一致"的原则,此次分税制改革将一些主体税种、容易征收的税种划分为中央税,由此导致地方政府"事权过大、财权过小"以及财政困难。目前我国地方税税种中,多为零星分散且难以征管的零星小额税种。尤其值得一提的是,1994年分税制改革之后,中央政府进一步扩大其税收收入的范围,2001年国务院发布的《所得税收入分享改革方案》就是一个最好的例证,如将地方企业所得税、个人所得税由当初的地方税划分为共享税。三是财政转移支付不仅无法可依,而且存在诸多弊端,如一般性转移支付的规模偏小,而专项转移支付不仅种类多,而且在整个中央转移支付中的比重偏大且缺乏科学的依据和严格的程序。四是未对省以下政府间的财权划分作出明确规定。由于地方政府间事权和支出责任划分缺乏明确的、可操作的法律依据,省以下各级政府间支出责任的划分普遍不够全面和清晰,县乡政府支出责任偏大,需要进一步加以完善。

近年来,我国围绕分税制财政管理体制进行了一些改革探索。其中,最典型的是

---

① 王骐翼主编:《财政学》,武汉大学出版社1994年版,第314页。

② 潘静成、刘文华主编:《经济法》,中国人民大学出版社1999年版,第340页。

"省直管县"财政管理体制改革。实行"省直管县"财政改革,就是在政府间收支划分、转移支付、资金往来、预决算、年终结算等方面,实现省财政与市、县财政直接联系,开展相关业务工作。为理顺省以下政府间财政分配关系,推动市县政府职能转变,2009年7月9日,财政部发布了《关于推进省直接管理县财政改革的意见》。

为解决上述问题,建议:一是改革过度集中的税收立法体制,赋予地方以相应的税收立法权;二是合理划分税种,建立事权和支出责任相适应的制度以及科学合理的地方税体系;三是在进一步完善省级以下财政管理体制的同时,探索包括减少地方政府层级在内的政府体制改革;四是修改宪法等相关法律,就各级政府间的事权进行明确界定;五是制定《财政收支划分法》,就中央与地方之间的财政收支的权限、范围、责任等作出明确规定;六是制定《财政转移支付法》,对财政转移支付的原则、资金来源、核算标准、分配程序和方式等作出具体规定,以规范政府财政转移支付行为,并确保公共财政下的财政转移支付有法可依。

第三节 预 算 法

一、预算的含义、本质和体系

(一)预算的含义

在我国,学界大多将预算界定为"年度财政收支计划"。我们认为,这种界定最多揭示了预算的形式特征。用计划来解释预算,亦即简单地将预算等同为一个计划,未能准确揭示预算的本质特征。与此同时,国家预算、政府预算之称谓也是不准确的。就国家预算而言,一方面,国家预算将整个国家的中央政府与各级地方政府预算包含进来,难以体现各级政府预算资金的筹集使用结存等状况,特别是实行地方政府预算经本级人民代表大会审批制度后,国家预算与政府预算区别也就愈加明显了;另一方面,国家作为一个抽象的概念,既无法现实地享有预算权,也无法承担预算责任。就政府预算而言,虽然政府承担预算编制、执行之责并最终承担预算责任,亦即政府为预算最主要的主体,但预算绝不仅仅是政府预算。

首先,从预算的产生来看,预算的过程实际上是一个控制政府财政收支权的过程。近现代政府预算制度最早产生于英国,英国政府预算制度的创建最初是始于征税权的易手。1215年,英王约翰被迫签署了《大宪章》,首次以法律形式确立了"非赞同毋纳税"原则,剥夺了英王的部分税收权。在14世纪初,英国新兴资产阶级、城市市民和广大农民就起来反对封建君主横征暴敛,要求对国王的课税权进行一定的限制。此后,新兴资产阶级力量进一步壮大,他们充分利用议会与封建统治者争夺国家财政权。他们通过议会审查国家的财政收支,要求政府各项收支必须事先做计划,经议会审查通过,才能执行,从而限制了封建君主的财政权。1640年资产阶级革命后,英国财政权已受到议会的完全控制。到1688年,英国资产阶级议会还进一步规定皇室年俸由议会决定,国王的私人支出与政府的财政支出要区别开来,不得混淆。1689 年通过的《权利法案》重申,不经议会批准,王室政府不得强迫任何人纳税或作其他缴纳;还规定了征税收入和使用预算支出都必须经过议会批准,并采用按年分配收支,在年前作出收支计划,提请议会审批和监督的办法。另外规定了国家机关和官吏在处理国家财政收支上的权限和责任,以及须遵守的法令和规章。英国的预算制度,从公元 14 世纪出现新兴资产阶级后,经过几百年的时间,到 18 世纪,才发展成为典型的资本主义政府预算。① 到了现代,预算已经成为社会公众约束和监督政府财政活动的有效手段。其次,按照社会契约理论,国家也是公民达成契约的结果。预算实际上是国民与政府之间就财政收支活动的范围和方向所形成的委托代理关系。政府本质上就是一个国家或社会的代理机构,承担着一种公共受托责任。最后,预算虽然由政府编制和执行,但只有通过议会的审批,才具有法律效力。可以说,议会是预算最重要的主体。

预算概念的确定,我们认为,应当充分反映预算本质与公共财政理念。一方面,预算以及预算法是一个国家的国民通过其选举产生的代议机构控制政府财政收支活动的一个重要手段和工具;另一方面,根据公共财政理念,公共财政是公众为之规范、决定和制约的财政,政府财政活动要符合市场要求,真正反映公众的意愿和偏好,市场和作为市场主体的社会公众有权对政府财政行为进行有效监督和制约。此外,公共财政下的预算应当充分满足人民对公共产品和公共服务的需求。鉴于此,有必要用"公共预算"取代"政府预算"。

鉴于上述分析,我们认为,预算,也称为公共预算,包含两个方面的含义:一是预算法主体受人民之委托遵从合宪之目的依据法定职权、原则和程序编制、审批和执行的一国未来年度财政收支计划;二是预算是人民依法对政府财政收支行为进行有效控制的重要手段之一,可以有效地促使政府达到最大限度地满足人民对公共产品和公共服务需要之目的。②

(二)预算的本质

关于预算的本质,我国传统理论学说认为,预算是实现政府财政收支计划的工具或者手段。问题是,这样的结论是否能够令人信服?

就预算而言,其本质应当是预算本身所固有的内在的属性,且只有从法律层面才能真正揭示预算的本质。当然,这不是仅仅从预算法本身来探讨,更重要的是要从宪法的层面来认识。纵观宪法产生的历史,莫不与预算有关。公共财政的制度框架是政府预算或公共预算,预算制度是关于民众赞同和监督国家财政活动的制度,立宪政治的历史可以说是现代预算制度的成立史。③ 预算制度作为现代宪政国家的财政体系的核心制

① 包丽萍、刘明慧、贺蕊莉编著:《政府预算》,东北财经大学出版社 2000 年版,第 6 ~ 7 页。

② 华国庆:"预算法两个基本问题的再探讨",载《法学杂志》2006 年第 2 期。

③ [日]井手文雄著:《日本现代财政学》(中译本),孙秉良译,中国财经经济出版社 1990 年版,第 173 页。

度，与生俱来地追求民主、法治等基本价值。预算是代议机构控制政府行为的工具，它的产生和发展与议会政治的产生和发展、与市场经济的产生和发展是同一历史过程。纳税人通过代议机构对政府的制衡机制，政府必须编制预算并经代议机构批准付诸实施。代议机构对预算的议决、监督执行是从纳税人的利益出发的，赋予政府预算应体现纳税人意志的政治意义。预算制度不但对财政具有严密的控制，且成为指导、监督及批评一切行政活动的最有效工具，以法律程序保证政府收支不偏离纳税人利益，并用法律保障私人财产权不受政府权力扩张的侵害。①

综上所述，我们可以将预算的本质界定为：预算是现代法治国家之纳税人及其代议机构依法约束、控制政府财政收支行为的重要手段，是实现现代经济社会配置资源和公共权力在不同主体间进行分配的有效机制，经审批的预算具有等同于法律之效力。其核心价值在于民主财政、法治财政。② 值得一提的是，2014 年修改后的《预算法》将“规范政府收支行为”作为该法的首要立法宗旨。

（三）预算体系

20 世纪 90 年代以来，我国预算体系不断拓展和完善，在一般公共预算基础上，先后建立了政府性基金预算、国有资本经营预算和社会保险基金预算，初步形成了由一般公共预算、③政府性基金预算、④国有资本经营预算⑤和社会保险基金预算⑥组成的预算体系。预算体系的建立健全，提高了预算编制的完整性，对加强预算管理、提高财政资金效益、增强财政预算透明度起到了积极作用。但与建立现代财政制度的要求相比，上述预算体系还存在定位不够清晰、分工不够明确，没有形成制度性的统筹协调机制等问题。

为解决上述问题，《预算法》第 5 条第 2 款规定：“一般公共预算、政府性基金预算、国有资本经营预算、社会保险基金预算应当保持完整、独立。政府性基金预算、国有资本经营预算、社会保险基金预算应当与一般公共预算相衔接。”十八届三中全会通过的《中共中央关于全面深化改革若干重大问题的决定》也明确指出：“完善政府预算体系。明确一般公共预算、政府性基金预算、国有资本经营预算、社会保险基金预算的收支范围，建立定位清晰、分工明确的政府预算体系，政府的收入和支出全部纳入预算管理。加大政府性基金预算、国有资本经营预算与一般公共预算的统筹力度，建立将政府性基

① 刘剑文：“宪政下的公共财政与预算”，载《河南省政法管理干部学院学报》2007 年第 3 期。

② 华国庆：“预算法两个基本问题的再探讨”，载《法学杂志》2006 年第 2 期。

③ 《预算法》第 6 条第 1 款规定，一般公共预算是对以税收为主体的财政收入，安排用于保障和改善民生、推动经济社会发展、维护国家安全、维持国家机构正常运转等方面的收支预算。

④ 《预算法》第 9 条第 1 款规定，政府性基金预算是对依照法律、行政法规的规定在一定期限内向特定对象征收、收取或者以其他方式筹集的资金，专项用于特定公共事业发展的收支预算。

⑤ 《预算法》第 10 条第 1 款规定，国有资本经营预算是对国有资本收益作出支出安排的收支预算。

⑥ 《预算法》第 11 条第 1 款规定，社会保险基金预算是对社会保险缴款、一般公共预算安排和其他方式筹集的资金，专项用于社会保险的收支预算。

金预算中应统筹使用的资金列入一般公共预算的机制，加大国有资本经营预算资金调入一般公共预算的力度。”但如何在一般公共预算、政府性基金预算、国有资本经营预算、社会保险基金预算之间建立起有效的衔接机制，值得研究。

二、预算法的原则

关于预算法的原则，我们可以从三个方面来分析：首先，作为一个公民意志体现和政治均衡维持的过程，预算首先是一个民主过程，预算的决策必须反映人民的意愿。预算要体现人民的意愿，预算的编制等就需要广泛听取人民的意见和建议，并且通过人民选举产生的议会来决定是否通过预算。从这个意义上来说，预算应遵循民主原则。其次，在市场经济国家，预算就是一项法案的形成和实施过程。换言之，政府预算必须通过议会的审查批准。预算一经批准，即具有法律效力，非经法定程序不得改变。鉴于此，预算法应遵循法定原则。最后，公共财政是公众为之规范、决定和制约的政府财政，政府和财政活动要符合市场要求，真正反映公众的意愿和偏好，市场和作为市场主体的社会公众必须对政府行为进行有效的监督和制约。而要做到这一点，预算的公开必不可少。预算的公开透明也是公共财政的本质要求。鉴于此，预算应当遵循公开原则。①

（一）民主原则

预算民主原则是预算首先必须遵循的原则，也是预算法原则的核心。预算法其他原则都由此而生。所谓预算民主原则，是指预算不仅要反映大多数人的意愿，而且需要人民选举产生的权力机关审批通过，并接受人民的民主监督。在我国，之所以强调预算民主原则，是因为一切权力属于人民，人民通过其选举产生的人民代表大会以及其他方式、途径行使管理国家事务、社会事务的权力。而审批预算是宪法等相关法律赋予人民代表大会的一项职权。因此，无论是预算的编制还是审批，均应反映人民之意愿并得到人民代表大会的批准。贯彻预算民主原则，一是可以保证预算的科学性，使预算符合国民经济发展的客观规律以及真正反映未来年度财政收支情况；二是有利于实现对政府财政收支行为的监督，防止出现随意性。②

值得一提的是，新《预算法》不少方面体现了预算民主原则，如第32条第1款规定：“各级预算应当根据年度经济社会发展目标、国家宏观调控总体要求和跨年度预算平衡的需要，参考上一年预算执行情况、有关支出绩效评价结果和本年度收支预测，按照规定程序征求各方面意见后，进行编制”；第45条规定：“县、自治县、不设区的市、市辖区、乡、民族乡、镇的人民代表大会举行会议审查预算草案前，应当采用多种形式，组织本级人民代表大会代表，听取选民和社会各界的意见”。从实践来看，一些地方政府也开始了预算参与制试点。

（二）法定原则

所谓预算法定原则，是指预算的主体、内容、程序等必须由法律事先加以规定，预算

---

① 华国庆：“预算法基本原则与中国预算法的完善”，载《美中法律评论》2005年第5期。

② 蔡立辉：“论依法行政与公民权利——依法行政的政治学思考”，载《社会科学研究》1999年第2期。

的编制、审批、执行、变更、调整、决算等预算整个过程必须依法进行。具体来说,预算法定原则包括三层含义:(1)预算要素法定,亦即预算的主体、内容、时间等必须符合法律规定。(2)预算程序法定,亦即编制、审批、执行、变更、调整、决算等预算整个过程必须依法进行,且预算一经批准即成为生效的法律文件,具有法律的约束力和权威性,必须严格执行。(3)预算责任法定,亦即无论是预算的编制还是预算的执行,其不仅仅是政府享有的一项法定权力,而且也是政府应当履行的一项职责。换言之,政府必须依法编制预算、执行预算,未经法定程序不得随意变更,否则就要承担相应的法律责任。贯彻预算法定原则,对于维护预算法以及已经批准的预算的严肃性,防止随意变更、调整预算,强化对政府预算行为的约束,都具有十分重要的意义。

(三)公开原则

所谓预算公开原则,是指预算的依据以及预算的编制、审批、执行、决算等整个过程都必须依法通过相应方式向社会公开。具体来说,预算公开主要包括四层含义:(1)预算的依据亦即预算所依据的背景材料、说明、解释等必须依法公开;(2)预算编制、审批、执行、变更、决算的过程必须公开;(3)预算的内容即批准的预算内容必须公开;(4)预算监督的过程和结果必须公开。

预算是否公开,直接关系到社会公众的知情权、参与权和监督权。近年来,我国中央与地方政府及其有关部门在预算公开方面进行了积极尝试,但仍然不尽如人意。究其原因,与原《预算法》有关预算公开的规定缺失不无关系。为此,新《预算法》第14条对公开的范围、主体、时限等提出了明确具体的要求,对转移支付、政府债务、机关运行经费等社会高度关注事项要求公开作出说明,并在第92条中规定了违反预算公开的法律责任。

三、预算法律制度的主要内容

1994年3月22日,全国人大第二次会议通过了《预算法》。该法的颁行,对于强化预算的分配和监督职能,健全国家对预算的管理,加强国家宏观调控,保障经济和社会的健康发展,起到了十分重要的作用。但随着我国公共财政制度以及民主法治建设的不断推进,预算法存在诸多缺陷,如缺乏完整性、公开性不够、缺乏实质审查、预算执行随意性大、预算监督乏力等,使得预算在规范政府财政收支等方面的作用大打折扣。鉴于此,修改《预算法》就成为社会共识。但由于种种原因,直到2004年,修法才正式启动。在经过四次审议之后,第十二届全国人大常委会第十次会议于2014年8月31日表决通过了关于修改《预算法》的决定。与原《预算法》相比,新《预算法》在立法宗旨、预算编制、预算审批、预算执行、决算和预算监督方面都有较大变动和创新。

(一)预算管理职权

预算管理职权,是指确定和支配国家预算的权力与对于国家预算的编制、审查、批准、执行、调整、监督权力的总称。其特征包括:(1)预算权发生于国家预算收支管理领域,体现国家的财政分配关系,是国家财政权的主要组成部分。(2)预算权的主体只能是国家权力机关、国家行政机关和列入部门的预算的其他国家机关。社会团体和其他单位,任何公民或非预算单位都不得享有预算权。(3)预算权是一种经济权力,而不是一种纯粹的行政权,它具有经济内容。(4)预算权的确定具有严格的法律规定性,不能由当事人约定。(5)预算权与预算年度紧密相连,具有严格的周期性。如我国预算年度自公历1月1日起至12月31日止。(6)预算权所体现的利益归于国家、归于全体人民。①

1. 各级人民代表大会及其常委会的职权

(1)全国人民代表大会及其常委会的职权。全国人民代表大会的职权包括:审查中央和地方预算草案及中央和地方预算执行情况的报告;批准中央预算和中央预算执行情况的报告;改变或者撤销全国人民代表大会常务委员会关于预算、决算的不适当的决议。全国人民代表大会常务委员会的职权包括:监督中央和地方预算的执行;审查和批准中央预算的调整方案;审查和批准中央决算;撤销国务院制定的同宪法、法律相抵触的关于预算、决算的行政法规、决定和命令;撤销省、自治区、直辖市人民代表大会及其常务委员会制定的同宪法、法律和行政法规相抵触的关于预算、决算的地方性法规和决议。

(2)县级以上地方各级人民代表大会及其常委会的职权。县级以上地方各级人民代表大会的职权包括:审查本级总预算草案及本级总预算执行情况的报告;批准本级预算和本级预算执行情况的报告;改变或者撤销本级人民代表大会常务委员会关于预算、决算的不适当的决议;撤销本级政府关于预算、决算的不适当的决定和命令。县级以上地方各级人民代表大会常务委员会的职权包括:监督本级总预算的执行;审查和批准本级预算的调整方案;审查和批准本级决算;撤销本级政府和下一级人民代表大会及其常务委员会关于预算、决算的不适当的决定、命令和决议。

(3)乡、民族乡、镇的人民代表大会的职权。审查和批准本级预算和本级预算执行情况的报告;监督本级预算的执行;审查和批准本级预算的调整方案;审查和批准本级决算;撤销本级政府关于预算、决算的不适当的决定和命令。

2. 各级人民政府的职权

(1)国务院的职权。编制中央预算、决算草案;向全国人民代表大会作关于中央和地方预算草案的报告;将省、自治区、直辖市政府报送备案的预算汇总后报全国人民代表大会常务委员会备案;组织中央和地方预算的执行;决定中央预算预备费的动用;编制中央预算调整方案;监督中央各部门和地方政府的预算执行;改变或者撤销中央各部门和地方政府关于预算、决算的不适当的决定、命令;向全国人民代表大会、全国人民代表大会常务委员会报告中央和地方预算的执行情况。

(2)县级以上地方各级政府的职权。编制本级预算、决算草案;向本级人民代表大会作关于本级总预算草案的报告;将下一级政府报送备案的预算汇总后报本级人民代表大会常务委员会备案;组织本级总预算的执行;决定本级预算预备费的动用;编制本

① 刘剑文主编:《财税法学》,高等教育出版社2004年版,第209页。

级预算的调整方案;监督本级各部门和下级政府的预算执行;改变或者撤销本级各部门和下级政府关于预算、决算的不适当的决定、命令;向本级人民代表大会、本级人民代表大会常务委员会报告本级总预算的执行情况。

(3)乡、民族乡、镇政府的职权。编制本级预算、决算草案;向本级人民代表大会作关于本级预算草案的报告;组织本级预算的执行;决定本级预算预备费的动用;编制本级预算的调整方案;向本级人民代表大会报告本级预算的执行情况。

3. 各级政府财政部门的职权

(1)国务院财政部门的职权。具体编制中央预算、决算草案;具体组织中央和地方预算的执行;提出中央预算预备费动用方案;具体编制中央预算的调整方案;定期向国务院报告中央和地方预算的执行情况。

(2)地方各级政府财政部门的职权。具体编制本级预算、决算草案;具体组织本级总预算的执行;提出本级预算预备费动用方案;具体编制本级预算的调整方案;定期向本级政府和上一级政府财政部门报告本级总预算的执行情况。

4. 各部门、各单位的职权

(1)各部门的职权。编制本部门预算、决算草案;组织和监督本部门预算的执行;定期向本级政府财政部门报告预算的执行情况。

(2)各单位的职权。编制本单位预算、决算草案;按照国家规定上缴预算收入,安排预算支出,并接受国家有关部门的监督。

鉴于我国各级人民代表大会预算审查力量的不足,在预算实践中,不少地方人大赋予了财政经济委员会或者专门委员会或者有关工作委员会的预算初审权,并取得了积极成效。鉴于此,新《预算法》第44条规定了预算初审制度。

(二)预算收支范围

1. 预算收入

经国务院批准,我国于2007年进行了收支分类改革。根据财政部2006年发布的《关于印发政府收支分类改革方案的通知》,将政府收入划分为税收收入、社会保险基金收入、非税收入、贷款转贷回收本金收入、债务收入以及转移性收入。这是我国政府收入分类的一次重大改革,对于实现财政预算管理决策的科学化、民主化、规范化,推进公共财政体制建设等都具有十分重要的意义。在此背景下,新《预算法》对预算收入的范围进行了调整,亦即明确规定"一般公共预算收入包括各项税收收入、行政事业性收费收入、国有资源(资产)有偿使用收入、转移性收入和其他收入"。

2. 预算支出

新《预算法》从功能分类和经济性质分类两个方面对预算支出进行了重新界定。一般公共预算支出按照其功能分类,包括一般公共服务支出,外交、公共安全、国防支出,农业、环境保护支出,教育、科技、文化、卫生、体育支出,社会保障及就业支出和其他支出。一般公共预算支出按照其经济性质分类,包括工资福利支出、商品和服务支出、资本性支出和其他支出。

（三）预算管理程序

1. 预算编制

作为预算的首要环节和基础性程序，预算编制是指各级政府、各部门、各预算单位依法制定筹集和分配预算资金年度计划的预算活动。

关于预算编制，我们认为，其应当遵循如下原则：一是民主原则。亦即预算编制部门在预算编制前应当主动征求社会公众的意见和建议，使得最终通过的预算更加科学合理。二是完整性原则。亦即应当将政府全部收支都纳入预算。这是人民通过其选举产生的代议机关监督政府财政权的一个重要路径。为此，新《预算法》第4条规定："预算由预算收入和预算支出组成。政府的全部收入和支出都应当纳入预算"。三是年度性原则。亦即预算应按年度编制。预算年度也称财政年度，它是政府预算收支起止的有效期限，通常为一年。有些国家实行的是与日历年度相一致的预算年度，如中国；而有些国家实行的则是与日历年度不一致的预算年度，如美国联邦预算年度的起讫时间，是从上一日历年度的10月1日起，至本日历年度的9月30日止。四是统一性。不同级别政府编制的政府预算应该有统一的计算口径，便于统计全国的预算收支状况。①

我国《预算法》规定，各级人民政府负责编制本级政府预算草案；各级财政部门具体编制本级政府预算草案；各部门编制本部门预算草案；各单位编制本单位预算草案。

我国政府预算一般经过以下几个程序：(1)国务院下达编制下一年度政府预算草案指示，财政部负责具体事项。(2)中央各部门根据部署组织和领导所属部门编制本部门的预算草案。(3)省、自治区和直辖市根据部署编制本区域预算草案。(4)县级以上政府财政部门审核本级政府各部门预算草案，并协助本级政府编制政府预算草案，经本级政府审定后，按照规定期限报上一级政府。(5)财政部审核中央各部门的预算草案，编制中央预算草案，汇总地方预算草案，汇编中央和地方预算草案。②

长期以来，我国预算编制一直存在预算编制过粗问题，不仅使得各级权力机关难以对预算进行实质审查，而且也不利于社会公众对预算进行有效监督。鉴于此，新《预算法》就细化预算进行了规定。该法第46条规定："报送各级人民代表大会审查和批准的预算草案应当细化。本级一般公共预算支出，按其功能分类应当编列到项；按其经济性质分类，基本支出应当编列到款。本级政府性基金预算、国有资本经营预算、社会保险基金预算支出，按其功能分类应当编列到项。"

2. 预算审查和批准

审查和批准各级政府预算是我国各级权力机关的一项法定权力。新《预算法》第43条规定："中央预算由全国人民代表大会审查和批准。地方各级预算由本级人民代表大会审查和批准。"

在《预算法》中，明确规定了审查批准中央预算草案和地方预算草案的一般程序。

① 杨志勇、张馨编著：《公共经济学》（第2版），清华大学出版社2008年版，第305页。

② 张裕民编著：《财政学》，大连海事大学出版社2010年版，第187页。

(1)各级人民代表大会对预算草案的初步审查。国务院财政部门应当在每年全国人民代表大会会议举行的45日前,将中央预算草案的初步方案提交全国人民代表大会财政经济委员会进行初步审查。省、自治区、直辖市政府财政部门应当在本级人民代表大会会议举行的30日前,将本级预算草案的初步方案提交本级人民代表大会有关专门委员会进行初步审查。设区的市、自治州政府财政部门应当在本级人民代表大会会议举行的30日前,将本级预算草案的初步方案提交本级人民代表大会有关专门委员会进行初步审查,或者送交本级人民代表大会常务委员会有关工作机构征求意见。县、自治县、不设区的市、市辖区政府应当在本级人民代表大会会议举行的30日前,将本级预算草案的初步方案提交本级人民代表大会常务委员会进行初步审查。(2)各级人民代表大会对预算草案的审查批准。国务院在全国人民代表大会举行会议时,向大会作关于中央和地方预算草案以及中央和地方预算执行情况的报告。地方各级政府在本级人民代表大会举行会议时,向大会作关于总预算草案和总预算执行情况的报告。中央预算、地方各级政府预算分别由全国人民代表大会和本级人民代表大会审查和批准。(3)备案审查。为加强对地方预算合法性的监督,《预算法》规定了备案审查程序。新《预算法》第50条规定:"乡、民族乡、镇政府应当及时将经本级人民代表大会批准的本级预算报上一级政府备案。县级以上地方各级政府应当及时将经本级人民代表大会批准的本级预算及下一级政府报送备案的预算汇总,报上一级政府备案。县级以上地方各级政府将下一级政府依照前款规定报送备案的预算汇总后,报本级人民代表大会常务委员会备案。国务院将省、自治区、直辖市政府依照前款规定报送备案的预算汇总后,报全国人民代表大会常务委员会备案。"第51条规定:"国务院和县级以上地方各级政府对下一级政府依照本法第四十条规定报送备案的预算,认为有同法律、行政法规相抵触或者有其他不适当之处,需要撤销批准预算的决议的,应当提请本级人民代表大会常务委员会审议决定。"(4)预算批复。新《预算法》第52条规定:"各级预算经本级人民代表大会批准后,本级政府财政部门应当在二十日内向本级各部门批复预算。各部门应当在接到本级政府财政部门批复的本部门预算后十五日内向所属各单位批复预算。中央对地方的一般性转移支付应当在全国人民代表大会批准预算后三十日内正式下达……"

值得一提的是,根据原《预算法》规定,预算审查重点是收支平衡,并要求预算收入征收部门完成上缴任务。于是在客观上带来预算执行"顺周期"问题,容易导致收入征收部门在经济增长放缓时,为完成任务收"过头税",造成经济"雪上加霜";而在经济过热时,为不抬高基数搞"藏富于民",该收不收,造成经济"热上加热"。为解决上述问题,新《预算法》将审核预算的重点由平衡状态、赤字规模向支出预算和政策拓展。同时,收入预算从约束性转向预期性,通过建立跨年度预算平衡机制,解决预算执行中的超收或短收问题,如超收收入限定冲抵赤字或补充预算稳定调节基金,省级一般公共预算年度执行中出现短收,允许增列赤字并在下一年度预算中弥补等。这些规定强调依法征收、应收尽收,有助于避免收"过头税"等行为,增强政府"逆周期"调控政策效果。

在我国,宪法、预算法等相关法律法规虽然均赋予各级权力机关对预算的审查批准权,但在实际运作中存在不少问题。目前最主要的是人大对预算草案审查缺乏深度和力度,所谓的预算审查往往多为形式审查且流于形式。鉴于此,未来亟须扩大社会公众对预算的参与,并在此基础上建立起预算实质审查制度。

3. 预算执行和调整

政府预算执行是预算周期的第三个阶段,是整个预算工作周期中最重要的环节。执行立法机关通过的预算是政府的义务和职责。负责政府预算执行的组织领导机构是国务院及地方各级人民政府。而各级政府财政部门是政府预算执行的具体负责和管理机构,是执行预算收支的主管机构。财政部门负责指导和监督政府各所属预算单位具体执行收支预算。政府预算收入执行工作,由财政部门统一负责组织,并按各项预算收入的性质和征收办法,分别由财政部门和各主管收入的专职机构包括税务部门和海关负责组织管理与征收。政府预算支出执行工作由财政部门管理。与此同时,还有其他各职能机构,如政策性银行和社会经济中的各部门。在执行过程中的国库出纳业务,一般由中央银行经理。《中国人民银行法》从法律上赋予了中国人民银行经理国库的职责。此外,为解决预算执行存在的随意性过大等问题,新《预算法》从严格预算调整、规范超收收入使用以及严格控制不同预算科目、预算级次或者项目间的预算资金的调剂等方面进行了规定。尤其值得一提的是,新《预算法》第 12 条中增加规定了"各级政府应当建立跨年度预算平衡机制"之内容。这是对我国单一年度预算平衡机制的重大改革。这对于解决一些部门年底突击花钱问题,增强财政政策的前瞻性和可持续性等,都具有重要意义。

由预算的法律性所决定,预算草案一经权力机关批准,即产生法律约束力,政府及其有关部门就必须严格执行。在预算执行过程中,即使因各种客观情况变化而需要进行预算调整的,也须履行法定审批程序。但在预算实践中,预算调整频繁的问题一直没有得到很好解决,究其原因,与原《预算法》存在缺陷不无关系。根据原《预算法》第 53 条规定,预算调整的前提是"因特殊需要",预算调整是对已经批准的预算所作的"部分变更"。但何为"特殊需要"? 又何为"部分变更"? 换言之,对部分变更有无数量上的限制? 对此,原《预算法》未作规定。为此,新《预算法》作了较大修改,主要包括:一是明确了预算调整的情形。新《预算法》第 67 条规定:"经全国人民代表大会批准的中央预算和经地方各级人民代表大会批准的地方各级预算,在执行中出现下列情况之一的,应当进行预算调整:(一)需要增加或者减少预算总支出的;(二)需要调入预算稳定调节基金的;(三)需要调减预算安排的重点支出数额的;(四)需要增加举借债务数额的。"二是明确了预算调整的程序。根据新《预算法》第 69 条规定,第一,编制预算调整方案。预算调整方案应当说明预算调整的理由、项目和数额。在预算执行中,由于发生自然灾害等突发事件,必须及时增加预算支出的,应当先动支预备费;预备费不足支出的,各级政府可以先安排支出,属于预算调整的,列入预算调整方案。第二,报送初步审查。亦即国务院财政部门应当在全国人民代表大会常务委员会举行会议审查和批准预算调整方案的30 日前,将预算调整初步方案送交全国人民代表大会财政经济委员会进行初步审查。省、自治区、直辖市政府财政部门应当在本级人民代表大会常务委员会举行会议审查和批准预算调整方案的30日前,将预算调整初步方案送交本级人民代表大会有关专门委员会进行初步审查。设区的市、自治州政府财政部门应当在本级人民代表大会常务委员会举行会议审查和批准预算调整方案的30日前,将预算调整初步方案送交本级人民代表大会有关专门委员会进行初步审查,或者送交本级人民代表大会常务委员会有关工作机构征求意见。县、自治县、不设区的市、市辖区政府财政部门应当在本级人民代表大会常务委员会举行会议审查和批准预算调整方案的30日前,将预算调整初步方案送交本级人民代表大会常务委员会有关工作机构征求意见。第三,报送审批。中央预算的调整方案应当提请全国人民代表大会常务委员会审查和批准。县级以上地方各级预算的调整方案应当提请本级人民代表大会常务委员会审查和批准;乡、民族乡、镇预算的调整方案应当提请本级人民代表大会审查和批准。三是明确了预算调整的例外情形。新《预算法》第71条规定:"在预算执行中,地方各级政府因上级政府增加不需要本级政府提供配套资金的专项转移支付而引起的预算支出变化,不属于预算调整。接受增加专项转移支付的县级以上地方各级政府应当向本级人民代表大会常务委员会报告有关情况;接受增加专项转移支付的乡、民族乡、镇政府应当向本级人民代表大会报告有关情况。"

4. 决算

决算是指经法定程序批准的年度预算执行结果的会计报告,是政府预算执行效果的总结。决算是对年度政府预算收支执行情况的最终反映,也是一年内国民经济和社会发展计划执行结果在财政上的集中反映。

决算草案由各级政府、各部门、各单位,在每一预算年度终了后按照国务院规定的时间编制。编制决算草案的具体事项,由国务院财政部门部署。编制决算草案,必须符合法律、行政法规,做到收支真实、数额准确、内容完整、报送及时。决算草案应当与预算相对应,按预算数、调整预算数、决算数分别列出。一般公共预算支出应当按其功能分类编列到项,按其经济性质分类编列到款。值得一提的是,为保证决算草案的真实性,新《预算法》增加了决算前的审计规定。该法第77条规定:"国务院财政部门编制中央决算草案,经国务院审计部门审计后,报国务院审定,由国务院提请全国人民代表大会常务委员会审查和批准。县级以上地方各级政府财政部门编制本级决算草案,经本级政府审计部门审计后,报本级政府审定,由本级政府提请本级人民代表大会常务委员会审查和批准。乡、民族乡、镇政府编制本级决算草案,提请本级人民代表大会审查和批准。"

第四节 公 债 法

一、公债的概念和特征

(一)公债的概念

公债是指政府以其信用为基础,基于弥补财政赤字等目的,依法向社会发行的并按约定承担还本付息责任的一种债。从该定义来看,第一,公债以政府信用为基础;第二,公债具有有偿性;第三,公债是政府筹集或者取得财政收入的一种重要方式。

按照不同的标准,可以将公债划分为不同的类型。按照发行的主体,可以分为中央政府公债和地方政府公债;按照偿还期限,可以划分为定期公债和不定期公债;按照发行地域,可以划分为国内公债和国家外债;按照发行性质,可以划分为自由公债和强制公债;按照是否具有流通性,可以划分为上市公债和非上市公债;按公债用途,可以划分为建设公债和财政公债。

(二)公债的特征

公债和私债尽管都具有自愿性和有偿性的特征,但二者在主体、举债目的、信用基础等方面差异较大。公债具有以下几个形式特征:

1. 国家信用性

国家信用是指以国家为主体的借贷活动,属于财政分配的范畴。在现代经济社会中,国家干预经济已是普遍现象,国家的职能日益扩大,政府的公共支出越来越多,对经济发展和社会生活产生重要的作用。而政府的公共开支受财政收入的限制,当财政收入不足以弥补财政支出时,就产生了财政赤字。这时,经常使用的手段就是由政府举债,即用国家信用为政府增加财源。[①] 由于公债以国家信用为基础,因此具有较高的安全性。

2. 有偿性

公债发行后,在政府与公债持有人之间形成债权债务关系。而作为债务人的中央政府、地方政府,必须履行还本付息的义务。

3. 自愿性

自愿性即社会公众是否购买公债、购买何种公债以及购买多少数量的公债,都应当由社会公众自行决定,任何人不得强制。

4. 灵活性

灵活性即公债发行与否以及发行多少,一般完全由政府根据国民经济发展对财政资金需求的状况灵活加以确定,而非通过法律形式预先规定。

二、国家公债法

国债是指中央政府依法在国内外发行债券或向外国政府和银行借款所形成的国家债务。由于国债的发行主体是国家,所以它具有最高的信用度,被公认为是最安全的投资工具,有"金边债券"之称谓。国债法是指调整国家在国家公债发行、流通、转让、监管等过程中发生的经济关系的法律规范的总称。其立法宗旨主要是为维护国家财政健全,促进市场经济发展,规范中央政府公共债务行为,保护公共债务债权人的利益。[②]

---

① 王春华等主编:《现代信用管理理论与实务》,武汉大学出版社 1993 年版,第 313 页。

② 华国庆:"中国国债立法研究",载张守文主编:《经济法研究》(第 7 卷),北京大学出版社 2010 年版,第 232 页。

（一）国债的发行

国债的发行是指国债契约的订立这一过程，通常主要是指国债的售出或国债被企业和个人认购的过程。它是国债运行的起点和运用国债进行宏观调控的前提，也是国债法中极为重要的内容。①

1. 国债发行的原则

国债发行应当遵循四项原则：(1)偿债能力原则。尽管多年来实行的积极财政政策促进了社会经济发展，但鉴于债务收入的有偿性，国债规模必然要受到国家财政资金状况的制约，因此，必须把国债规模控制在与财政收入相适当的水平上。这就要求中央政府发债筹资的数量必须与其以后的偿债能力相一致。否则，则可能给国家财政带来风险，甚至还会造成债务危机和信用危机。(2)法治原则。从经济意义上来说，中央政府债券相当于一种税收，是当前中央政府通过债务形式让未来公民通过还债的形式来提前纳税。因此，既然要依法治税，对债券也需要在法治的规范下进行。② (3)自愿原则。亦即投资者是否认购国债，认购多少，完全应当由投资者自行决定，国家不能凭借其政治权力加以强制。(4)信用原则。国债是中央政府根据信用原则，以承担还本付息责任为前提而筹措资金的债务凭证，故国债的发行应遵循信用原则，亦即国债到期不仅要还本，而且还要支付利息。

2. 国债发行的数量

为防止国债发行的数量过大且超出了其偿还能力而给一国带来债务危机和财政风险，从而危害一国经济的发展和社会的稳定，故不少国家或地区都对国债发行的数量加以适当限制。例如，我国台湾地区“公共债务法”第4条规定，“中央”及各“地方政府”在其总预算，特别预算及在营业基金、信托基金以外之特种基金预算内，所举借之1年以上公共债务未偿余额预算数，合计不得超过“行政院”主计处预估之前3年度名目“国民生产”毛额平均数之48%。其中，“中央”为40%。美国从1917年起即开始实行对国债筹资设置最高限额的方式，国会不再审批国债发行额度。在德国、法国、日本以及加拿大等国家，其立法机关通常在审批政府预算报告时一并审批预算赤字或预算盈余，只控制国债规模的增减量，将国债借新还旧部分授权财政部自行运作。③

我国自2006年起参照国际通行做法，采取国债余额管理方式管理国债发行活动，抛弃了以前采取逐年审批年度发行额的方式。实行余额管理以后，财政部可以在1年的期间内，根据赤字和金融市场等实际情况，灵活地制定发行国债的期限和频率。国债余额管理相比以前的逐年审批年度发行额的方式具备更大的灵活性和主动性，但也使得国债发行的可控性和限制性相应降低。在此背景下，如果余额设限过松，那么国债发

---

① 张守文著：《财税法学》，中国人民大学出版社2007年版，第118页。

② 向东：“论我国中央政府债券法律制度的完善(上)”，载《湖北民族学院学报》(哲学社会科学版)2007年第1期。

③ 马洪范：“国债余额管理国库现金运作及货币政策协调”，载《中国金融》2006年第6期。

行增量可能会出现相对过大的局面，对债券市场内的企业债券发行将产生潜在的挤出效应。[①] 故如何合理控制国债规模，就值得研究。对此，欧盟比例上限方法值得我国借鉴。根据《马斯特里赫特条约》，欧盟成员国当年发债规模（用于弥补财政赤字和支付国债利息部分）占国内生产总值（Gross Domestic Product，GDP）的比重不能超过3%，债务余额占GDP的比例不能超过60%。此外，由于央行与财政部门各自的职责、立场不完全相同，因此也需要研究如何在央行与财政部门之间建立协调、沟通机制，以确保政府财政、货币政策的协调执行。

3. 国债发行的审批

国家的财政和赋税都来源于人民，因此，国债的发行必须置于人民的代表机关——议会的控制之下。在我国，全国人民代表大会及其常务委员会是国家权力机关，在国债管理方面应享有发行的审查和批准权，并对政府的国债调控行为享有监督权。我国的国债发行是每年国家预算报告的内容之一，应当由全国人民代表大会审查和批准。未经批准，不得发行。但最高权力机关如何依法审批国债，则需立法加以规范。

4. 国债发行的方式

从发达国家实践来看，目前所采用的国债发行方式主要有直接发行、连续发行、承购包销和公募招标四种方式。中国20世纪50年代和80年代发行的国债主要是对个人发行的。1981年恢复发行国债到1990年，是通过行政分配发行国债的时期，国债利率高于存款利率。20世纪80年代初期，国债主要向国营企业发行，对企业发行的债券和对个人发行的债券采取不同的利率，即对企业发行的债券的利率低于对个人发行的债券，发行方式基本上是依靠政治动员和行政分配相结合的办法。1991年，财政部第一次组织了国债发行的承购包销，有70家证券中介机构参加了承购包销团，1995年实现了国债招标发行的试点，1996年国债发行全面实现招标方式，受到国债市场参与人的广泛拥护，1998年国债恢复了招标方式发行，在拍卖方式方面，采用过单一价格拍卖、多价格拍卖以及混合拍卖（西班牙模式）。[②] 但我国现行国债发行方式尚存在一些问题，如对国债拍卖的参与者的资格限制比较严格，规定只有银行间债券市场和交易所债券市场的国债承购包销团成员，才分别有权参加财政部通过全国银行间债券市场和交易所债券市场发行的记账式国债拍卖，包括竞争性投标和非竞争性投标。社会个人及其他机构投资者只能购买凭证式国债，或向参与国债投标的承销商认购国债，不能直接参加国债投标。[③] 而这往往不利于降低国债发行的成本。因此，有必要取消对国债拍卖的参与者的资格限制。

（二）国债的流通

国债要能够以合理的价格在一级市场顺畅发行，必须依赖于一个完善的国债二级

---

① 程实："国债余额管理调节的影响"，载《世界经济学人》2005年12月30日。

② 谢志军："国债发行方式比较研究"，载《特区经济》2006年第6期。

③ 郭玲、张志超："完善中国国债发行机制探讨"，载《现代财经》2005年第1期。

市场,也只有高流动性的国债二级市场,才能够形成较为合理的国债收益率曲线,促进利率的市场化进程,实现财政政策与货币政策的有效协调配合。同时,高流动性的国债二级市场还是投资者进行资产管理、有效规避金融风险和确定金融产品价格的良好场所。在国债的交易问题上,场外交易已经成为一种最主要的交易方式。作为证券交易市场的一个重要组成部分,发达国家基本上建立了市场信息公开化、投资者专业化、层次多元、交易手段多样的国债二级市场。尤为重要的是,在国债较为发达的国家,普遍建立了比较健全的场外交易报价、托管清算系统和完善的做市商制度,场外交易市场较为发达。在美国和日本,大多数政府债券都是在场外市场交易流通的。① 目前,我国国债流通存在不少问题,主要表现为市场分割严重、托管清算体系存在缺陷、主席位下的券商托管导致挪用债券成为可能。

为解决上述问题,首先应建立统一的国债市场。其关键是要实现国债在两个市场的连通和自由流动,即统一两个市场的后台系统,上市交易的国债均在中央国债登记结算有限责任公司进行统一托管和结算,交易所不再进行国债托管,银行间债券市场一对一的谈判式交易和交易所市场的集中撮合竞价交易这两种交易方式依然保留,所有投资者均可自由出入这两个市场买卖债券,银行间债券市场逐渐发展为场外市场,而沪深交易所市场为场内市场。② 其次,建立统一的国债托管清算体系。债券托管结算机构是一国金融市场重要基础设施建设,在无纸化、网络化的现代债务工具市场形态中处于市场基础设施的核心地位。正因为如此,G30 组织在 1989 年提出证券结算九条建议,关于各国均应实现中央托管的建议获得国际普遍接受。集中统一托管是市场最高层次和最大范围内的统一,是提高结算效率和降低结算风险的基础。可以说托管结算机构作为特殊的金融中介,其作用不可或缺,其地位不可替代。③ 为了促进债券市场的发展,在托管结算系统建设方面,最终目标应当是在遵循市场化原则的前提下,统一两类托管清算结算系统,建立真正统一高效的债券托管清算结算系统;否则,债券市场的统一发展目标难以切实实现。④ 最后,进一步完善做市商法律制度。2007 年 1 月,中国人民银行发布《全国银行间债券市场债券做市商管理规定》(中国人民银行公告〔2007〕第 1 号),对我国银行间债券市场的做市商制度作了进一步完善,直接将“双边报价业务”及“双边报价商”的称谓改用“做市商业务”及“做市商”,重新确定了银行间债券市场做市商制度的基本框架,全面规范了对银行间债券市场做市商的管理,这对提高债券市场流动性、促进债券市场价格发现及推动我国债券市场的发展具有深远意义。

(三)国债的使用

从我国国债资金的使用来看,挤占、挪用、侵占国债资金,编造项目骗取国债资金,

---

① 王伟、李艳:“国外的国债运行和监管机制”,载《学习时报》2007 年第 3 期。

② 姜志宇、施惟:“国债功能与我国国债市场发展”,载《统计教育》2005 年第 3 期。

③ 中央国债登记结算有限责任公司研发部:“完善我国债券托管结算体系”,载《上海证券报》2004 年 2 月 25 日。

④ 刘铁峰、田鹏:“国债跨市场转托管现状及对策研究”,载《证券市场导报》2004 年第 5 期。

国债资金使用效率低下等屡见不鲜。故国债的使用是我国目前急需立法规范和监管的重点。具体而言,一是从国债资金的公共财政属性出发,重新界定其使用范围。公共性所强调的是,财政着眼于满足社会公共需要。就国债而言,其使用就应当由经济建设领域转向公共服务领域,突破原有的单一建设投资范围,适当增加国债对政府转移性支出和消耗性支出的投入,以弥补政府财力不足,强化政府在公共服务领域的职能以及效率与公平的权衡。如上所述,既然国债资金属于政府财政资金,而且除长期建设性国债以外,一般国债资金都纳入政府预算统筹安排使用,这就要求拓宽国债资金的使用范围,要从狭隘的经济建设领域转向公共服务领域。① 二是加强对国债资金尤其是国债专项资金使用的监督。国债专项资金,是中央政府自 1998 年以来为扩大内需、拉动经济增长,实施积极财政政策,增发的专项用于加大基础设施建设等方面的资金国债专项资金。国债专项资金分为两类:一类是中央无偿补助资金;另一类是地方转贷资金。鉴于国债专项资金使用中存在不少问题,故需要加强对国债资金使用的预算和审计监督。

(四)国债的偿还

国债的偿还是指国家依法定和约定,对到期国债支付本金和利息的过程。它是国债运行的终点。国债的偿还主要涉及两个方面的问题:一个是国债的偿还方法;另一个是国债偿还的资金来源。②

在我国,国债的偿还方法主要有市场购销法和直接偿还法。前者是指在国债到期前,由一国中央银行直接从证券市场上买回国债;后者是指在国债到期时由政府直接向国债持有人直接偿还。其中,最值得研究的是市场购销法。因为其是一个国家实现宏观调控的一个重要途径。在我国,一方面,在公开市场上买卖政府债券是中央银行一项重要的货币政策工具。《人民银行法》第 23 条规定,中国人民银行为执行货币政策,可以在公开市场上买卖国债和其他政府债券及外汇。另一方面,财政部则通过拟定国债政策和管理制度、编制国债发行计划、管理国债的发行和兑付等调控宏观经济运行。对此,有必要通过立法建立起科学、合理的中央银行与财政部之间的权责分工与协调制度。

关于国债偿还的资金来源,主要包括通过预算列支(政府将每年的国债偿还数额作为财政支出的一个项目列入当年支出预算,由正常的财政收入保证国债的偿还)、动用财政盈余(在预算执行结果有盈余时,动用这种盈余来偿付当年到期国债的本息)和设立偿债基金(政府预算设置专项基金用于偿还国债,每年从财政收入中拨付专款设立基金,专门用于偿还国债)三种。多年来,我国一直采用举新债还旧债的方法。虽然简单,但由于利息也列入其中,这就在相当程度上造成了国债规模越滚越大。因此,建立合理的本息偿付机制就显得尤为必要。而建立偿债基金制度是政府推行强制性偿还

---

① 陈秀山、张启春:"政府国债资金使用与区域社会福利增进",载《经济理论与经济管理》2004 年第 11 期。

② 张守文著:《财税法学》,中国人民大学出版社 2007 年版,第 120 页。

方式的一项有力措施。具体办法是将国债利息支出纳入预算,而对本金的偿还建立偿债基金,每年按照一定的比例从预算收入或发债收入中提取偿债基金,由特定机关管理,专作偿付国债之用,不用作其他用途。[①]

(五)国债的监管

加强对国债的监管,是实现国债职能的重要保证。但我国在国债的监管方面存在不少问题,主要表现为:一是对国债资金使用的监督模式是典型的行政型监督,也就是以国务院、财政部及各地财政部门、国家发展和改革委员会及各省市区发展和改革委员会、各地方政府、各相关部委及各行业主管部门的行政监督为主,以审计部门的监督为辅的监督模式。该模式具有一些固有的优势,比如有足够的专业知识水平和技术力量对国债资金及其使用情况进行监督,能及时地组织专业技术人员对各种异常情况进行监督检查,防患于未然,同时侧重对微观主体及其行为的监督,可根据国债资金的运转情况把监督触角延伸到各领域、各部门。然而,尽管如此,该模式也具有许多明显的缺点,主要表现在它具有浓厚的内部监督色彩,对违反财政秩序、法规的行为处罚不力或无力处罚。甚至可以说,我国国债资金使用与管理中存在的种种问题,很大程度上都与我们采用行政型监督模式有关。[②] 二是缺乏明确、统一、独立的政府管理部门,导致多头管理、多重管理以及规则不统一一直是国债市场发展存在的问题。中国人民银行负责管理金融机构,证券监督管理委员会是对证券市场和期货市场进行监管的国务院直属单位,而财政部则是国债的发行机关,对于国债的发行和交易问题都要监管。[③] 三是缺乏国债监管的法律规范。有关国债监管方面的规定只有国务院有关部委如中国人民银行、财政部的有关规范性文件,不仅效力层次过低,而且规定不全,如监管的主体、监管的目标、监管的原则以及监管的方式等都缺少明确的法律规定。

为解决上述问题,一是建立统一的独立的国债管理机构。尽管世界上大多数国家都实行财政为主的国债管理体制,但近年来,很多发达市场国家开始采取相对独立的国债监管体制,从而使国债管理更有效率,更有针对性。目前,新西兰、瑞典、爱尔兰、英国等不少国家均成立了独立的债务管理办公室。二是完善国债行业自律监管制度。单纯的行政监管体制难以实现对国债的有效监管,故充分发挥国债行业协会等的作用就显得尤为重要。1991 年 8 月,中国国债协会成立,作为国家债券业的自律性管理组织,其在实施国家债券业自律管理中发挥了重要作用。但目前还缺少有关这方面的法律规定,而仅有 2008 年 4 月 22 日中国国债协会会员大会表决通过的《中国国债协会章程》。故以立法的形式对国债行业协会等自律性组织的性质、职责等加以规定就显得尤为必要。三是加强对国债的审计监督。审计监督是我国经济监督的一个重要监督方式,虽然近几年来审计监督取得了一定成效,但仍然存在监督难的问题。主要原因在于各级

---

① 陈伟:“论国债规模的控制”,载《全国商情》(经济理论研究)2006 年第 11 期。

② 黎昭:“我国国债资金监督体系优化研究”,载《金融与经济》2008 年第 4 期。

③ 陈丕:“市场经济呼唤《国债法》”,载《中共福建省委党校报》2004 年第 10 期。

审计机关隶属于政府,很难依法独立行使审计监督权。鉴于此,如何进一步加强审计机关的独立性,就值得深入研究。

三、地方公债法

在市场经济国家,地方政府发行公债是一个极其普遍的现象。作为西方发达国家的一种融资工具,地方公债已经有100多年的历史,它是地方政府筹集地方建设资金的一种有力的工具。地方公债以其良好的信用、较低的融资成本、易于流动的特点,被誉为仅次于国债的“银边债券”。①

为了稳定物价和重大经济建设的需要,我国从1950年起开始发行公债至1958年(包括1950年的“人民胜利折实公债”和1953～1958年的“国家经济建设公债”)。到了1960年之后,经历了10年“文化大革命”及特殊的国际环境,不仅停止了发行国债,地方公债也销声匿迹了。② 1994年,我国实行分税制财政管理体制改革,主要通过划分税种确立中央和地方的财政收入,形成中央与地方的财政收入体系。但从其运作来看,我国分税制财政管理体制存在诸多问题,其中之一就是地方财权过小、事权过大,并由此导致地方财政困难。鉴于此,不少学者和地方政府强烈呼吁发行地方政府公债,以解决地方经济发展中财政资金的严重不足。但与此同时,也有不少人认为,独立的财政权、分税制与地方政府的约束是地方政府发债的制度保障。而在我国,中央政府—地方政府事权划分模糊,公共产品的供应边界有待明确;“分税制”的改革不彻底;地方政府存在“软约束”,赋予地方政府“发债权”可能被滥用。③ 正是考虑地方公债发行存在诸多问题,故国务院一直没有作出允许地方政府发行公债的决策,虽然在此期间不少地方政府变相发行地方公债。2008年,由美国次贷危机而引发的全球性金融危机也给我国经济发展带来了严重的不利影响。在此背景下,我国实施积极财政政策,国务院同意地方发行2000亿元债券,由财政部代理发行,列入省级预算管理。这是继1998年之后我国再次通过中央代地方发债方式帮助地方解决融资问题。在《预算法》修改过程中,是否应当赋予地方以发债权备受争议。但最终修改通过的《预算法》,一方面赋予了地方政府以发债权,另一方面从主体、用途、规模、方式和风险五个方面对地方债进行了限制。为进一步加强对地方政府债务管理,国务院于2014年9月颁发了《关于加强地方政府性债务管理的意见》(以下简称《意见》)。

(一)地方公债的发行

1.地方公债发行的原则

地方公债发行应当遵循的原则包括:第一,依法发行原则。亦即地方公债的发行主体不仅应当具有法律规定的发债权,而且必须按照法律规定的规则和程序发债。强调依法发行,对于规范、约束地方政府公债发行行为,维护地方公债购买者的合法权益,避

① 周艳:“比较国际经验探讨我国地方公债发行问题”,载《黑龙江对外经贸》2007年第8期。

② 牛吉平:“刍议发展我国地方公债的制度障碍及革新”,载《中国管理信息化》2006年第7期。

③ 刘华、余维彬、张云峰:“我国地方政府发债的可行性思考”,载《财贸经济》2003年第2期。

免财政风险等都具有十分重要的意义。第二,公开原则。亦即地方公债的发行,必须通过一定方式向社会公开。如美国州和地方政府发行公债必须遵守证券交易委员会(Securities and Exchange Commission,SEC)的债券披露准则。地方公债的发行遵循公开原则,实现社会公众的知情权,实现对地方政府公债发行行为的有效监督,从而避免"暗箱操作"是十分必要的。第三,偿债能力原则。地方政府举债筹资必须要有一定的限额,必须与其经济发展水平相适应。地方政府发行债券后,地方政府便取得了这笔资金的使用权,同时也承担了到期还本付息的义务。这要求地方政府在申报举债时必须结合自身的收入状况、还债能力等慎重权衡,而不能盲目争指标、争项目、争资源,若到期无法归还本息,将会给中央财政以及地方财政的正常运行带来不利影响,甚至影响中央财政自身的举债。①

2. 地方公债发行的主体

关于地方公债发行的主体,从国外来看,有些国家对此没有什么特别的限制,只要符合法定的条件,就可以发行地方公债。如日本就允许都、道、府、县以及市、町、村发行地方债;美国各州及州以下地方政府和任何特税区或市政机构均允许举借地方债;法国1982年推行中心与地方分权,实行中心、大区、省和市镇四级财政体制,各级预算相对独立,各级政府也均可以举债。

在我国,关于地方公债的发行主体,《意见》明确规定:"经国务院批准,省、自治区、直辖市政府可以适度举借债务,市县级政府确需举借债务的由省、自治区、直辖市政府代为举借。明确划清政府与企业界限,政府债务只能通过政府及其部门举借,不得通过企事业单位等举借。"之所以将地方债发行主体限定为省、自治区、直辖市和计划单列市政府,一是我国地方公债发行时间较短,且缺乏对地方公债监管等实践经验;二是省级地方政府在我国虽然是一级独立的政府,但并没有建立起有效的责任约束和承担机制,与此同时,大多财政比较困难,基于财政风险的考虑,也不能将发行主体的范围无限扩大。但随着地方公债法律制度、监管制度的完善,未来可以考虑将地方公债的发行主体扩大到省级以下较大的市。

3. 地方公债发行的程序

允许地方发行公债的国家对地方公债的发行都有严格的审批制度。一般来说,联邦制国家的地方政府发行地方债,须经本级议会审批,而在单一制国家,除由本级议会审批外,通常还要报中央政府审批或备案。②

在我国,对地方公债的发行,中央政府不仅进行严格的规模限制,而且对每期发行的数额、时间等要素都加以严格控制。《意见》明确规定:"地方政府债务规模实行限额管理,地方政府举债不得突破批准的限额。地方政府一般债务和专项债务规模纳入限额管理,由国务院确定并报全国人大或其常委会批准,分地区限额由财政部在全国人大

---

① 肖惠海、邱真:"开放地方公债发行权的探讨",载《价格月刊》2005年第7期。

② 陈志勇:"地方公债问题研究",载《湖北财税》(理论版)2000年第10期。

或其常委会批准的地方政府债务规模内根据各地区债务风险、财力状况等因素测算并报国务院批准。”我国地方公债发行的具体程序为：地方政府向财政部提出发行公债规模的申请；国务院对申请予以审查；国务院批准发行规模的申请后，报经同级权力机关审批；在国务院批准的债券规模内向财政部报送政府债券发行计划建议；地方政府与财政部协商确定地方政府债券每期发行数额、发行时间等要素。

4. 地方公债发行的种类

从担保品来看，西方国家地方债主要分为：(1)一般责任债券。它是由州、县、特区、城市、镇及学院区所发行的、以其无限征税能力和征税权力为保证的债务凭证，其特点是以地方的税收来源作为还款的保障。由于西方国家实行分税制，地方各级政府的征税范围不同，因此，不同级别的地方债的担保能力也不同。(2)收入债券。它是地方政府发行的、以某一特定的收入来源作为还款来源的债务凭证，主要是为某一项目融资并以项目的收入还款，不受政府税收权力的保证和支持，所以收入债券依赖的基础是项目的盈利能力。有些市政债券的担保具有一般责任债券和收入债券的共同特征，如投保债券、银行担保市政债券、再融资债券等。① 一般责任债券由于要以政府无限的税收收入作为担保，在我国地方税体系没有建立起来、地方税主体税种不明确的情况下，是不适合采取的。②

在我国，《意见》规定：“地方政府举债采取政府债券方式。没有收益的公益性事业发展确需政府举借一般债务的，由地方政府发行一般债券融资，主要以一般公共预算收入偿还。有一定收益的公益性事业发展确需政府举借专项债务的，由地方政府通过发行专项债券融资，以对应的政府性基金或专项收入偿还。”依此规定，我国目前地方债包括一般债券和专项债券两种。

5. 地方公债发行的方式

我国2009年地方政府债券统一由财政部代理，按照记账式国债发行方式，面向记账式国债承销团甲类成员招标发行。但由财政部代理发行地方债，不仅导致发债主体和偿债主体不一致，而且也不利于强化地方政府的偿债责任和风险控制意识，不利于建立规范合理的中央和地方政府债务管理和风险预警机制等。为此，财政部于2011年10月20日发布了《2011年地方政府自行发债试点办法》，规定经国务院批准，上海市、浙江省、广东省、深圳市地方政府试点自行发债。地方政府自行发债，对于促使地方隐性负债显性化，提高地方政府市场化融资能力，缓解地方融资平台偿债压力不无意义。但需指出的是，地方政府自行发债的最大缺陷在于不利于明确地方债的偿还责任，不仅不利于约束地方政府发债行为，而且也加大了中央财政风险。因为地方政府自行发债，是由财政部代办还本付息。这就意味着中央政府最终要承担地方政府债务的担保责任。鉴于此，经国务院批准，2014年上海、浙江、广东、深圳、江苏、山东、北京、江西、宁

---

① 刘华、余维彬、张云峰：“我国地方政府发债的可行性思考”，载《财贸经济》2003年第2期。

② 陈锋：“我国发行地方公债的理论依据和可行性研究”，载《内蒙古财经学院学报》2003年第1期。

夏、青岛试点地方政府债券自发自还制度，财政部于2014年5月19日发布了《2014年地方政府债券自发自还试点办法》（以下简称《办法》）。《办法》第21条规定：“试点地区承担债券还本付息责任。试点地区应当建立偿债保障机制，统筹安排综合财力，及时支付债券本息、发行费等资金，切实履行偿债责任，维护政府信誉。”

相较于财政部代理发行地方债以及地方政府自行发债，地方债自发自还制度有利于厘清地方债发行权和责任的归属，亦即建立“借、用、还”相统一的地方政府性债务管理机制。与此同时，地方债自发自还是抑制财政风险放大的有效制度措施。首先，自发自还等于把地方政府推到了前台，额度锁定，能发多少发多少。偿还自理，违约责任自担。这会迫使地方政府自觉控制财政风险，打破市场和地方政府两级对地方债务中央托底的幻觉。其次，限定债务规模和期限结构实际上是从顶层锁定了债务风险放大边界，并分摊了债务风险释放的年度压力。这对中央财政风险的防控是一种制度推力。最后，各地面向市场自发自还，实际上是借助市场的力量去控制地方政府债务盲目扩张。①

（二）地方公债的使用

在日本，地方公债主要用于以下地方公共品领域：交通、煤气和水道等公营企业所需经费；对地方公营企业提供的资本金和贷款；灾害紧急事业费、灾害后的生产恢复事业费和灾害救济事业费；既发债的调期；所有地方普通税的税率都高于标准税率的地方政府从事的文教、卫生、消防及其他公共设施的建设。② 在美国，联邦和许多州以法律的形式严格禁止州和地方政府通过债务融资来弥补赤字。

关于地方债的使用，新《预算法》第35条规定，举借的债务应当有偿还计划和稳定的偿还资金来源，只能用于公益性资本支出，不得用于经常性支出。《意见》也明确规定，地方政府举借的债务，只能用于公益性资本支出和适度归还存量债务，不得用于经常性支出。

（三）地方公债的偿还

我国2009年地方公债的发行，并没有建立在对地方政府信用评级基础之上。这就意味着，地方政府于本次地方公债三年期届满后是否具有偿还能力是不确定的。从国外来看，美国、日本等曾经多次发生地方政府因为不能偿还到期地方公债清偿义务而破产的情形。我国地方政府虽然不会发生破产之情事，但其对地方政府信用以及社会秩序的稳定均会产生重大影响。因此，建立起地方公债偿还的保障机制，就显得尤为必要。

从国外来看，对此采取的举措主要有四种方式：一是在发行地方公债时，由地方财政提供担保。二是建立地方公债保险制度。如美国地方公债的保险业务始于1971年美国地方公债保险公司的成立，目前已有数十家专业的地方公债保险公司，并成立了行

---

① 白景明：“为什么要推行地方政府债券自发自还制度”，载《中国内部审计》2014年第8期。

② 石绍宾：“地方债为公共品融资：条件与效应分析”，载《税务与经济》2007年第2期。

业性组织“金融担保保险协会”(American Financial Group,AFG)。20 世纪 90 年代以来,50% 以上的地方公债都参加了保险。三是建立地方公债偿债基金。四是发新债还旧债。这几种方式对我国未来具有一定的借鉴意义。但目前,在我国,地方财政为地方公债发行提供担保为《担保法》所严格禁止,地方公债保险制度短期也很难建立。而发新债还旧债虽然不失为一种路径选择,但在目前缺乏有效制度约束的情况下,如果允许发新债还旧债,无疑会加大地方政府发债冲动,从而引发更为严重的地方财政危机。正因为如此,故《意见》明确提出:“建立债务风险应急处置机制。要硬化预算约束,防范道德风险,地方政府对其举借的债务负有偿还责任,中央政府实行不救助原则。各级政府要制定应急处置预案,建立责任追究机制。地方政府出现偿债困难时,要通过控制项目规模、压缩公用经费、处置存量资产等方式,多渠道筹集资金偿还债务。地方政府难以自行偿还债务时,要及时上报,本级和上级政府要启动债务风险应急处置预案和责任追究机制,切实化解债务风险,并追究相关人员责任”。《意见》之上述规定,在一定程度上弥补了《办法》有关地方政府债务违约情况下如何处理规定的缺位。“中央不兜底”有利于防范道德风险,减少地方政府和中央政府之间不必要的博弈行为,可以倒逼地方政府在发债时秉持审慎的态度,彰显出了“谁举债,谁负责”的市场化逻辑。[①] 但值得探讨的是,在地方政府出现债务危机时,中央政府不予救助是否妥当? 中央政府对地方债务危机不予救助,我们认为,至少应当具备如下前提条件:一是地方政府有自己独立的财权,因为责任的承担应该是以相应的财权为基础;二是必须有强硬的外部约束,以遏制地方政府发债冲动;三是应当建立起完备的地方政府破产制度,以实现地方政府债务重组。但令人遗憾的是,我国目前尚未具备上述条件。[②] 鉴于此,地方债“自发自还”要得到真正落实,还必须建立健全相关配套制度。

(四)地方公债的监管

关于地方公债的监管,新《预算法》第 35 条规定,国务院建立地方政府债务风险评估和预警机制、应急处置机制以及责任追究制度。国务院财政部门对地方政府债务实施监督。《意见》也明确规定,把地方政府债务分门别类纳入全口径预算管理。地方政府要将一般债务收支纳入一般公共预算管理,将专项债务收支纳入政府性基金预算管理,将政府与社会资本合作项目中的财政补贴等支出按性质纳入相应政府预算管理。地方政府各部门、各单位要将债务收支纳入部门和单位预算管理。或有债务确需地方政府或其部门、单位依法承担偿债责任的,偿债资金要纳入相应预算管理。

我们认为,对地方公债仅靠预算管理和财政监管是难以奏效的。一方面,无论是地方预算管理还是财政监管,目前都存在不敢监督、监督不力等问题;另一方面,无论采取什么样的严格监管措施,都无法完全保证地方预算管理、财政监管对地方公债的全方位

---

① 赵晓、陈金保:“地方债风险的前提‘中央不兜底’”,载《金融博览(财富)》2014 年第 11 期。

② 华国庆:“地方债危机:中央政府‘救’与‘不救’的权衡”,载《武汉大学学报》(哲学社会科学版)2015 年第 3 期。

监管。鉴于此,一是有必要建立起政府监管和市场约束相互配合的监督机制。亦即在强化预算监督、财政监督和审计监督的同时,通过信用评级、信息披露等市场约束的方式加强对地方公债的监管。二是将地方政府债务纳入预算监督的范围。按照《意见》的规定把地方政府债务分门别类纳入全口径预算管理。三是建立健全相关配套制度,如债务报告和公开制度、考核问责机制以及强化债权人约束等。

第五节　财政转移支付法

一、财政转移支付的含义和特征

财政转移支付有广义和狭义之分,广义上的财政转移支付是指“政府为实现其特定的政策目标,通过一定的渠道或形式,将一部分社会资源无偿地从一个(几个)群体转移给另一个(几个)群体。根据转移支付的对象不同,可以将转移支付大致区分为政府对居民(公司)的转移支付和政府间的转移支付两类”。[①] 而狭义上的财政转移支付则是指政府间的财政转移支付。所谓政府间财政转移支付是指一个国家中央政府与地方政府或者上级政府与下级政府之间在既定的职责、支出责任和税收划分框架下财政资金的无偿转移。财政转移支付是分税制财政体制中的内在组成部分之一,是处理中央政府和地方政府及地方政府之间的财政分配关系、实现各地财力均衡和公共服务均等化的基本手段。[②] 这种转移支付形式一般有三种:一是中央政府将其预算收入的一部分向下转移给地方政府;二是地方政府将其预算收入的一部分向上转移给中央政府;三是同级政府之间一部分预算收入的相互转移。凡是相邻两级政府间的上级政府对下级政府的财力转移是狭义上理解的转移支付。

我国财政转移支付制度始于1994年分税制财政管理体制改革。此前,中央与地方间财政资金的转移称为“补助”或“上解”。转移支付概念是1992年经世界银行和国际货币基金组织介绍引入中国,1993年十四届三中全会通过的《中共中央关于建立社会主义市场经济体制若干问题的决定》正式使用了“转移支付”的概念。我国1994年分税制财政管理体制确立的财政转移支付主要是上级政府将其预算收入转移给下级政府。

政府间财政转移支付具有以下几个特征:

(一)政策工具性

财政转移支付是一国为实现一定政策目标而采取的财政手段或者工具,如保障地方政府提供最基本的公共产品、调节辖区之间的财政净收益、矫正地方政府活动在辖区

---

① 丛树海主编:《财政支出学》,中国人民大学出版社2002年版,第265页。

② 谭楚玲:“进一步完善我国财政转移支付制度的探析”,载于海峰、姚凤民主编:《财政税收理论与政策研究》,中国财政经济出版社2009年版,第186页。

之间的外部效应等，但其最基本目标是追求公共服务均等化。所谓公共服务均等化是指一国的社会成员应享受水平大致相等的由财政资金提供的公共服务和福利。

(二)主体特定性

政府间财政转移支付是各级政府间财政资金的转移。政府间财政资金转移包括同级政府间财政资金的横向转移和上下级政府间财政资金的纵向转移。无论政府间财政资金转移采取何种形式，其主体亦即转移方和受让方都限于政府之间。

(三)无偿性

政府间的财政转移支付是一种政府财政资金的无偿转移或者支出，亦即转让方将其财政资金单方面转移给受让方并作为其财政收入，受让方无须为此付出任何代价或者作任何形式的返还。从这个意义上来说，政府间财政转移支付具有无偿性，是一种无代价的支出。

二、财政转移支付基本法律制度

(一)财政转移支付法的原则①

1. "事权与财权相一致"原则

所谓"事权"，是指各级政府基于不同职能而享有的处理社会公共事务和经济事务的权力；所谓"财权"，是指各级政府组织各种财政收入、安排各种财政支出的权力。就事权与财权的关系而言，事权决定财权，是财权取得的依据；而财权是事权行使的物质基础。对各级政府而言，应当根据事权大小配置以相应财权。反过来，也同样如此。明确划分各级政府的事权和财权是建立完善的转移支付制度的前提。从市场经济国家来看，只有科学合理地划分各级政府的事权，并依据事权合理确定财政支出的规模，然后才能合理划分财权。因为根据财政分权理论划分的全国性公共产品和地方性公共产品，其范围具有确定性，在此基础上划分财权不但可以保障各类公共产品的有效供给，还可以使得一国的财政体制保持相对稳定，免受国家财力变化、中央与地方讨价还价等因素的冲击。

2. 公平原则

财政转移支付公平原则，是指财政资金在中央政府与地方政府之间以及地方各级政府之间的转移应当符合公平理念，使全国各地都能享受大体相等的公共服务水平。之所以应坚持公平原则，是因为财政转移支付制度是基于各级政府收入能力与支出需求的不一致以实现各地公共服务水平均等化为目标而实行的一种财政平衡制度。作为社会总产品再分配范畴的财政转移支付，应当坚持公平优先的原则，重点解决各级政府间财政的横向财政不平衡。②

3. 公开原则

财政转移公开原则，是指财政转移支付的依据、程序以及财政转移支付资金的用

---

① 华国庆："财政转移支付法基本原则与中国财政转移支付立法"，载漆多俊主编：《经济法论丛》(2008年上卷)，方正出版社2008年版，第197～199页。

② 郑建国："用立法完善转移支付的思考"，载《山西财税》2005年第4期。

途、使用等必须依法通过相应方式向社会公开。具体来说,包括四层含义:(1)财政转移支付的依据亦即财政转移支付所依据的背景材料、说明、各项数据和信息等必须依法公开;(2)财政转移支付的决策、审批、执行、调整等过程必须公开;(3)财政转移支付的用途及具体使用必须公开;(4)财政转移支付的结果必须公开。财政转移支付公开是财政公开的核心,也是财政转移支付法应当确立的原则。与此同时,财政转移支付公开原则,不仅是落实公民知情权之必需,也是对政府财政转移支付行为进行有效监督、制约的现实需要。

4. 法定原则

财政转移支付法定原则,是指财政转移支付的主体、方式、程序等必须由法律事先加以规定,财政转移支付的审批、执行、调整等整个过程必须依法进行。具体来说,包括三层含义:(1)财政转移支付的要素法定,亦即财政转移支付的主体、方式等必须符合法律规定;(2)财政转移支付的程序法定,亦即财政转移支付的审批、执行、调整等整个过程必须依法进行;(3)财政转移支付的责任法定。之所以强调财政转移支付的法定原则,主要是因为公共财政就其本质是社会公众的财政,是社会公众通过法律程序对政府财政收支活动进行约束、规范和监督的财政。相反,如果财政转移支付缺乏法制的规范和约束,那么政府及其官员就可以随心所欲地进行财政的转移支付且不必为此承担任何责任,财政转移支付的目标也就无法实现。

(二)财政转移支付的模式

根据国际上现有的实践,政府间转移支付的模式有两种:

1. 单一纵向模式

单一纵向模式是指上级政府通过特定的财政体制将各地区所创造的财力数量不等地集中起来,再根据各地区财政收支平衡状况和实施宏观调控政策的需要,将集中起来的部分财政收入以不等的数量分配给各地区,以此实现各地区间财力配置的相对均衡。这是一种单一的自上而下的纵向财政平衡模式。目前,世界上大部分国家都采此模式。

2. 纵横交错模式

纵横交错模式对于政府间的转移支付,中央不仅统一立法,并且直接通过特定手段进行纵向的转移支付,但又同时负责各地区之间直接的财政转移支付。这是一种纵向为主、纵横交错的财政平衡模式。德国的财政转移支付制度是这种模式的典型代表。①

我国 1994 年分税制财政管理体制改革采取的是上述第一种模式。

(三)财政转移支付拨款决策模式

关于财政转移支付拨款决策模式,各国均有不同的做法,综合看来,实践中大致包括以下四种类型:(1)由联邦或者中央政府单独决定。如印度、巴西等国。这种做法存在明显的不利因素,即在本来准备利用拨款来促进分权化决策的同时,却把这种制度转向了中央集权化的结果。(2)建立一个准独立的、以设计与改革拨款制度为目的的拨

① 刘剑文主编:《财税法学》,高等教育出版社 2004 年版,第 131 页。

款委员会。上述委员会的设立可以是永久性的，如南非和澳大利亚；也可以是周期性的，以便为下一周期提出建议。但是，这些委员会在一些国家，其建议往往不能受到政府的重视，因而存在效率低下的问题。有些委员会在其方法上变得过于学术化，从而使得有关政府间转移支付的制度过于复杂。(3)由联邦或者中央政府与州或省级政府组成联合委员会，对财政转移支付拨款问题进行磋商，如加拿大。此种模式使得地方政府能够较为充分地参加财政转移支付拨款制度设计和拨款决策，能够反映大多数人的意见。(4)建立一个由政府、立法机构以及民间人士参加的委员会，对财政转移支付拨款问题进行磋商。此种模式是建立一个"政府间的——立法机关的——民间的"委员会，其所有构成单位都有相同的代表人数，能够使决策保持简单而且透明，但委员会主席则由联邦政府官员担任，巴基斯坦的财政委员会就是这个模式的代表。[①]

(四)财政转移支付的形式

由于各国政治体制、财政体制不尽相同，故其财政转移支付的形式也不相同。如美国政府间转移支付的方式主要是一般性转移支付和特殊性转移支付两种。一般性转移支付，是指上级政府根据不同层次政府间在税收能力与支出需求方面的差别以及各地区间在资源、人口、贫富等方面存在的差别，按照统一的法定标准或公式将其财政资金转移给下级政府的一种补助形式。其主要目的是实现不同层次政府间财政收支的纵向平衡或同一层次政府间的横向平衡。特殊性转移支付，是指上级政府按照特定的目的将本级财政资金用于支持下级政府完成特定项目的一种补助形式，资金使用的特定性较强，它包括专项补助和分类补助两大类。从两种转移支付形式的构成上看，美国一般性转移支付所占比例较小，而特殊性转移支付所占比重较大，1991 年二者所占比重分别为 2% 和 98%。另外，美国政府间各类转移支付都体现了不同的功能。一般性转移支付的功能主要是实现政府间财政的纵向平衡，特殊性转移支付的功能主要是对社会保障、健康、教育、交通等方面进行支持。[②] 日本的财政转移支付有地方交付税、国库支出金和地方让与税三种形式。其中，前两种是基本形式。英国是一个实行中央政府高度集权的单一制国家。中央财政掌握着大部分财力，对地方实行大量补助，中央财政支出的 30% 用于补助地方，地方财政支出中的 40% 以上依靠中央补助和其他拨款。英国中央政府对地方政府的财政转移支付有两种形式：一种是一般性转移支付；另一种是专项转移支付。

三、我国财政转移支付法的现状分析与完善建议

我国现行的政府间财政转移支付制度是在 1994 年实行的分税制财政体制基础上建立起来的，包括三个部分：一是税收返还；二是体制补助；三是中央对地方转移支付，其中又分为财力性转移支付和专项拨款两个部分。财力性转移支付包括一般性转移支付、民族地区转移支付、调整工资转移支付、农村税费改革转移支付、结算转移支付和县

---

① 傅光明："论中国制定《财政转移支付法》的若干问题"，载《中经评论》2004 年 7 月 30 日。

② 刘隆亨著：《中国财税法学》，法律出版社 2010 年版，第 93 页。

乡财政补贴等;专项拨款则大多根据经济和社会发展的需要由中央政府机动掌握和使用。[①]

近年来,我国在财政转移支付方面进行了一些改革并加大了财政转移支付的力度,但仍然存在不少问题,主要表现为:第一,1994 年我国实行分税制财政管理体制改革,为了解决地区收支均衡的问题,开始试行转移支付制度,并于 1999 年颁行了《过渡期财政转移支付办法》。但其只是财政部发布的规章,不仅效力层次过低,而且不少规定过于简单、原则,以此难以有效规范政府间的财政转移支付行为。目前《过渡期财政转移支付办法》虽被废止,但其确立的财政转移支付的形式、方法等仍然沿袭至今。第二,财政转移支付不公开、不透明。这是我国目前财政转移支付存在的一个突出问题。在现行的中央转移支付制度下,由于各地应该得到多少中央转移支付缺乏明确的核算办法,各地政府对自己能得到多少转移支付是高度不确定的,又加上对政府要来的转移支付资金的使用缺乏有效的监督措施,地方官员争取转移支付的动力大增,结果是大量的资源耗费在了"跑部"博弈之中,以至于"公贿"成了人们关注的热点问题。[②] 第三,专项转移支付资金没有一个统一的部门集中管理,有权动用这些资金的部委多达 37 个。参与资金分配的部门太多,难免造成资金分配的混乱。地方政府在申请资金时,目标就是"跑部钱进",比如,一个水利项目,可以找水利部,也可以找农业部,甚至可以找环保总局,反正立项理由很多。但如此一来,既可能出现重资金、轻项目的倾向,拿了钱不办事;也有可能项目重叠,一个项目多家给钱。总之,有限的资金不能充分发挥作用。[③] 第四,现行转移支付中税收返还额度的确定主要采用"基数法",这一方法是在保证地方政府既得利益的情况下进行的,中央对地方上划的税收按基期年如数返还,并逐年增多,税收多的地区返还额多,税收少的则返还少。这样不仅不能解决历史原因所造成的财力分配不均和公共服务水平差距大的问题,反而在新体制下肯定了这一差距。针对这一问题,1995 年推出的过渡期转移支付办法提出了按"因素法"确定转移支付额度的办法,这可以说是在转移支付规范化、科学化的道路上迈出了可喜的一步,但在对各项因素进行量化的数据取得上还存在一些困难:(1)基础性统计数据不完整,有些数据甚至还不在统计体系之内;(2)现有的一些数据质量不高,不准确;(3)有些数据缺乏代表性。这些问题都对因素法的有效使用带来很大的负面影响。[④] 第四,监督制约机制不健全。现行的转移支付资金无偿使用占的比重较大,在资金使用方面,没有建立一套完整的监督系统,对资金是否做到专款专用等信息也不能及时、准确、全面掌握。转移支付特别是专项拨款,很多不能完全到位和用于规定项目,下级政府对转移支付资金的支出排序往往先是解决人员经费不足,资金被截留、挤占和挪用的现象频频发生。而对违

① 谭楚玲:"进一步完善我国财政转移支付制度的探析",载于海峰、姚凤民主编:《财政税收理论与政策研究》,中国财政经济出版社 2009 年版,第 186 页。

② 谭雄伟:"转移支付也要讲规矩",载《中国青年报》2006 年 1 月 23 日。

③ "财政转移支付亟待监管",载《中华工商时报》2006 年 7 月 18 日。

④ 李剑波:"完善我国的政府转移支付制度",载《河北经贸大学学报》2003 年第 6 期。

反使用规定的地方和单位，目前也没有完整规范的惩戒措施。①

为解决上述问题，我们认为：

1. 尽快制定《财政转移支付法》

新《预算法》第16条②尽管增加了有关财政转移支付的内容，但毕竟过于原则，鉴此，有必要制定单行的《财政转移支付法》，并在该法中就财政转移支付法的立法宗旨、原则以及财政转移支付的主体、程序、形式、监督管理等加以明确规定，以规范政府间财政转移支付行为，并为政府间财政转移支付提供直接的法律依据。

2. 进一步明确划分中央政府及地方各级政府的事权

这是财政转移支付制度建立的前提。为此，有必要修改现行组织法，将各级政府尤其是中央政府与地方政府的事权以法律的形式加以明确规定。至于中央政府与地方政府的事权，具体可根据政府所提供的公共产品的性质而定。

3. 建立以纵向为主、纵横交错的转移支付模式

即对于政府间的转移支付，中央不仅统一立法，而且直接通过特定手段进行转移支付，同时又负责组织地区之间的转移支付。其中纵向的转移支付侧重于实现国家的宏观调控目标，横向的转移支付侧重于解决经济落后地区公共支出不足的问题。③ 与此同时，在建立规范的中央对地方转移支付制度的基础上，借鉴德国做法，建立起地区间的横向财政转移支付制度。由于我国是单一制国家，强调国家权力和决策的集中，因而在解决地区间差距时，更多地依靠纵向转移支付方式。该制度在实施过程中，由于对转移数额的确定缺乏科学依据、未能充分考虑各地区的收入能力和支出水平等原因，导致各地区财力差距和公共服务水平差距过大，各地横向失衡严重。因此，横向转移支付是解决地区间财力的不平衡和消除不同地区间财政地位的差异所造成的不公平和低效率、实现财政均等化、减轻上级政府的财政压力的一种非常有效的手段。④

4. 按照"因素法"合理确定中央政府对地方政府的财政转移支付办法和资金用途

"因素法"有利于提高财政转移支付的透明度、可预见性和客观公正性，提高财政管理的科学化程度。这些因素应包括：人口因素、人均国民生产总值和人均财政收入、自然因素（包括土地面积、地理位置气候、资源、交通运输等）、特殊因素（包括少数民族

---

① 谭楚玲："进一步完善我国财政转移支付制度的探析"，载于海峰、姚凤民主编：《财政税收理论与政策研究》，中国财政经济出版社2009年版，第188页。

② 《预算法》第16条规定："国家实行财政转移支付制度。财政转移支付应当规范、公平、公开，以推进地区间基本公共服务均等化为主要目标。财政转移支付包括中央对地方的转移支付和地方上级政府对下级政府的转移支付，以为均衡地区间基本财力、由下级政府统筹安排使用的一般性转移支付为主体。按照法律、行政法规和国务院的规定可以设立专项转移支付，用于办理特定事项。建立健全专项转移支付定期评估和退出机制。市场竞争机制能够有效调节的事项不得设立专项转移支付。上级政府在安排专项转移支付时，不得要求下级政府承担配套资金。但是，按照国务院的规定应当由上下级政府共同承担的事项除外"。

③ 张菊良："完善我国现行政府间财政转移支付制度的若干思考"，载《财政与税务》2000年第12期。

④ 王海萍："德国的横向财政转移支付及对我国的启示"，载《科技和产业》2006年第9期。

人口、贫困县和贫困人口等）等。①

5. 简化财政转移支付形式

目前，我国财政转移支付制度存在最为突出的问题是，一般性财政转移支付的规模偏小，使得转移支付未能很好实现地区间财政均等化的目的。与此同时，专项转移支付项目繁杂、资金分散、配套过多、占比过大，专项资金使用缺乏有效监督等问题。鉴于此，未来应当按照十八届三中全会通过的《中共中央关于全面深化改革若干重大问题的决定》和新《预算法》的要求，一是完善一般性转移支付增长机制，增加一般性转移支付规模和比例；二是在清理整合规范专项转移支付项目的同时，建立健全专项转移支付定期评估和退出机制。亦即凡是市场竞争机制能够有效调节的事项，不得设立专项转移支付。

6. 建立一个统一的专项转移支付资金管理部门

为解决专项转移支付资金多部门管理而引发的问题，建议成立一个类似澳大利亚“联邦拨款委员会”性质的机构，该机构直接向国务院负责，统一负责中央财政资金的转移支付，以解决目前财政转移支付存在的多头申请、重复设置项目、多头审批等问题。这不仅有利于加强对财政转移支付资金的管理，也有利于提高财政转移支付资金使用的效率和公平分配。

---

① 罗荆、唐红军：“对我国财政转移支付立法的思考”，载《新疆财经》2006 年第 2 期。

第十三章　税收法律制度

第一节　税收和税法的一般理论

一、税收的概念与特征

（一）税收的概念

在我国,学术界对税收概念的表述不尽一致。在早期,对税收征收的理论依据采"国家职能说"并以此来界定税收。如有的认为,税收是国家为了实现其职能,凭借政治上的权力,按照法律规定的标准,对社会组织和个人强制地无偿地取得财政收入所发生的一种特殊分配关系。①也有的认为,税收是以实现国家职能为目的,基于政治权力和法律规定,由政府专门机构向居民和非居民就其财产实施的强制、非罚与不直接偿还的课征,是一种财政收入的形式。② 我们认为,以"国家职能说"作为税收征收的理论依据并以此界定税收,不仅未揭示税收的本质,而且也不符合公共财政理论。税收作为公共财政之重要组成部分,也应当符合公共财政之"公共性"的特征。而"公共性"所强调的是,财政着眼于满足全社会的公共需要,而不是所谓的国家需要。

随着研究的深入,"国家职能说"开始逐渐被"公共需要说"所取代,如认为,税收是国家为满足社会公共需要,凭借其政治权力,依法参与国民收入分配的一种形式。③

与"国家职能说"相比,以"公共需要说"来界定税收是一种进步,克服了"国家需要说"的内在缺陷,但仍未脱离经济学或财政学的范畴,最多也只能算是一种经济学或财政学上的税收概念。对此,有学者深刻指出:"由于税法学与财政学分属两个不同的学科,即使是观察同一个社会现象,它们也应该有各自不同的角度。如财政学更多地关心税收资金的运用过程,研究如何提高税收经济活动的效率,减少税收的负面效应;而税法学则更多地着眼于主体之间的权利义务关系,从权利来源的角度考虑纳税人基本权的实现过程,以体现对征税权的制衡和对纳税人权利的保护。如果将二者完全混同,就等于取消了财政学与税法学的学科界限。在目前的情形下,这也就等于取消了税法学的存在价值。"④

---

① 潘静成、刘文华主编:《经济法》,中国人民大学出版社 1999 年版,第 353 页。

② 徐孟洲主编:《税法》,中国人民大学出版社 1999 年版,第 5 页。

③ 杨萍、靳万军、窦清红著:《财政法新论》,法律出版社 1999 年版,第 82 页。

④ 刘剑文、熊伟著:《税法基础理论》,北京大学出版社 2004 年版,第 3 ~ 4 页。

我们认为,对税收概念应当从法律尤其是宪法之高度加以界定,具体可以从两个层面进行。从国家层面来说,税收是指作为国家之代表的税收征收机关基于向社会提供公共产品、满足社会公共需要等合宪目的,依法强制、无偿地向符合课税要件的纳税人固定征收一部分财物的一种税收分配活动或方式;从纳税人层面来说,税收是指纳税人基于享有要求政府提供公共产品和公共服务等宪法性权利而依法律的直接规定所承担的最低限度的物质性给付义务或对价。

(二)税收的特征

税收的特征是税收与其他财政收入形式相比较而表现出来的、反映税收本质的征象。与其他财政收入形式相比较,税收具有下列特征:

1. 国家主体性

在税收活动中,国家或政府居于主导地位。国家是征税主体,其具体的权力由中央政府和地方政府来承担和行使。税收的国家主体性特征非常重要,它在很大程度上影响了税收的其他特征的形成。此特征可以把税收与其他非国家征收的费用相区别开来,如我国曾存在过的乱摊派现象中地方政府或者个别机构向企业或个人征收的金钱或实物就不属于税收的范畴。[①]

2. 公共性

亦即作为一国财政收入主要来源的税收,税收主要在于满足社会之公共需要。换言之,它是公民要求政府提供公共产品和公共服务并从中获益的一种代价。因而,税收同以筹集资金以外目的的其他国家收入形式在性质是不同的。此特征区别于以惩罚为目的的罚金、罚款和没收财产等制裁措施。

3. 强制性

在税收征收中,征税机关对纳税人所课税收不取决于纳税主体的主观意愿或征纳双方的意思表示,只依据法律来强制征收。如果纳税人不依法纳税,征税机关则有权采取强制惩罚措施。税收之所以具有强制性,主要因为在税收实践中,尚存在一些偷漏税等税收违法行为,对此若不采用强制手段征收,就会出现“搭便车”的现象,即少数人免费使用公共产品和公共服务,从而在纳税人之间产生不公平。

4. 法定性

强调税收的征收和缴纳必须基于法律的规定进行,没有法律的依据,国家不能征税,任何人也不得被强制要求纳税。与此同时,征税对象、纳税人和征收标准等税收构成要件和税收征收程序要由法律事先加以规定。强调税收的法定性,可以防止国家以组织财政收入为名而随意征税,从而维护纳税人之利益以及公民财产权。税收法定性的特征要求国家在确立税收制度时,应当贯彻税收法定原则。

5. 间接返还性

从形式上观察,在征收环节征税机关无偿地向纳税人取得税收。但事实上,整体纳

---

① 翟继光著:《财税法原论》,立信会计出版社2008年版,第388页。

税人是国家所提供公共服务的受益者,税收具有一定的有偿性,但是这是间接返还,纳税人并不能因为自己履行了纳税义务而要求政府或征税机关作相应的直接返还。纳税人为自己之整体利益而缴纳税款,并不遵循等价有偿原则。正是税收具有间接返还性或称无对待给付这样的特征,所以不能从交易正义的观点来课征税收,而应该从分配正义的观点,依人民负担税收之经济上给付能力为标准,决定其应纳税额。[1] 因而,在税收征收中应遵循税收公平原则。

6. 支付方式单一性

现代国家的税收无不以金钱作为单一的支付方式。之所以如此,一是在货币经济下,以金钱为内容课征税收可以降低征纳双方的征缴费用。[2] 二是确保经济自由。一般情况下,金钱给付义务对行为的自由限制最少,人们通过交纳一定的金钱,免去劳役、实物的限制,从而获得了最大的自由。[3]

二、税收的分类

根据不同的标准,可以将税收分为不同的类型。通过对税收进行科学的分类,不仅能够揭示各类税收的性质、特点、功能以及各类税收之间的区别与联系,有利于建立合理的税收结构,充分发挥各类税收的功能与作用,而且对于研究税收发展的历史过程、税源的分布与税收负担的归宿以及中央与地方政府之间税收管理和支配权限的划分都具有重要的意义。

(一)直接税与间接税

依据税负能否转嫁,可以将税收分为直接税和间接税。凡税负不能转嫁给他人,而是由纳税人直接来承担税负的税种,即为直接税,如各类所得税即属之。凡税负可以转嫁他人,纳税人只是间接承担税负的税种,即为间接税,如各类商品税即属之。这种分类对于研究税收归宿、税法实效等问题具有重要意义。

(二)从量税与从价税

依据计征标准的不同,可以将税收分为从量税和从价税。凡以征税对象的数量、重量、容量等为标准从量计征的税种,为从量税,或称"从量计征",如资源税、土地使用税等。凡以征税对象的价格为标准从价计征的税种,为从价税,或称"从价计征",如增值税等。这种分类有利于研究税收与价格变化的关系,便于国家相机实行相应的经济政策。

(三)商品税、所得税和财产税

依据征税对象的不同,可以将税收分为商品税、所得税和财产税。这通常被认为是税收最重要、最基本的分类。由于征税对象是税制的核心要素,是区分不同税种的主要标准,它直接影响相关税种的特征、作用和征管方法等,因此,征税对象历来深受重视,

---

① 黄茂荣:"实质课税原则",载《植根杂志》第25卷第8期。

② 陈清秀著:《税法总论》(第4版),元照出版有限公司2006年版,第64页。

③ 刘剑文、熊伟著:《税法基础理论》,北京大学出版社2004年版,第8页。

许多国家、国际组织以及学者都认同以征税对象作为税收分类的最重要的依据。

(四)中央税、地方税和共享税

依据税收管理权和税收收益权的不同,可以将税收分为中央税和地方税。凡是由国家中央立法机关立法,税收管理权和收入支配权归属中央政府的税收,为中央税,简称国税。中央税构成中央政府的固定收入。地方税,乃中央税的对称,是指由一国地方政府征收、管理和支配的税收。地方税属于地方政府的固定收入,由地方政府管理和使用,简称地税。共享税,亦称"中央地方共享税",是指由中央和地方政府按一定方式分享收入的一类税收。共享税的分享方式主要有附加式、分征式、比例分成式等。

除上述分类以外,税收还可分为独立税和附加税、价内税和价外税、对人税与对物税、实物税和货币税、经常税和临时税、累进税和累退税等。

三、税收法律关系的性质及其特征

(一)税收法律关系的性质

税收法律关系是税法学研究的重要问题,正如金子宏教授所言,"税法学可称为以对税收法律关系进行系统的理论研究为目的的法学学科"。[①] 而税收法律关系之权利义务关系,则是税法研究区别于税收学的一个重要方面。换言之,税法虽然涉及诸多方面,但其核心为税收法律关系。

关于税收法律关系,我国学术界大多将其界定为"征税机关与纳税人在税收活动中产生的、并由税法确认和调整的、具有权利义务内容的特定的社会关系"。对税收法律关系作这样的表述,从表面上来看似乎并无不妥之处,但其只是对法律关系一般概念的借用,问题在于:"权利义务内容的特定的社会关系"到底是一种什么性质的社会关系?无疑,从这样的表述中无法找到任何答案。而要准确界定,就必须探讨税收法律关系的性质。

在德国法学界,就税收法律关系的性质曾经有以下两个学说:(1)权力关系说。它是以奥特·麦雅(德国行政法学家,主要著作有《德国行政法》)为中心的传统学说。该学说把税收法律关系理解为国民对国家课税权的服从关系。在其关系中,国家以优越的权力的意志主体出现,以此为理由认为这是典型的权力关系的例证。依奥特·麦雅的观点,税收的课赋,原则上可以通过所谓"查定处分"这一行政行为而进行。查定处分是纳税义务的创设行为,而不单单是纳税义务内容的确定行为。从这个意义上看,查定处分与刑事判决具有相同的性质。即在刑法中,当出现符合犯罪构成要素的行为时,并不立即出现刑罚权的行使,而是通过判决处以刑罚。同样在税法中,当出现了满足法律确定的抽象要素(课税要素)时,也并不立即产生纳税义务,而是通过查定处分这一行政行为的行使产生纳税义务。(2)债务关系说。债务关系说是以1919年德国《税收

---

① [日]金子宏等著:《日本税法原理》,刘多田等译,中国财政经济出版社1989年版,第18页。

通则法》[1]制定为契机，根据阿尔巴特·亨塞尔（德国法学家，著有《税法论》）的主张所形成的学说。这一学说把税收法律关系定性为国家对纳税人请求履行税收债务的关系，国家和纳税人之间乃是法律上的债权人和债务人之间的对应关系。税收法律关系是一种公法上的债务关系。这个见解，是在如今课税被严格地限制在法律规范的范围内，税收法律关系中权力的要素正在退居幕后这一认识的背景下产生的，作为实定法的根据，德国《税收通则法》规定，纳税义务不依课税处分而成立，而以满足课税要素而成立。这一规定就是上述见解的有力佐证。[2]

税收权力关系说的形成，与19世纪末20世纪初期德国特定的历史背景和与此相适应的国家观念遥相呼应。当时德国资本主义发展远比英国落后，力求快速发展，必须依赖国家的保护和干预，国家利益之上的国家观占据优势地位，将税收关系理解成一种权力关系也就自然而然了。[3]但是单纯地强调国家利益至上，容易造成对个体权益的忽视，甚至在某些情况下，国家往往会以国家利益为由随意侵占、处分个人财产。为了矫正国家利益至上而引起的利益不平衡以及维护纳税人利益，债务关系说得以产生。德国的上述学说对日本产生了较大影响，日本学者通过研究形成了自己对税收法律关系性质的认识。其中，最有代表性的有金子宏教授和北野弘久教授。

金子宏教授认为，税收法律关系最基本的内容，是国家对纳税人请求所谓税收这一金钱给付的关系，所以把它作为基本的原理性的债务关系来把握，其理由十分充分。不仅如此，债务关系说还就税法如何体系化给予了重要启示。债务关系说为迄今法律学上所一向忽视的"公法上的债务"这一领域带来了光明，构成其中心的税收债务，是对税收要素观念进行研究和体系化的理论，它赋予税法以崭新的地位和体系。但是，从法技术的观点看税收实定法时，将税收法律关系单一地划分为权力关系和债务关系是很困难的，因为税收法律关系中包括各种类型的法律关系，只能理解为有些属债务关系，有些属权力关系。例如，更正、决定和滞纳处分所构成的关系，仅从法技术的角度观察，只能构成权力关系。由此可见，把税收法律关系归于单一的性质是不妥的，莫如理解为它是性质各异的种种法律关系的集中，可以说，这样作为对税收实定法的认识是正确的。但是，更正、决定权和自力执行权之所以保留在税收债权人国家手中，其原因在于它是为确保税款的征收，以期公平分配税收负担的一种措施，这并不能否认在税收法律关系中，基本的和中心的关系仍为债务关系。[4]对这种学说，我国税法学者将其归纳为"二元说"。

针对金子宏教授的学说，北野弘久教授认为，虽然两说的主张者分别从各自学说的角度对租税法律关系的性质作出了截然不同的结论，但他们之间也存在共同之处，即在

---

① 该法第81条规定："租税债务在法律规定的租税要件充分时成立。为确保租税债务而必须确定税额的情形不得阻碍该租税债务的成立"。

② [日]金子宏等著：《日本税法原理》，刘多田等译，中国财政经济出版社1989年版，第18~20页。

③ 刘剑文主编：《税法学》，人民出版社2003年版，第65页。

④ [日]金子宏等著：《日本税法原理》，刘多田等译，中国财政经济出版社1989年版，第20~21页。

实体法关系上,租税法律关系为债务关系,而在程序法关系上,租税法律关系则为一种权力关系。我们认为,他们采取割裂的方式是无法对整个租税法律关系作出令人折服的总结性结论的。如果采用二元论的主张只会使我们整个理论背离研究的主旨。因为二元论无法解答这样一些问题:租税法律关系应以什么为中心?租税法律关系建立的基础是什么?研究租税法律主义关系的中心,从而将租税法律关系的性质归结为公法上的债权债务关系,是我们认为的比较妥当的分析方法。其理由是因为这种观点在与传统行政法学作诀别的税法学中,已将租税法律关系的性质归结为公法上债权债务关系,至少从法实践论角度出发,也要求用债务关系说统一地把握对租税法律关系性质的认识。①

在我国,法学界对税收法律关系性质的研究有一个发展的过程。在早期,对税收法律关系缺乏深入研究,如前所述,只是借用法律关系的一般原理来加以阐释。但无论是学界的观点还是现行税法均未采纳"权力关系说"。例如,大多数学者认为纳税义务是基于纳税人发生了税法规定的行为或事实;从我国实体税收法律的规定来看,也是采取以发生税法规定的行为或事实作为纳税义务产生的根据,如《营业税暂行条例》第12条规定:"营业税纳税义务发生时间为纳税人提供应税劳务、转让无形资产或者销售不动产并收讫营业收入款项或者取得索取营业收入款项凭据的当天。国务院财政、税务主管部门另有规定的,从其规定。营业税扣缴义务发生时间为纳税人营业税纳税义务发生的当天。"随着日本税法文献的引入,税收法律关系问题才引起了我国税法学者的重视,但时至今日,学界对其看法并不完全一致。

我们认为,对税收法律关系的性质不能不加区别地加以认定。换言之,应当根据税收法律关系的内容及其范围加以界定。而问题的关键是,税收法律关系的主体范围到底有哪些?如果仅仅将税收法律关系的主体界定为国家与纳税人,那么其法律关系的性质就比较简单。实际上,除了国家这一主体外,还有其他国家机关、税收征收机关等。具体来说,税收法律关系主要包括:(1)国家与纳税人之间的税收宪法性法律关系;(2)相关国家机关之间发生的税收权限划分关系;(3)税收征纳双方之间的税收实体法律关系;(4)税收征纳双方之间的税收征收程序关系。其中,税收征收机关与纳税人之间的税收征纳关系是税收法律关系的核心。就国家与纳税人之间的关系而言,如果从宪法的角度来看,两者之间属于权力关系,而从税收的角度来看,两者之间属于公法上债务关系;就相关国家机关之间的权限划分关系而言,应当属于权力关系;就税收征收机关与纳税人之间的关系而言,税收征纳实体关系属于公法债务关系,税收征纳程序关系属于权力关系。

需说明的是,虽然应当对税收法律关系的性质作具体区分,但从整体上可以将税收法律关系界定为公法债务关系。一方面,不仅可以明确征纳双方权利义务的性质,而且还可以将税收之债置于一般之债之前并使其获得特殊保护。也正是基于这样的理念,

① [日]北野弘久著:《税法学原论》,陈刚、杨建广等译,中国检察出版社2001年版,第161页。

故在破产案件中,税款优先于其他债权而获得清偿。另一方面,可以引入私法的一些制度,例如优先权、代位权、撤销权、担保权等,以私权来抗衡国家公权,从而更好地维护纳税人利益。

（二）税收法律关系的特征

关于税收法律关系的特征,不少学者只是简单援用民事法律关系的一般特征来描述税收法律关系的特征。如有的学者将其概括为四个方面:(1)税收法律关系是税法确认和保护的社会关系;(2)税收法律关系是基于税法事实而产生的法律关系;(3)税收法律关系的主体一方始终是代表国家行使征税权的税收机关;(4)税收法律关系内容中的财产所有权或者使用权向国家转移的无偿性。[①]值得一提的是,其他许多法学著作或教材中在论及税收法律关系特征时均认为"税收法律关系是一种单方面的权利义务关系"。在税收法律关系中,国家处于征税主体地位,征收机构则是国家的代表。具有按照税法规定向各个纳税主体进行征税的权利;而各个纳税主体,如无税法上特别规定的优惠条件,必须按时足额地向税务机关缴纳税金。因此,税收法律关系无论在何时何地发生,征纳双方的权利和义务方面都是不平等的,国家及其征税机关总是处于支配地位,纳税主体则处在被支配和无条件服从的地位。[②]

我们认为,税收法律关系固然属于法律关系之范畴,具有法律关系的一般特征,但终究具有其自身的特点。任何忽视税收法律关系自身特点的描述均无意义。如就税收而言,如前所述,虽然从单个纳税人来说,具有无偿性,但把纳税人作为一个整体来看待,则具有间接返还性的特点。至于"征纳双方权利义务不平等"的观点则是不准确的。相反,在税收法律关系中,征纳双方权利义务具有平等性。其一,"征纳双方权利义务不平等"之观点,其理论依据就是前述"税收法律关系权力关系说",亦即国家与纳税人之间是以"命令服从"为特征的不对等法律关系。但在市场经济条件下,税收在经济本质上被认为是"公共产品"的价格,税收法律关系更主要表现为公法上的债权债务关系。行政机关与行政管理相对人之间虽然往往具有"命令与服从"之关系,但也不能得出"征纳双方权利义务不平等"之结论。这不仅与"无代表无纳税"之税收原则不相吻合,而且也不符合"合作"与"服务"之现代公共行政理念。其二,"权利义务相一致"原则是现代法制的一个重要特征,这已经为不少国家宪法明确规定,而"征纳双方权利义务不平等"之观点显然与该原则相悖,忽视了纳税人的权利及征税机关的义务。其三,"征纳双方权利义务不平等"之观点于税收实践还会产生许多不利影响,不仅不利于公民形成正确的权利意识,而且也不利于征税机关形成对纳税人的服务意识,长此以往还会影响到我国民主法治的进程。

鉴于以上分析,我们可以将税收法律关系的特征界定为:(1)税收法律关系主要基于税法事实而产生,但不完全限于税法事实;(2)税收法律关系的中心,是国家与纳税

---

① 徐孟洲主编:《税法》,中国人民大学出版社 2003 年版,第 22 页。

② 陈五星主编:《财税法教程》,天津大学出版社 2000 年版,第 214 页。

义务人之间的债权债务关系，因其具有公法性质，所以其具有不同于私法上债务关系的种种特征；(3)征纳双方法律地位平等，各自享有相应的权利和义务。

四、税法的概念、体系和特征

(一)税法的概念

一般而言，税法是调整税收关系的法律规范的总称。它是经济法的重要部门法，在经济法的宏观调控法中居于重要的地位。由税法概念可知，税法的调整对象是税收关系，即有关税收活动的各种社会关系的总称。然而在法学界，对何为税法调整的"税收关系"，却有着不同的见解。

我们认为，税法所调整的税收关系的范围既不能过窄，也不能过宽。它应是税法所特定的内容，而不应将由其他法律规范调整的社会关系也包含其中。本着这样的原则，我们认为，税法所调整的税收关系包括如下几个方面：

1. 税收管理体制关系，即国家权力机关与国家行政机关之间、上级国家机关与下级国家机关之间在税法的制定及解释、税的开征、停征及减免等方面的权限分工和责权关系。

2. 税收收益分配关系，亦即税收收入基于税权的划分而在各级政府间进行分配而产生的关系。

3. 税收征纳关系，即征税主体与纳税人在税收征纳过程中所形成的权利义务关系，具体又可分为税收实体关系和税收程序关系。

4. 税收监督关系，即在税收征收过程中对征税主体及纳税主体之行为进行监督而形成的关系。其目的是督促征税主体依法履行征税职责、纳税人依法履行纳税义务。

(二)税法体系

税法体系是税法学的基本范畴，是研究税法一系列重要范畴的逻辑起点和理论框架。其指一国现行全部税收法律法规组成的有机联系的整体。一个法律体系在法学运用，包括类型的运用(利用类型掌握法律资料、利用类型帮助了解、利用类型发现法律漏洞)，利用法律原则补充法律漏洞以及利用体系法律的一贯性。因此，体系的思考以及体系的观念，乃是良好税收立法所不可或缺的前提。①

按照对税收法律规范进行分类的标准不同，一个国家税法体系可以有多种构成方式。概括起来，税法的分类，亦即税法体系的构成方式主要包括：(1)按照税收立法权限或法律效力的不同，可以将税法划分为税收宪法性规范、税收法律、税收行政法规、税收地方性法规、税收规章和国际税收协定等。这是税法体系最基本的分类方法。(2)按照税法调整对象——税收关系内容的不同，可以将税法划分为税收实体法、税收程序法、税收体制法和税收救济法。凡是规定税收法律关系主体之间实体权利义务内容的为税收实体法，如各单行税法；凡是规定国家征税权行使程序和纳税人纳税义务履

① 陈清秀著：《税法总论》(第4版)，台湾元照出版有限公司2006年版，第20页。

行程序的法律规范则为税收程序法,如《税收征收管理法》;凡是以税收权限划分而发生的社会关系为调整对象的为税收体制法或称税收权限法,如《关于实行分税制财政管理体制的决定》;凡是以因制止和矫正违法或不当的税收行政侵权行为,从而使税收相对人的合法权益获得补救而发生的社会关系为调整对象的便是税收救济法。

在我国,随着1994年税制改革,初步建立起以流转税、所得税为主体的复合税体系,并随之颁布了一些税收法律法规,税法体系得到初步确立。从内容上来看:一是税收实体法。在各单行税法中,实体法构成我国现行税法体系的基本组成部分,目前由二十多个税种组成。其中,除个人所得税、企业所得税采用税收法律形式外,其他税种均采用行政立法的方式,具体以条例或暂行条例、办法等形式出现。二是税收程序法。税收程序法是指税务管理方面的法律,主要包括税收征收管理法、发票管理法、税务机关组织法、税务争议处理法等。此外,行政处罚法、行政复议法、行政诉讼法等也是解决税务行政纠纷案件的依据。三是税收管理体制法。如国务院《关于实行分税制财政管理体制的决定》就中央与地方之间的税收收入的划分作了规定。

上述税收法律法规的颁行,对于实现以法治税、保证国家财政收入具有十分重要的意义。但需指出的是,不仅现行税收法律存在诸多问题,而且完整的税法体系也尚未形成。主要表现为税收的宪法缺位、对税法基本问题缺少集中统一规定、中央立法机关与中央行政机关间的税收立法权限划分不明以及现行税法立法呈现立法行政化的趋势等诸多方面。鉴于此,未来如何建立起与我国社会主义市场经济相适应的税收法律体系,实现依法治税的目标,则值得进一步深入研究。

(三)税法的特征

作为一种法律规范,税法和其他法律一样,是由国家制定或认可的,体现国家意志,并由国家强制力保证实施的社会规范,具有一般法律规范的共同特征。但是,由于税法是以税收关系作为调整对象的,因而又具有区别其他法律规范的特征。

1. 税法形式的固定性

税法在规定课税要件和规定确定征收的程序时,虽要考虑纳税者的特殊情况,但是通过深入到无数纳税者主观上的、实质上的关系中来考虑其具体的、特殊的情况往往是很困难的。所以,只能在某种程度上着眼于其外观情况来规定课税要件。① 据此,国家在制定某个具体税种法时,几乎都是从税法构成要素方面来规定,从而在税收法律规范的存在形式方面,其具有固定性或统一性的特征。因此,税法形式的固定性便于税法得以有效实施。

2. 税法内容的技术性和经济性

税收关系体现在国民经济生活的各个方面。其随着国民经济生活的变化而变化,从而其会因国民经济生活复杂化而日趋复杂。在复杂的经济生活中,要确保税收负担被公平分配并防止偷税、避税行为,设计精细的税法规范就成为必要。一方面税法要谋

① [日]金子宏著:《日本税法》,战宪斌、郑林根译,法律出版社2004年版,第24页。

求与私法秩序保持协调;另一方面又必须注意如何才能确保税收征收,保证税收征管的实效。因此,在这些复杂的制度设计中就体现出税法规范的技术性。[①] 这主要体现在税法构成要素的设计和税法实施方面。

经济法具有经济性,这是不言而喻的,因为经济法的对象发生在直接物质生产领域,并具有经济目的性。[②] 作为经济法重要组成部分的税法同样具有经济性的特征,这主要体现在两个方面:一是税法的作用领域或者调整对象是特定的经济关系,即税收关系;二是税法对市场经济的适度调整,有助于解决市场失灵,节约交易成本,提高经济效率。

3. 税法性质的综合性

由于税法内容的复杂性,不可能存在一部统一的税法典,因此税收法律体系是一个由多种法律规范构成的。税收法律体系既包括属于实体规范的按税种立法的诸多税种法,也包括属于程序规范的征纳程序方面基本法,即《税收征收管理法》和散见于各个税种法中的程序性规定。税法性质的综合性还指税法在调整税收关系之时,将多种法律调整手段有机结合进行综合调整。其表现是税法主体在违反税法规定情形下,其可能会承担行政责任,也有可能会承担民事责任甚至刑事责任。

五、税法的基本原则

(一)税法基本原则的概念

税法的基本原则是指一国调整税收关系的法律规范的抽象和概括,是贯穿税法的立法、执法、司法和守法全过程的具有普遍性指导意义的法律准则。税法的基本原则是一定社会经济关系在税收法制建设中的反映,是国家整个税法制度和体系的理论基础。在税法原则中,与税法基本原则相对应的是税法适用原则,税法适用原则是在税法的解释、税收的征纳等具体适用税法的过程中应遵循的准则。税法基本原则统帅税法适用原则,其是上位原则,而税法适用原则是下位原则。

(二)税法基本原则的组成

1. 税收法定原则

税收法定原则是指国家征税必须要有明确的法律依据,亦即没有法律的根据,国家就不能课赋和征收税收,国民也不得被要求交纳税款。

税收法定原则是税法至为重要的基本原则,或称税法的最高法律原则,它是民主和法治原则等现代宪法原则在税法上的体现,对保障人权、维护国家利益和社会公益举足轻重。我国台湾学者郑玉波先生认为,“无法律无罪,无法不罚”之罪刑法定主义与“非依法律无赋税”之税收法定主义两者实为“今日法治主义的两大枢纽”。换言之,生命权是一切权利的根本,而财产权是实现其他权利的主要手段。没有财产权,其他权利都不可能实现。罪刑法定主义和税收法定主义,两者便构成近代国家保障人民权利的两

---

① [日]金子宏等著:《日本税法原理》,刘多田等译,中国财政经济出版社1989年版,第25页。

② 潘静成、刘文华主编:《经济法》,中国人民大学出版社2008年版,第60页。

大支柱,罪刑法定主义是保障人民的人身,税收法定主义是保障人民的财产,两者一起促进了人类文明的发展。具体来说,税收法定主义的确立,一是有利于防止政府随意征税,遏制政府权力对公民财产的不法侵犯;二是有利于维护纳税人之合法权益。正因为如此,各国宪法一般对其加以肯定,且都是从征税主体的征税权和纳税主体的纳税义务这两方面予以规范,并尤其强调征税权的行使必须限定在法律规定的范围内,确定征纳双方的权利义务必须以法律规定为依据,任何主体行使权利和履行义务均不得超越法律的规定,从而使当代通行的税收法定原则具有了宪法原则的位阶。在我国,十八届三中全会通过的《中共中央关于全面深化改革若干重大问题的决定》明确指出:“落实税收法定原则”。2015 年修改后的《立法法》对税收法定原则进行了明确和细化,规定“税种的设立、税率的确定和税收征收管理等税收基本制度”只能由法律规定。

具体来说,税收法定原则至少包括三层含义:(1)税收要素法定原则。税收要素法定原则要求纳税人、征税客体、计税依据、税率、税收优惠等税收要素必须且只能由立法机关在法律中加以规定,即只能由狭义上的法律来规定税收的构成要件,并以此确定主体纳税义务的有无及大小。(2)税收要素明确原则。亦即税收要素、征税程序等不仅要由法律作出专门规定,而且还必须尽量明确,以避免出现漏洞和歧义,给权力的恣意滥用留下空间。所以,有关税收要素的法律规定不应是模糊的一般条款,否则便会形成过大的行政自由裁量权。(3)征税程序法定原则。亦即税收法律关系中的实体权利义务得以实现所依据的程序性要素须经法律规定,且征纳主体各方均须依法定程序行事。

2. 税收公平原则

虽然市场经济的发展莫不以效率优先,但公平也不可忽视。税收也同样与此。税收公平原则是近代平等性的政治和宪法原则在税收法律制度中的具体体现,是宪法“法律面前人人平等”原则在税法中的直接体现。

关于税收公平,我国学术界认为,一般包括两个方面含义:一是普遍征税,即一切具有纳税能力的人都应履行纳税义务。反映在税法上,就是在税法上纳税人一律平等,一切具有纳税能力的社会组织和个人在依法纳税上不得有超出宪法和法律规定的特权。二是平等征税,即国家征税应与纳税人的纳税能力相适应。具体来讲,平等征税包含两层含义:一是纳税能力相同的人负担相同的税收或同等纳税,此即“横向公平”。换言之,如果税制能够不使纳税者之间的福利水平比率发生变化,则这一税制被认为是公平的。二是纳税能力不同的人负担不同的税收,此即“纵向公平”。

对税收公平原则作上述界定,只是揭示了税收公平的一个方面的含义,亦即税负在纳税人之间进行公平合理的分配,但不全面。我们认为,税收公平原则至少包括以下几个方面的含义:第一,税收权力的公平分配。具体来说,一是税收权力在中央政府与地方政府之间进行公平分配,其中包括立法权的公平分配和收益分配权的公平分配两个方面;二是税收权力在国家机关之间进行公平分配,至少应当包括税收立法权的公平分配和税收管理权的公平分配等。第二,税负的公平分配。一是指纳税人不仅应当尽普遍纳税义务;二是指税收在纳税人之间应当进行公平分配。第三,涉税争议和涉税诉讼处理的公平。亦即税收行政执法和税收司法的公平。包括征税机关处理涉税争议、司法机关处理涉税案件时,应当平等地对待每一个纳税人,做到客观公正、不偏不倚。第四,税收权利义务的公平分配。亦即在规定纳税人纳税义务的同时,还应当赋予并保障纳税人的权利。

3. 税收效率原则

税收效率原则是指以最小的费用获取最大的税收收入,并利用税收最大限度地促进经济的发展,或者最大限度地减轻税收对经济发展的妨碍。税收效率原则包括税收经济效率原则和税收行政效率原则。

税收经济效率原则主要是以对经济最小的负面影响来获取尽可能多的税收收入。税收通过改变纳税人收入和支出能促使纳税人将资源从有效用途转向较小效率的用途,从而对资源有效配置产生不利影响。在设计、制定税收制度和政策时,应对税种的选择、征税范围的大小、税率的高低等予以充分考虑,减少税收对经济造成的额外效率损失。按照西方有关理论,这方面的税收效率是根据征税对经济带来的超过政府税收收入的额外经济损失(税收的超额负担)大小来衡量的。另外,现代经济学认为,税收可以弥补市场不足,促进经济机制的有效运转。某些税收的课征,使按照市经济体制运行所造成的扭曲得以减缓或消除,从而减少社会净损失。这也应是税收经济效率原则的内容之一。

税收行政效率原则要求以最少的行政费用,取得最多的税收收入。行政费用包括税务行政费用和纳税人的奉行纳税费用。前者主要指税务当局为设计税制、保证税法顺利实施和及时、正确、足额计征税款所发生的费用,包括办公设备、用品以及人员经费等。后者是指纳税人按照税法要求完成纳税事务所耗费的全部费用,包括纳税人完成纳税义务所花费的时间、精力和有关费用;用于税务咨询和税务代理等方面的支出;扣缴义务人支出的费用等。衡量税收行政效率的两个指标是征税成本和纳税成本,征税成本和纳税成本越高,税收行政效率越低,反之亦然。

六、税法构成要素

税法构成要素,又称课税要素,是指各种单行税法具有的共同的基本要素的总称。具体包括如下几个方面:

(一)纳税主体

纳税主体,简称纳税人,是指依据税法规定直接负有纳税义务的单位和个人。

纳税人不同于负税人,负税人是经济学中的概念,即税收的实际负担者,而纳税人是法律用语,即依法缴纳税收的人。税法只规定纳税人,不规定负税人。二者有时可能相同,有时不尽相同,如个人所得税的纳税人与负税人是相同的,而增值税的纳税人与负税人就不一定一致。

(二)征税客体

征税客体,也称征税对象或课税对象,是指征税的直接对象或称标的,说明对什么征税的问题。征税客体在税法构成要素中居于十分重要的地位。它是各税种相区别的主要标志,也是进行税法分类的且重要的依据。同时,还是确定征税范围的重要因素。征税对象按其性质的不同,通常划分为流转额、所得额、财产、资源及行为五大类。

（三）税率

税率是应纳税额与课税对象之间的数量关系或比例,是计算税额的尺度。税率的高低直接关系到纳税人的负担和国家税收收入的多少,是国家在一定时期内的税收政策的主要表现形式,是税收制度的核心要素。税率主要有比例税率、累进税率和定额税率三种基本形式。

（四）税收特别措施

税收特别措施包括两类,即税收优惠措施和税收重课措施。前者以减轻纳税人的税负为主要目标,并与一定的经济政策和社会政策相关;后者是以加重纳税人的税负为目标而采用的措施,如税款的加成、加倍征收等。

（五）纳税时间

纳税时间是指在纳税义务发生后,纳税人依法缴纳税款的期限,因而也称纳税期限。纳税期限可分为纳税计算期和税款缴库期。前者说明纳税人应多长时间计缴一次税款,反映了计税的频率;后者说明应在多长期限内将税款缴入国库,它是纳税人实际缴纳税款的期限。

（六）纳税环节

纳税环节是指商品在整个流转过程中按照税法规定应当缴纳税款的阶段。一种税具体确定在哪个或哪几个环节进行征税,这不仅关系税制结构和税负平衡问题,而且对于保证国家财政收入,便于纳税人缴纳税款等,都具有重要意义。

（七）法律责任

法律责任是指税法规定的纳税人和征税工作人员违反税法规范应当承担的法律后果,是对纳税人和征税工作人员违反税法的行为采取的惩罚措施。它是税收的强制性在法律上的集中表现,是税法规范构成不可缺少的组成部分。

第二节　税收实体法律制度

税收实体法,是指主要规定国家征税和纳税主体纳税的实体权利和义务的法律规范的总称。在我国,现行实体税法结构体系主要包括商品税法、所得税法和财产税法以及其他实体税法。

一、商品税法

商品税是指调整以商品（包括劳务）为征税对象,以依法确定的商品的流转额为计税依据而征收的一类税。目前,我国经过30年左右,税收制度不断地变革和完善,已经确立了比较完善的商品税法体系。现行商品税法包括四个税种法,即增值税法、消费税法、营业税法和关税法。鉴于我国营改增改革逐步走向深入,未来营业税即将被增值税取代,故对营业税不做介绍。

（一）增值税法

增值税是以应税商品或劳务的增值额为计税依据而征收的一种商品税。它是商品税中的核心税种,对于保障财政收入、避免重复征税、保护公平竞争等具有特别重要的意义。

我国增值税纳税主体是在我国境内销售货物、提供应税劳务以及进口货物的单位和个人。其中,单位是指各种类型的企业、行政事业单位、军事单位、社会团体及其他单位;个人是指个体经营者及其他个人。此外,从税法地位和税款计算的角度,增值税的纳税主体还可以分为两类,即一般纳税人和小规模纳税人。其中,后者是指年销售额在规定标准以下,并且会计核算不健全,不能按规定报送有关税务资料的纳税人。前者是指小规模纳税人以外的其他纳税人。个人、非企业性单位、不经常发生增值税应税行为的企业,即使年应税销售额超过小规模纳税人的标准,也视同小规模纳税人。一般纳税人可以使用增值税专用发票,可以用“扣税法”进行税款抵扣;而小规模纳税人则不得使用增值税专用发票,只能用简便的方法来计税。

增值税的征税范围包括三个方面,即销售货物、提供应税劳务和进口货物。从总体上看,增值税主要是对货物的销售征税。销售货物包括:(1)一般销售,即销售有形动产,包括电力、热力和气体;(2)视同销售,包括税法列举的各个项目,如将自产或购买的货物用于非应税项目,或者用于集体福利、个人消费、无偿赠送他人等;(3)混合销售,即一项销售行为既涉及货物又涉及非应税劳务的行为。凡从事货物的生产、批发或零售的企业、企业性单位及个体经营者的混合销售行为,视为销售货物,征收增值税。提供应税劳务是指提供应当征收增值税的劳务,包括提供加工、修理修配劳务。如果纳税人兼营非应税劳务(应征收营业税的劳务),则应当对不同项目的销售额分别进行核算,分别征税。否则,将一并征收增值税。此外,我国目前已将运输业、邮政业和部分现代服务业提供应税服务纳入了增值税征收范围。进口货物,实际上是货物销售的一个特殊环节,在货物报关进口时,同样要征收进口环节增值税。由于货物在出口环节多不征税,因而税法未直接规定出口货物亦属于其征税范围。但在某些情况下,出口货物也应征收增值税。

增值税税率分为三档,即基本税率、低税率和零税率。基本税率为17%,适用于一般情况下的销售货物、提供应税劳务和进口货物。低税率为13%,适用于法定货物的销售和进口。零税率的税率为零,仅适用于法律不限制或不禁止的报关出口的货物,以及输往海关管理的保税区等特殊区域的货物。零税率与增值税制度中的出口退税制度直接相关。

（二）消费税法

消费税是以特定的消费品的商品额为计税依据而征收的一种商品税。它在各国开征亦较为普遍,具有特定的经济意义和社会意义。

在我国,消费税的纳税主体是在我国境内从事生产、委托加工和进口应税消费品的单位和个人。

关于消费税的征税范围,1994 年确定征收的税目共 11 个,在 2006 年 4 月 1 日又作出了较大的调整,现共有 14 个税目,有些税目还包括若干子目。

消费税的税率包括两类,即比例税率和定额税率。在消费税的 14 个税目中,多数税目适用比例税率等。少数如成品油税目以及啤酒、黄酒等子目适用定额税率。

在计税方法方面,消费税的应纳税额的计算有三种方法:一是从价定率;二是从量定额计征;三是从价定率和从量定额复合计征。

(三)关税法

关税是海关对进出境货物、货品征收的一种税。所谓"境"指关境,又称"海关境域"或"关税领域",是一国海关法全面实施的领域。在通常情况下,关境与国境相一致,包括国家全部的领土、领海、领空。但如果一国国境内设立了自由港、自由贸易区等,这些区域就进出口关税而言则处在关境之外。与此同时,一个国家还可能设立多个关境,各关境之间的货物或物品往来,仍然需要征收进出口关税。

从理论上说,关税包括进口税、出口税和过境税三种。进口税是指一国海关对进口货物和物品征收的关税。进口税有正税和附加税之分。进口正税是按照关税税则中法定的税率征收的进口税。进口附加税是在征收进口正税的基础上有针对性地加征的临时性关税,如反倾销税、反补贴税、报复性关税、紧急进口税。出口税是指本国货物或物品出境时需要缴纳的一种关税,大部分发达国家都已经废止出口税。但发展中国家为增加财政收入,限制本国紧缺资源的输出,仍普遍保留出口税。过境税在重商主义时代比较盛行,目的是增加财政收入。开征过境税的国家极少,世界贸易组织协定也严格禁止成员国开征任何形式的过境关税。

关税征收的对象仅限于准许进出境的货物或物品。货物是指贸易性的进出口商品;物品是指非贸易性的进出口商品,包括入境旅客随身携带的行李物品,个人邮递进境的物品,各种运输工具上的服务人员携带的进口物品、馈赠物品以及以其他方式进境的个人物品。关税在货物或物品进出关境的环节一次性征收。货物或物品入境后,其在国内流通的任何环节均不再征收关税。

进口货物的收货人、出口货物的发货人、进出境物品的所有人,是关税的纳税义务人。进出口货物的收、发货人是依法取得对外贸易经营权,并进口或者出口货物的法人或者是其他社会团体。进出境物品的所有人包括该物品的所有人和推定为所有人的人。一般情况下,对于携带进境的物品,推定其携带人为所有人;对分离运输的行李,推定相应的进出境旅客为所有人;对以邮递方式进境的物品,推定其收件人为所有人;以邮递或其他运输方式出境的物品,推定其寄件人或托运人为所有人。

(四)我国商品税法的修改和完善

自改革开放以来,我国税制一直处于不断推进和深化之中,但商品税法却存在诸多缺陷,亟须加以修改完善。

1. 提升立法层次

迄今为止，我国增值税、消费税立法层次过低，其法律依据只有国务院、财政部制定的行政法规和规章，如"暂行条例"、"实施细则"。这与税收法定原则的要求不相吻合。作为我国主体税种的商品税，其税收基本制度方面的法律规范的制定权和修改权应该由全国人大或全国人民代表大会常务委员会行使，其在表现形式上应为狭义上的"法律"，而非"暂行条例"。鉴于此，有必要及时提升商品税法的立法层次，以增强商品税法的权威性。

2. 推进增值税改革，适当简化税率

长期以来，我国货物和服务的价值流转过程是由增值税和营业税共同调节，两税的征税范围按照行业划分，使得增值税税基不完整，产生了重复征税问题，引发了一系列不良效果，在某些领域尤为突出。一是增值税抵扣链条不完整，购进的大量营业税应税劳务、不动产和无形资产，其隐含着的不断累积的营业税和增值税得不到抵扣，导致增值税一般纳税人进项税抵扣不充分。二是传统的营业税广泛作用于第二产业的建筑业和第三产业，虽经引入一些差额征税政策，但其重复征税的根本症结难以有效化解，税收累积效应随着社会化分工的不断发展日趋严重。三是增值税抵扣的不充分和营业税具有的税收累积效应，表面上只是增加了全社会的税收成本，但在深层次上，它不同程度上阻碍着社会化分工的深化和广化，影响了市场主体的活力和竞争力，不利于我国经济的可持续发展和经济发展方式的转变。与此同时，我国现行增值税税制过于复杂，主要表现为小规模纳税人制度影响了抵扣链条的完整性，税率档次过多增加了税制的复杂程度。一是小规模纳税人无法开具增值税专用发票，一般纳税人从小规模纳税人购进货物或服务时，无法抵扣或者只能抵扣少部分进项税额，造成抵扣链条断裂，使得小规模纳税人在市场竞争中处于不利地位，而由税务机关代开专用发票也增大了执法风险和税收成本。二是现行增值税暂行条例设有17%标准税率和13%低税率两档税率，营业税改征增值税之后增设11%、6%两档低税率，加上零税率共有五档之多。这不仅增加了纳税人划分的复杂性，增大了被滥用的风险，而且加剧了税制原因导致的进项税期末留抵问题。①

正因为增值税存在上述问题，故《中共中央关于全面深化改革若干重大问题决定》明确提出："推进增值税改革，适当简化税率"。2011年，经国务院批准，财政部、国家税务总局联合下发营业税改征增值税试点方案。从2012年1月1日起，在上海交通运输业和部分现代服务业开展营业税改征增值税试点。至此，货物劳务税收制度的改革拉开序幕。自2012年8月1日起至年底，国务院将扩大营改增试点至10省市。截至2013年8月1日，"营改增"范围推广到全国试行。到2015年5月，除建安房地产、金融保险、生活服务业外，其他行业都相继全面实施了营改增。与此同时，财政部于2015年6月18日公布了《关于简并增值税征收率政策的通知》，从7月1日起，将自来水、小型

---

① 谭崇钧、蒋震："增值税改革：问题与建议"，载《税务研究》2013年第11期。

水力发电等特定一般纳税人适用的增值税 6%、5%、4%、3% 四档征收率合并为一档，统一按现行简易计税办法，执行 3% 的征收率。

需指出的是，增值税"扩围"改革是牵一发而动全身的重大问题。目前的增值税"扩围"改革也存在一些需要解决的问题，在试点期间，为使地方税收收入不受影响，营业税改征增值税的收入全部返还给地方，但这仅是权宜之计，营改增之后如何建立起科学合理的地方税体系？营业税改征增值税之后少数行业税负加重，对此应当如何解决？营业税改征增值税之后，如何协调国税局和地税局之间的征管问题？在消除重复征税、保证财政收入和降低征管成本之间如何取得平衡？此外，出口退税机制、抵扣制度等也需要进一步完善。

3. 消费税改革

"调整消费税征收范围、环节、税率，把高耗能、高污染产品及部分高档消费品纳入征收范围"，这是十八届三中全会进一步明确的消费税改革方向。据此，完善消费税制度应考虑，第一，进一步扩大征税范围，将一些容易产生环境污染（如某些类别的电池）、大量消耗资源的产品（如大排量汽车），以及部分奢侈型高端物品（如私人游艇、私人飞机）、部分高档消费行为（如高尔夫球、高档餐饮）等，纳入消费税征税范围，更好发挥消费税在促进节能减排、合理引导消费方面的作用。第二，完善计征方法，将部分应税消费品由生产环节纳税改为零售环节纳税，相应为"营改增"后地方政府层面的收入增加来源。第三，调整消费税税率，对清洁能源和环境友好产品实行低税率或免税；进一步细化小汽车消费税率，鼓励发展节能环保型小排量汽车。

二、所得税法

所得税，又称所得课税、收益税，是指国家对法人、自然人和其他经济组织在一定时期内的各种所得征收的一类税收。所得税具体分为企业所得税和个人所得税。

（一）企业所得税法

企业所得税是指以企业取得的生产经营所得和其他所得为征税对象所征收的一种税。

为适应经济社会发展，我国于 2007 年颁布了《企业所得税法》。《企业所得税法》的出台是我国企业所得税法律制度的重大变革，结束了企业所得税内外有别的局面，有利于我国境内所有企业在同等的税负环境下进行公平竞争。与原企业所得税法律规范相比，统一后的企业所得税法，在纳税人的界定上进行了突破性的创新，引进了居民纳税人和非居民纳税人的概念；统一了内、外资企业所得税的税率；统一了内、外资企业所得税关于公益性捐赠的扣除标准；统一了内、外资企业所得税税收优惠政策；统一了内、外资企业所得税的费用扣除标准；借鉴国际通行做法，引入了"特别纳税调整"的有关规定，以防止企业非法避税。

关于企业所得税的纳税主体，为在中华人民共和国境内的企业和其他取得收入的组织。个人独资企业、合伙企业不适用企业所得税法。其中，依法在中国境内成立的企业，包括依照中国法律、行政法规在中国境内成立的企业、事业单位、社会团体以及其他取得收入的组织。

根据《企业所得税法》规定，企业分为居民企业和非居民企业，且负不同的纳税义务。居民企业是指依法在中国境内成立，或者依照外国（地区）法律成立但实际管理机构在中国境内的企业。居民企业应当就其来源于中国境内、境外的所得缴纳企业所得税。非居民企业，是指依照外国（地区）法律成立且实际管理机构不在中国境内，但在中国境内设立机构、场所的，或者在中国境内未设立机构、场所，但有来源于中国境内所得的企业。非居民企业在中国境内设立机构、场所的，应当就其所设机构、场所取得的来源于中国境内的所得，以及发生在中国境外但与其所设机构、场所有实际联系的所得，缴纳企业所得税。非居民企业在中国境内未设立机构、场所的，或者虽设立机构、场所但取得的所得与其所设机构、场所没有实际联系的，应当就其来源于中国境内的所得缴纳企业所得税。

企业所得税的征税对象为纳税人取得的所得，包括销售货物所得、提供劳务所得、转让财产所得、股息红利所得、利息所得、租金所得、特许权使用费所得、接受捐赠所得和其他所得。

企业所得税的税率为25%。非居民企业在中国境内未设立机构、场所的，或者虽设立机构、场所但取得的所得与其所设机构、场所没有实际联系的，应当就其来源于中国境内的所得缴纳企业所得税，适用税率为20%。

企业所得税的计税依据为企业的应纳税所得额。企业每一纳税年度的收入总额，减除不征税收入、免税收入、各项扣除以及允许弥补的以前年度亏损后的余额，为应纳税所得额。企业以货币形式和非货币形式从各种来源取得的收入，为收入总额。包括：(1)销售货物收入；(2)提供劳务收入；(3)转让财产收入；(4)股息、红利等权益性投资收益；(5)利息收入；(6)租金收入；(7)特许权使用费收入；(8)接受捐赠收入；(9)其他收入。收入总额中的不征税收入包括：(1)财政拨款；(2)依法收取并纳入财政管理的行政事业性收费、政府性基金；(3)国务院规定的其他不征税收入。准予扣除的项目包括：(1)四项基本扣除项目，即成本、费用、税金和损失；(2)限额扣除项目，如利息支出、计税工资、职工经费、间接捐赠等。此外，罚没损失、超标捐赠等属于不得扣除的项目。

（二）个人所得税法

个人所得税是国家对本国公民、居住在本国境内的个人所得和境外个人来源于本国的所得征收的一种所得税。我国个人所得税制度表现为全国人民代表大会于1980年9月10日通过，并由全国人民代表大会常务委员会于1993年10月31日、1999年8月30日、2005年10月27日、2007年6月29日、2007年12月29日和2011年6月30日修正的《个人所得税法》。

我国个人所得税纳税主体可分为两类，即居民纳税人和非居民纳税人。其中，凡在我国境内有住所，或者无住所而在境内居住满1年的个人，即为居民纳税人；凡在我国境内无住所又不居住，或者无住所而在我国境内居住不满1年的个人，为非居民纳税人。

在征税范围方面，我国实行分类所得税制，包括 11 个税目，即工资、薪金所得，个体工商户的生产、经营所得，对企事业单位的承包经营、承租经营所得，劳务报酬所得，稿酬所得，特许权使用费所得，利息、股息、红利所得，财产租赁所得，财产转让所得，偶然所得以及经国务院财政部门确定征税的其他所得。

在税率方面，上述前三类所得适用超额累进税率；而其他各类所得则适用比例税率。由于税目不同，所适用的税率也不尽相同。

在应纳税额的计算方面，应首先按照税法的规定确定应税所得额，然后即可计算应纳税额。

在税收减免方面，个人所得税法的规定较多，如国债利息，福利费、抚恤金和救济金，军人的转业费、复员费等，均应免税。此外，残疾、孤老人员和烈属的所得等，经批准可以减征。

(三)我国所得税法的完善

1. 我国企业所得税法的修改完善

从《企业所得税法》颁行至今来看，统一后的企业所得税法还存在不少问题。在总分机构所得税汇总征收方面，存在二级机构认定标准模糊、分支机构法律责任无法界定等问题；在应纳税所得额计算方面，存在不征税收入扣除如何认定等问题；在税收优惠方面，存在税收优惠目录尚不明晰、一些优惠措施如何具体执行等问题。

为进一步完善企业所得税法，我们认为，有必要进一步完善总分机构企业所得税计税及征管体系，如细化计税办法、理顺总分机构企业所得税征管关系；完善应纳税所得额扣除规定，如职工福利费扣除标准、研发费用加计扣除政策等。

2. 我国个人所得税法的完善

我国现行个人所得税实行分类征收办法，对不同来源的所得，用不同的征收标准和方法，虽然具有简单、透明的特点，但存在不少问题，其中，最主要的是不能全面地衡量纳税人的真实纳税能力，会造成所得来源多、综合收入高的人少缴税，而所得来源少、收入相对集中的人多缴税的现象，不能体现“多得多征、公平税负”的原则，也难以有效调节高收入和个人收入差距悬殊的矛盾。同时也为合法避税留下了漏洞，给征收管理带来了困难，导致了税源的流失。鉴于此，调整个人所得税的征收模式，才能实现对个人收入有效调节，实现居民收入公平分配的目标。

从国外来看，个人所得税征收模式主要包括分类所得课税模式、综合所得课税模式和综合与分类相结合的课税模式三种。其中，最理想的是综合所得课税模式。但实行综合所得税制需要完善的征管模式、先进的技术支持以及公民财产申报制度。在我国，综合所得税制改革之所以迟迟难以推进，主要是因为存在部门间信息共享程度不高、现金使用量大，无法掌握公民的全部收入信息；公民纳税意识不强、纳税服从度较低等问题。因此，我国个人所得税改革只能采取循序渐进、不断完善的思路，亦即实行综合与分类相结合的课税模式。在综合与分类相结合税制下，首先对一部分所得分类征税，对其余各项所得则综合汇总课以累进税率。在对部分所得项目实行综合计税的同时，将纳税人家庭负担如赡养人口、按揭贷款等情况计入抵扣因素,体现税收公平。

三、财产税法

财产税是以纳税人所有或属其支配的财产为课税对象的一类税收。它以财产为课税对象,向财产的所有者征收。财产税的历史虽然非常悠久,但它在现代各国一般都不具有主体税种的地位,故其成为地方税收收入的主要来源。我国现行财产税主要包括资源税、房产税、土地使用税、土地增值税、耕地占用税、契税、车船使用税等。

(一)房产税法

房产税是以房屋为征税对象并由对房屋拥有所有权或使用权的主体缴纳的一种财产税。房产税也是一个历史悠久的税种,在世界各国征收较为普遍。

我国房产税的纳税主体是在我国境内拥有房屋产权的单位和个人。产权属于全民所有的,以经营管理人为纳税人;产权出典的,以承典人为纳税人;产权所有人、承典人不在房产所在地,或产权未确定的,或者租典纠纷未解决的,以房产代管人或使用人为纳税人。

房产税的征税对象是在我国境内用于生产经营的房屋,其具体范围包括建在城市、县城、建制镇和工矿区的房屋。对于城乡居民用于居住的房屋不征房产税。

房产税的计税依据是房产余值或房产租金收入。其中,房产余值是依照房产原值一次减除10% ~30%后的余值;没有房产原值作为依据的,由税务机关参考同类房产核定。房产租金收入是房产所有人出租房屋所获得的报酬,包括货币收入和实物收入。房产税实行比例税率,其中,依照房产余值计税的,税率为1.2%;房产出租的,以房租收入为计税依据,税率为12%。

房产税并非对所有房产征税,免征范围包括:国家机关、人民团体、军队的房产;由国家财政部门拨付事业费的单位的房产;宗教寺庙、公园、名胜古迹自用的房产;个人所有非营业用的房产;经财政部批准免税的其他房产,如危房、地下人防设施等。

(二)城镇土地使用税法

城镇土地使用税是以城镇土地为征税对象,对拥有土地使用权的单位和个人征收的一种税。

在城市、县城、建制镇、工矿区范围内使用土地的单位和个人,为城镇土地使用税的纳税义务人。土地使用税由拥有土地使用权的单位或个人缴纳。拥有土地使用权的纳税人不在土地所在地的,由代管人或实际使用人纳税;土地使用权未确定或权属纠纷未解决的,由实际使用人纳税;土地使用权共有的,由共有各方分别纳税。凡在土地使用税开征区范围内使用土地的单位和个人,不论通过出让方式还是转让方式取得的土地使用权,都应依法缴纳土地使用税。土地使用权共有的各方,应按其实际使用的土地面积占总面积的比例,分别计算缴纳土地使用税。

城镇土地使用税实行定额税率。土地使用税每平方米年税额如下:大城市为1.5 ~30元;中等城市为1.2 ~24元;小城市为0.9 ~18元;县城、建制镇、工矿区为0.6 ~12元。城镇土地使用税的应纳税额,按照纳税人实际占用的土地面积和规定的单位税额计算。

（三）耕地占用税法

耕地占用税是对占用耕地建房或者从事其他非农业建设的单位和个人征收的一种税收。我国现行耕地占用税的征收依据是2008年1月1日起施行的《耕地占用税暂行条例》。

占用耕地建房或者从事其他非农业建设的单位和个人，都是耕地占用税的纳税义务人，应当按照规定缴纳耕地占用税。单位包括国有企业、集体企业、私营企业、股份制企业、外商投资企业、外国企业以及其他企业和事业单位、社会团体、国家机关、部队以及其他单位；所称个人，包括个体工商户以及其他个人。

经申请批准占用耕地的，纳税人为农用地转用审批文件中标明的建设用地人；农用地转用审批文件中未标明建设用地人的，纳税人为用地申请人。未经批准占用耕地的，纳税人为实际用地人。

耕地占用税的征税范围是纳税人占用的耕地，具体范围包括国家所有和集体所有的耕地。耕地，是指用于种植农作物的土地。农田水利占用耕地的，不征收耕地占用税。占用园地建房或者从事非农业建设的，视同占用耕地征收耕地占用税。

耕地占用税实行地区差别定额税率。耕地占用税以纳税人实际占用的耕地面积为计税依据，按照规定的适用税额一次性征收。

耕地占用税免征的范围包括：（1）军事设施占用耕地；（2）学校、幼儿园、养老院、医院占用耕地。

耕地占用税减征的范围包括：（1）铁路线路、公路线路、飞机场跑道、停机坪、港口、航道占用耕地，减按每平方米2元的税额征收耕地占用税。（2）农村居民占用耕地新建住宅，按照当地适用税额减半征收耕地占用税。

农村烈士家属、残疾军人、鳏寡孤独以及革命老根据地、少数民族聚居区和边远贫困山区生活困难的农村居民，在规定用地标准以内新建住宅缴纳耕地占用税确有困难的，经所在地乡（镇）人民政府审核，报经县级人民政府批准后，可以免征或者减征耕地占用税。

（四）土地增值税法

土地增值税是对转让国有土地使用权、地上建筑物及其附着物并取得收入的单位和个人，就其转让房地产所取得的增值额征收的一种税。我国现行土地增值税的征收依据是1994年1月1日起施行的《土地增值税暂行条例》。

转让国有土地使用权、地上的建筑物及其附着物并取得收入的单位和个人，为土地增值税的纳税人。个人因工作调动或改善居住条件而转让原自用住房，经向税务机关申报核准，凡居住满5年或5年以上的，免予征收土地增值税；居住满3年未满5年的，减半征收土地增值税。居住未满3年的，按规定计征土地增值税。对于以房地产进行投资、联营的，投资、联营的一方以土地（房地产）作价入股进行投资或作为联营条件，将房地产转让到所投资、联营的企业中时，暂免征收土地增值税。对投资、联营企业将上述房地产再转让的,应征收土地增值税。对于一方出地,一方出资金,双方合作建房,建成后按比例分房自用的,暂免征收土地增值税;建成后转让的,应征收土地增值税。

土地增值税实行四级超率累进税率:增值额未超过扣除项目金额50%的部分,税率为30%。增值额超过扣除项目金额50%、未超过扣除项目金额100%的部分,税率为40%。增值额超过扣除项目金额100%、未超过扣除项目金额200%的部分,税率为50%。增值额超过扣除项目金额200%的部分,税率为60%。所列四级超率累进税率,每级“增值额未超过扣除项目金额”的比例,均包括本比例数。

纳税人转让房地产所取得的收入减除扣除项目金额后的余额,为增值额。纳税人转让房地产所取得的收入,包括货币收入、实物收入和其他收入。

(五)车船税法

车船税是以车辆、船舶为征税对象,对拥有或者管理车船的单位和个人征收的一种财产税。2006年12月,国务院通过了《车船税暂行条例》。2011年2月25日,第十一届全国人民代表大会常务委员会第十九次会议通过了《车船税法》。

在中华人民共和国境内,车辆、船舶(以下简称车船)的所有人或者管理人。管理人,是指对车船具有管理使用权,不具有所有权的单位。

车船税的征收对象是车辆和船舶。原《车船税暂行条例》规定,车船税的征税范围是依法应当在车船管理部门登记的车船。不需登记的单位内部作业车船不征税。从车船税财产税性质和公平税负的角度出发,不论车船是否应向管理部门登记,都应纳入征税范围。鉴于此,《车船税法》不再按车船是否登记来确定是否具有纳税义务,将征税范围统一为本法规定的车船。

车船税实行定额税率,从量定额计征。车船的适用税额,依照《车船税法》所附的《车船税税目税额表》执行。车船税税目税额表将车船分为乘用车、商用车、挂车、其他车辆、摩托车和船舶等几类分别规定所适用的税率。

免征车船税的范围包括:(1)捕捞、养殖渔船;(2)军队、武装警察部队专用的车船;(3)警用车船;(4)依照法律规定应当予以免税的外国驻华使领馆、国际组织驻华代表机构及其有关人员的车船。同时,《车船税法》还规定对节约能源、使用新能源的车船可以减征或者免征车船税;对受严重自然灾害影响纳税困难以及有其他特殊原因确需减税、免税的,可以减征或者免征车船税。此外,省、自治区、直辖市人民政府根据当地实际情况,可以对公共交通车船,农村居民拥有并主要在农村地区使用的摩托车、三轮汽车和低速载货汽车定期减征或者免征车船税。

(六)我国财产税法的完善

财产课税在世界上有着悠久的历史,其在组织财政收入、公平社会财富分配以及促进经济发展等方面具有所得税和商品税不具备的功能和特点。但现行财产税制度已经明显不适应社会经济发展的需要,亟须进一步修改完善。

1. 提升立法层次

尽管我国于2011年2月25日出台了第一部属于狭义法律上的财产税法——《车

船税法》,但总体上我国目前财产税税收立法层次较低,大多数税种还停留在国务院发布的"暂行条例"的阶段。因此,需要按照税收法定原则的要求进一步提升财产税法的立法层次,由全国人大或其常委会颁布所有的财产税税种法。

2. 加快房地产税立法并适时推进改革

房地产税是指所有与房地产业、房地产市场有关的税收,包括开发、流通、保有环节中所有税种的总和。而房产税仅仅是这一系列税种中的一种。在我国,依据《房产税暂行条例》规定,房产税征收的对象和范围是特定的,亦即国家仅对个人所有的营业用房征税,对个人的居住用房是不征税的。房产税只是房地产税收体系的一部分,除了房产税,房地产税还包括耕地占用税、土地增值税、城镇土地使用税、印花税、营业税、契税等,内涵极其丰富。之所以推进房地产税整体改革、整体设计,主要在于我国现行房地产税制在房地产流通环节税种较多、税负较重,而在房地产保有环节税种较少、税负较轻。在房地产开发、销售过程中,仅税种就多达10种,在房地产保有阶段,只有4种税。这种"轻保有、重流通"的局面,使得国家无法对房地产保有期间的自然增值部分参与分配,导致财政收入流失。鉴于此,《中共中央关于全面深化改革若干重大问题的决定》明确提出:"加快房地产税立法并适时推进改革"。当然,房地产税立法还有不少问题值得研究,如是全面征收还是选择征收?如何处理房产税与房产交易环节其他税的关系?与房产有关的收费又如何进一步清理、合并?房地产税的计税依据如何科学、合理确立?纳税额、免征额如何确定?此外,房地产税改革还涉及房屋等不动产登记制度、评估制度等内容。

3. 合理调整车船税

建议将车船税改为动产保有税,并将航空飞行器纳入课税范围。在我国现阶段,汽车保有量,特别是私家汽车保有量呈快速增长趋势。随着我国国民经济的快速发展,少数先富起来的人会逐渐拥有私人游艇和飞机等奢侈性动产,所以,有必要设立动产保有税,对奢侈性的,同时便于登记管理的动产进行课税,一方面筹集财政收入;另一方面在一定程度上调节社会消费结构和社会收入分配上的差距。

4. 适时开征遗产税与赠与税

目前我国已经具备了开征遗产税与赠与税的基本条件。一是我国早已颁布并实施了《继承法》等有关财产认定和分配方面的法规,并明确规定了遗产范围、遗产分割、遗产继承程序等,可以说我国已经具备了征收遗产税和赠与税方面的基本法律保障;二是我国已具备征收遗产税和赠与税的基本税源。

第三节　税收程序法律制度

税收程序法是税收实体法的对称,是指以国家税收活动中所发生的程序关系为调整对象的税法,是规定国家征税权行使程序和纳税人纳税义务履行程序的法律规范的总称。其内容主要包括税收确定程序、税收征收程序、税收检查程序和税务争议的解决程序。目前,我国税收程序法律制度主要体现在由全国人民代表大会常务委员会1992年9月4日颁布并经1995年和2001年两次修订的《税收征收管理法》以及与该法相关的法规和规章之中。

一、税务管理

(一)税务登记

企业,企业在外地设立的分支机构和从事生产、经营的场所,个体工商户和从事生产、经营的事业单位(以下统称从事生产、经营的纳税人)自领取营业执照之日起30日内,或者首次发生纳税义务30日内,由法定代表人或者其授权人员持有关证件,向税务机关申报办理税务登记。税务机关应当于收到申报的当日办理登记并发给税务登记证件。事业单位和社会组织应当自依法设立之日起30日内向税务机关申报办理税务登记。税务机关应当于收到申报的当日办理登记并发给税务登记证件。自然人纳税人或者其扣缴义务人应当自首次纳税义务发生之日起,法律、行政法规规定的纳税申报期限届满前,向税务机关申报,税务机关登录其纳税人识别号。

(二)账簿、凭证管理

从事生产经营的纳税人、扣缴义务人应按照有关法律、行政法规和国务院财政、税务主管部门的规定设置账簿,根据合法、有效凭证记账,进行核算。纳税人、扣缴义务人使用征纳双方认可的电子凭证,可以作为记账核算、计算应纳税额的依据。从事生产、经营的纳税人的财务、会计制度或者财务、会计处理办法和会计核算软件,应当报送税务机关备案。从事生产经营的纳税人、扣缴义务人必须按照国务院财政、税务主管部门规定的保管期限保管账簿、记账凭证、完税凭证及其他有关资料。

(三)纳税申报

纳税人、扣缴义务人应当依法自行计算应纳税额和扣缴税款,依照法律、行政法规规定或者税务机关依照法律、行政法规的规定确定的申报期限、申报内容如实办理纳税申报,报送纳税申报表、财务会计报告或者代扣代缴、代收代缴税款报告表以及税务机关根据实际需要要求纳税人报送的其他纳税资料。

税务机关根据有利于方便纳税和降低税收成本的原则,可以委托有关单位代征税款。税务机关应当与受托代征人签订代征协议,明确代征范围、代征标准、代征期限以及代征人的法律责任,并颁发委托代征证书。委托代征证书应当公示。代征人按照代征协议以税务机关的名义依法征收税款,纳税人不得拒绝;纳税人拒绝的,代征人应当及时报告税务机关。税务机关按照规定付给代征人代征手续费。

纳税人办理纳税申报后发现需要修正的,可以修正申报。

税务机关应当建立纳税人适用税法的预约裁定制度。纳税人对其预期未来发生、有重要经济利益关系的特定复杂事项,难以直接适用税法制度进行核算和计税时,可以申请预约裁定。省以上税务机关可以在法定权限内对纳税人适用税法问题作出书面预约裁定。纳税人遵从预约裁定而出现未缴或少缴税款的,免除缴纳责任。

二、税款征收

税务管理为税款征收提供了重要的基础和前提，而税款征收则是整个税收征管的中心环节。所谓税款征收，是指税务机关依法将纳税人的应纳税款征收入库的一系列活动的总称。围绕税款征收，税法设置了一系列的制度，包括征纳主体、税务管理、税款征收方式、征纳期限、税收减免、税收退补、税收保全、强制执行、文书送达等方面的规定。

（一）税款征收方式

在实践中，具体采用的税款征收方法如下：

1. 查账征收

查账征收是指纳税人依法向税务机关申报应税收入所得及应纳税额，并报送有关账册和资料。这种方式要求纳税人会计核算准确完整，财务会计制度健全，能够正确计算应纳税额，能够依法纳税。

2. 查定征收

查定征收是指税务机关对纳税人的生产经营情况进行查实，进而核定其应纳税额的一种征收方式。这种征收方式适用于生产经营规模小，财务会计制度不健全，账册不齐全的中小企业和个体工商户。

3. 查验征收

查验征收是指税务机关到纳税人生产经营场所进行实地查验进而确定其应纳税额的一种征收方式。这种方式适用财务会计制度不健全，生产经营场所不固定的纳税人。

4. 定期定额征收

定期定额征收是指税务机关根据纳税人的生产经营情况，按期核定应纳税额，分期征收税款的一种征收方式。这种方式适用于难以查清真实收入，账册不全的个体工商户。

5. 代收代缴、代扣代缴

代收代缴、代扣代缴是指依照税法规定负有代收代缴、代扣代缴税款的义务人，按照税法规定对纳税人应纳税款进行扣缴或者收缴的征收方式。

6. 委托征收

委托征收是指税务机关根据国家有关规定委托有关单位或者个人代征少数零星分散和异地缴纳的税收的征收方式。

7. 其他方式

税款征收的方式除了上述几种外，还有自计自填自缴（简称三自纳税）和自报核缴等方式。

（二）税款征收中的强制措施和税收保全制度

为了保障税款征收，《税收征收管理法》规定了税收强制执行措施和税收保全措施。

1. 税收强制执行措施

税收强制执行是指纳税人或者相关主体逾期不履行税法义务，税务机关采取的促使其履行义务或者实现税款入库的各种间接或者直接的强制执行制度的总称。

根据《税收征收管理法》规定，从事生产、经营的纳税人未按照规定的期限缴纳或者解缴税款，纳税担保人未按照规定的期限缴纳所担保的税款，由税务机关责令限期缴纳，逾期仍未缴纳的，经县以上税务局（分局）局长批准，税务机关可以书面通知其开户银行或者其他金融机构从其存款中扣缴税款；或者扣押、查封、依法拍卖或者变卖其价值相当于应纳税款的商品、货物或者其他财产，以拍卖或者变卖所得抵缴税款。

税收强制执行措施的适用范围是从事生产、经营的纳税人、扣缴义务人、纳税担保人，不包括非从事生产经营的纳税人。

适用税收强制执行措施的前提条件是从事生产、经营的纳税人、扣缴义务人未按规定的期限缴纳税款或者解缴税款、纳税担保人未按照规定的期限缴纳所担保的税款，即其都是逾期未履行纳税义务的。此外，对已采取税收保全措施的纳税人，限期内仍未履行纳税义务的，可依法采取强制执行措施。

强制执行措施主要有两种形式：一是书面通知其开户银行或者其他金融机构从其存款中扣缴税款；二是扣押、查封、依法拍卖或者变卖其价值相当于应纳税款的商品、货物或者其他财产，以拍卖或者变卖所得抵缴税款。此外，纳税人欠缴税款未结清，又不提供纳税担保的，税务机关可以决定不准纳税人或者其法定代表人、主要税收利益相关人出境；税务机关立案查处涉嫌重大税收违法情形的，可以决定不准纳税人或者其法定代表人、财产实际拥有者或者管理者、直接责任人出境。

2. 税收保全措施

税收保全是指在税款缴纳期限期满之前由于纳税人的行为，致使国家税款有不能实现的危险时，税法规定的一系列保证国家税款及时足额缴纳的制度。税收保全措施具体包括：(1)责令限期缴纳税款；(2)责成提供纳税担保；(3)通知金融机构暂停支付相当于应纳税额的存款金额；(4)扣押、查封纳税人的价值相当于应纳税款的商品、财产等；(5)附条件地限制出境。

为保障国家税收，《税收征收管理法》及其实施细则规定了一些有助于税款征收的保障制度，如税收优先权制度、税收代位权制度和税收撤销权制度。此外，针对税款征收实践中出现的一些具体问题，《税收征收管理法》还规定了欠缴税款公告制度，欠税设定担保说明制度，合并、分立时税款缴纳制度，处分不动产和大额资产报告制度等。

（三）税款的退还、补缴和追征

1. 税款退还

税款退还是指纳税人由于某种原因所缴税款超过了应纳税额，由税务机关按照规定予以退还。根据《税收征收管理法》规定，纳税人超过应纳税额缴纳的税款，税务机关发现后应当立即退还；纳税人自结算缴纳税款之日起3年内发现的，可以向税务机关要求退还多缴的税款并加算银行同期存款利息，税务机关及时查实后应当立即退还；涉及从国库中退库的，依照法律、行政法规有关国库管理的规定退还。

2. 补缴税款

补缴税款是指因税务机关的责任，致使纳税人、扣缴义务人未缴或少缴税款的，为了维护国家的税收而采取的一种纠正措施，也可以说是一种补救的方式。根据《税收征收管理法》规定，因税务机关的责任，致使纳税人、扣缴义务人未缴或者少缴税款的，税务机关在3年内可以要求纳税人、扣缴义务人补缴税款，但是不得加收滞纳金。

3. 税款追征

税款追征是税务机关在有效的追征期内，对纳税人未缴或少缴税款依法追缴入库。根据《税收征收管理法》规定，因税务机关的责任，致使纳税人、扣缴义务人未缴或者少缴税款的，税务机关在3年内可以要求纳税人、扣缴义务人补缴税款，但是不得加收滞纳金。因纳税人、扣缴义务人计算错误等失误，未缴或者少缴税款的，税务机关在3年内可以追征税款、滞纳金；上述税款在追缴期限内累计数额在10万元以上的，追征期可以延长到5年。对偷税、抗税、骗税的，税务机关追征其未缴或者少缴的税款、滞纳金或者所骗取的税款，不受前款规定期限的限制。

三、税务检查

税务检查是税收征收管理的一个重要环节。它是指税务机关依法对纳税人履行缴纳税款义务和扣缴义务人履行代扣、代收税款义务的状况所进行的监督检查。税务检查是税收征收管理的重要内容，也是税务监督的重要组成部分。搞好税务检查，对于加强依法治税，保证国家财政收入，有着十分重要的意义。

税务检查的内容，主要包括：(1)检查纳税人执行国家税收政策和税收法规的情况；(2)检查纳税人遵守财经纪律和财会制度的情况；(3)检查纳税人的生产经营管理和经济核算情况；(4)检查纳税人遵守和执行税收征收管理制度的情况，检查其有无不按纳税程序办事和违反征管制度的问题。

为保障税务机关依法行使税务检查权，《税收征收管理法》赋予了税务机关如下权力：(1)资料检查权。税务机关有权检查纳税人的账簿、记账凭证、报表和有关资料。税务机关既可以在纳税人的业务场所进行检查，也可以在必要时，经过批准，将纳税人以往会计年度的账簿、记账凭证、报表和其他有关资料调回税务机关检查。(2)实地检查权。税务机关有权到纳税人的生产、经营场所和货物存放地实地检查纳税人应纳税的商品、货物或者其他财产。(3)资料取得权。税务机关有权责成纳税人提供与纳税有关的文件、证明材料和其他有关资料。(4)单证查核权。税务机关有权到车站、码头、机场、邮政企业及其分支机构检查纳税人托运、邮寄应纳税商品、货物或者其他财产的有关单据、凭证和有关资料。(5)税情询问权。税务机关有权询问纳税人与纳税有关的问题和情况。(6)存款查核权。税务机关有权依照法定程序查核纳税人在金融机构的存款账户。

在税务机关依法进行税务检查时，纳税人必须接受检查，如实反映情况，提供有关资料；同时，相关部门和单位也应当支持、协助。

四、税收法律责任

税收法律责任，简称税收责任，是税法学上的重要理论范畴，是税法制度的必要组成部分，对于保证税法的有效实施具有重要意义。税收责任，是指税收法律关系主体因其违反税法义务、实施税收违法行为所应承担的不利法律后果。税收责任具有下列特征：

1. 税收责任是由法律所规定的

按照法治原则和税收法定原则的要求，税收责任的认定和追究应当遵循"责任法定原则"，有关税收责任的种类、范围、程度、方式、追究程序等必须由法律规范预先规定，包括在法律规范的逻辑结构之中。

2. 税收责任是有关主体在从事各种涉税活动中所发生的法律责任

有关主体在从事税收征纳、税收立法等税收事宜中，相互之间产生法律关系，因其实施了违法行为而致形成责任关系，即有关主体必须参加到税收法律关系中才能成为税收责任的主体。

3. 税收责任以违反税法义务、实施违法行为为归责的前提

税收责任的设定和产生必须以法律义务存在为前提，无税法义务的规定和违反，则无税收责任的承担，这是现代法治国家税收责任的基本原则。

4. 税收责任的形式是承担否定性的法律后果，并以制裁性方式为主

税收责任总是与受到惩罚、赔偿损害等法律上的负担相联系，是社会和国家对有责者的一种否定性评价和纠错机制。税收责任在形式上可分为补偿性责任和制裁性责任，如纳税人违反法律规定未缴或少缴税款要补缴税款，税务机关违法行使职权给纳税人造成损害要赔偿损失等，即属于补偿性责任方式；对偷逃骗税的纳税人要予以罚款，构成犯罪的要处以徒刑或罚金等，即属于制裁性责任方式。由于税法是强行法，国家税收具有很强的社会公益性，税收责任以行政责任和刑事责任为主，其责任形式主要是惩罚性责任，因此，税收责任又常常被称为税收制裁、税收处罚。

5. 税收责任具有强制性，它只能由法定的国家机关依照法定条件和程序予以追究

税收责任是由于主体违反法定义务而产生的带有惩罚性的后果，相关主体既然规避了税法义务的履行，一般就不可能自觉地承担法律责任。所以，税收责任是由有权国家机关依照法定的程序加以追究，通过实施法律制裁的方式来执行，即税收责任是由国家强制力实施或潜在保证的。①

五、我国《税收征收管理法》的完善

(一)完善《税收征收管理法》应当遵循的理念

我国《税收征收管理法》颁布于1992年9月，1995年又对其个别条文进行了修改，2001年4月第九届全国人民代表大会常务委员会第二十一次会议再次对其进行了较大规模的修改。《税收征收管理法》在基本保持原有体系的前提下，增加了加强征管、堵塞漏洞的税源管理措施；进一步明确了税务机关执法主体的地位，强化了执法手段和措施；增加了防范涉税违法行为的措施，加大了打击偷逃骗税的力度；增加了保护纳税

① 施正文："税收责任法概述"，资料来源 http://www.cftl.cn/show.asp? a_id = 1068，最后访问时间2011年7月6日。

人合法权益和纳税人依法享有权利的内容和条款;增加了征税主体的义务和责任等。但从《税收征收管理法》的内容即税务管理、税款征收、税务登记、税收强制措施以及法律责任来看,莫不围绕税收管理而展开,过分强调税收征管机关的权力、纳税人的义务以及纳税人对税法的遵从,而对如何规范和约束税收征管机关的权力则规定较少。换言之,即将《税收征收管理法》当作单纯的"管制法",在此观念的影响下,《税收征收管理法》以保障国家税收收入及时足额入库为主要宗旨。对此,学界不少学者提出了批评。有学者认为,传统的税务行政以强制管理为中心,即税务机关在税收征管中占据主导地位,纳税人被动听从税务机关的行政命令和处分通知以实现纳税义务的遵从。这种行政理念与传统的核定征收方式(应纳税额完全依据征税机关的课税处分加以核定)以及申报核定方式(征税机关依据纳税人的申报表做成课税处分核发纳税通知单后,纳税人再据以缴纳税款的方式)相适应,纳税人的遵从在很大程度上依赖于税务机关的执法强度和惩处的严厉性。当行政机关不堪行政重负而促使申报核定方式进一步向纳税人自行申报纳税演进时,税务机关与纳税人之间传统的管理与服从、"警察与小偷"似的关系模式就不再适应形势发展的需要,新型税收征纳关系的建立成为必然。① 鉴于此,《税收征收管理法》的修改:一是应当遵循征纳双方平等的理念;二是应当遵循权力制约的理念。② 为此,首先必须对《税收征收管理法》的立法宗旨作相应修改,亦即将"为了加强税收征收管理,规范税收征收和缴纳行为,保障国家税收收入,保护纳税人的合法权益,促进经济和社会发展,制定本法"修改为"为了规范税收征收和缴纳行为,加强税收征收管理,保障国家税收收入,保护纳税人合法权益,促进经济和社会发展,制定本法"。

(二)《税收征收管理法》完善的主要内容

《税收征收管理法》亟须修改完善的内容很多,但最为主要的,一是以健全涉税信息管理制度为重点,加强和改进税收管理。涉税信息是税收征管的基础,是作出税款确定、征收、处罚等决定的事实和证据来源。不能获得充分的涉税信息,征税成本和稽查成本就非常高。而征纳双方涉税信息不对称是税收征管最重要的特征,因此必须在法律上赋予税务机关获取涉税信息的必要权力,相应要求相关单位和人员承担提供涉税信息的法定义务。③我国现行《税收征收管理法》没有建立涉税信息管理制度,税务机关只能通过税务登记、纳税申报等间接手段获取信息,缺乏直接获取涉税信息的必要权力和手段,严重影响了税收征管工作。鉴于现行征管法在涉税信息制度建设方面的严重滞后,为适应所得税等直接税改革和发展的需要,必须建立专门的涉税信息管理制度。除了要求纳税人在并购重组、破产清算、向境外转移资产、使用大额现金等情形下,应当向税务机关报告涉税信息外,关键是建立第三方涉税信息提供制度。二是以建立纳税

① 丁一:"国外税收征管的最新趋势",载《税务研究》2008 年第 2 期。

② 华国庆:"我国《税收征收管理法》应当遵循的理念及其定位",载《税务研究》2009 年第 3 期。

③ 涂京骞、涂龙力:"《税收征管法》的定位与修改",载《扬州大学税务学院学报》2009 年第 2 期。

评定制度为重点,建立和完善税收确定制度。根据纳税义务发生理论,应税行为在符合法律规定的税收构成要件时所成立的纳税义务是抽象纳税义务。为了使抽象纳税义务具体化,需要通过专门设置的税收确定程序(tax assessment),以确定具体的应纳税额为税收征收程序提供依据。我国现行《税收征收管理法》没有区分税收确定程序和税收征收程序(纳税申报被规定在税务管理一章而不是规定在税款征收一章,是这一认识的集中体现),也没有纳税评定的概念和相关规定。我国从1998年开始在税收征管工作中探索实行纳税评估虽然在一定程度上具有纳税评定的作用,但由于其定位不明确,纳税评估与税收稽查、税源管理职责交叉,工作重叠试行效果不理想。[①] 鉴于此,在《税收征收管理法》修改中,有必要建立和完善税收确定制度。三是以完善税收强制制度为重点,规范税收之征收行为。我国于2011年6月30日通过的《行政强制法》对行政强制的设定和实施作出了系统规定,其处理行政权与公民权、行政权与司法权、公共利益与个人利益、公正与效率等关系中的平衡保护精神对修订税收行政强制制度具有重要指导意义。《行政强制法》的不少规定与现行《税收征收管理法》存在不一致甚至冲突,现行税收行政强制在适用范围、措施配置上也存在缺陷。[②] 鉴于此,《税收征收管理法》的修改,有必要解决其与《行政强制法》不一致甚至相冲突的问题。

除上述内容外,《税收征收管理法》的修改还涉及纳税人管辖、纳税申报瑕疵的修正、连带纳税义务的完善、税收优先权的完善、税务检查与税务稽查关系的进一步厘清、税务行政复议制度的完善等诸多方面。

---

① 张松:“修订《税收征管法》的若干法律问题”,载《税务研究》2009年第3期。

② 施政文:“论《税收征管法》修订需要重点解决的立法问题”,载《税务研究》2012年第10期。

第十四章　金融法律制度

第一节　金融法概述

一、金融和信用

（一）金融

从文义上来看，“金”即货币、金钱之义，“融”即融通之义。一般而言，金融就是指货币资金的融通，即货币资金的融合、流通。资金融通通过信用关系进行，其范围十分广泛。鉴于此，可以给金融下一个一般性定义：金融是货币资金流通和与之相关的各种信用活动的总和。

在实践中，金融现象十分广泛，包括：货币的发行、流通和回笼；存款的吸收和支付；贷款发放和收回；资金往来结算；票据承兑和贴现；同业拆借；外汇买卖；股票、债券等有价证券的发行和交易；金融信托；融资租赁；等等。

根据金融机构在金融市场中的地位，金融有直接金融和间接金融之分。直接金融是指资金的需求方和资金的供给方直接融通资金，金融机构是纯粹的居间者或代理人，比如在资本市场上发行证券，就是直接金融。在这里，金融机构就是承销者、保荐人、资金结算服务者等，不动用自己的资金，而是用客户的资金替客户办理相关金融事务。间接金融是指资金的需求方不是直接从资金的供给者获得资金，而是通过银行的信贷行为获得资金，即存款人将资金存入银行等金融机构，而金融机构通过贷款将资金贷放给资金需求者。在这里，银行是存款人的债务人，是借款人的债权人。

在互联网时代，传统金融与互联网正在全方位融合，形成互联网金融新业态。换言之，互联网金融不是互联网和金融业的简单结合，而是在实现安全、移动等网络技术水平上，被用户熟悉接受后（尤其是对电子商务的接受），自然而然为适应新的需求而产生的新模式及新业务，是传统金融行业与互联网精神相结合的新兴领域。狭义的互联网金融是由互联网公司尤其是第三方支付机构涉足金融业务而衍生出来的金融业态，其主要现象有第三方支付、比特币①、网贷平台、第三方支付机构派生出来的理财产品（如余额宝等）、股权众筹以及纯粹虚拟网络金融机构等。广义的互联网金融还包括传统金融机构及其行为的互联网化发展，即金融互联网，比如传统银行开展网上直销银行

---

①　西方一些发达国家比如德国和美国的一些州承认比特币的私人货币属性，我国央行目前否定比特币的货币属性，只承认它是一种可交易的商品。

业务。

（二）信用

"信用"一词，可以从不同学科的视角加以界定。例如，从社会学的视角来看，信用主要是指遵守诺言，实践成约，包含信用、诚信等。而从经济学或者金融学的视角来看，信用则是指以偿还和付息为基本特征的借贷行为，体现当事人之间的债权债务关系。信用的构成要素包括：（1）信用主体。信用关系有两方当事人：一是信用的提供者，即债权人；二是信用的接受者或承担者，即债务人。（2）信用的内容，即信用主体通过直接信用或者间接信用的方式进行资金融通所形成的债权债务关系。（3）信用条件，亦即资金借贷不是即时清偿，而具有一定的时间间隔，且有一定的利率要求。（4）信用标的。信用标的即信用的对象，主要是指一定数量的货币资金。（5）信用载体。信用载体为信用工具，也称金融工具，即载明债权债务关系的合法凭证。例如，企业可以通过发行股票、债券达到融资的目的。股票、债券就是企业的融资工具。

按照信用主体分类，可以将信用形式分为如下几种：

（1）企业信用。企业信用包括两个层面：一是商业信用，指企业在商品交易和提供服务过程中所提供或接受的信用。其基本形式包括赊销、预付款和分期付款等。一般而言，大量的商业信用的发生和运行是通过签发和流通商业票据进行的。二是资本信用，是指企业作为资本信用的获得者，在资本市场上通过发行债券或股票筹集资金。

（2）金融机构信用。金融机构信用，也即狭义的金融信用，是指银行和其他金融机构通过存款、贷款等业务活动，以货币形式向企业、其他经济组织和个人提供的信用。其中，银行信用已经成为现代信用的主要形式和核心。因为整个社会的资金基本上通过银行中介实行运转，银行吸收存款，发放贷款，提供结算服务，这些服务行为都是信用行为。与此同时，银行信用成熟与否，是检验一国信用制度是否发展与完善的标准。与其他信用相比，银行信用是一种间接信用，且具有创造信用的功能。

（3）国家信用。国家信用是指政府作为债务人向社会组织和自然人筹措资金所承担的信用。国家信用的作用主要表现为三个方面：一是国家信用是调剂政府收支不平衡以及弥补财政赤字的重要手段；二是国家信用是筹集资金的重要手段，为社会经济发展提供资金保障；三是国家信用是调节经济运行的重要手段。国家信用的基本形式是发行政府债券。

（4）消费信用。消费信用即消费者获得的信用，它是指金融机构和企业为消费者提供的、用于满足其消费需求的信用形式。消费者消费商品，尤其是价格比较贵的商品，可能缺少资金，如果能够给予信用，先消费，后还钱，这样一方面有利于活跃消费品市场；另一方面也有利于消费者需求的满足。消费信用主要包括赊销和赊购、分期付款和消费信贷等形式。

（5）民间信用。在我国，民间信用主要是居民个人之间主要以货币形式提供的直接信贷，如民间私人借贷。

此外，根据信用提供者提供信用的目的，还可以将信用分为普通信用和资本信用。

普通信用的提供者提供信用,是为了更好地实现债权;资本信用的提供者提供信用是为了财产的增值。

二、金融法的概念、特征和调整对象

(一)金融法的概念和特征

金融法是调整金融关系的法律规范的总称。具体而言,金融法就是国家立法中确立金融机构的设立、组织、性质、地位和职能的法律规范,国家金融主管机关在组织、管理金融事业和调控、监管金融市场过程中所形成的金融调控与监管关系的法律规范,以及调整银行及其他金融机构从事金融业务活动中发生的交易关系的法律规范的总称。金融法具有以下基本特征:

1. 金融法是组织法和行为法相结合的法律规范

金融组织法主要是指规定金融机构的法律地位、性质、权利义务、职责权限、机构设置、业务范围等的法律规范。金融行为法,亦称金融业务法、金融活动法,就是关于各类金融关系的参加者,主要是金融机构开展金融业务、进行资金融通活动的基本规则。由于金融活动的特殊性,国家需制定有别于一般商业交易规则的特殊金融行为规则,如存款规则、贷款规则、结算规则、证券发行规则、证券交易规则等。由于这些活动主要是通过金融机构的业务活动进行的,故又称为金融业务法。以市场经济法律关系而言,金融行为法就是关于金融机构依法存续期间,开展金融业务活动的规则体系,故又称金融业务法或金融运行法。①

2. 金融法是公法和私法相互融合的法律规范

随着市场经济的发展,金融主体基于意思自治、契约自由等原则而实施的行为极有可能侵害他人利益及社会公共利益,如不正当竞争、垄断、侵害消费者利益等行为。因此,需要国家对金融活动进行控制和调节,以维护经济秩序的正常运行,由此带来了"法律社会化"和"私法公法化"的倾向。私法公法化在很大程度上表现为金融立法中越来越多地体现政府的经济职权和国家意志的干预,越来越多地规定了调整金融主体与政府和社会间经济关系、维护社会公共利益的内容,这些内容当然体现了明显的公法属性。因此,在金融法这一规范体系中,以私法规范为核心,同时又包含有大量的公法性条款,即国家通过立法形式而干预金融交易活动的规范。具体而言,金融法在调整金融调控与监管关系方面,以强制性规范为主,表现为金融法的公法性;同时,金融法调整平等主体之间的金融交易关系,包含有大量的私法规则和制度,表现为明显的私法性。因此,金融法是典型的公法和私法相融合的法。②

3. 金融法是实体法和程序法的统一

一方面,金融法既规定了作为实体法调整对象的金融组织的职责、权利和义务;另一方面,又规定了实现这些权利、义务的程序、步骤、方法等,因而是实体法和程序法的

---

① 强力主编:《金融法通论》,高等教育出版社2010年版,第10页。

② 包姝妹主编:《金融法》,东北师范大学出版社2012年版,第6页。

统一。[①]

4. 金融法以技术性规范为主的法律规范

现代金融的发展,客观上要求法律尽可能使金融主体的设立程序化,使金融行为的规则简洁,以利于金融活动的快捷发展。另外,现代金融交易更多地融进了先进的科学技术,金融交易的这一特点使得金融法的内容也极具技术性,它不仅要求人们具有诚实信用的道德观念和商业信誉,也要求人们具有更为精准、缜密的经济、技术知识和思维。因此,金融法是实践性极强的法律,必须具有很好的可操作性和技术性。例如,我国《票据法》中关于票据的设权性、文义性、定型性、票据行为的独立性、执票人的追索权、票据的抗辩等,均为与票据的结算、支付、信用等功能密切相关的技术性规范。又如我国《保险法》中关于保险危险的确定、保险价值的测定、保险费的计算、理赔程序等,都体现了极强的技术性。[②]

(二)金融法的调整对象

金融法的调整对象是金融关系,即金融主体在金融活动中所发生的经济关系。由于学界对金融法调整的金融关系的范围存在不同认识,故对其调整对象的界定也不相同。有的认为,金融法的调整对象是金融关系,即金融活动中各主体之间所发生的社会关系,这种社会关系从内容上分可分为金融交易关系和金融调控监管关系两大类。[③]有的认为,从结构主义的角度来看,金融法的结构,即金融关系分为金融私法关系、金融监管关系、金融调控关系三类,它们也正是金融法的三大调整对象。[④]

我们认为,仅仅将金融法的调整对象界定为金融交易关系和金融调控监管关系,未免范围过于狭窄,因为金融组织关系不是商法所能够完全调整,相反,各国对金融机构的市场准入和市场退出都作了特别规定。将金融关系分为金融私法关系、金融监管关系、金融调控关系,其存在的问题是,金融法是公法和私法相互融合的法律规范,故很难完全将金融私法与公法作出准确划分。鉴于此,我们认为,金融法的调整对象应当包括如下四个方面:

1. 金融交易关系

金融交易关系是指金融主体在参与金融活动中所形成的交易性或服务性经济关系,如信贷关系、结算关系、证券发行和交易关系、保险关系、信托关系、融资租赁关系等。

2. 金融组织关系

金融组织关系是指金融机构在设立、成立、变更和终止过程中形成的各种社会关系。包括金融机构内部组织关系、金融机构与投资者之间的关系、金融机构与债权人之

---

① 任荣明主编:《经济法》,北京师范大学出版社 2006 年版,第 214 页。

② 王煜宇等编著:《金融法学》,武汉大学出版社 2010 年版,第 48 页。

③ 束景明、施一飞编著:《金融法原理与运用》,立信会计出版社 2013 年版,第 2 页。

④ 王先林主编:《经济法教程》,上海交通大学出版社 2013 年版,第 350 页。

间的关系等。

3. 金融监管关系

金融监管关系是指金融监管机构在依法对金融机构的市场准入、业务经营和市场退出进行监管的过程中所发生的关系。

4. 金融调控关系

金融调控关系是指国家金融调控机关以中央银行制定的货币政策为指导,依法通过调整货币供应量、利率水平等对金融市场进行调节、控制而产生的社会关系。

三、金融法的原则

金融法的原则是指贯穿于整个金融法律体系的基本指导思想或基本规则,是对金融法所要调整社会关系的本质和规律的反映,其效力贯穿整个金融法律体系的始终。并且,对具体的立法、司法活动及司法解释都具有重要的指导意义。① 金融法的原则,主要包括如下几个方面:

(一)保护存款人和投资者合法权益的原则

金融法之所以保护存款人和投资者(包括投保人、受益人等)合法权益,主要在于,第一,存款人和投资者是资金的供给者。存款人和投资者是资金的供给者,是金融市场的债权人,而金融机构和证券发行人是债务人。没有存款人和投资者,金融市场就无法形成,银行就没有资金从事放贷行为,证券发行人就无从募集资本扩大再生产。存款人和投资者的金融权利是金融市场中各类主体中最基本的权利,应当优先保护。第二,存款人和投资者是金融市场信心的支撑者。金融市场是虚拟资本市场,在金融市场中,信心比黄金重要。如果法律有效地保护存款人和投资者的权益,使他们能够获得持续稳定的收益,资产得到安全保障,存款人和投资者就会对金融市场充满信心,从而持续不断地投入资金。相反,如果他们的权益得不到有效保障,他们对金融市场就没有安全感,不仅不会投入资金,反而抽走资金,在金融危机发生时可能发生大量挤兑行为,从而危及金融体系的安全。第三,存款人和投资者是金融市场中的弱者。在金融市场中的主体构成中,存款人和投资者是金融服务的消费者,相对于金融机构和证券发行人,在信息、资金和专业技术方面处于弱势地位,如果在法律上不对他们优先保护,就违背了法律的公平正义的价值准则。

我国现行《商业银行法》、《银行业监督管理法》、《证券法》、《保险法》、《证券投资基金法》、《信托法》等有关金融法律、行政法规、行政规章都体现了保护存款人和投资者合法权益的精神。值得一提的是,2015 年 3 月 31 日,国务院正式公布了《存款保险条例》(以下简称《条例》),并已经正式实施。这为我国存款保险制度的确立奠定了坚实的法律基础。存款保险制度的建立,也标志着我国三大"金融安全网"初步建立,对于维护存款人合法权益,防范和化解金融风险,稳定金融体系等,都具有十分重要的意义。所谓存款保险,是指投保机构向存款保险基金管理机构交纳保费,形成存款保险基

① 刘少军主编:《金融法概论》,中国政法大学出版社 2005 年版,第 7 页。

金，存款保险基金管理机构依照《条例》的规定向存款人偿付被保险存款，并采取必要措施维护存款以及存款保险基金安全的制度。

在国际上，金融法律更倾向于保护金融消费者的合法权益。英国2000年《金融服务与市场法》将"金融消费者"确定为存款人、投资人、保险合同投保人和受益人等所有参与金融活动的个人。美国1999年《金融服务现代化法》将金融消费者定义为"主要为个人、家庭成员目的的活动或者服务的消费者"。日本2001年《金融商品交易法》将金融消费者定义为"不具备金融专业知识，在交易中处于弱势地位，需要购买、使用金融产品或接受金融服务的主体"。美国2010年金融监管改革法案将金融消费者权益保护置于首要目的，成立金融消费者保护机构、金融消费监管机构以及消费咨询机构，防止金融市场的不公平和欺诈行为。我国正式意义的金融法律目前尚未使用"金融消费者"的概念，故有必要借鉴发达国家的制度经验，制定"金融消费者保护法"。[①]

（二）维护金融业稳健与安全的原则

金融权利属于虚拟资本的权利，虚拟资本相对于实物资本而言更难以把握，因此金融权利的不确定性程度更大，风险更大。金融权利具有很强的关联性，风险往往具有社会连带性，形成系统性风险。一旦金融机构尤其是大型银行发生危机，有可能迅速传播，蔓延至整个经济体系，现代经济危机实际上就是从金融危机开始的。因此，维护金融业稳健与安全，以防控金融风险，就成为金融法的一项重要原则。巴塞尔银行监理委员会1997年公布的《有效银行监管的核心原则》列举了8种金融风险：信用风险、国家和转移风险、市场风险、利率风险、流动性风险、操作风险、法律风险和声誉风险。我国各种金融法律法规对金融风险给予了高度关注，在制度设计方面，非常重视风险的防范，如商业银行资产负债比例管理的规定，证券业、银行业、保险业、信托业分业管理的规定。金融监管也将风险监管放在首位，实行宏观审慎监管和微观审慎监督。

（三）政府监管和行业自律相结合的原则

由于金融市场风险很大，又是虚拟资本市场，自由空间很大，很容易形成垄断，操纵市场、内幕交易和虚假陈述行为容易产生和泛滥，如果不进行有效监管，金融市场最终将混乱无序。世界各国对金融市场从来不放弃监管，并且都成立了专门的监管机关。在我国，中国人民银行、证券业监督管理委员会、保险业监督管理委员会和银行业监督管理委员会在各自的职责范围内对金融市场实施监管。政府监管在权威性、整体性方面具有很大的优势，但政府监管属于他律监管，在监管动力、监管成本、监管效率方面具有一定的缺陷，而市场自律组织在这些方面可以弥补政府监管的不足。所以，金融市场监管应当是以政府监管为主导并充分利用自律组织监管力量的有机体系。

---

① 金融消费者是接受金融服务的个人，与存款人、投资者之间存在某种交叉关系。金融消费者保护的专门法律与保护存款人、投资者合法权益的其他金融法律法规是相互配合、相互协调的关系。每一部法律都有自己的立法重心，比如证券法优先保护投资者尤其是中小投资者的合法权益。

（四）与国际规则接轨原则

一国国内的金融市场不可能脱离全球金融市场体系，金融市场应当是全球市场。因此，我国在金融法律制度建设方面应当吸收和借鉴有利于我国金融市场发展的制度和经验：一是借鉴先进国家的体现金融运行规律的一般法律原则和制度。二是国际监管合作层面上的一些条约和规则，即使对我国没有直接约束力，也可以参照执行。如巴塞尔银行监管委员会 1988 年的《统一国际银行资本衡量和资本标准协议》和 1998 年修订 2006 年实施的新版本。[①] 三是借鉴和参照适用任意性的国际成文惯例，如国际商会制定的《跟单信用证统一惯例》、《托收统一规则》等。四是吸收和参照适用国际公认并通行的不成文习惯和惯常做法。

第二节　中央银行法

一、中央银行与中央银行法概述

（一）中央银行概念和职能

中央银行是制定和执行国家货币政策、调节和控制货币流通与信用活动，提供公共金融服务，实施金融监管的特殊金融机构，它在一个国家银行体系乃至整个金融体系中处于核心地位。我国的中央银行为中国人民银行。一般而言，中央银行履行如下三项职能：

1. 垄断货币发行权

垄断货币发行权是中央银行的首要职能。究其原因，第一，垄断货币发行权是中央银行最基本、最重要的标志。垄断货币发行权是与中央银行的产生和发展直接相连的。中央银行的根本任务是制定和执行货币政策，调节货币供给量，保持货币稳定和金融稳定。中央银行如果没有货币发行的垄断权，就不可能真正发挥中央银行的职能。第二，垄断货币发行权是统一货币发行与流通的基本保证。分散发行货币必然造成货币种类过多、劣币和良币混杂以及货币的流通范围受到限制的缺点。要克服这一缺点，必须统一货币发行并赋予货币强制流通。第三，垄断货币发行权是稳定货币币值的基本条件。中央银行垄断货币发行权可以防止货币分散发行时可能出现的混乱，而且可以通过使

---

① 国际清算银行下的巴塞尔银行监理委员会（Basel Committee on Banking Supervision，BCBS）于 1988 年公布以规范信用风险为主的跨国规范，称为《巴塞尔资本协定》（Basel Ⅰ）。然而该协定未涵盖信用风险以外的其他风险，而信用风险权数级距区分过于粗略，不能有效处理银行业国际金融实践中的很多问题。后来多次修订，2001 年形成《巴塞尔协议Ⅱ》（Basel Ⅱ）草案，2006 年正式通过实施，Basel Ⅱ对 Basel Ⅰ进行了大幅修改，以期标准化国际金融服务的风险控管制度。巴塞尔银行监理委员会于 2009 年 12 月公布《巴塞尔协议Ⅲ》（Basel Ⅲ）的征求意见稿，2010 年 9 月正式通过《巴塞尔协议Ⅲ》。Basel Ⅲ对资本金监管框架进行了较大的调整，尤其大幅提高了核心一级资本充足率。Basel Ⅲ于 2013 年 1 月开始实施，并给予了 6 年的过渡期安排。

用货币政策工具,调节货币数量使之符合经济发展的客观需要,稳定货币币值。第四,垄断货币发行也是中央银行发挥其全部职能的基础。建立中央银行制度的必要性体现在中央银行向金融机构提供集中服务和管理、代表政府管理金融市场和调节社会信用量,而这些都是以垄断货币发行为前提的。如果有一部分金融机构仍然持有货币发行权,那么,这些金融机构就不一定需要中央银行的集中服务,也可能不一定服从中央银行的管理,中央银行调节社会信用的职能也无从谈起。①

2. 银行的银行

中央银行是银行的银行,是指中央银行的业务对象是商业银行、其他金融机构及特定的政府部门。中央银行与其业务对象之间的业务往来仍具有银行固有业务的特点,中央银行为金融机构提供支持服务,具体表现在三个方面:一是集中存款准备金。中央银行根据有关法律的规定,要求商业银行和其他金融机构按法定比率向中央银行缴纳存款准备金,即中央银行具有为各经营存款业务的金融机构集中保管一部分准备金的特权。二是充当金融机构的"最后贷款人"。"最后贷款人"是指在商业银行发生资金困难而无法从其他银行或金融市场筹措时,中央银行对商业银行和其他金融机构发放贷款,帮助其渡过暂时困难,否则便会发生银行的破产倒闭及金融市场的动荡。中央银行充当最后贷款人,旨在维护金融体系的稳定。三是组织参与和管理全国的清算。各金融机构之间的清算通过其在中央银行的存款账户进行转账、轧差,直接增减其存款便可完成。一方面,加速了资金周转,提高了清算效率;另一方面,为中央银行加强金融监管和分析金融流量提供了条件。②

3. 政府的银行

中央银行一方面为政府提供金融服务,另一方面代表政府贯彻金融政策,对金融机构和金融市场进行监管。其具体职责包括:一是代理国库。国家财政收支一般不专设机构,而交由中央银行代理。政府的收入与支出均通过财政部在中央银行开立的各种账户进行,中央银行实质上执行着国库出纳的职能。二是代理政府债券的发行。许多国家的政府经常利用发行政府债券的方式来弥补政府收支不足。中央银行接受政府的委托,代理政府债券的发行和债券到期时的还本付息等事宜。三是对政府提供信贷。当政府财政出现收不抵支的情况时,中央银行作为政府的银行,事实上负有提供信贷资金支持的义务。这种资金支持主要通过两种方式进行:第一,直接向政府财政提供贷款或透支,这大多是用来解决财政先支后收等暂时性矛盾。除特殊情况外,中央银行一般不承担向财政提供长期贷款或透支的责任。这主要是为了避免出现通货膨胀,保持货币稳定。第二,中央银行购买政府公债。目前大多数国家的中央银行主要通过公开市场业务买卖政府债券。这种方式虽不是直接向政府融资,但通过中央银行的买卖行为,扩大了市场的政府债券的容量,增强了社会对政府债券的购买能力。同时,也有利于新

① 付一书主编:《中央银行学》,复旦大学出版社 2013 年版,第 28 页。

② 同上书,第 31 ~ 32 页。

的政府债券的发行和货币供应量的调节。四是为国家持有和经营管理外汇、黄金和其他国际储备。一国的国际储备一般都是由中央银行持有并进行经营管理。中央银行根据国内和国际经济情况,进行总量和结构的调整,负责储备资产的保值和经营收益,维护国际收支平衡和汇率的基本稳定。①

(二)中央银行的性质和独立性

1. 中央银行的性质

中央银行属于何种性质的机构,在各国法律规定中存在差异。有的国家将其作为国家机关,如《瑞典宪法》第9章第12条第2项规定,瑞典国家银行是直属国会的官方机构;有的国家把它规定为企业,如《奥地利国家银行法》第2条第1项规定,奥地利国家银行是股份有限公司。无论是作为国家机关的中央银行,还是作为企业的中央银行,它们都是国家管理和调控信用活动的工具,与其他国家机关、企业法人存在显著区别。

我国《中国人民银行法》第2条规定:"中国人民银行是中华人民共和国的中央银行,中国人民银行在国务院领导下,制定和执行货币政策,防范和化解金融风险,维护金融稳定。"第8条规定:"中国人民银行的全部资本由国家出资,属于国家所有。"因此,中国人民银行的性质是国务院领导下的国家机关,也是特殊的金融机构。

2. 中央银行的独立性

对于中央银行的独立性,理论界有不同的看法。弗里德曼(1962)给出的中央银行独立性的含义是:中央银行应该是与立法、行政、司法部门同等的一个独立的政府部门,而且它的行动受制于司法部门的解释。他把中央银行的独立性解释为中央银行在其运作过程中相对独立于政府的地位。诺德豪斯和林德贝克(1976)提出,中央银行独立性实际上是避免货币政策被政治派别的支持者所左右,而交由一个组织来管理。库克曼(1992)认为,中央银行独立性就是一种承诺将货币政策的主要目标置于价格稳定方面的行为。库克曼、韦伯和尼亚普蒂(1994)认为,中央银行的独立性不是无条件地独立于政府,而是在追求价格稳定目标过程中的独立,甚至是在牺牲其他也许对政治当局更重要目标的基础上。②

我们认为,中央银行的独立性是指中央银行履行自身职责时实际拥有的权力、决策和行动的自主程度,其实质是中央银行与政府之间的关系。但是,从实践来看,现代中央银行的独立性是指中央银行在国家权力机构或政府的干预和指导下,根据本国总体的社会经济发展目标,独立制定和执行货币金融政策。因此,中央银行的独立性是指相对独立性。它有两层含义:(1)中央银行应与政府保持一定的独立性,能够独立地制定和执行货币政策,而避免受到政府的干预和控制;(2)中央银行不能完全脱离政府,其活动不能背离国家总体经济发展目标。③

---

① 钱婷婷主编:《货币银行学》,人民邮电出版社2013年版,第198页。

② 付一书主编:《中央银行学》,复旦大学出版社2013年版,第67页。

③ 阮加编著:《金融学》,清华大学出版社2013年版,第248页。

从国外来看,由于各国政治经济体制等方面存在差异,故不同国家中央银行的独立性也不尽相同。归纳起来,主要包括:一是独立性很强,中央银行直接向国会负责,如美国、瑞典、德国、瑞士等。如《瑞典国家银行法》第32条规定,银行董事只接受来自国会,不接受其他人有关国家银行经营管理的指示。二是独立性较强,名义上隶属于财政部,但具有一定的独立性,如英国和日本。英国财政部可以向中央银行发布命令,但银行有权与财政部磋商。1998年4月实施的新《日本银行法》虽然保留了旧法中关于财务省(原大藏省)批准日本银行分行、代理行的设置,修改章程,铸币费、工资等方面的规定,但给予了日本银行更多的自主权,尤其是货币政策的自主权。1998年《英格兰银行法》确立了相对独立的机构——英格兰货币政策委员会,由其根据英格兰银行各部门提供的信息作出货币政策决定,再交由相关部门执行,这项制度增强了英格兰银行的独立性。[①] 不过,英格兰银行的银行监管权和政府债务管理权则被取消了。为了让英格兰银行的独立明确体现政府希望的意图,确定通货膨胀目标和任命货币政策委员会外部成员的权力归为财政部所有,以期达到既能降低通胀风险也能降低通缩风险的“对称”目标。[②] 三是较弱独立性,如意大利、澳大利亚中央银行受财政部控制。

1984年,我国中央银行与专业银行职能的完全分离标志着我国央行独立性的建立,此后国务院对中央银行宏观调控体系进行了一系列改革。1995年3月通过的《中国人民银行法》是我国中央银行制度的基石,2003年12月27日通过了修正案,进一步确定了中央银行的法律地位。一系列的体制改革使得我国中央银行独立性增强,但仍然存在一些问题:一是机构及人事的非独立性。《中国人民银行法》第2条规定,中国人民银行在国务院领导下制定和实施货币政策。由于中央银行是国务院领导下的与部委平级的机构,其重大货币政策的制定要经过国务院批准,因此独立性受到一定的影响。中国人民银行实行行长负责制,其行长由国务院总理提名,由全国人大决定,其任期与总理一致,这种体制的设定很难回避政府对中央银行的左右。除此之外,中国人民银行其他官员的任职缺乏明确的法律规定,行政机关、金融机关人事渗透过多,使中国人民银行在人事上产生两方面的弊病:高度的行政依附性和欠缺广泛的代表性。二是双重目标的冲突。从世界各国宏观调控的运作经验得出,现代政府主要的经济任务是促进经济增长和繁荣,而中央银行的货币政策却应当以稳定货币为基本目标。目前,我国的货币政策目标为保持货币币值的稳定,并以此促进经济增长。金融危机背景下,当保持增长这个目标被提到更高的高度时,稳定币值和促进经济增长这两个政策目标就显得非常不协调。当中央政府因投资行为而出现大量财政赤字时,不可避免地要求中央银行加快生产货币速度,周而复始,中央银行稳定货币的政策目标就更难实现了。三是经济上对财政的依赖。中国人民银行的重大货币政策,如年度货币供应量、利率汇率等须报国务院批准后方能执行,那么央行和政府的经济目标不一致或者存在偏差的情

① 朱大旗著:《金融法》,中国人民大学出版社2009年版,第85页。

② 张鹏:“揭开世界最早央行的神秘面纱”,载《中国证券报》2015年7月18日。

况下，就会导致中央银行长期货币政策目标难以实现。《中国人民银行法》第 28 条、第 29 条分别规定了中国人民银行不得对政府财政透支，不得直接认购、包销国债和其他政府债券；中国人民银行不得向地方政府、各级政府部门提供贷款，不得向任何单位和个人提供担保。但是中国人民银行每年的贷款有相当部分投向由财政支出负担的项目，如对国有企业亏损的补贴、建设公共基础设施。这样的赤字货币化使得货币政策服务于政府财政政策，中央银行缺乏对货币政策的实际控制权。① 鉴于此，如何进一步增强我国中央银行的独立性，就值得进一步深入研究。

（三）中央银行法的概念

中央银行法是确立中央银行的性质、地位，明确中央银行的职责、权限与组织机构，规范中央银行在履行职责过程中发生的各种社会关系的法律规范的总称。从世界范围来看，中央银行法的立法模式有两种，一是合并立法模式；二是分别立法模式。合并立法是指将中央银行与普通银行合并在一起制定一项统一的法律。分别立法是指单独制定中央银行法和普通银行法，有些国家甚至将普通银行中的商业银行、政策性银行等分别立法。目前世界上绝大多数国家都采用分别立法的模式，我国目前也是如此，分别制定了《中国人民银行法》与《商业银行法》。②

在我国，《中国人民银行法》在中央银行法律规范体系中居于基本法的地位。《中国人民银行法》于 1995 年 3 月 18 日由第八届全国人民代表大会第三次会议通过，随后根据 2003 年 12 月 27 日第十届全国人民代表大会常务委员会第六次会议《关于修改〈中华人民共和国中国人民银行法〉的决定》进行了修正。该法分为 8 章，53 条，分别为总则、组织机构、人民币、业务、金融监督管理、财务会计、法律责任、附则。

二、中央银行的组织机构

不同国家的中央银行，其组织机构不尽相同。就我国而言，中国人民银行的组织机构，主要有权力机构、职能机构、咨询议事机构、分支机构、驻外机构以及直属机构等。

（一）权力机构

权力机构是中央银行决策、执行的中枢，在组织机构中处于核心地位。

中国人民银行设行长一人，副行长若干人。中国人民银行实行行长负责制。行长领导中国人民银行的工作，副行长协助行长工作。

中国人民银行行长的人选，根据国务院总理的提名，由全国人民代表大会决定；全国人民代表大会闭会期间，由全国人民代表大会常务委员会决定，由中华人民共和国主席任免。中国人民银行副行长由国务院总理任免。

中国人民银行的权力机构与西方国家不同。西方国家中央银行的权力机构一般称董事会、理事会或者委员会，成员一般为 5 ~ 20 人。比如英格兰银行的董事会包括正副行长各 1 人，董事 16 人，均由政府推荐，皇室任命。日本银行的最高决策机构是银行政

① 李冰主编：《货币银行学》，北京大学出版社 2012 年版，第 153 ~ 154 页。

② 陈云良主编：《金融法》，厦门大学出版社 2012 年版，第 33 页。

策委员会。美国联邦储备系统的最高权力机构是联邦储备委员会。德国联邦银行的最高权力机构是理事会和执行理事会。①

（二）货币政策委员会

从国外来看，虽然个别央行（比如新西兰储备银行）仍然是央行行长个人决策，但是货币政策委员会集体决策已成为一种趋势。根据 Fry et a1.,(2000)对 88 个国家和地区的中央银行的调查，79 个是由货币政策委员会或类似的机构来制定货币政策。货币政策委员会的重要性由此可见一斑。② 但由于各国政治经济体制不同，故货币政策委员会的性质与地位也不尽相同。

《中国人民银行法》第 12 条规定："中国人民银行设立货币政策委员会。货币政策委员会的职责、组成和工作程序，由国务院规定，报全国人民代表大会常务委员会备案。中国人民银行货币政策委员会应当在国家宏观调控、货币政策制定和调整中，发挥重要作用。"根据 1997 年 4 月 5 日国务院发布的《中国人民银行货币政策委员会条例》，货币政策委员会是中国人民银行制定货币政策的咨询议事机构。其职责是：在综合分析宏观经济形势的基础上，依据国家宏观调控目标，讨论货币政策的制定和调整、一定时期内的货币政策控制目标、货币政策工具的运用、有关货币政策的重要措施、货币政策与其他宏观经济政策的协调等涉及货币政策等重大事项，并提出建议。货币政策委员会由下列单位的人员组成：中国人民银行行长；中国人民银行副行长二人；国家计划委员会副主任一人；国家经济贸易委员会副主任一人；财政部副部长一人；国家外汇管理局局长；中国证券监督管理委员会主席；国有独资商业银行行长二人；金融专家一人。货币政策委员会组成单位的调整，由国务院决定。中国人民银行行长、国家外汇管理局局长、中国证券监督管理委员会主席为货币政策委员会的当然委员。货币政策委员会其他委员人选，由中国人民银行提名或者中国人民银行商请有关部门提名，报请国务院任命。货币政策委员会设主席一人，副主席一人。主席由中国人民银行行长担任；副主席由主席指定。

与我国不同，在市场经济发达国家，大多赋予了货币政策委员会以独立制定货币政策的权力。如美国联邦公开市场委员会（the Federal Open Market Committee，FOMC）隶属于美国联邦储备委员会，其主要任务是决定美国货币政策，通过货币政策的调控，实现经济增长和物价稳定两者间的平衡。它是真正意义上的货币政策决策机构。该委员会主要的决定都需通过举行讨论会议投票产生，该委员会每年在华盛顿特区召开 8 次例行会议，其会议日程安排表向公众公开。平时主要通过电话会议协商有关事务，必要时也可以召开特别会议。该委员会由 12 名成员组成，有 7 名联邦储备体系理事会理事和 12 位储备银行行长中的 5 位行长。其中，理事及纽约储备银行行长共 8 人为常任委员，剩下的 4 个席位每年在其余的 11 位行长中轮换。美联储理事会主席是该委员会主

① 朱大旗著：《金融法》，中国人民大学出版社 2009 年版，第 84 ~ 86 页。

② 彭芸著：《中央银行沟通与货币政策有效性研究》，湖北人民出版社 2012 年版，第 76 页。

席,纽约储备银行行长习惯上是委员会的副主席。美联储理事会是美联储的最高管理机关,每名理事都由总统直接任命,任期为14年。理事会主席、副主席由总统提名参议院通过,任期4年,美联储理事会的理事一般由专家、学者和名人组成。FOMC关于货币政策的决议主要由纽约联邦储备银行来执行。

在现代中央银行制度中,货币政策委员会往往被中央银行法赋予制定货币政策的权力,以保证货币政策制定的独立性、权威性和稳定性。① 而我国货币政策委员会仅作为咨询议事机构,其作用非常有限,未来可以借鉴市场经济发达国家的一些做法,进一步扩大货币政策委员会在货币政策制定方面的权力,并引进更多具有货币政策理论和实践经验的专家学者进入货币政策委员会。

(三)分支机构

中国人民银行根据履行职责的需要设立分支机构,作为中国人民银行的派出机构。中国人民银行对分支机构实行统一领导和管理。分支机构作为中国人民银行的派出机构,根据总行授权,依法维护本辖区的金融稳定,承办有关业务。

中国人民银行自1984年专门行使中央银行职能后,按照行政区划设置分支机构。亦即在县以上按行政区设置分支机构,省(自治区、直辖市)设一级分行,地(市)设二级分行,但许多县没有设县支行。1985年信贷失控后,为协调专业银行间的竞争,人民银行大量恢复县支行,到1986年,全国2017个县共设立县支行1863个;在省会城市,不但设省分行,还设市分行;同时,在地区所在地的县城,不仅设二级分行,还设县支行。1993年,党的十四届三中全会决议和金融体制改革方案均明确提出中国人民银行要积极创造条件跨行政区设置分支机构。1995年年初全国人大通过了《中国人民银行法》,明确规定中国人民银行要按照履行职能的需要设置分支机构。1997年,中共中央、国务院召开了全国金融工作会议,确定了进一步深化金融体制改革的方针,并把中国人民银行管理体制改革列为金融改革的重要任务。按照国务院关于机构改革的决定,1998年10月,中国人民银行对管理体制进行了重大改革,撤销了31个省、自治区、直辖市分行,在全国设立了9个跨行政区划的分行。这一改革,突出了中央银行组织体系的垂直领导,强化了中央银行实施货币政策的独立性。②

三、中央银行的业务和职责

(一)中央银行的业务活动原则③

中央银行在开展业务时,与商业银行有着截然不同的经营原则,这是由中央银行的特殊性质所决定的。具体来说,中央银行的业务活动原则如下:

1. 不以营利为目的

营利是商业银行从事业务活动的主要目标。但是,中央银行的特殊性质和特殊地

---

① 韩龙主编:《金融法》,清华大学出版社2008年版,第46页。

② 李德:"中国人民银行改革的历程及成效",载《中国金融》2008年第17期。

③ 刘龙、蔡永鸿主编:《金融学概论》,清华大学出版社2014年版,第157~158页。

位决定其必须以稳定宏观经济、稳定全国金融和稳定币值为己任，一切业务活动都要为这一基本任务服务。所以，中央银行是非营利性机构，不以营利为目的。

2. 不经营商业银行业务

中央银行在金融活动中拥有各种特权，享有其他一般金融机构不能享有的待遇。因此，中央银行不能经营商业银行业务，也不与商业银行争利。如果允许中央银行从事商业银行的业务，势必与商业银行发生竞争，并在竞争中处于绝对优势的地位，这不仅极为不合理，而且中央银行也就丧失了自己的威信，从而就不可能完成宏观金融调控的任务。

3. 保证资产的流动性和安全性

中央银行的资产主要是再贷款、再贴现和政府债券。中央银行开展资产业务的目的，一是向商业银行提供短期周转资金，弥补其流动性不足；二是调节货币供应量，稳定和促进经济发展。这就决定了中央银行不能将其资金占用在投资期限长、风险大的资产上，而必须保持资产的流动性和安全性。

4. 管理权相对独立

中央银行从事业务活动时，独立行使法律赋予自己的权力，不受各方面的干扰。但管理权的相对独立，并不是指中央银行可以完全摆脱政府，背离国家的货币政策目标，而是避免政府在财政上过多地依赖中央银行，使中央银行处于比较超然的地位，以利于中央银行和政府以及社会各界相互配合、相互制约，共同促进国家经济的顺利发展。

（二）中国人民银行的职责范围

根据《中国人民银行法》第 4 条规定，中国人民银行履行下列职责：(1) 发布与履行其职责有关的命令和规章；(2) 依法制定和执行货币政策；(3) 发行人民币，管理人民币流通；(4) 监督管理银行间同业拆借市场和银行间债券市场；(5) 实施外汇管理，监督管理银行间外汇市场；(6) 监督管理黄金市场；(7) 持有、管理、经营国家外汇储备、黄金储备；(8) 经理国库；(9) 维护支付、清算系统的正常运行；(10) 指导、部署金融业反洗钱工作，负责反洗钱的资金监测；(11) 负责金融业的统计、调查、分析和预测；(12) 作为国家的中央银行，从事有关的国际金融活动；(13) 国务院规定的其他职责。

中国人民银行为执行货币政策，可以依照法律规定从事金融业务活动。

四、中央银行的货币政策

（一）中央银行货币政策的概念

货币政策是指国家为实现一定的宏观经济目标所制定的关于调整货币供应的基本方针及其相应的措施。货币政策的内容，包括稳定货币的目标和实现这些目标的政策手段。它是由信贷政策、利率政策、汇率政策等具体政策构成的一个有机的政策体系。①

① 辛立秋主编：《财政学》，科学出版社 2013 年版，第 297 页。

与财政政策一样，根据货币政策的目标和对经济产生的影响，一般将货币政策分为扩张性和紧缩性两种。扩张性的货币政策是通过增加货币供给带动总需求的增长。当货币供给增加时，利息率会下降，取得信贷更加容易，投资增加，总需求增加，有利于经济克服衰退。因此，经济萧条时宜采用扩张性的货币政策。紧缩性的货币政策是通过减少货币供给来降低总需求水平，在这种情况下，利息率会相应提高，取得信贷也比较困难，投资减少，总需求减少，有利于抑制经济的过热。因此，在通货膨胀时，宜采用紧缩性的货币政策。①

（二）中央银行的货币政策目标

货币政策目标是中央银行期望通过货币政策的制定和实施所要达到的效果。按其影响程度不同可分为货币政策最终目标、货币政策中介目标、操作目标和货币政策传导机制三个层次。

1. 货币政策最终目标

货币政策最终目标是中央银行制定货币政策、调控货币流通量所要追求的最终效果。货币政策最终目标一般包括稳定物价、充分就业、经济增长、国际收支平衡等。

上述四大目标几乎具有同等重要的社会福利含义，但在实际的政策操作中，它们却并非总是协调一致，相互间往往存在矛盾，尤其短期内的矛盾更为突出，导致政策目标的选择只能是有所侧重而很难兼顾。一般认为，除经济增长和充分就业之间存在正相关关系，具有较多的一致性之外，其他几个目标之间都存在相互矛盾。② 鉴于此，具体到一国实践，各国中央银行往往根据本国的社会经济状况，确定各个时期的货币政策目标。

中国人民银行自1984年行使中央银行职能以后至1995年《中国人民银行法》颁布之前，我国一直奉行双重货币政策目标，即发展经济和稳定货币。这种做法是和计划经济体制密切相关的，特别是在把银行信贷作为资源进行直接分配的情况下，货币总量控制与信贷投向分配都由计划来安排，发展经济与稳定货币这两个目标比较容易协调。但改革开放以来的实践表明，在大多数情况下，货币政策的双重目标并没有能够同时实现。在促进经济增长的同时，却伴随着较为严重的货币贬值和通货膨胀。1984～1995年的12年中，我国零售物价总指数涨幅超过5%的年份就有9年。1995年3月颁布实施的《中国人民银行法》对“双重目标”进行了修正，确定货币政策目标是“保持货币币值的稳定，并以此促进经济增长”。2003年12月27日重新修订的《中国人民银行法》再次确认了这一目标，此目标体现了两个要求：一是不能把稳定币值与经济增长放在等同的位置上，从主次上看，稳定币值始终是最主要的；从顺序上看，稳定货币为先。中央银行应该在币值稳定的前提下来促进经济增长。二是即使在短期内兼顾经济增长的要

---

① 丁卫国、谢玉梅主编：《西方经济学原理》，上海人民出版社2014年版，第329页。

② 蒋先玲编著：《货币金融学》，机械工业出版社2013年版，第287页。

求,仍必须坚持稳定货币的基本立足点。①

2. 货币政策中介目标、操作目标

从货币政策工具的运用到最终目标的达到,必须经过许多中间环节,中央银行实际上不可能通过货币政策的实施而直接达到其最终的目标,而只能通过观测和控制它所能控制的一些具体的指标来影响实际的经济活动,从而间接地达到其最终目标。这些能为中央银行所直接控制和观测的指标就是货币政策的中介目标。

在我国,20 世纪 90 年代末,中国人民银行根据金融宏观调控需要主动取消贷款规模管理,实现了我国货币政策调控框架的第一次重大转型,即从以直接调控为主转变为以间接调控为主,并逐渐形成了以广义货币(M2)为中介目标、以维持物价稳定(CPI)为最终目标、多种货币政策工具组合运用的数量型为主的货币政策调控框架。但随着我国经济金融的改革发展,特别是随着利率市场化改革的稳步推进,金融产品不断创新,货币需求函数稳定性呈下降趋势,加之货币供应量的增长具有波动性,中央银行难以准确测算 M2、货币流通速度及货币乘数等数量指标。在此背景下,为了提高货币政策的调控效率,人民银行逐步推动货币政策调控框架从数量型向价格型转变,即在逐步放开存贷款利率管制的同时,不断加强政策利率体系的建设,标志着我国货币政策框架正式进入价格型框架时代。②

货币政策操作目标是中国人民银行通过货币政策工具能够直接影响或控制的金融变量指标。操作目标介于政策工具和中介目标之间,是货币政策工具影响中间目标的传送点。现阶段中国人民银行货币政策操作目标是基础货币。基础货币又称为高能货币,是指具有使货币总量成倍扩张或收缩能力的货币。我国基础货币由金融机构存入中国人民银行的存款准备金、流通中的现金和金融机构的库存现金三部分构成。③

3. 货币政策传导机制

央行使用货币政策工具改变货币供给,直接影响某些经济变量,从而间接影响经济产出、物价水平、失业率等最终目标的过程就是货币政策传导机制。把央行比喻为市场经济的空调,则货币政策传导机制就是这台空调的压缩机。货币政策是通过影响总需求实现的,除了政府支出不受央行控制以外,消费、投资、净出口等产出指标都受央行货币政策的影响。④

(三)货币政策工具

货币政策工具是指中央银行为实现货币政策目标而采取的手段。一般分为一般性货币政策工具、选择性货币政策工具和补充性货币政策工具。

---

① 刘建波主编:《金融学概论》,清华大学出版社 2011 年版,第 281 页。

② "央行新货币政策框架浮出水面:双率联动 约束更多",资料来源 http://money.163.com/15/1124/08/B964119V00253B0H.html,最后访问时间 2015 年 11 月 26 日。

③ 李良雄、王琳雯主编:《金融法》,人民邮电出版社 2013 年版,第 30 页。

④ 李永主编:《货币银行学》,清华大学出版社 2013 年版,第 160 页。

1. 货币政策工具的概念及其类型

(1)一般性货币政策工具

一般性货币政策工具指中央银行经常运用的,能对整体经济运行发生全面影响的工具。主要包括:一是存款准备金政策。存款准备金是指金融机构从吸收的客户存款中按规定提取一定比例的货币缴存入中央银行的货币资金。金融机构按规定向中央银行缴纳的存款准备金占其存款总额的比例就是存款准备金率。存款准备金制度的初始作用是保证存款的支付和清算,之后才逐渐演变成为货币政策工具。降低存款准备金率,则增加货币供应量,从而刺激经济增长;相反,提高存款准备金率,则收缩货币供应量,抑制经济过快增长。二是再贴现政策。再贴现是商业银行向中央银行申请的贴现。当中央银行提高再贴现率,商业银行会减少向中央银行的贴现,从而缩减了市场的货币供应量;反之,中央银行若降低再贴现率,商业银行就会增加向中央银行的贴现,从而增加货币供应量。三是公开市场业务政策。公开市场业务是指中央银行在公开市场上买进或卖出政府债券或外汇以调节商业银行的头寸,从而调节货币供给量和利率的一种政策手段。它是当代西方国家最常用的货币政策工具。中央银行买入有价证券,就会增加货币供给,反之,则减少货币供给。

(2)选择性货币政策工具

选择性货币政策工具,是指中央银行对商业银行或其他金融机构的信用活动的某一方面进行控制或管制,借以控制信贷总量和结构、利率水平和结构,从而促进经济健康发展的政策工具。主要包括:一是消费者信用控制。指中央银行通过提高或降低首次付现的比率对不动产以外的各种耐用消费品的销售融资予以控制。二是证券市场信用控制。指中央银行对有关证券交易的各种贷款进行控制,以调节流入证券市场的资金,抑制过度投机,维持和稳定证券市场的行市。三是不动产信用控制。指中央银行对金融机构在房地产方面放款的限制措施,以抑制房地产投机。四是优惠利率。①

(3)补充性货币政策工具

补充性货币政策工具属于辅助性政策措施。主要包括:一是直接信用控制。指中央银行从质和量两个方面以行政命令或其他方式直接对金融机构,特别是商业银行的信用活动进行控制,其手段包括利率最高限额、信用配额管理、流动性比率管理、直接干预、开办特种存款等。二是间接信用控制。具体分为道义劝告和窗口指导等间接信用指导。②

2. 中国人民银行的货币政策工具

根据《中国人民银行法》规定,我国中央银行经常性货币政策工具主要包括如下方面:

---

① 王道禹主编:《货币金融学》,西南交通大学出版社 2007 年版,第 169 ~ 170 页。

② 杜佳主编:《货币金融学》,清华大学出版社 2006 年版,第 293 页。

(1)存款准备金制度。中国人民银行要求吸收存款的银行业金融机构从吸收的存款中按照规定的比例(存款准备金率)缴存于中国人民银行,存款准备金率由中国人民银行规定、调整和公布。中国人民银行根据银行业金融机构在服务三农和小微企业中的作用,实行差别存款准备金制度。

(2)利率制度。中国人民银行通过对存贷款利率的调整,从而影响微观经济主体对商业银行的贷款需求,最终影响社会信贷总规模。中央银行一般通过基准利率调控金融市场,基准利率是金融市场中具有普遍参照作用的利率,目前我国的基准利率是1年期存贷款利率,随着利率市场化的完成,中国人民银行将会取消存贷款利率的直接控制,转而采取类似于西方国家的货币市场基准利率对金融市场进行调节。

(3)再贴现。中国人民银行通过调整其对银行业金融机构办理票据再贴现的再贴现率,来影响金融机构信贷总规模。

(4)中央银行再贷款。中央银行再贷款是中国人民银行银行向商业银行和其他金融机构以借贷方式投放的资金。《中国人民银行法》第28条规定:"中国人民银行根据执行货币政策的需要,可以决定对商业银行贷款的数额、期限、利率和方式,但贷款的期限不得超过一年。"

(5)公开市场操作。中国人民银行在公开市场上与一级交易商买卖国债、其他政府债券、金融债券和外汇,控制和调节货币供应量。

(6)其他。如信贷控制作为一种辅助手段,其他还有证券信用控制、消费信用控制、不动产信用控制等,由中国人民银行根据需要选择。

值得一提的是,2013年以来,中国人民银行根据银行体系短期流动性供求形势,除了灵活搭配公开市场操作、再贷款、再贴现及短期流动性调节工具外,央行还创造性地开展新工具的探索。2013年1月,央行创设了公开市场短期流动性调节工具(SLO)①和常备借贷便利(SLF)②,以便在银行体系流动性出现临时性波动时选用。2012年9月17日,央行等五部委联合发布的《金融业发展和改革"十二五"规划》提出,将完善市场化的间接调控机制,逐步增强利率、汇率等价格杠杆的作用,推进货币政策从以数量型调控为主,向以价格型调控为主转型。

五、中央银行的金融监管

根据2003年修改后的《中国人民银行法》,中国人民银行被定性为国家的中央银行和金融调控部门,中国人民银行的职能由原来的"制定和执行货币政策、实施金融监管和提供金融服务"调整为"制定和执行货币政策、维护金融稳定和提供金融服务"三

---

① 所谓短期流动性调节工具(Short-term Liquidity Operations,SLO),指的是中央银行为冲抵银行系统的短期流动性波动而实施的公开市场操作。

② 常备借贷便利(Standing Lending Facility,SLF)。常备借贷便利是中国人民银行正常的流动性供给渠道,主要功能是满足金融机构期限较长的大额流动性需求。对象主要为政策性银行和全国性商业银行。期限为1~3个月。其利率水平根据货币政策调控、引导市场利率的需要等综合确定。常备借贷便利以抵押方式发放,合格抵押品包括高信用评级的债券类资产及优质信贷资产等。

个方面，中国人民银行对银行业金融机构监管的职责改由银监会承担。但我国的中央银行依然保留适当的金融监管职权，其目的是更好地执行货币政策，维护金融稳定。中央银行实施金融监管，一般涉及的事项都是与人民币发行与流通有关，涉及人民币的地位和安全问题，涉及外汇问题，涉及整体的金融市场和核心的金融市场（银行间市场）问题，涉及国家的金融战略问题，等等。

中国人民银行的金融监管是指中国人民银行为执行货币政策和金融调控的需要而对金融市场实施的监督和管理活动。根据《中国人民银行法》第4条规定，中国人民银行的监管范围主要有：发布与履行中国人民银行监管职责有关职责的命令和规章；管理人民币发行和流通；监督管理银行间同业拆借市场和银行间债券市场；实施外汇管理，监督管理银行间外汇市场；监督管理黄金市场；持有、管理、经营国家外汇储备、黄金储备；经理国库；维护支付、清算系统的正常运行；指导、部署金融业反洗钱工作，负责反洗钱的资金监测；负责金融业的统计、调查、分析和预测；作为国家的中央银行，从事有关的国际金融活动。其监管权力主要表现在以下几个方面：

1. 直接监管的权力

中国人民银行有权对金融机构以及其他单位和个人的下列行为进行检查监督：执行有关存款准备金管理规定的行为；与中国人民银行特种贷款[①]有关的行为；执行有关人民币管理规定的行为；执行有关银行间同业拆借市场、银行间债券市场管理规定的行为；执行有关外汇管理规定的行为；执行有关黄金管理规定的行为；代理中国人民银行经理国库的行为；执行有关清算管理规定的行为；执行有关反洗钱规定的行为。

2. 财务报表、统计信息的监管权

中国人民银行根据履行职责的需要，有权要求银行业金融机构报送必要的资产负债表、利润表以及其他财务会计、统计报表和资料。中国人民银行负责统一编制全国金融统计数据、报表，并按照国家有关规定予以公布。

3. 建议检查权

中国人民银行根据执行货币政策和维护金融稳定的需要，可以建议国务院银行业监督管理机构对银行业金融机构进行检查监督。国务院银行业监督管理机构应当自收到建议之日起30日内予以回复。中国人民银行应当和国务院银行业监督管理机构、国务院其他金融监督管理机构建立监督管理信息共享机制。

4. 特定条件下的检查权

当银行业金融机构出现支付困难，可能引发金融风险时，为了维护金融稳定，中国人民银行经国务院批准，有权对银行业金融机构进行检查监督。

① 特种贷款是指国务院决定的由中国人民银行向金融机构发放的用于特定目的的贷款。

第三节 商业银行法

一、商业银行法概述

(一)商业银行的概念和性质

《商业银行法》第2条规定:"本法所称的商业银行是指依照本法和《中华人民共和国公司法》设立的吸收公众存款、发放贷款、办理结算业务的企业法人。"据此,商业银行的性质可以从以下两个方面进行界定:

1. 商业银行是企业法人

根据《民法通则》规定,我国法人分为企业法人、事业单位法人、国家机关法人和社会团体法人。企业法人是以营利为目的而持续经营的法人,而商业银行符合企业法人的要件。《商业银行法》第2条对此也作了明确规定。

2. 商业银行是依法设立的特殊企业法人

与一般工商企业一样,商业银行也是以营利为目的的企业。但与一般工商企业不同的是,商业银行具有特殊性。商业银行是特殊的货币信用服务企业,商业银行主要从事存款、贷款和结算以及法律所规定的其他金融服务业务。

(二)商业银行的职能

商业银行作为一国经济中最重要的金融中介机构,其具有如下四项职能:

1. 信用中介

信用中介是商业银行最基本、最能反映其经营活动特征的职能。银行作为信用中介,一方面通过吸收公众存款集中社会闲散的货币资金;另一方面则借助于信用,把这些货币资金贷放给需要货币的企业、居民和社会组织,促进闲置资金向生产建设、储蓄向投资、货币向资本的转化。

2. 支付中介

商业银行除作为信用中介融通资本之外,还执行着货币经营业的职能。通过存款在账户上的转移,代理客户支付,为客户兑付现款等,成为工商企业、团体和个人的货币保管者、出纳者和支付代理人。以商业银行为中心,形成经济过程中无始无终的支付链条和债权债务关系。

3. 信用创造

商业银行在信用中介和支付中介的基础上,产生了信用创造功能。商业银行能够吸收各种存款的银行,用其所吸收的各种存款发放贷款,在支票流通和转账的基础上,贷款又转化为存款,在这种存款不提取现金或不完全提现的基础上,就增加了商业银行的资金来源,最后在整个银行体系,形成数倍于原始存款的派生存款。商业银行通过自己的信贷活动创造和收缩活期存款,而活期存款是构成货币供给量的主要部分,因此商业银行就可以把自己的负债作为货币来流通,具有了信用创造功能。

4. 金融服务

金融服务是商业银行利用其在国民经济活动中的特殊地位，及其在提供信用中介和支付中介业务过程中所获得的大量信息，为客户提供的各项服务。

(三)商业银行的业务范围

根据《商业银行法》第3条规定，商业银行可以经营下列部分或者全部业务：(1)吸收公众存款；(2)发放短期、中期和长期贷款；(3)办理国内外结算；(4)办理票据承兑与贴现；(5)发行金融债券；(6)代理发行、代理兑付、承销政府债券；(7)买卖政府债券、金融债券；(8)从事同业拆借；(9)买卖、代理买卖外汇；(10)从事银行卡业务；(11)提供信用证服务及担保；(12)代理收付款项及代理保险业务；(13)提供保管箱服务；(14)经国务院银行业监督管理机构批准的其他业务。经营范围由商业银行章程规定，报国务院银行业监督管理机构批准。商业银行经中国人民银行批准，可以经营结汇、售汇业务。

根据《商业银行法》第43条规定，商业银行在中国境内不得从事信托投资和证券经营业务，不得向非自用不动产投资或者向非银行金融机构和企业投资，但国家另有规定的除外。该规定对于规避商业银行的经营风险具有意义，但与此同时，严格的分业经营不仅使得商业银行丧失了获利的空间，而且也不利于商业银行与国外商业银行进行有效竞争。随着科技进步与世界金融市场的不断发展，促使各种金融衍生工具创新推陈出新，金融业之间的渗透融合力度逐步加强，原来的分业经营与监管的机制阻碍了金融业务创新和服务效率的提高。在这种背景下，西方各国金融当局如英国、德国、法国、瑞士、日本等纷纷进行了已打破证券和银行业界限为主要内容的改革，形成了现代银行混业经营的趋势。鉴于此，有必要尽快修改相关金融法律，实现金融业的混业经营。当然，在我国要实现混业经营，还必须进一步完善商业银行等金融机构的治理结构、建立有效风险管控和隔离机制等。

(四)商业银行的业务经营原则

根据《商业银行法》的规定，商业银行的业务经营原则主要包括如下几个方面：

1. 安全性、流动性、效益性原则

安全性、流动性和效益性原则是商业银行最基本的经营原则。安全性原则是“三性原则”中的首要原则，该原则要求商业银行的业务活动必须确保银行资产的安全，把风险控制放在第一位，严格实行资产负债比例管理制度，严格贷款的资信担保，保证贷款本金和利息按期收回。流动性原则要求商业银行应该保证商业银行资产迅速变现的能力，以便应付存款本金和利息的支取，这也是安全性原则的一个重要体现。效益性原则是商业银行作为企业法人的一种必然的选择，但商业银行追求效益必须以安全性和流动性原则为前提。

2. 依法独立自主经营原则

这是商业银行作为企业法人的具体体现，也是市场经济机制运行的必然要求。商业银行依法开展业务，不受任何单位和个人的干涉。作为独立的市场主体，有权依法处理其一切经营管理事务，自主参与民事活动，并以其全部法人财产独立承担民事责任。

3. 平等、自愿、公平和诚实信用原则

该原则适用于商业银行与客户之间的业务关系。商业银行作为企业法人，与客户之间发生业务往来，双方都是具有平等地位的民事主体，必须遵循平等、自愿、公平和诚实信用的民法基本原则。

4. 守法原则

商业银行开展业务，应当遵守法律、行政法规的有关规定，不得损害国家利益、社会公共利益。

5. 保护存款人利益原则

根据《商业银行法》的规定，对存款人的保护主要体现为：(1)商业银行办理个人储蓄存款业务，应当遵循存款自愿、取款自由、存款有息、为存款人保密的原则。商业银行有权拒绝任何单位或者个人查询、冻结、扣划，但法律另有规定的除外。(2)对单位存款，商业银行有权拒绝任何单位或者个人查询，但法律、行政法规另有规定的除外；有权拒绝任何单位或者个人冻结、扣划，但法律另有规定的除外。(3)商业银行依法确定存款利率，应予以公告。(4)商业银行应当按照中国人民银行的规定，向中国人民银行交存存款准备金，留足备付金。(5)商业银行应当保证存款本金和利息的支付，不得拖延、拒绝支付存款本金和利息。

6. 公平竞争原则

商业银行与商业银行之间既是平等主体间的民商事关系，也是同业竞争关系。商业银行开展业务，应当遵守公平竞争的原则，不得破坏公平竞争秩序，从事不正当竞争，不得损害其他商业银行的合法权益。

(五)商业银行法的概念

商业银行法是指调整商业银行设立、变更、终止及其相关金融业务活动中发生的经济关系的法律规范的总称。

1995年5月10日，第八届全国人民代表大会常务委员会第十三次会议通过了《商业银行法》，并于同年7月1日施行。2003年12月27日第十届全国人民代表大会常务委员会第六次会议通过《关于修改〈中华人民共和国商业银行法〉的决定》，对该法进行了修订。2015年8月29日，第十二届全国人民代表大会常务委员会第十六次会议通过了《关于修改〈中华人民共和国商业银行法〉的决定》，并于2015年10月1日施行。

《商业银行法》分为九章，具体包括总则、商业银行的设立和组织机构、对存款人的保护、贷款和其他业务的基本规则、财务会计、监督管理、接管和终止、法律责任和附则，共95个条文。

二、商业银行的设立和组织机构

(一)商业银行的设立

商业银行的设立，是指银行的创办人依照法律规定的条件和程序，创立商业银行，并取得法律关系主体资格的活动。

商业银行的设立是由一系列法律行为和事实行为构成，法律行为包括民事法律行为（主要是合同行为）和行政法律行为（如登记、批准等）。

（二）设立条件

根据《商业银行法》第12条规定，设立商业银行，应当具备下列条件：（1）有符合《商业银行法》和《公司法》规定的章程；（2）有符合《商业银行法》规定的注册资本最低限额；（3）有具备任职专业知识和业务工作经验的董事、高级管理人员；（4）有健全的组织机构和管理制度；（5）有符合要求的营业场所、安全防范措施和与业务有关的其他设施。

（三）商业银行的最低注册资本

2013年，我国《公司法》取消了最低注册资本制，实行认缴资本制。而商业银行作为一种特殊的公司企业，一直实行严格的法定资本制。根据《商业银行法》第13条规定，设立商业银行的注册资本最低限额为：全国性商业银行为10亿元人民币。城市商业银行的注册资本最低限额为1亿元人民币，农村商业银行的注册资本最低限额为5000万元人民币。注册资本应当是实缴资本。国务院银行业监督管理机构（中国银行业监督管理委员会）根据审慎监管的要求可以调整注册资本最低限额，但不得少于上述限额。

（四）商业银行的设立程序

申请人设立商业银行，应当向中国银行业监督管理委员会提交申请书、可行性研究报告和中国银行业监督管理委员会规定提交的其他文件、资料，经中国银行业监督管理委员会审查符合要求的，申请人应当正式填写申请表，并提交法律规定的文件、资料。经批准设立的商业银行，由中国银行业监督管理委员会颁发经营许可证，并凭该许可证向工商行政管理部门办理登记，领取营业执照。工商行政机关向申请人颁发《企业法人营业执照》时，商业银行依法即告成立。但若商业银行取得营业执照之日起，无正当理由超过6个月未开业或开业后自行停业连续6个月以上的，中国银行业监督管理委员会可吊销其许可证，并予以公告。

（五）商业银行分支机构的设立及其法律地位

设立商业银行分支机构，申请人应当向中国银行业监督管理委员会提交法律规定的文件、资料。经批准设立的商业银行分支机构，由中国银行业监督管理委员会颁发经营许可证，并凭该许可证向工商行政管理部门办理登记，领取营业执照。

商业银行对其分支机构实行全行统一核算、统一调度资金和分级管理的财务制度。商业银行分支机构不具有法人资格，在总行授权范围内依法开展业务，其民事责任最终由总行承担。经批准设立的商业银行及其分支机构，由中国银行业监督管理委员会予以公告。

商业银行分支机构自取得营业执照之日起无正当理由超过6个月未开业的，或者开业后自行停业连续6个月以上的，由中国银行业监督管理委员会吊销其经营许可证，并予以公告。

三、商业银行的主要业务

(一)负债业务

负债业务是指商业银行以债务人的身份吸收资金所从事的业务。该业务是商业银行进行资产运作实现利润的前提。

存款业务是商业银行最主要的负债业务,主要指商业银行的各项存款业务,包括活期存款、定期存款、定活两便存款、零存整取存款、同业存款等业务。此外,商业银行还有其他负债业务,包括向中央银行借款、发行金融债券、同业拆借、发行短期融资债券、发行大额可转让定期存单等。

(二)资产业务

资产业务是指商业银行将自己通过负债业务所聚集的资金加以运用的业务。商业银行盈利状况如何经营、是否成功,很大程度上取决于资金运用的结果。商业银行资产业务一般包括贷款业务、证券投资业务、现金资产业务,其中以贷款和投资最为重要。

(三)中间业务

商业银行中间业务是商业银行不运用自己的资财而以中间人的身份替客户办理收付和其他委托事项、提供各种金融服务,从中收取手续费的业务。主要包括结算业务、代理业务、信托业务、银行卡业务等。

四、商业银行的变更、合并和分立

(一)商业银行的变更

商业银行变更是商业银行组织体中重要事项的变更。商业银行有如下事项变更的,应当经过银行业监督管理机构批准:(1)变更名称;(2)变更注册资本;(3)变更总行或者分支行所在地;(4)调整业务范围;(5)变更持有资本总额或者股份总额5%以上的股东;(6)修改章程;(7)国务院银行业监督管理机构规定的其他变更事项。

(二)商业银行的合并和分立

商业银行合并,是指两家或两家以上的银行,依照法律规定归并为一家银行或创设一家新的银行的法律行为。商业银行的分立,是指商业银行依照法律、法规的规定,分成两个或两个以上的商业银行的法律行为。

商业银行的分立、合并属于重大事项,必须经过国务院银行业监督管理机构批准。批准后,应依法向工商行政管理机关办理解散、变更和设立登记手续,新设立的银行应分别领取经营许可证和营业执照,并发布公告。

五、商业银行的接管和终止

(一)商业银行的接管

1. 接管的含义

商业银行接管是银行业监督管理机构出于保护存款人的合法权益,恢复商业银行的稳健经营,对已经发生信用危机或者可能发生信用危机的商业银行采取的一系列的拯救措施的总称。

2. 接管的条件、目的

商业银行已经或者可能发生信用危机,严重影响存款人的利益时,国务院银行业监督管理机构可以对该银行实行接管。

接管的目的是对被接管的商业银行采取必要措施,以保护存款人的利益,恢复商业银行的正常经营能力。被接管的商业银行的债权债务关系不因接管而变化。

3. 接管的实施、期限

接管由国务院银行业监督管理机构决定,并组织实施。国务院银行业监督管理机构的接管决定应当载明下列内容:(1)被接管的商业银行名称;(2)接管理由;(3)接管组织;(4)接管期限。接管决定由国务院银行业监督管理机构予以公告。

接管自接管决定实施之日起开始。自接管开始之日起,由接管组织行使商业银行的经营管理权力。接管期限届满,国务院银行业监督管理机构可以决定延期,但接管期限最长不得超过2年。

4. 接管终止

接管终止的原因:(1)接管决定规定的期限届满或者国务院银行业监督管理机构决定的接管延期届满;(2)接管期限届满前,该商业银行已恢复正常经营能力;(3)接管期限届满前,该商业银行被合并或者被依法宣告破产。

需指出的是,我国现行《商业银行法》有关接管规定存在不少问题,如接管原因过于简单,缺乏可操作性;接管组织行使接管措施不当,造成被接管商业银行、债权人等损失时如何处理?接管被接管商业银行对接管决定不服的,又应当如何处理?这些都需要未来修改《商业银行法》时加以明确。

(二)商业银行的终止

商业银行的终止,是指商业银行主体资格的消灭,即商业银行丧失民事权利能力和民事行为能力。

1. 商业银行终止的原因

根据《商业银行法》之规定,商业银行终止的情形主要包括:(1)依法被撤销;(2)解散;(3)依法宣告破产。

2. 商业银行终止的程序

(1)商业银行因分立、合并或出现公司章程规定的解散事由需要解散的,应当向国务院银行业监督管理机构提出申请,并附解散的理由和支付存款的本金和利息等债务清偿计划,经国务院银行业监督管理机构批准后解散。商业银行解散的,应当依法成立清算组,进行清算,按照清偿计划及时偿还存款本金和利息等债务。国务院银行业监督管理机构监督清算过程。

(2)商业银行因吊销经营许可证被撤销的,国务院银行业监督管理机构应当依法及时组织成立清算组,进行清算,按照清偿计划及时偿还存款本金和利息等债务。

(3)商业银行不能支付到期债务,经国务院银行业监督管理机构同意,由人民法院依法宣告其破产。商业银行被宣告破产的,由人民法院组织国务院银行业监督管理机构等有关部门和有关人员成立清算组,进行清算。商业银行破产清算时,在支付清算费用、所欠职工工资和劳动保险费用后,应当优先支付个人储蓄存款的本金和利息。

(4)清算完毕后,应当依法办理注销登记手续。

六、违反《商业银行法》的法律责任

《商业银行法》规定了违反商业银行法的法律责任,包括民事责任、行政责任和刑事责任。

民事责任主要因商业银行对客户的民事违法行为而引起,主要有侵权责任、违约责任和缔约过失责任等。商业银行高管和员工违法行为给商业银行造成损失,也应承担相应的民事责任。

行政责任包括行政处罚和行政处分,其中行政处罚主要有停止违法行为、没收违法所得、罚款、责令停业整顿、吊销经营许可证、取消高管任职资格、银行业终身禁入等。其责任主体及归责行为主要包括:(1)商业银行违反商业银行法和其他金融法律的行为;(2)商业银行董事、高级管理人员和其他直接责任人员违法经营和违反监管法律规定的行为;(3)非银行机构和个人违反商业银行法的行为;(4)擅自设立商业银行、非法吸收公众存款、骗取贷款的行为等。

违反商业银行法情节严重,构成犯罪的,依法追究刑事责任。

第四节 金融监管法

一、金融监管法概述

(一)金融监管的含义

金融监管是金融监督管理的简称,是指金融监管主体为实现监管目标而对金融市场主体和金融市场行为所采取的有意识的干预、约束和限制活动。金融监管有狭义、中义和广义之分。狭义的金融监管指政府监管,即政府或政府授权的机构对金融市场主体及其行为的监督和管理活动;中义的金融监管除政府监管之外,还包括金融自律组织对其成员及其参与者的自治行为;广义的金融监管包括政府监管、金融自律组织自治以及社会监管[如投资者监督、新闻媒体监督、金融中介组织(如会计师事务所)的监督]。

(二)金融监管体制

金融监管体制是金融监管的制度基础,是金融监管职责、权力分配的方式及组织制度,是"监管集权和分权的制度安排"。金融监管是否充分有效与金融监管体制密切相关。

目前,世界各国金融监管体制主要有三种类型:一是以美国为代表的两级多头金融监管体制。在美国,联邦和各州都有权对金融机构发照注册并进行监管,而在联邦一级就有通货监理局、联邦储备系统、联邦存款保险公司、证券交易委员会等 8 个管理机构,50 个州则分别有自己的金融法规、监管机构和官员。二是一级多头金融监管体制。在

这种体制下,金融监管权力集中在中央,而在中央一级又分别由两个以上的机构负责。三是一元化的金融监管体制。这种体制的特点是由一个机构集中行使金融监督管理权,目前实行这一体制的主要有丹麦、挪威、英国、澳大利亚、德国、日本等。[①] 我国属于第二种模式。我国金融监管机构分为中央银行、银行业监督管理委员会、证券业监督管理委员会、保险业监督管理委员会。上述模式只是一种大体的存在形式,不是绝对的一成不变的,都在或多或少地变化着各自的成分。比如,一元化的监管体制只是针对微观层面上的具体金融行为而言,而在宏观层面上则可能是多头监管。比如英国金融监管体制,在微观层面上,金融监管服务局统一监管银行、证券、保险等一系列金融行为,而在宏观层面上有英格兰银行、财政部、金融监管服务局"三驾马车"。而在日本,则形成了财务省与金融厅两权分立,财务省与金融厅分别执掌金融行政与金融机构监管权的局面。[②] 金融厅下设总务企划局、监察局、监督局三个职能部门。

2008 年金融危机后,美国、英国和欧盟开始对金融监管体制进行反思和重构,中央银行对银行体系的监管职能进一步强化。2010 年 7 月,美国国会通过了金融监管改革法案——《2009 华尔街改革和消费者保护法案》,该法案被认为是"1929 年大萧条"以来最严厉的金融改革法案。该法案建立了以美联储为主导的金融监管协调机制,美联储监管范围从银行控股公司扩展到非银行控股公司及其附属机构,成立了跨部门金融服务监督委员会(Financial Stability Oversight Council,FSOC)、金融消费者保护机构、投资者顾问委员会和联邦保险办公室等新机构,建立健全了系统性风险监控体系,加大了对大型金融机构的监管,加大了对金融消费者权益的保护。英国金融监管改革的核心是由英格兰银行承担主要的宏观和微观审慎监管职能,负责维护整个金融体系的稳定和稳健运营。为了实现这一目的,金融政策委员会(Financial Policy Committee,FPC)、审慎监管局(Prudential Regulation Authority,PRA)和金融行为管理局(Financial Conduct Authority,FCA)分别成立,同时金融服务监督局(FSA)被撤销,相关职能转移给新成立的监管机构。2010 年 9 月,欧洲议会通过了新的金融监管法案,从 2011 年 1 月起,欧洲系统性风险委员会(European Systemic Risk Board,ESRB)、欧洲银行业监管局(European Banking Authority,EBA)、欧洲证券和市场监管局(European Securities and Markets Authority,ESMA)和欧洲保险和养老金监管局(European Insurance and Occupational Pensions Authority,EIOPA)四家欧盟监管机构宣告成立并正式运转,从宏观和微观层面强化对金融体系的监管。上述四家机构之间的联席委员会,再加上欧盟成员国各国的监管机构和欧盟委员会就构成了泛欧金融监管体系(European System of Financial Supervision,ESFS)。总而言之,美国、英国和欧盟的金融监管改革中,都建立

① 汪鑫主编:《金融法学》,中国政法大学出版社 2002 年版,第 33 页。

② 日本 2001 年中央省厅改革后,为了削减其过于庞大的执政影响力,大藏省分解成财务省和金融厅(主要负责银行监管)。国家的预算、税制、货币、国债等事宜都属于财务省职权。英语简称为 MOF(日文:モフ)。

了各自的宏观审慎监管机制,美国成立了 FSOC,英国成立了 FPC,欧盟成立了 ESRB。在新的监管体制中,中央银行在宏观和微观审慎监管中都起着关键性和主导性作用。[①]

我国目前采用的是多头监管的体制,这种体制是与我国分业经营的体制相吻合的,但是存在重大缺陷:一是加入 WTO 后的今天,国外金融机构纷纷进入我国,而国外的金融机构不少是混业经营;二是在我国虽然实行的是分业经营的体制,但是随着金融控股公司的出现,分业经营的体制实际上已经被突破,在这种情况下,对金融控股公司实行分业监管是否合适?三是随着影子银行、互联网金融的出现,对其如何实施有效监管?四是如何协调国内各个金融监管机构之间的关系,避免彼此之间的矛盾和问题以及监管的真空?鉴于此,将来有必要借鉴国外一些国家的做法,建立统一的金融监管体制。

(三)金融监管的目标和原则

1. 金融监管的目标

金融监管目标是指金融监管行为取得的最终效果或达到的最终目标,是实现金融有效监管的前提和监管当局采取监管行动的依据。从金融监管的实践及其本质需求来看,金融监管的一般目标应该是促成建立和维护一个稳定、健全和高效的金融体系,保证金融机构和金融市场健康地发展,从而保护金融活动主体特别是存款人的利益,推动经济和金融发展。

在我国,金融监管目标在具体的金融法律法规的立法宗旨中得到了体现,如《银行业监督管理法》第 1 条规定:"为了加强对银行业的监督管理,规范监督管理行为,防范和化解银行业风险,保护存款人和其他客户的合法权益,促进银行业健康发展,制定本法。"《中国人民银行法》第 1 条规定:"为了确立中国人民银行的地位,明确其职责,保证国家货币政策的正确制定和执行,建立和完善中央银行宏观调控体系,维护金融稳定,制定本法。"第 2 条第 2 款规定:"中国人民银行在国务院的领导下,制定和执行货币政策,防范和化解金融风险,维护金融稳定。"《商业银行法》第 1 条规定:"为了保护商业银行、存款人和其他客户的合法权益,规范商业银行的行为,提高信贷资产质量,加强监督管理,保障商业银行的稳健运行,维护金融秩序,促进社会主义市场经济的发展,制定本法。"《反洗钱法》第 1 条规定:"为了预防洗钱活动,维护金融秩序,遏制洗钱犯罪及相关犯罪,制定本法。"《证券法》第 1 条规定:"为了规范证券发行和交易行为,保护投资者的合法权益,维护社会经济秩序和社会公共利益,促进社会主义市场经济的发展,制定本法。"《保险法》第 1 条规定:"为了规范保险活动,保护保险活动当事人的合法权益,加强对保险业的监督管理,维护社会经济秩序和社会公共利益,促进保险事业的健康发展,制定本法。"作为直接的金融监管法律——《银行业监督管理法》第 3 条还直接规定了银行业监督管理的目标是"促进银行业的合法、稳健运行,维护公众对银行

---

① 张晓艳:"2008 年金融危机后美国、英国和欧盟金融监管体制改革的经验",载《清华金融评论》2014 年第 5 期。

业的信心。银行业监督管理应当保护银行业公平竞争,提高银行业的竞争能力”。

总体而言,金融监管的目标可以归结为三个方面:一是维护金融体系的安全与稳定。这是金融业健康发展的重要标志,也是金融监管的重要目标。现代金融业作为国民经济的神经中枢客观上需要相对稳定,一旦有一家金融机构因经营管理不善或因竞争失败而倒闭,在现代社会化分工高度细密的情况下,必然引起不良的连锁反应,甚至会导致整个金融业的恐慌,并进而危及国民经济的健康发展。因此,金融监管者必须采取有效措施,促进金融机构依法稳健经营,降低和防范风险,防止金融机构的倒闭和“传染效应”的扩散。二是保护存款人、投资者和其他社会公众的权益。银行存款人和保险单的持有人是金融业的服务对象,投资者是金融市场的出资者,相对于金融机构而言,它们在信息取得、资金规模、经济地位等各方面居于弱者地位,但它们又是金融业的支撑者,是金融业生存和发展的前提。因为存款人和投资者若对金融市场丧失信心乃至退出金融市场,必将危及金融市场的存在。而实际上,处于社会弱者地位的存款人和投资者的利益极易受到金融机构的侵害,这不仅包括金融机构从事高风险经营不善倒闭所致的损害,还包括金融机构利用其优势地位直接侵害投资者和存款人的利益,如银行拒绝支付、转移客户资金非法投资等,又如证券经营公司利用内幕信息从事内幕交易以及欺诈客户的行为等。所以,金融监管机关对这些社会弱者的利益提供保护,除应采取措施确保一个稳健、安全的金融体系之外,还应依法给予特殊保护。对金融业社会弱者利益的特殊保护,已日益成为世界各国金融立法关注的重点。三是保障金融业的公平竞争,提高金融业的效率。金融监管并非是金融压制和阻碍金融业的发展,而是要在确保安全与稳定的基础上促进金融体系的公平、有效竞争。这里所说的公平竞争体现在银行之间以及银行与其他金融机构之间,也体现在一国境内的内资金融机构和外资金融机构之间。金融监管当局一方面要依法为金融机构提供公平竞争的环境,确保其平等的法律地位和均等的市场机会;另一方面也要采取一些提高效率的管制措施,提高自己的监管水平,完善监管体制,实施有效的和最低成本的监管。

2. 金融监管的原则

金融监管的原则是金融监管主体在实施金融监管行为中所应遵循的行为准则。金融监管的基本原则主要有:

(1)依法独立监管原则。这是法治社会对金融监管主体的基本要求,表现在以下几个方面:一是监管主体的地位、权责法定;二是监管程序法定;三是监管手段法定。独立监管,就是金融监管机关依法行使职权,受到法律保护,不受非法干扰。《银行业监督管理法》第5条规定:“银行业监督管理机构及其从事监督管理工作的人员依法履行监督管理职责,受法律保护。地方政府、各级政府部门、社会团体和个人不得干涉。”

(2)审慎监管原则。审慎监管原则是有效监管核心原则。审慎监管,又称风险监管,是指监管部门以防范和化解金融业风险为目的,通过制定一系列金融机构必须遵守的周密而谨慎的经营规则,客观评价金融机构的风险状况,并及时进行风险监测、预警和控制的监管模式。[1] 金融业的审慎监管是通过两方面内容实现的:一是通过金融机构执行监管当局制定的审慎经营规则,加强内部风险管理;二是通过监管当局检查金融机构的审慎经营规则的执行情况,进行审慎评估并及时进行风险预警和控制。如《银行业监督管理法》第21条规定:"银行业金融机构的审慎经营规则,由法律、行政法规规定,也可以由国务院银行业监督管理机构依照法律、行政法规制定。前款规定的审慎经营规则,包括风险管理、内部控制、资本充足率、资产质量、损失准备金、风险集中、关联交易、资产流动性等内容。银行业金融机构应当严格遵守审慎经营规则。"1998年1月,国际货币基金组织在《迈向一个健全的金融体系框架》的报告中最先将宏观审慎监管的理念用于监管金融体系。宏观审慎监管的具体目标包括两个层面:一是维护金融体系稳定,防范金融危机的发生;二是防止和减缓金融系统性风险对经济体系的冲击,强化系统性金融风险爆发后的恢复能力和事后补救。宏观审慎监管是对微观审慎监管的补充。在具体的监测方法和监管工具上,宏观审慎监管可以成为微观审慎监管的延伸和扩展。

(3)有效监管原则。确立金融监管行为的有效监管原则,一个重要的因素在于金融监管所存在的"公共失灵"问题。金融监管也面临信息不完全性和竞争不充分等内在的制约,具体表现为:①监管者的有限理性。由于信息不对称,监管者对金融市场的认识总是有待提高,监管行为难免出现非理想化的现象。②监管者的利益偏好。监管机构的代理人也是经济人,存在自己的需要(利益)和偏好,为了实现自身利益最大化,容易被少数利益集团所俘获并成为其代言人。③监管行为的低效率。金融立法和执法作为金融监管机制的生产者、供给者,由于缺乏一个市场竞争机制的约束,必然在一定程度上存在监管低效率和官僚主义的问题。④监管成本。直接性的监管成本,如执法成本,容易通过财政预算等途径加以核定,但间接性的监管成本则不易计算,如道德风险。又如过度监管形成对竞争的压制、形成对无效率金融交易的保护,无形中导致社会经济福利的损失。可见,金融监管也面临自身条件的制约,并非包治百病的灵丹妙药。提出监管有效性的问题,其实是对监管自身一定层面的否定,但绝非抛弃。理论与实践的焦点不在于要不要监管,而是怎样监管。[2] 鉴于此,改革和完善金融监管相关体制机制,实现对金融的有效监管,就显得尤为必要。

(4)适度监管原则。所谓适度监管,是指在金融监管过程中,应当妥善处理金融监管与市场的关系,不能因为监管而影响和抑制金融业的竞争、创新和发展活力,破坏金融市场运行的效率。之所以坚持适度监管原则,主要在于作为经营金融商品的特殊企业,金融业具有高度风险性,一旦金融企业经营活动失败,必将破坏整个社会信用资金

---

① 审慎监管理念源于巴塞尔委员会1997年的《银行业有效监管核心原则》,审慎监管原则被作为其中一项最重要的核心原则确立下来。在"审慎监管法规和要求"部分中,该文件共提出10条原则,要求监管当局制定和实施资本充足率、风险管理、内部控制、资产质量、损失准备、风险集中、关联交易、流动性管理等方面的审慎监管法规。监管法规一类涉及资本充足率规制;另一类涉及风险管理和控制。

② 盛学军:"论金融监管法的基本原则",载《中共四川省委省级机关党校学报》2012年第3期。

循环的连续性,导致局部甚至整个信用链条的断裂,最终会引发货币信用和金融危机,由此造成整个社会经济的混乱。而且,随着经济金融全球化的不断深入、虚拟金融资产的不断扩大和金融创新的层出不穷,金融的整个形态和变化机理都出现了重大变革。由此,在金融风险的规模、频率、传导和扩散等方面也呈现出一系列新的特征,促使金融风险诱发因素增多、不确定性程度提高和复杂性增强。鉴于此,加强对金融业的严格监管就成为必然。但与此同时,金融监管也不能过度,否则就会抑制金融创新和金融业的发展。如互联网金融虽然存在很多问题,但如果管得太多太死,就会束缚该行业的发展与创新,甚至导致监管寻租行为。

(5)协调监管原则。在金融体系中,存在银行业、信托业、证券业和保险业等专业分工,但这些细分的金融行业又存在密切的联系。无论何种监管模式,都存在着金融监管部门之间、金融监管部门与其他政府部门以及司法部门之间在金融监管过程发生的各种类型的关系,因此,金融监管部门、政府其他部门、自律机构、司法部门等要加强配合,建立统一的执法协调机制。尤其是市场行为具有普遍性和跨行业性时,比如互联网金融和影子银行[①]等,更需要建立有效的金融监管协调机制。在我国,金融体系内部存在着分业经营和管理的基本格局,银行业、证券业和保险业分别有自己的政府监管机构,而中国人民银行为制定和执行货币政策以及维护金融稳定的需要,对金融市场也履行自己的监管职能。这样,各监管机构在履行自己的职能的过程中,需要相互协调,相互配合,并建立信息共享机制。金融监管机关在金融监管过程中与政府其他部门和地方政府也存在着相互配合的关系。《中国人民银行法》第9条规定:“国务院建立金融监督管理协调机制,具体办法由国务院规定。”《银行业监督管理法》第6条规定:“国务院银行业监督管理机构应当和中国人民银行、国务院其他金融监督管理机构建立监督管理信息共享机制。”由于金融市场的国际性,金融监管往往超越一国国境,需要加强金融监管国际合作。《银行业监督管理法》第7条规定:“国务院银行业监督管理机构可以和其他国家或者地区的银行业监督管理机构建立监督管理合作机制,实施跨境监督管理。”《证券法》第185条规定:“国务院证券监督管理机构应当与国务院其他金融监督管理机构建立监督管理信息共享机制。国务院证券监督管理机构依法履行职责,进行监督检查或者调查时,有关部门应当予以配合。”《保险法》第158条规定:“国务院保险监督管理机构应当与中国人民银行、国务院其他金融监督管理机构建立监督管理信息共享机制。保险监督管理机构依法履行职责,进行监督检查、调查时,有关部门应当予以配合。”

---

① 影子银行是指游离于银行监管体系之外,可能引发系统性风险和监管套利等问题的信用中介机构及其业务活动。在我国,影子银行主要有不持有金融牌照的新型网络金融公司、第三方理财机构、融资担保性公司、小额贷款公司、民间借贷等,影子银行风险具有复杂性、隐蔽性、脆弱性、突发性和传染性,易引发系统性风险。2012年,中国银监会确定银监会所监管的六类非银行金融机构及其业务(包括信托公司、企业集团财务公司、金融租赁公司、货币经纪公司、汽车金融公司和消费金融公司)、商业银行的理财等表外业务不属于影子银行。

为进一步加强金融监管协调,保障金融业稳健运行,2013 年 8 月 15 日国务院同意建立由中国人民银行牵头的金融监管协调部际联席会议制度。近年来,中央陆续将一些金融管理职责交由地方政府承担,各地逐步形成了以地方金融办(局)为主、其他行业主管部门共同参与管理的地方金融管理体制。从总体上看,地方政府在推动地方金融改革发展、防范化解地方金融风险、维护地方金融秩序等方面发挥了积极作用。但由于地方金融监管体制仍处于探索阶段,地方金融管理职责定位不清晰,管理越位与缺位并存,与中央金融管理部门间缺乏常态化的金融监管工作协作机制,一定程度上影响了地方金融健康发展和金融业整体运行效率。鉴于此,《中共中央关于深化改革若干重大问题的决定》明确提出,要界定中央和地方金融监管职责和风险处置责任。2014 年 8 月,国务院出台《关于界定中央和地方金融监管职责和风险处置责任的意见》(国发〔2014〕30 号),明确了中央和地方的金融监管职责和风险处置责任,提出要加强职能转变和制度机制建设、完善中央和地方金融监管工作协调机制的总体要求。

(四)金融监管法的概念

金融监管法是调整金融监管关系的法律规范的总和。金融监管法主要规定金融监管主体的地位、职权、职责、监管方式和措施、监管程序以及违反金融监管法的法律责任等内容。

我国专门的金融监管立法为《银行业监督管理法》,该法于 2003 年 12 月 27 日由第十届全国人民代表大会常务委员会第六次会议通过,2006 年 10 月 31 日第十届全国人民代表大会常务委员会第二十四次会议对该法进行了修订,修订后的法律于 2007 年 1 月 1 日施行。此外,我国有关金融监管法律规范还散见于《中国人民银行法》、《证券法》、《保险法》、《商业银行法》、《反洗钱法》以及大量的金融行政法规和行政规章中。

二、银行业监督管理法

(一)银行业监管的概念

银行业监管是一国金融监管体系的重要组成部分。尽管在不同的历史时期,各国金融监管的内容、手段及程度有所变化,但与其他行业相比,以银行业为主体的金融业从来都是各国管制最严格的行业。究其原因,主要是由银行业本身的特殊性及其在现代市场经济中的重要地位决定的。银行业监管有广义和狭义两种理解。从狭义上讲,银行业监管是指国家金融监管机构对银行业金融机构的组织及其业务活动进行监督和管理的总称。广义的银行业监管则不仅包括国家金融监管机构对银行业金融机构的外部监管或他律监管,也包括银行业金融机构的内部监管或自律监管。

我国银行业的专门监管机构是国务院银行业监督管理机构,即中国银行业监督管理委员会(以下简称中国银监会)。《银行业监督管理法》第 2 条规定:"国务院银行业监督管理机构负责对全国银行业金融机构及其业务活动监督管理的工作。本法所称银行业金融机构,是指在中华人民共和国境内设立的商业银行、城市信用合作社、农村信用合作社等吸收公众存款的金融机构以及政策性银行。对在中华人民共和国境内设立的金融资产管理公司、信托投资公司、财务公司、金融租赁公司以及经国务院银行业监督管理机构批准设立的其他金融机构的监督管理,适用本法对银行业金融机构监督管理的规定。国务院银行业监督管理机构依照本法有关规定,对经其批准在境外设立的金融机构以及前二款金融机构在境外的业务活动实施监督管理。”

(二)监督管理机构

1. 监管派出机构和人员

中国银监会根据履行职责的需要设立派出机构(地方银监局),中国银监会对派出机构实行统一领导和管理,派出机构在银行业监督管理委员会的授权范围内,履行监督管理职责。银行业监督管理机构从事监督管理工作的人员,应当具备与其任职相适应的专业知识和业务工作经验。

2. 监管行为准则

银行业监管机构工作人员,应当忠于职守,依法办事,公正廉洁,不得利用职务便利牟取不正当的利益,不得在金融机构等企业中兼任职务。银行业监管机构工作人员,应当依法保守国家秘密,并有责任为其监督管理的银行业金融机构及当事人保守秘密。此外,中国银监会应当公开监督管理程序,建立监督管理责任制度和内部监督制度。

(三)中国银监会监督管理职责

作为国务院银行业监督管理机构,中国银监会依法履行下列职责:(1)规则制定。主要包括:依照法律、行政法规制定并发布对银行业金融机构及其业务活动监督管理的规章、规则;对银行业金融机构的董事和高级管理人员实行任职资格管理,具体办法由银行业监督管理委员会制定;银行业金融机构的审慎经营规则,由法律、行政法规规定,也可以由中国银监会依照法律、行政法规制定。审慎经营规则,包括风险管理、内部控制、资本充足率、资产质量、损失准备金、风险集中、关联交易、资产流动性等内容。(2)审查批准、备案。银监会依照法律、行政法规规定的条件和程序,审查批准银行业金融机构的设立、变更、终止以及业务范围。(3)非现场监管和建立监管信息系统。银监会应当对银行业金融机构的业务活动及其风险状况进行非现场监管,建立银行业金融机构监督管理信息系统,分析、评价银行业金融机构的风险状况。(4)现场检查,制定检查程序。银监会应当对银行业金融机构的业务活动及其风险状况进行现场检查。中国银监会应当制定现场检查程序,规范现场检查行为。(5)对中国人民银行监管建议的处理。银监会对中国人民银行提出的检查银行业金融机构的建议,应当自收到建议之日起30日内予以回复。(6)建立监管评级体系和风险预警机制。银监会应当建立银行业金融机构监督管理评级体系和风险预警机制,根据银行业金融机构的评级情况和风险状况,确定对其现场检查的频率、范围和需要采取的其他措施。(7)建立银行业突发事件的发现、报告岗位责任制度。银监会发现可能引发系统性银行业风险、严重影响社会稳定的突发事件的,应当立即向中国银监会负责人报告;中国银监会负责人认为需要向国务院报告的,应当立即向国务院报告,并告知中国人民银行、国务院财政部门等有关部门。(8)建立突发事件处置制度。银监会应当会同中国人民银行、国务院财政部门等有关部门建立银行业突发事件处置制度。(9)负责统一编制全国银行业金融机构的统计数据、报表。(10)指导和监督银行业自律组织的活动。(11)开展与银行业监督管理有关的国际交流、合作活动。

(四)监督管理措施

1. 非现场检查

银监会根据履行职责的需要,有权要求银行业金融机构按照规定报送资产负债表、利润表和其他财务会计、统计报表、经营管理资料以及注册会计师出具的审计报告。

2. 现场检查

银监会根据审慎监管的要求,可以采取下列措施进行现场检查:(1)进入银行业金融机构进行检查;(2)询问银行业金融机构的工作人员,要求其对有关检查事项作出说明;(3)查阅、复制银行业金融机构与检查事项有关的文件、资料,对可能被转移、隐匿或者毁损的文件、资料予以封存;(4)检查银行业金融机构运用电子计算机管理业务数据的系统。

3. 监管谈话

银监会根据履行职责的需要,可以与银行业金融机构董事、高级管理人员进行监督管理谈话,要求银行业金融机构董事、高级管理人员就银行业金融机构的业务活动和风险管理的重大事项作出说明。

4. 责令依法信息披露

银监会应当责令银行业金融机构按照规定,如实向社会公众披露财务会计报告、风险管理状况、董事和高级管理人员变更以及其他重大事项等信息。

5. 违反审慎经营规则的处理措施

银行业金融机构违反审慎经营规则的,中国银监会或者其省一级派出机构应当责令限期改正;逾期未改正的,或者其行为严重危及该银行业金融机构的稳健运行、损害存款人和其他客户合法权益的,经中国银监会或者其省一级派出机构负责人批准,可以区别情形,采取下列措施:(1)责令暂停部分业务、停止批准开办新业务;(2)限制分配红利和其他收入;(3)限制资产转让;(4)责令控股股东转让股权或者限制有关股东的权利;(5)责令调整董事、高级管理人员或者限制其权利;(6)停止批准增设分支机构。

6. 接管或促成机构重组

银行业金融机构已经或者可能发生信用危机,严重影响存款人和其他客户合法权益的,中国银监会可以依法对该银行业金融机构实行接管或者促成机构重组,接管和机构重组依照有关法律和国务院的规定执行。

7. 撤销

银行业金融机构有违法经营、经营管理不善等情形,不予撤销将严重危害金融秩序、损害公众利益的,国务院银行业监督管理机构有权予以撤销。

8. 对直接负责的董事、高级管理人员和其他直接责任人员采取的措施

银行业金融机构被接管、重组或者被撤销的,中国银监会有权要求该银行业金融机构的董事、高级管理人员和其他工作人员,按照中国银监会的要求履行职责。在接管、

机构重组或者撤销清算期间，经中国银监会负责人批准，对直接负责的董事、高级管理人员和其他直接责任人员，可以采取下列措施：(1)直接负责的董事、高级管理人员和其他直接责任人员出境将对国家利益造成重大损失的，通知出境管理机关依法阻止其出境；(2)申请司法机关禁止其转移、转让财产或者对其财产设定其他权利。

9. 查询账户、申请冻结

经中国银监会或者其省一级派出机构负责人批准，银行业监督管理机构有权查询涉嫌金融违法的银行业金融机构及其工作人员以及关联行为人的账户；对涉嫌转移或者隐匿违法资金的，经银行业监督管理机构负责人批准，可以申请司法机关予以冻结。

10. 对涉嫌违法事项有关的单位和个人采取的措施

银行业监督管理机构依法对银行业金融机构进行检查时，经设区的市一级以上银行业监督管理机构负责人批准，可以对与涉嫌违法事项有关的单位和个人采取下列措施：(1)询问有关单位或者个人，要求其对有关情况作出说明；(2)查阅、复制有关财务会计、财产权登记等文件、资料；(3)对可能被转移、隐匿、毁损或者伪造的文件、资料，予以先行登记保存。

(五)法律责任

《银行业监督管理法》规定了违反银行业监督管理法的法律责任，法律责任主要是行政责任，包括行政处罚和行政处分；构成犯罪的，依法追究刑事责任。责任主体和归责行为主要有：(1)银行业监管机构工作人员违反职权的行为的法律责任；(2)擅自设立银行业金融机构或者非法从事银行业金融机构业务活动的法律责任；(3)银行业金融机构擅自变更和越权经营行为的法律责任；(4)银行业金融机构违反审慎监管的法律责任；(5)银行业金融机构不按规定报送法定文件的法律责任；(6)违反金融监管的银行业金融机构的直接责任人员的法律责任。

图书在版编目(CIP)数据

经济法学/华国庆主编．—2版．—北京：法律出版社，2016.4
ISBN 978-7-5118-9155-6

Ⅰ.①经… Ⅱ.①华… Ⅲ.①经济法—法的理论—中国—教材 Ⅳ.①D922.290.1

中国版本图书馆CIP数据核字(2016)第031145号

责任编辑/陈 妮 李娟华　**装帧设计**/汪奇峰

出版/法律出版社　**编辑统筹**/财经出版分社
总发行/中国法律图书有限公司　**经销**/新华书店
印刷/固安华明印业有限公司　**责任印制**/吕亚莉

开本/720毫米×960毫米 1/16　**印张**/19.75　**字数**/405千
版本/2016年4月第2版　**印次**/2016年4月第1次印刷

法律出版社/北京市丰台区莲花池西里7号(100073)
电子邮件/info@lawpress.com.cn　**销售热线**/010-63939792/9779
网址/www.lawpress.com.cn　**咨询电话**/010-63939796

中国法律图书有限公司/北京市丰台区莲花池西里7号(100073)
全国各地中法图分、子公司电话：
第一法律书店/010-63939781/9782　**西安分公司**/029-85388843　**重庆公司**/023-65382816/2908
上海公司/021-62071010/1636　**北京分公司**/010-62534456　**深圳公司**/0755-83072995

书号：ISBN 978-7-5118-9155-6　**定价：**46.00元

(如有缺页或倒装，中国法律图书有限公司负责退换)